U0422706

LEAN DATA METHODOLOGY

DATA-DRIVEN DIGITAL TRANSFORMATION

精益数据方法论

数据驱动的数字化转型

史凯 / 著

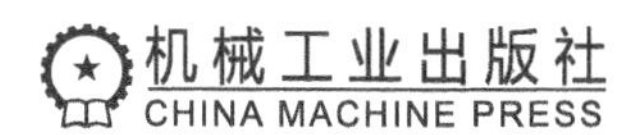

图书在版编目（CIP）数据

精益数据方法论：数据驱动的数字化转型 / 史凯著．—北京：机械工业出版社，2022.11（2024.1 重印）
ISBN 978-7-111-71721-8

Ⅰ．①精…　Ⅱ．①史…　Ⅲ．①企业管理－数字化　Ⅳ．① F272.7

中国版本图书馆 CIP 数据核字（2022）第 183076 号

精益数据方法论：数据驱动的数字化转型

出版发行：机械工业出版社（北京市西城区百万庄大街 22 号　邮政编码：100037）

责任编辑：陈　洁　　责任校对：张亚楠　王明欣

印　刷：北京建宏印刷有限公司　　版　次：2024 年 1 月第 1 版第 5 次印刷

开　本：170mm×230mm　1/16　　印　张：28.25

书　号：ISBN 978-7-111-71721-8　　定　价：129.00 元

客服电话：（010）88361066　68326294

本书赞誉

（排名不分先后，按照姓名拼音排序）

企业数字化转型不仅要把技术武装到牙齿，还要把技术植入企业基因，让企业踏上持续的能力进化之旅。挖掘数据要素的价值是企业转型过程中的主线。这本书全面阐述了将数据作为生产要素的战略、方法、路径和实践，指引企业构筑新型能力并进化为数字化原生企业。

——安筱鹏　中国信息化百人会执委

数字时代，数据链接一切，建立“数据思维”对企业数字化转型至关重要。企业需要形成“用数据说话、用数据决策、用数据管理”的机制，真正实现数据驱动的数字化转型。这本书作者在企业数字化转型领域有非常丰富的实施经验，形成了一套完整的精益数据方法论，并在书中对其进行了全面、系统的解构。这本书理论完善，案例丰富，方法实用，值得每个关注数字化转型的企业家、CEO认真品读。

——包志刚　云徙科技董事长、CEO

作为企业高管，本人经历了20多年的企业信息化和数字化建设历程，深深感受到大部分企业的信息化建设仍然停留在流程管理层面。而当今时代，依靠数据驱动来快速响应市场变化，才是制胜法宝。史凯将精益思想与数字化转型结合在一起，提出了精益数据方法，内容翔实、深入浅出、案例典型，尤其是“剧本杀”式的共创方法，体现了全、新、特、实。这本书对数字化转型中的企业来说非常实用，值得好好研读。

——陈方　厦门象屿集团前总裁

在众说纷纭的数字化转型方法中，有很多方法只是套上了数字化和中台的壳子，实质上依然是传统的信息化规划和ERP建设方法，以致我对数字化和信息化的本质区别一直很困惑。参加了史凯兄的精益数据共创工作坊后，我茅塞顿开。精益数据共创工作坊是我目前所知的帮助企业管理者正确理解数字化转型、驱动数字化转型真正落地的最有效且最便捷的工具之一，强烈推荐给所有数字化转型工作者。

—— 陈琳　纵横格子科技公司总裁

史凯梳理20多年来上百家企业信息化建设和数字化转型的项目实践经验，独创精益数据方法论，写成这本书。这本书理论深厚，实践丰富，案例翔实，堪称数字化转型的地图，读者可据此找到地域广阔、物产丰富的"新大陆"。

—— 陈新河　中关村大数据产业联盟副秘书长、专家委员会主任

这本书围绕精益数据方法，全方位阐述了数据驱动数字化转型的战略、方法、产品、中台、组织文化等内容，并融入了大量的实战案例和作者的深入思考，涵盖范围广，内容丰富，论述精辟，是一本高质量且体系化的著作。

—— 陈运文　达观数据董事长

数字化转型是艰难却正确的长期过程，在VUCA时代，企业更需要在快速试错中坚守价值。另外，书中提出的结合卡牌游戏的工作坊既有趣又有用，比各种高大上的模型接地气得多。同为数字化转型领域的从业者及专业内容创作者，我强烈推荐这本书。

—— 従申　绿城服务集团数智科创中心总经理

这本书以史凯兄多年的项目实践和理论研究为基础，结合精益生产和先进的数据管理理念，首次提出了精益数据方法，从方法论的层面高屋建瓴地指导企业进行数字化转型。这本书从企业的数据文化、转型路径、能力建设以及共创工作坊等几个方面，系统性地说明了数据资产化的变革过程，阐述了企业数字化转型的关键点，既有理论上的深入探讨，又有实践上的明确建议，为众多正在实施数字化转型的企业提供了一盏明灯。

—— 杜啸争　中电金信商业分析事业部总经理、数据研发管理委员会主席

数据无处不在，场景纷繁复杂，大部分企业的数据平台和数据应用建设都处在“从开始到暂停，从暂停到放弃”的恶性循环之中，企业牵一发动全身，难以找到转型抓手。如果没有正确的理念、有效的方法，企业为数字化转型所做的努力可能徒劳无功。史凯的精益数据方法中不仅有全球范围内数据驱动企业数字化转型的成熟体系，还有可复用的落地方法，为企业混乱的数字化进程建立秩序，让数字化转型的种子有更大的可能性在暴风骤雨中生根发芽。

——范向伟　和鲸科技创始人、CEO

如何更有针对性、更有成效地推动数字化工作？显然要把重心放在流程效率提升、数据要素价值释放上。数据是不是真的有用？什么数据有用？有用的数据该怎么用？怎么支持有用的数据被更好地利用？相信各位读者能在这本书中找到自己的数字化转型之钥。

——付晓岩　北京天润聚粮咨询服务有限公司执行董事总经理，
中国计算机学会软件工程专委会委员

作者将精益思想融入数字化转型，通过确定性来对抗转型过程中的不确定性。这体现了作者非常卓越的洞察，为企业数字化转型指明了清晰的路径：首先对齐业务目标，梳理企业数据资产和数字化技术蓝图，聚焦业务价值；然后统一思想，明确目标，持续迭代；最后通过持续的正向反馈，实现数字化转型的一个又一个里程碑。作者亲历大量的数字化转型项目，使得书中的真知灼见俯拾皆是。相信读者能够收获属于自己的感悟。

——盖国强　云和恩墨创始人，鲲鹏MVP

当我们谈论数字化转型时，往往错误地将其理解为“结果”，但其实数字化转型只是一个过程、一种手段，转型的最终结果应当是企业在数据要素的驱动下所重塑的组织架构、业务形态、流程。对事物的不同理解，造就了结果的千差万别。史凯首创精益数据方法体系，针对企业数字化转型提供了十分清晰的规划路径，相信能给数字化转型道路上的探索者们带来新的启发与思考。

——甘云锋　数澜科技创始人、董事长

如何高效推进数字化转型升级与创新发展是当前企业最关切的话题。史凯兄通过20年的实践总结，将精益思想和企业数字化深度融合，首创了精益数据方法论，高度提炼了数据驱动的六大能力，并结合一套互动性强、沉浸式体验的剧本杀式卡牌工作坊，能够短时间内帮助企业对齐业务目标，探索价值场景，实现业务与技术快速融合，是对企业数字化转型方法论的一大贡献，非常具有应用推广价值和实践指导意义。

——郭金铜　用友集团CMO、副总裁，中国上市公司协会信息与数字化专委会主任

从实战中来，到实战中去，是这本书最大的特点。对于企业的业务主管，这本书有助于他们更加清晰地梳理业务战略与数字化转型的关系和实现路径。对于企业的数字化负责人或者信息化主管，这本书将帮助他们更好地制定企业数字化转型的规划及推动规划的落地执行。对于应用软件公司和IT服务商等数字化领域的从业者，这本书将提供较全面的理论框架和翔实的案例剖析，支持他们快速提升理论水平及锻炼解决实际问题的技能，甚至帮助他们发现新的发展机会。

—— 胡益　英诺森董事长

这本书是腾讯云TVP史凯老师凝结了20余年企业转型实战经验的力作，以数据这一新的生产要素为切入点，融入精益思想，建立了一套独到的精益数据方法论，并且体系化地解构数字化企业的关键能力和转型路径，为读者深入理解并实践数字化转型提供了详细、清晰的指导与参考。

—— 黄俊洪　腾讯云副总裁

这本书不仅总结了作者多年来作为咨询顾问积累的实战经验，还站在专家的角度提供了数字化转型的全景图。无论企业高管，还是立志从事数字化转型相关工作的读者，都能从这本书中汲取经验，受到启发，开启自己的数字化转型之旅。作为顾问同行，我读此书亦觉得非常有启发，特此推荐！

—— 黄粤　普华永道管理咨询部前合伙人

史凯结合对数字化时代的理解和产业的发展趋势提出了数据驱动的精益数

据方法，通过数据战略制定、价值场景重塑、数据资源蓝图规划、系统业务融合的过程帮助企业实现数字化转型。这是一本难得的有理论、有方法、有验证的数字化转型操作指南。

——姜晓丹　伽睿智科创始人、CEO

企业数字化转型的本质是一场管理变革，通过数据和技术推动组织管理能力跃迁到新的层级，让企业的运营效率实现质的飞跃。而由于业务和技术叠加的复杂性较高，真正能够转型成功的企业很少。这本书从数据转型入手，抓住技术变革的本质，阐述了一套完整的企业数智化变革的方法论，将精益思想和数字化思维有机地结合起来，对正在推动企业管理变革的读者有很大的借鉴意义。

——李川　旭辉永升服务集团 CDO

很欣喜地得知学弟史凯完成了这样一部著作。史凯最成功的地方就是把数据和精益管理联系起来指导企业的数字化转型。这本书有理论，也有实践，有观点，也有方法，谈问题，也谈思路。我觉得这本书好的不得了，建议大家都来读一读。

——李宁　北京信息科技大学计算机学院院长

一套行之有效的数字化转型策略、规划、建设与迭代方法，对企业尤为重要。这本书总结提炼了史凯多年来数字化转型咨询和实践的经验，特别对数字化转型战略、商业模式、数据治理、精益数据共创工作坊等方面的内容做了翔实描述，为企业提供了高价值、专业性的数字化转型指导。

——李旭昶　新希望集团 CDO，新希望数科集团 CEO

精益思想的核心是创造价值和消除浪费。史凯兄总结 20 年的实践经验，将精益思想和数字化转型做了深度融合，首创了体系化、结构化的精益数据方法，指导企业进行数字化转型。该方法既有理论深度，又有强实践性。同时，他原创了一套配合该方法的执行工具——精益数据共创工作坊。这是行业中首个采用卡牌游戏的形式进行共创的方法，能够帮助快速融合业务与技术，识别价值场景，梳理项目清单，对企业的数字化转型非常有帮助。

——李玉杰　263 集团董事长、总裁

企业真正需要做的是发挥数据的价值，将数据发展成企业的核心产品，用数据激发创新，驱动产品和用户服务的改进，驱动管理变革和商业竞争力提升。而数据思维往往是发挥数据价值的最大推动力。这本书有助于读者真正理解数据，建立数据思维，并帮助企业落实价值驱动的数据战略。

——刘会福　软通动力集团 CTO

我曾听过史凯兄分享的“精益数智化转型”系列课程，从中学习了如何借助数据的力量来驱动企业数字化转型，也体会到了史凯兄对数字化转型的深刻理解与思考，受益匪浅。令我惊喜的是史凯兄将这个系列的内容写作成书，更加系统地讲述数字化转型的底层逻辑和能力，同时引用了大量非常有价值的企业实践案例，全面、完整地介绍了利用精益数据方法实现企业数字化转型的路径与方法。

——刘天斯　腾讯数据治理 Oteam 发起人

这是一本能够给数字化转型中的企业以清晰指导的实用指南，兼具理论体系和实践案例，并提供了实践工具，引领企业从数据角度开展工作。这本书将精益思想融入数字化转型，阐述了企业应该如何从流程驱动转变为数据驱动，如何寻找场景价值。

——刘伟霞　北汽新能源流程和 IT 总监

精益思想使制造业企业取得了重大的进步，而今史凯兄将数字化企业类比成一个生产、加工数据的制造型企业，将精益思想融入数字化转型方法中，形成了精益数据方法，从底层逻辑角度剖析了企业生产和利用数据时存在的问题及其应对方法。如果你也想了解如何发挥数据的最大价值，请尽快阅读这本书。

——刘云波　上汽安吉物流数智技术部及
安吉加加信息技术有限公司副总经理

这本书结合国内外先进的数据驱动企业的实践经验，将数字化转型的理念和方法提炼为一套可指导实践的系统性行动框架，还通过精益数据共创卡牌将复杂的数据驱动体系的建设工程转换成业务人员能理解的探索和设计流程。不管在方法论的解析上，还是在实际流程的设计上，这本书都有着独到和创新的思路。

——彭锋　智领云联合创始人、CEO，Twitter前大数据架构师

作者结合多年行业经验、中外理论以及个人创新，在这本书中提出了很多有价值的观点，如数据是新生产要素，打造有价值的数据产品是企业数字化转型中最重要的工作，等等。如今企业时刻面临着环境的不确定性，企业数字化、智能化是支持企业可持续发展的重要手段，这本书为数字化转型的企业及其工作人员提供了很好的参考，是一本值得读的书！

——钱大群　IBM大中华区前董事长

读完这本书，感慨颇深。书中强调以业务为中心，将数字化转型的主要责任从信息化部门转移到业务部门，认为进行数字化转型应从业务问题出发，采用运营模式打造轻量级、高响应力的精益数据战略，搭建与业务同频共振的数据治理体系和数据中台。书中的纲领和原则值得每一位董事长和CEO认真思考、体会并加以实践。

——乔鲁诺　美世中国区副总裁

这本书尝试利用精益思想回答并解决中国企业数字化转型时面对的实际问题。史凯基于多年来在咨询行业的工作经验提出一套完整、严谨的方法论，书中的很多建议具备可实践性。相信这本书的经验和方法对于主导、参与数字化转型工作的读者会大有帮助。

——乔新亮　彩食鲜副总裁、CTO，鲲鹏会荣誉导师

把精益思想和数据驱动相结合，这种理念我非常认同。作者结合咨询和实践的经验，逐步形成了一套体系化的方法。这本书内容逻辑清晰，引人入胜。正在思考如何开展数字化转型及希望企业实现数据驱动的从业者一定会从书中得到启发和收获。

——桑文锋　神策数据创始人、CEO

读万卷书，行万里路。史凯兄有着丰富的数字化转型项目经验，既作为咨

询顾问服务过100多家大型企业，又躬身入局见证过巨型互联网企业的数字化实践。史凯兄在20多年的企业信息化实践历程中，洞察了企业数字化转型的关键环节，将过往的精彩故事和方法论的精髓沉淀在书中，奉献给大家。无论你是企业的管理者、企业数字化转型的推动者，还是开发数字化产品或服务的工作人员，阅读完毕一定会有所收获。

——沈旸　联易融副总裁，神州数码集团前副总裁、CIO

这本书所阐述的精益数据方法的独特之处在于将精益思想融入企业数字化转型的实践中，将枯燥、晦涩的理论巧妙地转化成桌游这样流行、有趣的形式，四两拨千斤地破解了企业实施数字化转型工作时面临的困惑和难题，使数字化转型的底层逻辑清晰明了，让企业化被动为主动。

——宋洪涛　索信达控股有限公司董事长

160多年前，英国大文豪狄更斯在《双城记》开篇中说："这是一个最好的时代，这是一个最坏的时代。"今天同样如此。好的一面是技术赋能业务，企业在商业竞争中获得了新的能力；坏的一面是新技术引起了企业颠覆。"有道无术，术尚可求也，有术无道，止于术。"史凯的书就是在这个时代企业最需要的"道"，它以精益思想为核心，体系化地阐述了数据驱动的数字化转型的底层逻辑，照亮企业数字化转型的前行之路。

——孙惠民　思爱普（中国）有限公司首席数字化转型专家

书中所写像极了我们公司这几年数字化之旅的总结，利用精益思维定位企业转型升级的愿景和使命，应用精益数据方法找出适合企业自己的转型路径和所需能力，通过沉浸式的"剧本杀"工作坊制定战略落地实施的计划。这本书可以帮助企业高管建设一个系统化的知识框架，并在实际工作中制定战略、搭建平台、培养能力，制定数字化转型的实施计划和迭代路径，全面提升企业数字化升级的效率。

——孙凯　壳牌车用润滑油销售总经理

在中国企业现代化（数智化或数字化转型）的进程中，精益思想与原则显得尤为重要。我在 EMC 的前同事史凯结合他在过去 20 年间进行行业咨询与实践的丰富经历，以系统化、脉络化、要点化的方式为读者梳理并呈现了精益思想结合数字化转型的最佳实践。

—— 孙宇熙　UItipa 创始人、CTO

史凯经过深度思考，将工业时代的管理哲学应用到数字化时代的数据要素的管理中，这是一次突破。当前企业在数字化转型过程中面临的最大困惑已经不是如何理解和应用新的数字化技术，而是如何体系化地推动数据创造价值，提升企业核心能力。对此，这本书提供了一套完整的理念、方法和工具，非常值得读者学习以及在工作中实践。书中的理论和案例对京博控股集团的数字化转型很有帮助。

—— 唐亮　京博控股集团董事、CIO

在数字化时代，企业的生产经营要充分发挥数据资产和数字化技术生产力的作用。史凯将精益思想融入数据治理体系，创造价值，消除浪费，以运营式、主动式、迭代式、场景化、智能化、轻量化的方法帮助企业解决具体问题。这为所有想要构建数据能力，从数据中获取价值的企业提供了非常有实践价值的指导。他开创性地将代表业务、技术和数据的卡牌进行组合，以此来探索业务场景，使隐性的数据价值显性化，这种方法对数据的利用起到了非常有益的推动作用。

—— 汪广盛　国际数据管理协会中国分会（DAMAChina）主席

2020 年 5 月我们公司开启了传统车企的数字化之旅，我在这样的机缘下和史凯认识。当时他提出的精益数据方法就让我印象深刻。关注他的“凯哥讲故事系列”公众号后，我逐渐厘清了很多似是而非的概念。这本书紧扣当下数字化转型的热点、难点，通过史凯原创的精益数据方法和亲身经历的案例，直面企业数字化转型的痛点问题，内容环环相扣，娓娓道来，非常精彩。相信史凯首创的游戏化的精益数据共创工作坊也会让你眼前一亮。数字化转型知易行难，我们永远在路上。

—— 王金伟　一汽丰田汽车销售有限公司客户发展部部长

数据驱动已经逐渐成了企业数字化转型的核心引擎，这本书独创性地将精益思想与数据驱动的理念融合，倡导企业以用户价值为中心、从业务问题出发，详细介绍了数据驱动企业的6个能力及实践路径。方法体系丰富完整，内容深入浅出，对困惑于如何让数据发挥价值的企业具有很强的指导意义。

——魏凯　中国信息通信研究院云计算与大数据研究所副所长

我与史凯共事多年，见证了精益数据方法的诞生与实践。该方法开拓了精益思想在数据领域的应用，是作者多年持续磨砺得到的结果。这本书虽名为方法论，却极具实战性，完全可以作为企业数据治理工作的指南。其中以卡牌为工具的“剧本杀”式精益数据共创工作坊，通过高效协同的过程，提升全员的数据认知，让企业的数据应用真正面向客户价值创造，应为企业数字化转型的必备良策！

——肖然　Thoughtworks 全球数字化转型专家，
中国敏捷教练企业联盟秘书长

信息化建设的思路大致是先明确流程设计，再用系统固化该流程。而数字化则要引领流程的设计，以数据的利用价值为流程设计的依据，避免流程中产生及存储无效的孤岛数据。这种思路的转变一直是传统产业推进数字化转型的挑战。这本书提供了很好的工具和手段，助力企业构建采集、生产、加工、利用数据的能力，并使其从中获得收益。参考这本书，企业能够从流程驱动走向数据驱动，让流程和数据融合，通过数据完善流程设计。

——谢宝财　立邦中国信息总部副总裁

数字化转型不只是技术层面的工作，更不是搭建一套系统和软件就能实现的，它是企业在数字化时代围绕顶层战略进行的整体转型。史凯基于过去20年丰富的企业信息化和数字化规划实施经验，总结了数据驱动企业应该具备的能力，助力企业实现数字化转型。这本书结合精益思想，研究了一套价值驱动、以场景为核心的精益数据方法，对企业发挥数据价值、开展数字化转型具体工作有很强的指导意义。

——辛佳乐　冀东水泥数字与智能化中心负责人

我在数据领域工作近30年，深感抽象并建立一套理论体系比做项目难得多。这本书既能够给数据领域的资深人士带来更多思考和提升，也能够引领有志之士开启奇幻的数据之旅。

——熊琳 长亮科技执行副总裁，长亮数据董事长

史凯兄与51CTO结缘已久。无论通过WOT全球技术创新大会上的演讲，还是通过发布的文章，或者是通过给客户做的定制化培训，他都凭借清晰的方法论、丰富的实践经验和深入浅出的讲解，赢得了51CTO用户的认可！这本书结合精益思想和数据价值创造理论，辅助以翔实的案例、实践和工具介绍，一定能给读者带来系统性帮助！

——熊平 51CTO创始人

本书开创性地提出了企业数据治理应该以业务价值为目标，结合场景以运营手段来实施，而非以构建数据标准为目标。这对那些在梳理数据资产、提升数据质量方面存在困扰的企业来说非常有借鉴意义。企业应该借鉴本书，以让数据产生业务价值为核心，重新审视数据治理项目。

——徐斌 旭辉集团副总裁兼首席数字官、企业管理中心总经理

史凯是一位有着丰富的数字化转型咨询和实战经验，同时非常善于总结、提炼的专家。能被业界认可的方法论并不多，而史凯兄的精益数据方法论却广受好评。书中将精益思想和数据驱动的企业转型深度结合是一个创新举措。我认为这本书有很高的参考价值，很值得一读。

——姚法 SAP大中华区副总裁、行业和客户咨询总经理

这本书中有句话让我印象深刻，“数字化是业务的新存在形式”，一语道破天机。史凯兄把这么多年的咨询和项目实践中“压箱底”的积累都整理出来，从底层逻辑上把精益数据管理的“道、法、术、器”成体系、有针对性、有创新性地呈现出来，希望让更多志同道合者投身于企业数字化变革的浪潮中，与这个时代同频共振。

——喻龑冰 浙江长龙航空有限公司CIO

史凯老师创立的精益数据方法面向场景，以用促建，将数字化转型与业务变革融为一体，辅助业务实现快速设计、开发、投产、迭代，让数据的价值看得见、摸得着。其中，精益数据宣言是对企业数据治理这项数字化转型必要工作在战略价值层面上的理论补充。精益数据方法的价值观和生产原则立足于业务，帮助企业明确数字化转型的底层逻辑和价值判断，非常实用。

——张磊　碧桂园生活服务集团科研中心副总经理

史凯在担任 Thoughtworks 数据业务负责人的时候，就是一位孜孜不倦的高产作者和演讲者。他撰写的“数字化策略”系列文章吸引了大量读者且广受好评。这本书是史凯思想和洞见的凝结，既有基于广泛研究形成的理论体系，又有丰富的贴近应用场景的实际案例。读者可以将这本书看作一幅数据驱动的数字化转型全景图，在自己关心的问题领域按图索骥，与作者一起寻找解题线索。

——张松　Thoughtworks 中国区总经理

史凯先生行业积淀深厚，善于思考，心态开放。他的这本书兼具理论思辨、体系构建、实战技巧，有助于企业拨开数字化转型迷雾，看透本质，瞄准靶心，少走弯路。书中介绍的精益数据方法和作者原创的精益数据共创工作坊很有价值，是企业实践数字化转型的“过河之桥”和“渡河之舟”。

——周治伟　深圳航空有限责任公司副总裁

前言

为何写作本书

1. 企业在数字化转型过程中普遍存在焦虑和迷茫

什么是数字化转型？数字化转型如何做才能成功？

这是近5年笔者在进行数字化转型咨询及指导项目实施过程中，与金融、保险、证券、制造、交通、能源、零售等行业的企业高管第一次见面时被问得最多的问题。这情景仿佛回到20年前，笔者作为一名咨询顾问初入IT咨询行业时，总会被企业管理者问：什么是信息化？信息化如何做？

这些颇具代表性的问题，不仅反映了企业对数字化转型的不理解，还反映了企业在数字化转型过程中的焦虑。这犹如2000年前后业内调侃的“上ERP找死，不上ERP等死”现象重现。如今，数字化转型已经成了所有企业的必做题，但是，每个企业都面临着这样那样的问题。

总结起来，企业数字化转型普遍存在如下3个误区。

第一，将数字化转型当作一个专项工作，独立于业务去开展。

第二，认为数字化转型主要是技术层面的工作，认为搭建了系统和软件就等于实施了数字化转型。

第三，希望从同行业的企业那里“抄作业”，其他企业建设了什么系统，解决了什么问题，是如何做的，自己也照做。

2. 定位问题，结合精益思想解决问题

定位问题比解决问题更重要。上述问题其实源于企业对数字化转型的本质和底层逻辑存在理解上的偏差。

笔者认为，数字化转型是时代发展的必然趋势，是国家战略的重点要求，更是企业在应对数字经济时代高度不确定的环境时自然产生的发展诉求。数字

化转型的本质是企业在数字经济时代的整体转型，是生产力和生产关系的升级、重构，其目标是让企业具备快速响应的能力，从而进一步达成业务目标。

数字化转型是手段，而不是目的。所以，企业一定要从业务目标出发，从本质出发来定义和识别数字化转型的方法和路径，不能舍本逐末，将数字化转型当作独立的、技术层面的工作去开展。

在过去的20多年间，笔者参与过企业流程再造（BPR）、企业资源计划（ERP）以及其他各种企业系统的定制化开发项目，为数百家企业做过数据中台建设、数字化转型和各类IT实施项目的规划咨询，逐渐意识到传统方法已经不再适用于现代企业数字化转型的需求。

信息化时代盛行的参考行业最佳实践和对标其他企业的传统方法，不能从根本上解决数字化转型的问题。因为这些方法是自上而下、层层分解的，实施过程繁重，周期长，已经无法应对业务的快速变化。在数字化时代，众多企业处于传统经济与数字经济融合、跨越的交界线上，正从流程驱动走向数据驱动。经过多年的信息化建设，不同企业面临的具体问题都不甚相同，企业急需一套适合自身情况的数字化转型方法论。

笔者在一线实战中一直在不断探索新的数字化转型方法。以用户价值为核心，靠用户需求拉动产品生产，消除浪费，减少库存，快速迭代，持续完善，这样的精益思想让笔者茅塞顿开。企业在数字化转型过程中所面临的数据孤岛、响应慢等典型问题，不正可以用精益思想来解决吗？

于是，笔者将精益思想融入企业数字化转型的实践中，并有幸参与和见证了多个大型企业的数字化转型项目的落地。我们从业务问题出发打造数据资产蓝图，让业务人员与技术人员一起共创有价值的业务场景，以用促建，打造企业统一的数据生产平台，快速识别并开发出让业务用户的获得感更明显的数据产品，让数据和技术真正应用于业务需要的地方，让企业真正获益。

基于这些思考与实践，笔者融合多个思维框架，总结出精益数据方法，并写成本书。本书希望对以下问题做出清晰解答。

- 在数字化时代，企业数字化转型的本质是什么？其建设方法与以前实施信息化建设的方法有哪些区别？
- 数据驱动的数字化企业需要具备哪些能力？
- 企业数字化转型应该从哪里开始？分几步完成？

- 企业如何从根本上解决数据生产和利用的问题？
- 如何让业务人员和技术人员真正协同、共创，更高效地推动企业数字化转型？

3. 精益数据方法

精益数据方法提倡企业先对齐业务目标，梳理数据资产蓝图和数字化技术蓝图，令各相关部门共创业务场景蓝图，然后针对高确定性的工作做自上而下的规划设计，而对于高度不确定性的工作，则采取快速迭代、小步快跑的策略。

精益数据方法从业务问题出发，帮助企业打造轻量级、高响应力的精益数据战略，构建运营式、主动式、迭代式、智能化、场景化、轻量化的数据治理体系，急用先行，建设业务价值凸显的精益数据中台，保证数字化转型工作持续、稳步地推进，最终达成业务目标。

精益数据方法包括精益数据宣言、精益数字化转型路径、精益数字化企业和精益数据共创工作坊 4 个模块，如图 1 所示。对每个模块，正文都将详细阐述。

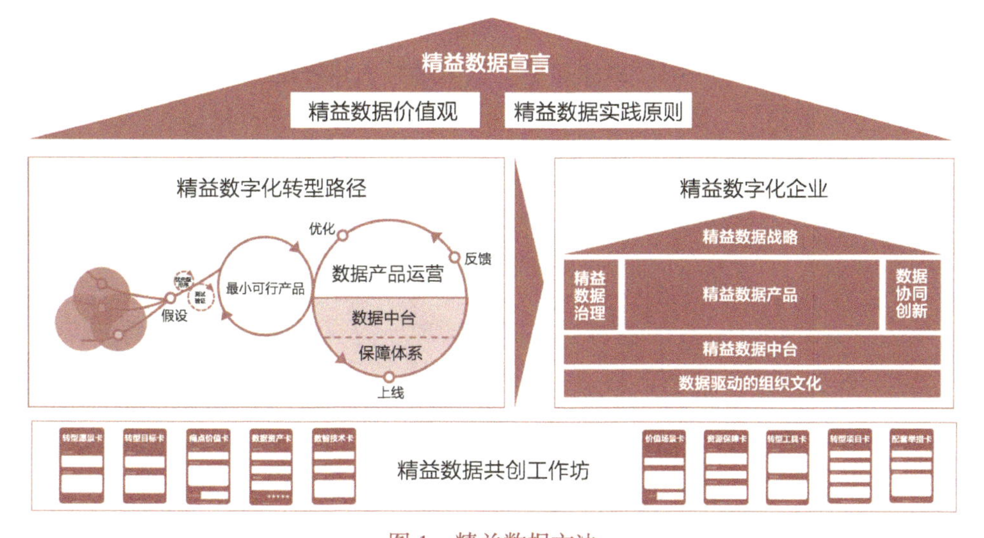

图 1　精益数据方法

4. 行业首创数字化转型剧本杀

数字化转型是一个艰巨、长期、系统的工程，其中最难推进的往往是启动阶段。企业在启动数字化转型时往往遇到 4 个问题：思想不统一，价值不理解，参与不积极，行动难落实。这是因为企业在启动阶段缺少一套激发业务人员积极性和主动性，能让他们深度理解并参与数字化转型的赋能体系。

笔者认为，数字化转型的核心和主力军就是业务人员，必须充分发挥他们的主观能动性。但是传统的转型方法，比如“你讲他听”的培训宣贯（即宣传并贯彻执行）或者“你问他答”的访谈调研，让业务人员感觉自己并不是主角，而是被灌输、被调研的对象，让他们误认为自己是“被转型”的对象，是落后的，自然就会产生抵触心理并消极应对。

在游戏化方式的启发下，笔者原创了国内第一款卡牌桌游式的工作坊——精益数据共创工作坊，为参与者打造互动、开放、沉浸式的体验。在工作坊中，笔者精心设计了各种有趣的玩法，参与者可以通过花样组合资产数据卡和数智技术卡，无死角地探索、碰撞出有价值的场景，并且在这个过程中与其他部门的同事充分互动，最终达成认知和行动上的一致。该工作坊在过去几年内被众多企业成功验证，获得了不错的效果和反馈，被参与者亲切地称为“数字化转型剧本杀”。

第 10 章介绍了精益数据共创工作坊的详细组织方法，以及核心道具——精益数据共创卡牌。这套卡牌也是首创的。笔者将复杂且模糊的数字化领域的理念、价值、技术和方法设计为成体系、有趣味的游戏卡牌，让不懂技术的业务人员在互动、开放、沉浸式的体验中，快速理解和掌握数字化知识，并跟随工作坊主理人的指引，探索、设计出符合企业自身特点的业务场景和转型路径。精益数据共创卡牌的形式如图 2 所示。

图 2　精益数据共创卡牌

如何阅读本书

本书共 10 章，全面阐述了精益数据方法。读者可以按顺序阅读全书来了解数字化转型全景，也可以针对自己关心的问题直接阅读某一章来获得对应的答案。各章之间的逻辑关系如图 3 所示。

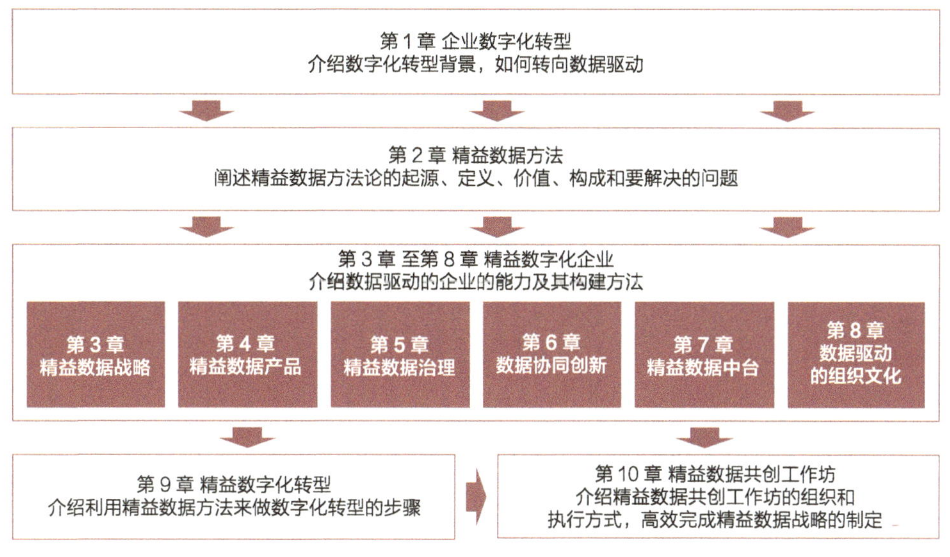

图 3　本书脉络

精益数据方法论的内容庞大，本书无法对所有内容都讲解得细致入微，读者可以关注笔者的微信公众号“凯哥讲故事系列”(kaige-ldm2022)，查收线上讲解和培训互动的消息。

读者对象

本书适合推动企业数字化转型的领导者、规划者、设计者，以及该项工作的具体实施者、参与者阅读：

- 企业管理者，包括 CEO、COO、CSO、CIO、CDO 等；
- 业务部门与 IT 部门的工作人员，如业务分析师、数据架构师、数据分析师、应用架构师、技术架构师及技术开发人员等；

- 数字化转型服务或产品供应商的工作人员。

对于企业的管理者和业务人员，本书结合体系化的理论和丰富、翔实的案例，帮助这部分读者理解数字化转型的底层逻辑，利用精益数据方法制定企业数字化转型的实施路径和方法。

对于技术人员，本书帮助他们跳出技术思维，站在企业转型的高度，从业务价值的视角，结构化、系统化地理解数字化转型的本质目的和所需要构建的能力，从而探索如何更好地与业务人员协作，如何在数字化转型中发挥最大价值。

对于在数字化转型服务行业或产品供应商工作的同人，本书提供了企业数字化转型的完整方法论，可以帮助这部分读者更好地服务客户，探索客户数字化转型的目标、场景和实施路径。在经过笔者授权后，这部分读者可以将各自的服务或产品融入精益数据方法和精益数据工作坊中，形成有自己特色的服务体系。

本书特色

1）体系化：洞察数字化转型的底层逻辑。

每个企业面临的挑战、问题都不一样，数字化转型的过程不尽相同，但是底层逻辑却是一致的。只有洞察和掌握底层逻辑，才能从本质出发，找出高度不确定性中的确定性场景，设计出符合企业自身情况的数字化转型战略和路径。

本书融合了精益思想、企业架构和系统框架、设计思维、敏捷思想及Cynefin框架，结合笔者20多年的实战经验，提供了一套从业务目标出发的、以价值场景为抓手的、数据驱动的方法论，适合不同行业的企业参考，从底层逻辑出发实施数字化转型。

2）针对性：实施符合企业自身特点的数字化转型。

数据的定位从资源变成了资产，数字化转型的核心就是利用数据生产要素打造新业务。本书深度剖析了Netflix、富国银行及笔者深度参与的国内某大型多元化集团的数字化转型案例，为读者提供实践性强的建议，以便读者更好地理解精益数据方法，并结合自身的情况予以应用。

3）创新性：首创卡牌桌游式精益数据共创工作坊。

通过卡牌桌游式的精益数据共创工作坊，企业的业务人员可以快速认识数字化的典型技术和价值，建立对企业数字化转型的认知，并且主动地投入到业务场景的探索和碰撞中，从“要我转型”变为“我要转型”。

4）实战性：提供数据驱动的企业数字化转型的行动指南。

本书解构了数字化企业的能力和转型路径，将目标分解成一个个能力模块和构建步骤，甚至提供详细的动作指南。企业可以按照指引，一步步地组织实践。同时精益数据共创工作坊配套提供有效的培训方法，帮助企业更有条理地开展工作。

资源和勘误

附录提供了简易版精益数据共创卡牌的样例，读者可以将其裁剪下来进行体验。该卡牌著作权归作者所有。

各位读者如果想获得实物或电子版的精益数据共创卡牌，以及参与“精益数据共创工作坊”和“企业数字化转型”系列实战培训，可以微信联系（微信号 kaigestory）。

本书从构思到完稿历经3年多的时间，经过了多次大的修改，因为内容涵盖的范围广，理论体系庞大，所以难免有所疏漏，如有读者发现问题，欢迎反馈，笔者必会快速修正。同时，非常期待与各位读者交流数字化转型的相关问题、思考和案例。

致谢

不写书不知作者难，完成一本原创图书与写一篇热点公众号文章的难度及复杂度有着天壤之别。感谢我太太和女儿的支持，她们让我能够有力量也有时间投入到本书的创作中。

本书是笔者过去20多年企业信息化、数字化转型实战经验的总结。笔者在写作过程中获得了众多师长和朋友的支持和帮助，在此一并表示感谢。

这里要特别致谢杨福川及其出版团队，没有他们的全程督导、细致建议及鼓励，就没有这本书的出版。

未来笔者将持续实践、钻研、总结，不断细化和完善精益数据方法，形成有中国特色的本土化数字化转型方法论，从而为所有参与或者即将参与数字化转型的读者带来一些启发。

目录

本书赞誉
前言
第 1 章　企业数字化转型　001
1.1　数字化转型的本质　002
1.1.1　数字化转型的底层逻辑　002
1.1.2　数字化与信息化的 4 个区别　008
1.1.3　企业数字化转型的 4 个趋势　013
1.2　数据驱动的数字化转型　016
1.2.1　从流程驱动到数据驱动　016
1.2.2　数据驱动为企业带来的 5 个收益　024
第 2 章　精益数据方法　026
2.1　企业利用数据的挑战和趋势　026
2.1.1　企业利用数据的 6 个挑战　027
2.1.2　数据生产和利用的 6 个趋势　031
2.2　全面认识精益思想　035
2.2.1　精益思想的产生　035
2.2.2　精益思想的 2 个核心要义　035
2.2.3　精益思想的 5 个原则　036
2.3　其他参考体系　040
2.3.1　Cynefin 框架　040
2.3.2　设计思维　042

2.3.3 敏捷宣言 043
2.4 认识精益数据方法 044
2.4.1 精益数据方法的定义、使命和愿景 044
2.4.2 精益数据方法的企业价值 045
2.5 精益数据方法的构成 050
2.5.1 精益数据方法全景 050
2.5.2 精益数据宣言 053
2.5.3 精益数据成熟度模型 055

第 3 章 精益数据战略 059
3.1 数据利用的 4 个阶段 060
3.2 从企业信息管理到数据战略 066
3.2.1 企业信息管理架构 066
3.2.2 数字化时代企业信息管理的局限性 069
3.3 价值驱动的精益数据战略 071
3.3.1 数字化时代数据战略的 6 个目标 071
3.3.2 认识精益数据战略 074
3.3.3 精益数据战略的挑战和原则 081
3.4 精益数据战略的制定方法 084
3.4.1 精益数据战略制定的 5 个底层逻辑 084
3.4.2 精益数据战略制定 4 步法 086
3.4.3 精益数据战略制定的 7 个关键动作 088
3.5 案例：富国银行的精益数据战略 091
3.5.1 富国银行的数据转型之旅 091
3.5.2 富国银行的数据战略 092
3.5.3 富国银行的数据资产管理和数据治理 093
3.5.4 富国银行的面向未来的业务场景蓝图 094
3.5.5 富国银行的企业级现代化数据平台 096
3.5.6 富国银行的数据运营和洞察团队 098
3.5.7 富国银行给我们的 4 点启示 100

第 4 章 精益数据产品 102
4.1 什么是精益数据产品 102

4.1.1 数据产品的定义和优势 102
4.1.2 数据产品的类型 105
4.1.3 精益数据产品的定义和原则 108
4.2 精益数据产品画布 111
4.2.1 精益数据产品的 6 个要素 112
4.2.2 精益数据产品的 3 个核心领域 113
4.3 精益数据场景画布 115
4.3.1 业务场景的定义和价值 115
4.3.2 业务场景的 SMART 原则 117
4.3.3 认识精益数据场景画布 118
4.3.4 业务需求、业务场景、业务用例和用户故事 120
4.3.5 精益数据产品的典型技术场景及业务用例 122
4.4 精益数据商业模式画布 127
4.4.1 解读精益数据商业模式画布 127
4.4.2 案例：数据产品的 6 种商业模式 128
4.5 精益数据产品交付 132
4.5.1 数据产品的 2 个本质特点 132
4.5.2 数据产品交付的 4 个挑战 133
4.5.3 精益数据产品 3 层 7 步构建法 134
4.6 精益数据产品成熟度模型 138
4.6.1 精益数据产品成熟度评估的 4 个维度 138
4.6.2 精益数据产品成熟度的 5 个层次 139
4.7 案例：Netflix 的精益数据产品 142
4.7.1 数据驱动的用户体验 143
4.7.2 数据驱动的内容生产 144
4.7.3 数据驱动的运营优化 145
4.7.4 强大领先的数据平台类产品 146
第 5 章 精益数据治理 148
5.1 认识精益数据治理 149
5.1.1 传统数据治理的 3 个现象 149

5.1.2 传统数据治理的 4 个痛点 149
5.1.3 精益数据治理的定义和底层逻辑 151
5.1.4 精益数据治理的 6 个新范式 156
5.1.5 数据问题的根源是 7 种浪费 158
5.2 精益数据治理的实施方法 164
5.2.1 精益数据治理的 8 项指导原则 164
5.2.2 精益数据治理画布 168
5.2.3 以元数据为核心的智能数据治理 171
5.2.4 精益数据治理的 3 个阶段 173
5.2.5 案例：大型多元化集团的精益数据治理 176
5.3 企业级数据资产目录 179
5.3.1 数据资产目录的定义和价值 179
5.3.2 数据资产目录的典型功能模块 182
5.4 案例：Netflix 的数据治理 185
5.4.1 Netflix 数据治理的 3 个支撑点 185
5.4.2 Netflix 数据资产目录 187
第 6 章 数据协同创新 191
6.1 数据协同 192
6.1.1 数据协同的定义 192
6.1.2 数据协同的 6 个阶段 194
6.1.3 数据协同的 6 个挑战 197
6.1.4 数据协同的核心用户画像 199
6.1.5 数据团队的痛点 202
6.1.6 数据协同的 4 项原则 206
6.2 数据自服务门户 207
6.2.1 数据自服务门户的定义和价值 207
6.2.2 数据自服务门户的核心组件 209
6.2.3 数据自服务门户的运营 212
6.3 案例：Netflix 大数据门户 213
6.3.1 Netflix 大数据门户的 4 项设计原则 214

6.3.2 Netflix 大数据门户成功的 7 个要点 218
6.4 数据创新 221
6.4.1 案例：数据驱动创新的字节跳动 222
6.4.2 数据创新的 8 个阶段 223
6.4.3 数据创新的 4 个难点 226
6.4.4 企业数据创新平台的定义和价值 228
6.4.5 企业数据创新平台的用户 229
6.4.6 数据创新平台的 4 个关键成功因素 230
6.4.7 数据创新平台的典型功能架构 231

第 7 章 精益数据中台 233
7.1 全面了解数据中台 233
7.1.1 从企业软件发展史看中台的趋势 233
7.1.2 从分层架构理论看中台的本质 237
7.1.3 从业务中台到数据中台 241
7.1.4 数据中台与数据仓库、数据湖的区别 245
7.1.5 影响数据中台建设方向的 6 个技术趋势 247
7.2 深度剖析数据中台 252
7.2.1 什么是数据中台 252
7.2.2 数据中台的 4 个核心能力 258
7.2.3 数据中台的 3 个支撑能力 266
7.2.4 数据中台成熟度评估模型 269
7.3 精益方法打造数据中台 273
7.3.1 打造数据中台的 6 个挑战 273
7.3.2 精益数据方法打造数据中台的 3 个原则 275
7.3.3 精益数据方法打造数据中台的 6 个阶段 277

第 8 章 数据驱动的组织文化 288
8.1 认识数据驱动的组织文化 288
8.1.1 数字化时代组织形式的 4 个变化趋势 289
8.1.2 数据驱动的组织文化的 8 个体现 290

8.1.3 打造数据驱动的组织文化的 5 个关键步骤 294
8.2 数据人才体系构建 295
8.2.1 数据团队能力全景图 295
8.2.2 企业典型的数据岗位全景图 298
8.2.3 数据团队的 12 个实践原则 301
8.3 案例：Netflix 的数据文化 305
8.3.1 Netflix 数据文化的体现 305
8.3.2 Netflix 数据文化的 4 个底层特质 307
8.3.3 Netflix 数据驱动的组织结构 309

第 9 章 精益数字化转型 312
9.1 精益数据方法驱动的数字化转型 312
9.1.1 企业数字化转型的挑战与原则 312
9.1.2 精益数字化转型的花瓣模型 315
9.1.3 精益数字化转型与传统数字化转型 318
9.2 精益数字化转型的实施方法 320
9.2.1 探索规划 321
9.2.2 设计构建 326
9.2.3 运营优化 342
9.3 案例：大型多元化集团的精益数字化转型 352
9.3.1 集团的转型挑战和应对策略 352
9.3.2 精益数字化转型的 3 个阶段 353
9.3.3 双中台赋能业务 356

第 10 章 精益数据共创工作坊 358
10.1 认识精益数据共创工作坊 359
10.1.1 传统调研方法的 6 个问题和应对启示 359
10.1.2 精益数据共创工作坊简介 365
10.2 精益数据共创工作坊：准备篇和引导篇 372
10.2.1 企业高层访谈调研 372
10.2.2 业务现状高阶访谈调研 374

10.2.3 信息化支撑现状调研 375
10.2.4 信息化能力高阶调研 377
10.2.5 共创工作坊策划设计 378
10.2.6 培训材料准备 382
10.2.7 引导工作坊开场 384
10.3 精益数据共创工作坊：共创篇 386
10.3.1 数字化转型目标共创 386
10.3.2 企业数据资产蓝图共创 389
10.3.3 企业数字化技术蓝图共创 395
10.3.4 数字化转型价值场景共创 397
10.3.5 痛点价值共创及转型资源共创 399
10.4 精益数据共创工作坊：规划篇 402
10.4.1 数字化转型路线设计 402
10.4.2 价值场景排序归类 408
10.4.3 数字化转型项目清单梳理 412
10.4.4 配套举措共创 415
10.4.5 共创工作坊结坊汇报 418
附录 精益数据共创卡牌样例 420

1

第 1 章

企业数字化转型

人类社会正在经历第四次工业革命，正在从实体经济走向数字经济。数据成了新的生产要素，各个国家出台了数据战略来指导数据的使用，希望通过数据获得新的竞争力。所有人都意识到了数据和数字化技术的价值，数字化转型正加速创建一个以数据为基础、智能、高生产率和高度联网的世界。

企业数字化转型是数字化时代下的企业整体转型，是将数字化技术作为新的生产力、数据作为新的生产要素的生产关系升级的过程，数字化转型推动企业从信息化阶段进入数据驱动的数字化阶段。

纵观全球，苹果、微软、Facebook、亚马逊、Netflix、字节跳动等领先企业，都依赖数据实现基于事实的预测及决策，从而取得更好的业绩，更多的企业正在考虑或已经走在数字化转型的路上。

很多传统企业仍然对数字化转型的本质、数据与数字化转型的关系等关键问题缺乏深刻的理解，本章通过梳理数字化转型的底层逻辑，剖析数据驱动的数字化转型为企业带来哪些变化，让读者更好地理解数字化转型的本质和价值。

1.1 数字化转型的本质

数字化转型到底是什么？为什么要做数字化转型？数字化和信息化有什么区别？这些是企业数字化转型面临的方向性、基础性、本质性问题。如果这些问题搞不清楚，对数字化转型的认知对不齐，那么转型就不会成功。

1.1.1 数字化转型的底层逻辑

人类已经进入数字化时代，数字经济迅速发展，数字化技术的进步不断降低数据生产的复杂度和成本，日益成熟的人工智能技术快速赋能所有的行业应用，企业和用户积累了大量的数据。人类社会正处在第四次工业革命之中，数字化技术是数字化时代新的生产力，数据是新的生产要素。

建立正确的对于数字化转型的认知，是数字化转型成功的基础。企业要从数据生产要素的特点和优势角度来理解为什么企业要做数字化转型，以及数据要素和数字化生产力与传统的生产要素和生产力相比，区别和优势在哪里。

1. 数据生产要素的特点和优势

（1）传统生产要素的五大特点

实体经济时代的生产要素以具有物理性质的实体资源为主，比如矿石、农作物、石油等。这时的生产要素有如下五大特点。

1）稀缺性。很多实体资源都是不可再生的、稀缺的。企业和个人要想拥有这些生产要素是很困难的。

2）壁垒性。实体资源的生产加工对生产设备、生产工艺的要求很高，技术和流程具有很高的壁垒，非本行业的企业和个人难以掌握，比如没有现代化的大型设备是没办法采矿的。所以在实体经济时代，企业间是以抢占优质资源为核心去布局的，行业壁垒清晰，跨行业竞争很困难。

3）地域性。实体资源具有很强的地域局限性，受地理位置、天然条件的影响很大，并且地域是天然形成的，不可复制和移动。这就是我们常说的“靠山吃山，靠水吃水”。

4）封闭性。实体资源的流动性很差，大多数都不具备流动性，一旦某些企业率先掌握了该资源，其他企业想要获取就非常困难，掌握资源的企业很容易形成封闭性优势，成为垄断性企业。

5）固定性。实体资源一般都有边界，比如一块矿石、一口油井、一棵树……清清楚楚，因此能够很清晰地界定这些资源的拥有者。在实体经济时代里，每一个生产要素都是固定资产。

（2）数据生产要素的五大特点

数字经济是以数据为生产要素、打造数据产品为核心的经济模式。数据作为生产要素有以下 5 个特点。

1）泛生性。数据是企业和个人无时无刻不在产生的一种资源，是人类各项生产和生活活动的数字化描述形式。数据天生具有泛生性，拥有很强的二次生产、传播的属性，不像实体资源不可再生。我们平常看到的短视频，很多都是对原始内容数据进行传播和二次加工形成的，也就是泛生的。很多时候，数据与数据之间存在关联性，不像实体资源那么边界清晰。

2）开放性。数据资源天生具有很强的开放性，互联网上每时每刻都在产生海量的新数据。对这些数据，拥有网络和计算终端的组织或者个体都可以很容易获取。而单一的数据通常不具备价值，无法进行生产，必须与其他数据融合集成，才能产生业务价值。所以相对于实体资源的稀缺性和壁垒性，数据资源是非常开放和容易获取的。

3）流动性。数据资源具有极强的流动性，一条信息可以在 1s 内跨越地球最远的距离进行传递，一个短视频可以同时分发给上亿观众。与需要用陆运、海运或者空运才能够移动的实体资源相比，数据资源具有极强的流动性。

4）普惠性。数据资源的泛生性、开放性和流动性决定了它拥有比实体资源更强的普惠性。数据资源的生产加工比实体资源要容易很多，只要有手机就可以对文字、图片、视频进行加工，生成新的短视频，只要有电脑就可以编程处理多样化的数据，并不需要购买工艺复杂、价格昂贵的工业设备。数据能够为广大的中小型企业和个人生产者提供更实惠的帮助，比如将原来的手工抄表变成现在的自动化抄表，通过 Excel 去计算和统计以此提升分析效率等。

5）虚拟性。与实体资源的固定性不同，数据资源拥有更强的虚拟性。对同一个数据，不同用户看到的业务属性、价值是不一样的；对数据加工组合，产生的产品形态也是千变万化的。

（3）与传统生产要素相比，数据生产要素的五大优势

通过以上分析，我们可以看到，与实体生产要素相比，数据生产要素有独

特的先天优势，如图 1-1 所示。

图 1-1　数据生产要素的五大优势

1）易获得。数据生产要素在当今时代是很容易获得的，互联网就是一个无穷无尽生产数据资源的源头，只要你有想法、有需求，就一定能够在网上找到对应的数据。

2）易加工。以云计算、大数据、人工智能为代表的数字化技术的应用越来越广泛，让每一个个体和组织都能够相对容易地对数据生产要素进行加工生产，形成自己的数据产品。

3）易传播。在原来的实体经济时代，传统生产要素的传播、移动是非常缓慢和复杂的，而数据生产要素的传播是非常快且方便的。

4）易交易。借助数字化手段，数据产品相比于实物产品可以跨越空间的距离，实现快速交易，比如现在流行的知识付费产品就是典型的数据产品，能够跨越地域，快速地被购买、被传播。

5）易度量。数据生产要素的实时在线的属性决定了数据产品的全生命周期都是可以被实时记录的，更加容易度量和测算。

2. 数字化生产力的五大优势

生产要素发生变化的同时，生产力从实体经济时代的工业设备、电力和人力转变为数字化时代的计算能力和数字化技术。数字化生产力有以下五大优势，如图 1-2 所示。

图 1-2　数字化生产力的五大优势

1）弹性。在实体经济时代，实体设备受其物理性质约束，比如一台设备的产能是有限的，如果需要增加产能必须购置新的设备，并且该设备要运输、安装、调试后才能够投入使用。而到了数字化时代，通过云计算等技术，可以实时、弹性地增加算力，大幅提高数字化生产效率。

2）柔性。在实体经济时代，每一个生产线生产什么产品都是提前配置好的，很多企业受制于实体材料和运输、协同的局限性，无法做到真正随心所欲的柔性生产。

3）互动。在数字化时代，供给端和需求端可以通过网络连接实时在线，借助多触点机制实现双方的实时互动。需求端对于产品、服务的各种需求想法，可以在第一时间反馈到供给端，从而得到供给端的快速响应。这在实体经济时代是不可能做到的，是实体产品全生命周期中的巨大短板。

4）协同。通过数字化互动的手段，数字经济模式下的生产可以做到大规模协同，打通上下游生态，从而降低库存，减少浪费，大幅度提升协同效率和生产效率，降低能耗，实现绿色生产。

5）规模。在实体经济时代，受生产力、生产要素的约束，实现规模化生产需要满足很苛刻的条件。而到了数字化时代，在算力无限充沛、数据生产要素丰富的情况下可以在理论上实现无限制的规模化生产。

人类社会已经进入数字化时代，人们在消费端的生活已经逐步数字化，产业端必然也要跟上数字化的趋势。企业数字化转型是生产力和生产关系在数字化时代的升级和重构，是企业的整体转型。

3. 数字化转型的一个本质和两大误区

数字化转型的本质是企业在数字化时代下的整体转型，是一个系统、长期、艰巨的过程。数字化转型就是利用新的数字化生产力来重构企业本身，包括业务模式、业务流程、经营策略、组织结构等。但是，很多企业的数字化转型存在两大误区，这两大误区是导致所有企业数字化转型进入困境的根源。

误区一：把数字化转型与业务转型分开。

经常有企业的管理者问："数字化转型要做什么？"这个问题本身就暴露了问题。数字化转型不是一项独立的工作，而是企业在数字化时代为了应对外部环境的变化、达成业务目标而做的一系列工作，数字化转型的一切事项是服务于企业的业务目标和解决业务问题的。

所以不能单独地问数字化转型要做什么，而是要从业务出发，从企业的业务目标出发，先问自己，业务现在碰到哪些问题，要建立什么能力，再结合技术和数据来看数字化转型能够为解决这些问题贡献什么价值。

数字化转型是手段，是达成企业战略目标的路径，而不是目的。

误区二：将数字化转型完全看作技术层面的事情。

很多企业一提到数字化转型，就认为是上软件、上系统、上办公自动化工具、上云。这个认知是片面的，甚至是错误的。

数字化转型是一个系统性工程，开发软件、搭建系统是数字化转型最终的落地形式，但只是其中的一部分工作。数字化转型是利用数字化技术对原来的业务进行升级和改造，优化原有业务中需要提升的部分，通过数据和技术来实现业务创新，不仅是技术层面的事情，还是需要一把手挂帅、业务和技术部门携手努力的工作。

所以，企业不要把数字化转型看成一个独立的任务，不要仅从数字化的角度来提出问题，而应从业务的角度、从业务的本质出发，探索和识别企业所面临的问题，再结合数字化技术和数据去解决这些问题。

4. 企业数字化转型的 8 个核心内容

在数字化时代，企业必须借助数字化技术和数据要素来重构自己的业务流程、组织结构、制度体系，才能够跟上时代的步伐，不被数字化浪潮淘汰。

企业数字化转型需要实现的转变包含以下 8 个核心方面，如图 1-3 所示。

图 1-3 企业数字化转型的 8 个核心内容

1）认知。任何一个组织进行转型，首先要转变的是内部成员的认知。思想认知的转变是最难的，也是最重要的。实现数字化转型首先要转变企业全员的意识，让他们建立起对数字化的认知，普及数字化转型的必要性和重要性，以及数字化时代与每个人的关系。企业上下只有在思想上实现统一，才能将所有的转型动作落实到位。

2）战略。企业的数字化转型是从实体经济时代向数字化时代的跨越，是企业在战略层面的变革。企业要建立自己的数字化战略，围绕数字化生产力和数据要素重新思考企业的发展路径和市场布局。在数字化时代复杂多变的环境中，拥有一个长期正确、可灵活调整的战略方向是企业制定发展路线的核心。

3）流程。数字化转型对业务的重塑是从业务流程变革开始的，从原来以经验为主的人工流程转变为以数据驱动的数字化流程，企业流程从原来的厚重、刚性走向自动、智能、高速响应，能更好地适应市场和用户的变化。

4）体验。数字化与信息化的一大区别就是数字化更关注和强调用户体验，因为数字化的核心日标是产生业务价值，而企业的业务是围绕用户展开的。所以充分利用数字化技术和数据来认知用户、洞察用户，为客户提供在体验上更好的产品和服务，这是企业数字化转型的重要业务目标。

5）管理。新的生产力、新的生产方式会带来管理思路的变化，企业管理体系的转型是持续推进数字化转型、有效调配资源、充分激励员工的重要手段。从传统的粗犷式管理走向以数据为核心的精益化管理是企业适应新时代的管理升级。

6）组织。所有转型动作的执行核心是人，没有匹配到具体人员的数字化转型是无法切实执行的，所以企业的数字化转型要建立一系列与之配套的组织结构、岗位职责、协同体系和企业文化。

7）人才。数字化转型归根到底是企业在内部完成的变革，不论在过程中是否借助外力，企业最终都要靠自身的人才队伍逐步落实数字化转型。所以，数字化人才体系的打造是决定企业数字化转型能否成功的关键事项。企业只有围绕数字化战略打造适合自己的数字化人才体系，才能把转型工作扎根到基层一线，将业务全面转型成数字化业务。

8）技术。数字化技术体系是企业数字化转型的技术基础。企业系统要从传统的单体架构转变为以云计算、大数据、物联网等新技术为依托的数字化架构，打造充分利用数据、快速实验创新、持续交付的数字化平台，从信息孤岛走向开放生态。

1.1.2 数字化与信息化的 4 个区别

数字化的前身是信息化，但是数字化和信息化又有本质的区别，企业如果不能理解数字化和信息化的区别，则就是在用旧地图寻找新大陆，永远无法到达数字化转型成功的彼岸。

数字化和信息化有如下 4 个区别。

1. 从局部支撑到全局重塑

数字化是业务新的存在形式，信息化是对业务的局部支撑，这是数字化和信息化之间最大的区别，也决定了数字化转型有着与信息化建设完全不同的底层逻辑。

对比两者与业务的关系，可以说明它们底层逻辑上的区别，如图 1-4 所示。

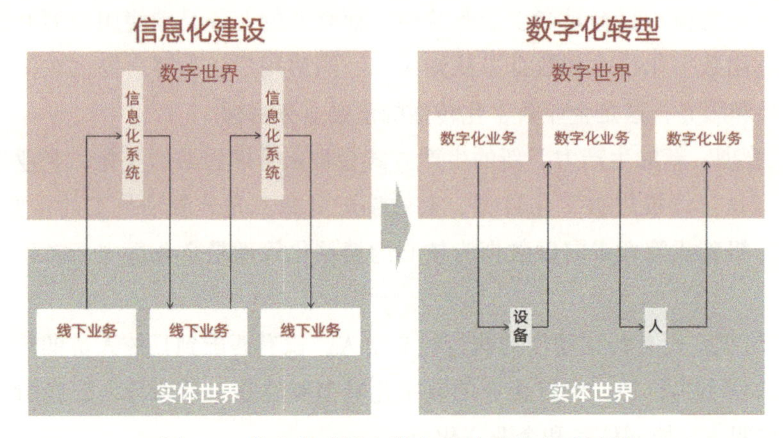

图 1-4 信息化建设和数字化转型的本质区别

信息化建设和数字化转型有着相同的背景，那就是实体世界和数字世界的交互。在信息化时期，企业大部分的业务是在线下完成的，也就是在实体世界里靠人与人、人与设备的交互来完成业务上的操作，而信息化系统的典型代表就是办公自动化系统。例如，在处理公文审批流程时，工作人员完成某一个环节后，需要该环节负责人在纸质文件上盖章签字，然后文件随流程流转到下一个部门，仍然需要盖章签字，整个处理流程都是依靠人力在线下实现的。为了减少人员跑动，也避免因为人不在办公室导致流程中断，一些企业引入了办公自动化系统，这样工作人员只要使用办公网络就可以跟进该审批流程。但是，我们发现原来业务的实际执行还是在线下的，只是把盖章签字的单个环节搬到了线上，仅提高了这个环节的审批效率。

但是，数字化则不一样。数字化转型使所有业务都以数字化的方式呈现和运转，只有线下驱动物理设备做一些操作，或者让员工做一些特定的线下工作时，才会与实体世界交互。数字化系统的典型代表就是无人零售店。

无人零售店的所有业务操作都是线上数字化的，从选品、定价到销售、理货，零售店内所有环节都通过软件和硬件系统自动完成。数字化系统会根据线上数据分析业务的实时情况，发出下一步经营指令给相应的服务人员。例如机器清点货物后，分析出需要补货，就会自动下订单，同时通知服务人员取货时间。此时服务人员就是数字化系统与实体世界交互的触点，该服务人员只需要按照系统给出的指令工作即可。

由业务形式分析两种系统在实现上的区别。信息化系统的建设在很多时候是点状的。A 部门提个需求，企业就建设一个系统，B 部门提一个需求，企业再建设一个系统，这些系统之间不需要有耦合关系，只是办公工具。所以信息化建设带来了很多信息孤岛，这本质上是因为各部门对于业务的理解不同，企业对业务需求缺少统筹规划，是一种头疼医头脚疼医脚的建设方式。

而数字化转型，则对齐最终业务价值，将业务看成一个整体，然后利用数字化技术进行重构，需要全局优化的思维。

信息化建设的本质是在原有业务模式和业务流程不改变的情况下解决点状的问题，所以信息化建设注定是被动的，是基于发现的最显著的问题来进行的。而且信息化系统的主要服务对象是企业内部的管理和运营人员，并不改变业务的运营模式，只是将一些局部的计算单元或者处理节点通过软件的方式实现，提升单点的效率。信息化系统的本质决定了它只能被动响应业务需求，是一个局部支撑企业业务的工具。

数字化转型的本质是将企业本身当作一个产品，整体提升这个产品的用户体验、收益能力，数字化转型是对原有业务流程、业务模式的一次重构，是用新的数字化生产力重新做一遍业务，所以数字化转型一定要服务于企业的用户，产生业务价值。

2. 从被动响应到共创引领

随着技术的发展，技术与业务的关系一直在不断演进、发生变化，图 1-5 是软件咨询公司 Thoughtworks 总结的技术与业务关系演进的 4 个阶段。

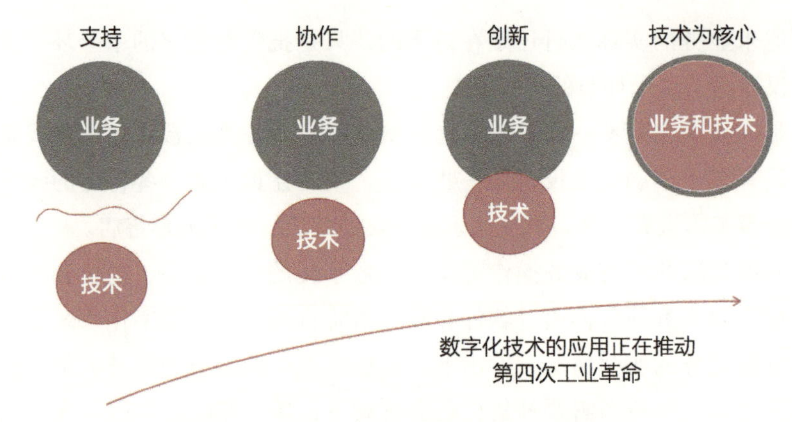

图 1-5　技术与业务关系演进的 4 个阶段

第一个阶段：技术与业务有着明显的分界线，技术为业务创造一些工具资产，从而支撑业务的运行。这个阶段对应早期的纯工具型软件，例如库存管理系统，记录库存的变化，从而让库管员更精确、高效地掌握出入库的情况。

第二个阶段：技术更进一步为业务提供服务，并与业务产生一定的协同效应。典型的软件就是 ERP 系统（企业资源管理系统），它可以在每一笔业务完成后，将对应的财务变化记录下来，帮助企业实现业财一体。

第三个阶段：技术给业务带来局部的新变化，开辟新的商业模式，提升业务的差异化竞争力。典型的代表是电子商务系统，通过 App 来获取原来线下业务不能够触达的用户和不可覆盖的市场。

第四个阶段：技术与业务融为一体，并且技术成为业务发展的核心驱动力，也就是利用新的技术将业务重构一遍，使其成为数字化业务。

结合上面的 4 个阶段，我们会很清晰地看出，在信息化阶段，技术与业务的关系主要处于第一个、第二个阶段，此时技术还是业务的支撑和协作工具。而数字化转型的本质，是利用数据和数字化技术，用新的方法和思路来重构业务，使业务产生根本性变化。所以，从技术与业务的协作关系上说，在数字化阶段，技术不再是被动响应业务需求，而是要对业务起到引领创新的作用。

这个趋势对业务人员和技术人员都提出了新的挑战，业务人员要了解技术的发展，具备数字化思维，才能够更好地利用数字化技术去创新业务，重构业务的存在形式，技术人员也要对业务有更深入的理解，才能够主动和业务同频共振。

3. 从瀑布式到敏捷式

建设内容的不同、协同关系的不同，都会导致建设方式的变化。信息化系统的建设需求非常清晰，而数字化系统面对的是高度不确定的市场，所以其建设需求变化很快，建设实施往往是探索性的。因此，两者的建设方式有很大的区别，前者对应的是瀑布式建设方式，后者对应的是敏捷式建设方式，如图 1-6 所示。

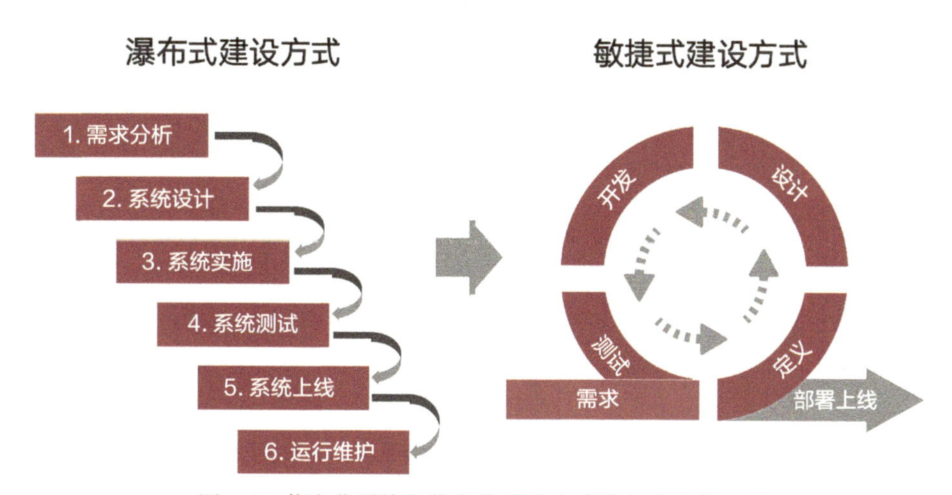

图 1-6　信息化系统和数字化系统在建设方式上的区别

在图 1-6 中，左边是信息化建设时期的经典方法——瀑布式建设方式。采用该方式建设系统时，从接到业务部门的需求开始，依次进行需求分析、系统设计、系统实施、系统测试、系统上线、运行维护的相关步骤。在系统运行一段时间后，工作人员再根据搜集的新的改进意见和需求，启动新一轮的建设，仍从需求分析开始。

这种建设方式的成功有两个前提条件。

第一，需求清晰。在系统建设之初就能清楚描述出建设完成并上线后的功能以及预期效果。

第二，需求稳定。从需求分析到系统上线会经历一个时间周期，基本上以月为单位，而在这个过程中，系统建设需求不能发生变化。

在信息化建设时期，这样的建设方式是可能成功的。例如，像 ERP 系统这样在实施上如此复杂的建设项目，因为企业内部的管理流程相对确定，也可以通过还原的方法将其建设需求拆解成具有确定性的子需求。

但是，到了数字化时代，当我们建设一个业务系统的时候，情况就完全不同了。市场在变化，用户的兴趣也在变化，几个月以前的设计肯定无法适应当下的需求。在这种情况下，如果仍沿用瀑布式建设方式，无异于刻舟求剑，最后会陷入系统功能与业务需求不匹配，或者系统建设不断跟着需求变化的泥潭。

所以，在这个时候，敏捷式建设方式应运而生。敏捷式采用“小步快跑”的策略，缩短每一个功能点的开发周期，快速上线，快速获得反馈，不断试错，快速迭代，从而及时响应需求的变化。

4. 从提升竞争力到打造响应能力

笔者十几年前为企业做转型规划的时候，有一个标准动作，那就是“对标”。找一个或多个同行业的领先企业，将客户企业与行业领先企业的能力进行比较，分析各方面差距，最终制定出改进路线，从而按照该路线提升企业的竞争力。在那个时候，对标是一个非常时髦的动作，一度成了大型企业的必做题。

但是，近几年间，对标这件事情逐渐被淡化，对于企业的借鉴意义也不像从前那么重大。

在 1.1.1 节中我们提出，数字化时代中行业的边界在逐渐消失，企业已经无法预知自己最大的竞争对手是谁，本行业很可能由于其他行业内发生的变革或某个新技术的应用而衰落。例如，谁也没能想到延续了几十年的盗窃自行车的非法交易链，随着共享单车的推出，一夜消失；让柯达这样的影像巨头消失的，并不是其传统的同行业竞争对手，而是手机这样的数码设备。

所以，在数字化时代，企业在无法预测竞争对象是谁的情况下，应该将重点从提升竞争力转移至打造响应力。

在这个信息扁平、快速传播、全球市场被数字化技术全部“打穿”的时代，企业要做的事情是构建自己的高响应能力，包括用户洞察能力、快速试错能力、快速交付能力、快速变革能力。

（1）用户洞察能力

首先要建立全面、敏锐的用户洞察能力。过去，很多制造型企业自己并不直接接触用户，并不获得和掌握第一手的、实时的用户数据，这些企业在当时依靠咨询公司等机构出具的行业调研、市场洞察等报告。而现在，用户掌握消费主导权，用户需求极度个性化，一刀切的市场策略已经完全不起作用，精准营销才是大趋势。在这种情况下，企业必须全面建立直连客户的渠道和能力，获取全面的用户数据，这是构建高响应能力的基础。

（2）快速试错能力

在构建了一定的用户洞察能力之后，企业还要建立快速试验能力。这里的快速试验包括开发试验产品、圈定用户试验样本、跟踪试验过程、获取并分析试验结果，企业通过这一系列步骤从众多的创新想法中验证及筛选出最有价值、最接近市场需求的那一个。没有试验就没有数据，没有数据就没有发言权，这将是高响应企业在决策逻辑上的巨大变化。关于企业如何建设基于数据的创新平台来提升自己的快速试验能力，我们将在第 6 章中详细介绍。

（3）快速交付能力

企业通过快速试验明确了产品的定位之后，下一步就是实现产品的快速开发、交付上线。“速度为王”是数字化时代的最大特点，谁能够更快将产品交付给用户并获得反馈，谁就占据了先机。

企业要构建自己的快速交付能力，需要从组织文化、团队管理、基础设施、协同形态等方面全方位打造具有高响应能力的交付平台，做到持续发布、快速流动。关于如何基于精益数据方法来建设企业级快速交付的数据中台，我们将在第 7 章中详细介绍。

（4）快速变革能力

除了快速推出新产品应对市场的需求和变化之外，企业还要具备快速变革的能力。根据外部的需求变化，快速对自己的组织结构、绩效体系、业务流程等进行调整。这就需要企业自身演进成数字化企业。当一切都通过建模实现数据化的时候，企业就拥有了快速变革的能力，这个能力的核心是打造数据驱动的组织文化，我们将在第 8 章中阐述其具体内容。

1.1.3　企业数字化转型的 4 个趋势

在过去几年间，笔者参与了多个大型集团企业的数字化转型。虽然这些企业的规模、所处行业都不尽相同，但是其转型却有一些共同之处，可以总结为以下 4 个趋势：从管理提效到价值创造，从粗犷式管理到精益化运营，从标准化到个性化，从分散建设到统筹集中，如图 1-7 所示。

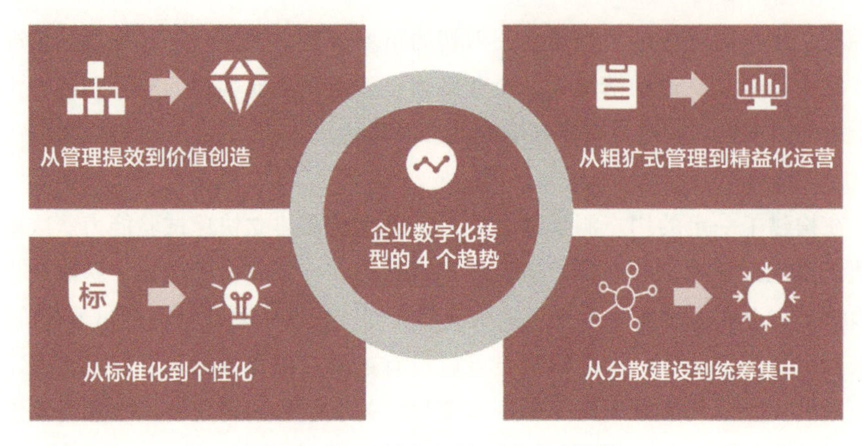

图 1-7 企业数字化转型的 4 个趋势

1. 从管理提效到价值创造

数字化转型更多聚焦在打造企业的高响应能力来应对外部环境的变化和不确定性，从而为企业创造更多的业务价值。价值创造主要体现在以下两点。

（1）精益化管理对焦业务价值

在数字化时代，管理有了新的定义。减少那些不创造业务价值的管理动作，提升管理的价值密度，做到精益化管理，成了新的管理诉求。对此，很多企业在尝试去中心化的管理形式，更大胆地将权限下放给直面客户和市场的部门及人员，从而快速响应，通过减少管理层级，降低效率损耗。

（2）管理职能要转化为业务价值

很多企业尝试通过原来的职能型管理动作创造业务价值，并通过业务价值来衡量管理价值，此时一切管理都是为业务服务的。例如，原来采购属于纯粹的内部管理职能，很多企业尝试通过对采购数据、订单数据与产品数据的整合挖掘，寻找和发现优质供应商及材料。

2. 从粗犷式管理到精益化运营

这是企业在数字化转型过程中的一个显著趋势。

粗犷式管理的特点是看年度结果，弱化过程管理，重点在投资建设。这样的管理模式适用于增量市场的阶段。在存量时代，为了利用好每一项资产，减少浪费和无效果的投资，提升企业的净资产收益率，企业必须走向精益化运营的模式，精益化运营具有如下 4 个优势。

（1）精益可度量

精益化运营会将业务过程尽可能通过数据以量化、可视化的方式呈现。比如，建立可度量的业务数据模型体系，以便管理层能够及时掌握业务的进展情况，发现问题和风险，并掌握业务全貌。

（2）优化资本投入

从增量时代的大规模投资或进行资产建设，走向存量时代的优化资本投入及根据产出价值来评估投资的规模。

（3）加快交付速度

建立快速生产、交付的体系，降低库存，减少浪费，更快响应客户及获得市场的反馈。

（4）提升交付质量

建立用户满意度评价体系，提升交付质量，从而提升用户体验。

总的来讲，很多大型企业都在建设数据驱动的精益化运营体系，使一切业务数据化，使数据成为精益化运营的工具和手段。

3. 从标准化到个性化

经历过三次工业革命，人类的生产与制造方式逐渐实现机械化，以机器生产取代手工生产，实现了商品的规模化生产。在信息化阶段，企业通过业务流程再造，辅以企业资源管理系统（ERP）、制造执行系统（MES），使生产流程进一步标准化。在这个阶段，企业的目的是大批量生产同类产品。

在数字化时代，消费者的个性化需求越来越多，市场对企业的要求不再是生产更多同样的产品，而是快速响应实时的需求，生产个性化的产品。在这种情况下，企业追求的是个性化、实时响应、库存绩效的模式，因此企业能够从高昂的库存成本中解脱出来。以犀牛智造“100 件起订，7 天交付”为代表的小单快返的新模式，能够实现供需精准匹配和更高水平的动态平衡，成为智能制造、柔性制造的标杆，很多企业都在学习这种模式。

4. 从分散建设到统筹集中

近几年，很多大型企业在 IT 建设层面上进行统筹集中的规划。典型的表现是，将过去分散在各个子板块的基础设施云化，形成全集团统一共用的计算底座；构建数据中台，将数据打通汇聚；建设自己的技术中台，给所有的业务单元提供支持。一方面，这是技术进步所驱动的，企业有了云计算、大数据、物联网这样的新技术；另一方面，这也符合存量时代的精益化运营模式，能够减少重复建设，提升投入产出比。

随着业务体系从标准化走向个性化，前台应用越做越轻，越来越敏捷。在这样的趋势下，IT 建设更需要统筹规划，集中建设企业级能力体系，实现能力共享，减少应用孤岛、数据孤岛。

1.2 数据驱动的数字化转型

在数字化时代，人类每天都在创造、使用、管理、计算各类数据，数据与石油一样重要，已经成了新的生产要素、战略资源。其实，人类利用数据的历史要比使用石油的历史长得多，数据的应用是伴随着人类文明的发展而前进的，技术的进步不断革新数据的处理手段，从而让数据能够更好地服务于人类。

1.2.1 从流程驱动到数据驱动

2016 年麦肯锡在报告《分析的时代》中提出，人类已经进入数据驱动的世界，数据智能将在未来 10 年产生 13 万亿美元的经济收益。如今，所有的咨询和研究机构都将数据驱动视为行业趋势。随着数据量呈指数级增长、算力提升、人工智能技术不断发展，数据驱动替代流程驱动将势不可挡。

1. 业务流程的定义

我们将业务流程归纳为：业务流程是为达到特定的价值目标而由不同的人分别完成的一系列活动。这些活动不但有严格的先后顺序，而且活动的内容、方式、责任人等也必须有明确的安排和界定，以使不同的活动在不同岗位角色之间进行交接和协作成为可能。

2. 业务流程的特征

（1）层次性

业务流程是有层次的，它是一个从上至下、从整体到局部、从宏观到微观、从抽象到具体、以逻辑为主体的体系，分为一级流程、二级流程、三级流程等。业务流程的层次如图 1-8 所示。

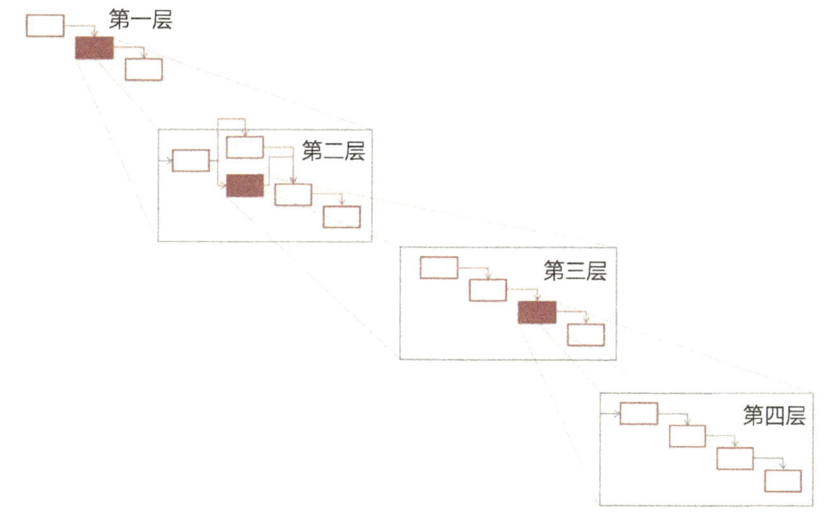

图 1-8　业务流程的层次

这样的层次结构非常符合人类的思维习惯，便于建立企业业务模型。在信息化建设时代，企业开发 ERP 系统之前都会做一项工作，叫作流程再造，即重组工作任务以形成更高效的流程，更好地降低成本、提高质量和完善服务。

（2）抽象性

业务流程是从企业业务中分析、抽象出的关键业务节点的集合。业务流程是业务的关键点的描述，而不是全面描述。当业务流程要解决的业务问题不一样的时候，设计出的业务流程也是不一样的。

比如，对同样一个从订单到交货的业务过程，从销售、物流、财务等不同视角梳理出来的流程节点是不一样的。

在某种程度上来讲，业务流程的设计体现了不同角色对业务的认知和理解，流程本身不是客观的，业务流程的设计过程强依赖于流程设计者对业务的理解能力、建模能力。

（3）以人为中心

所有的业务流程都是以人为中心的，组织中的每一个人都会在业务流程中充当一个角色。通过良好的流程设计，每个人都会有自己清晰的职责，从而明确自己在业务流程中的工作目标和内容边界。

流程设计需要使每个人都看到其中的关键业务环节，并充分理解其意义和目的，整体的业务流程要以便于员工理解的方式展示出来，比如操作手册、流程文档、图形、规范制度等。

业务流程不是凭空产生的，而是企业管理体系发展的产物，企业管理模式从人员驱动发展到职能驱动再到流程驱动，因此业务流程在一段时间内代表了企业当前的管理理念。

3. 流程驱动的5个先进性

在20世纪90年代，美国麻省理工学院的计算机系教授迈克尔·哈默和CSC管理顾问公司董事长詹姆斯·钱皮在《企业再造：企业革命的宣言书》一书中提出了“流程再造”(Business Process Re-engineering，BPR)的概念。

他们指出，两百年来，人们一直遵循亚当·斯密的劳动分工的思想来建立和管理企业，即注重把工作分解为最简单和最基本的步骤，然后根据这些步骤来划分职能，用职能来驱动生产和管理，这种方式已经不适应当前的企业需求，应该把工作任务重新组合到首尾一贯的工作流程中去。他们认为，为了大幅度改善成本、质量、服务、速度等现代企业的主要运营方面，必须对工作流程进行根本性的重新思考并彻底改革。该改革过程就是BPR。

相比于人员驱动和职能驱动，流程驱动有着显著的五大先进性，如图1-9所示。

图1-9　流程驱动的五大先进性

（1）覆盖端到端价值链

流程驱动的本质是一组人分工协作，通过完成各自的工作内容来达成同一个业务目标。流程本身覆盖业务端到端的价值链，虽然每一个角色的工作是局部的，但是在流程的牵引下，各角色能够达成一个最终的业务目标，产生业务价值。

（2）更好的协作

流程驱动强调精细化的流程设计，让每一个角色能够清晰地知道自己的上游是谁，下游是谁，自己的工作内容是什么，分工界面是什么，交接物是什么。在这种情况下，每一个角色不需要掌握全局所有的细节，只需要按照流程的设计来完成自己局部的工作，就能够与其他环节中的角色协作。

（3）更容易复制

流程驱动的核心是标准化。标准化的流程、作业手段和操作规程可以降低业务对人员能力的依赖，从而让这些人的工作更加容易被复制，业务的推广和规模化也就更容易实现。

（4）更高的响应能力

在职能驱动的时代，如果业务需求发生了变化，各角色需要分别进行点对点沟通，而流程驱动能够降低沟通复杂度，提高响应能力。两种模式的响应成本对比如图 1-10 所示。

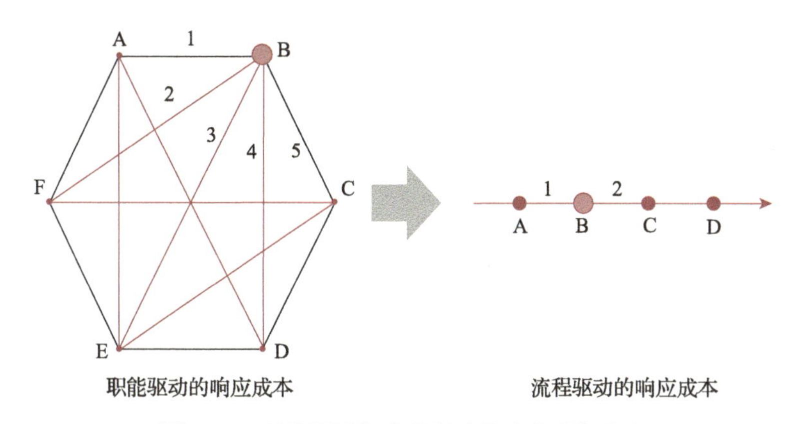

图 1-10　职能驱动与流程驱动的响应成本对比

在图 1-10 中，当 B 节点发生变化的时候，在图左侧的职能驱动模式中，B 节点需要至少与 5 个节点沟通，而在图右侧的流程驱动模式中，B 节点只需要与上下游两个节点沟通。可见流程驱动相比于职能驱动，具有更高的响应能力。

（5）管理复杂业务

流程是有层次的，所以我们可以将高复杂度的工作任务分解成一层层相对简单的流程，以便对流程进行理解和管理，降低流程复杂度。而职能驱动的方式是点对点设计，当节点更多、角色岗位更多的时候，流程复杂度会呈指数级增长。

很多先进的理念和理论，比如及时生产和精益生产，都是在流程驱动的理论基础上产生的。流程是物理世界与数字化世界沟通时使用的业务语言。

总而言之，流程概念的提出是现代化企业管理的里程碑，流程再造的推行是企业信息化建设的业务基础，我们必须肯定流程驱动的先进性，以及其曾对企业管理产生的巨大作用，才能客观地看待未来趋势。

4. 从业务流程到业务数据

（1）业务流程的演变

业务流程的出现给现代企业的管理注入了新的动力，流程驱动加速了企业的发展，因为有了流程，企业能够管理更加庞大和复杂的业务。随着企业业务复杂度的不断增加，光靠线下流程和管理手段已经不足以支撑业务的高效运行，越来越多的业务流程以软件的形式来承载，办公自动化、物料需求计划、企业资源管理等信息化系统不断涌现，同时产生了非常多的数据资产。

如图 1-11 所示，在物理世界里，工作人员根据经验梳理出业务流程，然后将流程作为标准化的作业规范去指导业务。为了让业务发展得更好，企业借助信息化的力量构建了一系列应用，这些应用会沉淀很多数据，这就使业务进入了数字世界。

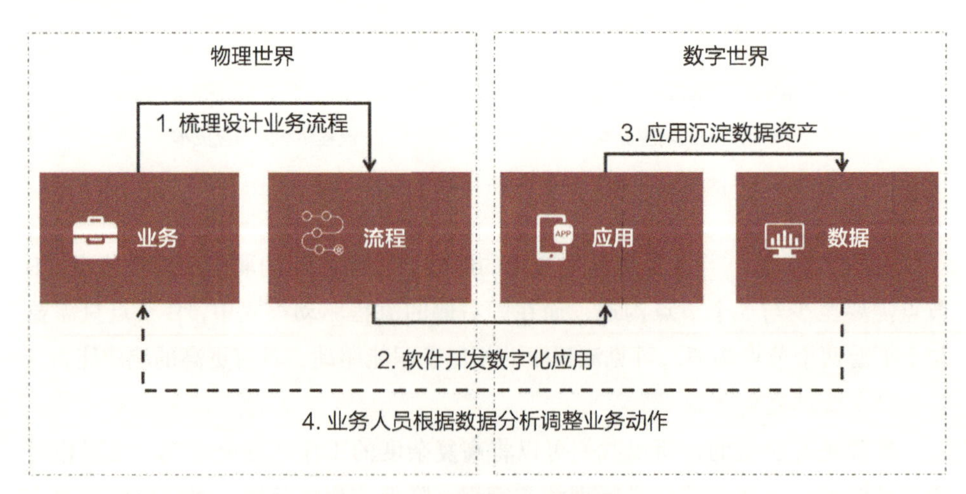

图 1-11　流程驱动和数据驱动

在信息化时代，主要的业务流程还是在线下完成的，应用只是支撑，沉淀的数据更多用于后置的统计分析，最后形成报告提供给业务人员，而业务人员根据这些数据来调整业务动作或者流程，提出新的业务需求，再去建设新的应用。这是信息化时代的业务流程到业务数据的闭环。

而到了数字化时代，则完全不同了。很多企业经过过去的信息化建设，业务对象和流程的核心部分已经通过软件系统实现了数字化。首先，消费端已经完全数字化了，也就是用户的描述、行为都已经数字化了。同时，业务流程通过系统数字化了，从外部的广告投放、销售、渠道管理，到内部的人事、财务管理等，这些流程都变成了系统里的功能。应用产生数据，数据经过分析挖掘，再反馈给应用。

当业务全部数字化后，业务的呈现形式就是一个个 App，物理世界里的业务动作越来越少，应用和数据逐渐形成了闭环，如图 1-12 所示。

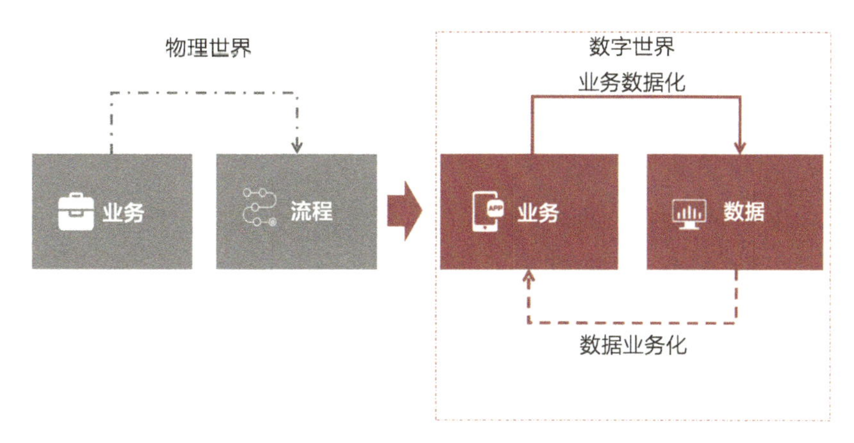

图 1-12　从流程驱动到数据驱动

业务流程已经以数字化的方式融入应用系统当中，对流程的优化改进也不像过去仅由工作人员靠经验去判断，而是通过更快速响应的数据反馈机制来优化业务流程和决策逻辑，这就是一切业务数据化，一切数据业务化，也就是数据驱动的业务模式。

（2）数据驱动的定义

根据维基百科，数据驱动指的是流程中的行为是被数据驱动而不是被人的直觉和经验驱动的。为了更好地理解数据驱动和流程驱动的区别，我们看一个简单的定价场景的例子。

传统的定价流程是：多个角色从市场价格采集、收入分析、成本分析、客户体验各方面给出自己的建议，然后结合不同品类、不同净值设计定价流程。实际定价时需要通过该流程的层层审批，最终确定价格。当其中任何一个条件发生变化的时候，流程就要重新走一遍，这就是流程驱动的定价模式，如图 1-13 左侧部分所示。

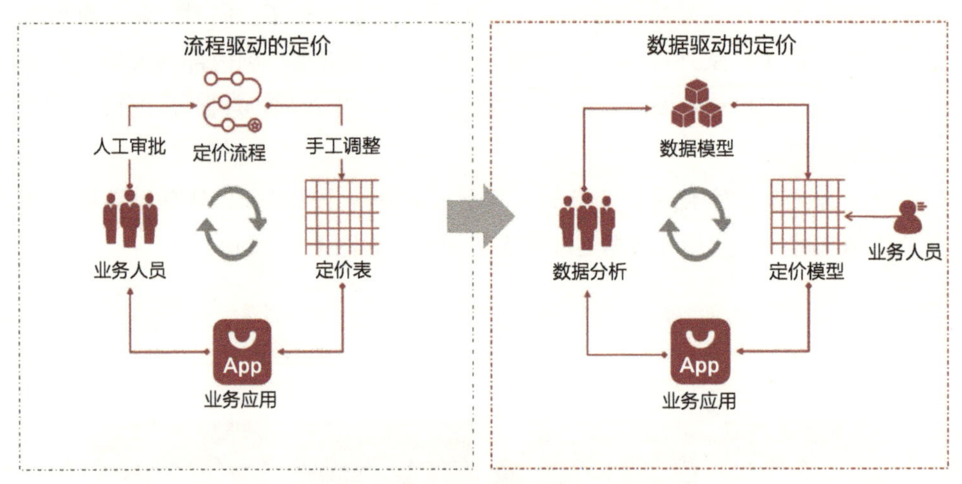

图 1-13　流程驱动与数据驱动的产品定价过程

流程驱动的定价模式有如下 4 个核心节点。

- 业务人员设计定价流程。
- 根据新的市场、销量等信息发起定价审批流程。
- 将审批后的价格配置到系统的定价表中。
- 业务系统从定价表里读取定价。

流程驱动的定价模式需要业务人员手工干预，并且审批流程往往比较长，不能快速响应市场的需求变化，所以现在很多企业采用了数据驱动的定价模式。如图 1-13 右侧部分所示，数据分析人员建立更全面、更多维度的数据模型，通过预测技术来动态生成定价模型，业务人员按需在系统中实时优化和调整定价模型，该定价模型能直接驱动业务应用。

数据驱动的模式以市场的实时数据为基础，借助人工智能算法，可以实时计算价格，迭代快、响应快。例如，Uber 就是利用动态定价模型全自动计算每一次交易的建议价格的，如果换作传统的流程定价，无论工作人员数量还是响应速度，都不可能满足这样的应用场景。

5. 流程驱动和数据驱动的区别

流程驱动和数据驱动的本质可以用图 1-14 来说明。

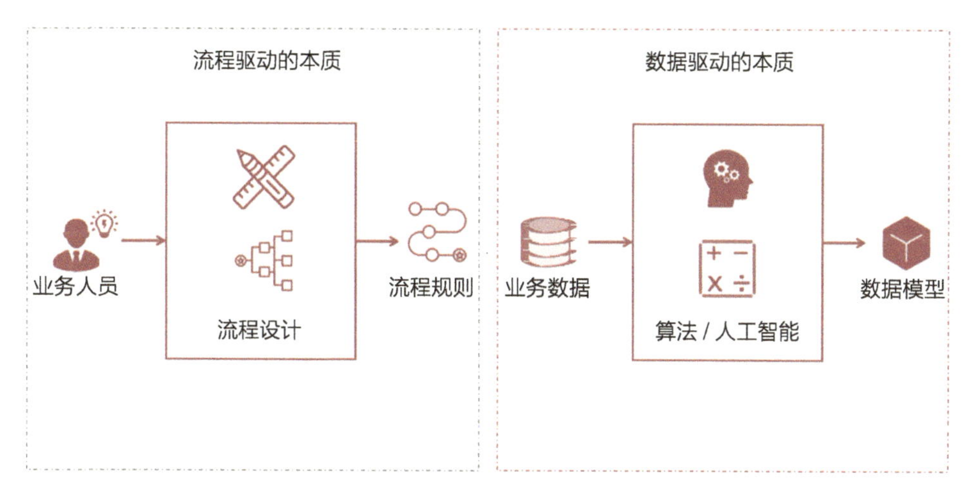

图 1-14　流程驱动与数据驱动的本质

根据图 1-14，整理数据驱动和流程驱动的主要区别如下。

- 流程驱动以人的经验和直觉为输入，而数据驱动则以数据为输入。
- 流程驱动的开发过程以咨询和人工分析方法为主，而数据驱动的开发过程以数据建模和机器学习等数据技术方法为主。
- 流程驱动的过程是可解释、可视化的，而数据驱动的过程大部分是不可见的，尤其是机器学习的模型训练过程，在行业中被称为“炼丹术”。
- 流程驱动有人工参与，整个过程是非自动化的，而数据驱动可以实现全自动化。
- 流程驱动过程中，如果出现业务需求变化就要重新设计流程，迭代比较慢；数据驱动过程中，如果出现变化，数据模型得重新训练，而模型增量学习的迭代速度快于流程驱动。
- 流程驱动输出的是规则体系，该规则体系应用于业务以辅助决策；数据驱动可以直接接收业务数据给出决策。在规则足够清晰、业务相对静态且数据条件不够好的情况下，基于流程的规则体系成本更低。如果业务变化比较快，而且数字化程度较高、数据质量好、数据维度丰富，则尽量采用数据建模、机器学习的数据驱动方式，才能够更快速、实时地响应业务的需求。

数字化时代，所有的企业都将逐渐使自己的业务数字化，从而成为数据驱动的企业。

1.2.2 数据驱动为企业带来的 5 个收益

麦肯锡全球研究院的报告表明，数据驱动的组织在吸引客户、保留客户和盈利的能力上，分别是一般企业的 23 倍、6 倍和 19 倍。

数据驱动会给组织带来如图 1-15 所示的 5 个收益。

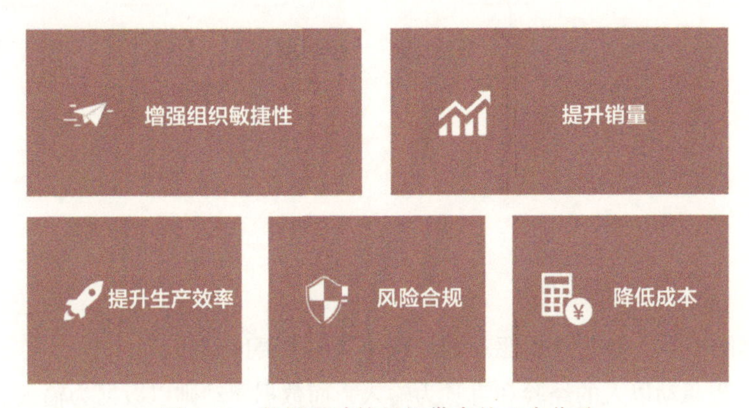

图 1-15 数据驱动给组织带来的 5 个收益

1. 增强组织敏捷性

很多组织都希望自己变得更加敏捷。根据约翰·科特的研究，各组织超过 50% 的转型尝试都失败了，失败的原因有很多，但其中很重要的一点就是缺乏清晰的目标和度量。数据驱动的组织在设置目标时，其决策判断都会以数据为依据，利用数据的优势，组织可以通过诊断性分析、预测性分析、处方型分析、认知型分析等多种手段来实时度量转型的过程，从而发现问题和待优化点，增强组织的敏捷性。

2. 提升销量

数据驱动的组织将一切业务数据化，从数据中获取业务的真实情况，再围绕业务目标采取对应的动作，提升销量。比如，通过分析每个用户的行为，比如点击、浏览、切换、离开等，组织可以洞察他 / 她的喜好、行为模式，进而实现定制化的产品和服务，增强用户及客户体验，促进产品和服务销量，并获得更高的客户忠诚度。

3. 降低成本

通过分析运营数据，掌握所有成本的来源和用途，以及厘清产生成本的各种生产 / 非生产行为之间的关系，组织能够通过关联性分析、敏感性分析、预测性分析等手段，提升精益化运营能力，降低企业的运营成本。

4. 提升生产效率

通过对生产数据的分析，组织能够发现潜在的生产创新点，改良生产流程，减少浪费，提升生产效率。众多制造型企业已经通过实践证明了数据对生产效率的提升作用。在数字化时代，企业建立全数字化工厂，让所有设备、工序、生产流程全部数据化，并通过数据去发现业务上的待优化点和缺陷，然后用人工智能算法进行计划编排、资源配置，大幅度提升生产效率。

5. 风险合规

海恩法则指出，每一起严重事故的背后，必然有 29 次轻微事故和 300 个未遂先兆以及 1000 种事故隐患。如果能够将轻微事故和先兆以及隐患都数据化，那么就可能提前发现和预防严重事故的发生。同理，如果将合规的要求数据化，使其变成一个个可以量化的阈值，那么就能够在业务流转的时候做到实时的风险预警，将企业的风控从事后提前到事中乃至事前。

第 2 章

精益数据方法

纵观历史，每一轮工业革命都涌现出引领时代的、世界一流的管理实践。

精益思想是第三次工业革命的产物，是一套以及时生产、减少浪费、持续改善为核心的管理实践。精益数据方法是一套以精益思想为内涵的数字化转型方法论，融合借鉴了设计思维、约束理论、敏捷思想和 Cynefin 框架。

精益数据方法以用户价值为导向，以业务场景为抓手，指导企业一步步转型成为数据驱动的精益数字化企业。

精益数据方法由精益数据宣言、精益数字化转型、精益数字化企业、精益数据共创工作坊四大部分构成，本章会介绍其全景图。

2.1 企业利用数据的挑战和趋势

很多企业都认识到数据是最宝贵的资产，并且在数据领域的投入很大，但是通过数据获得的收益并未达到预期，这是因为缺少正确利用数据的方法和实践指导。

2.1.1　企业利用数据的 6 个挑战

面对海量的数据源、高速变化的业务需求、陈旧的遗留系统架构，企业利用数据时存在如图 2-1 所示的六大挑战。

图 2-1　企业利用数据的 6 个挑战

1. 缺乏数据思维

数据思维就是使用数据来发现问题和解决问题的能力，它决定了工作人员能否对数据进行有效分析，并给出建议来解决业务问题。

数据思维由 3 部分组成：数据认知，数据敏感度，数据处理的方法和经验。

（1）数据认知

数据认知指对数据价值的认识。客观认识数据的价值是数据思维的根基，它决定我们能否在面对问题时使用正确的数据和方法。

有些人在分析问题和做决策的过程中推崇经验主义，只凭感性操作，无视数据。这是典型的数据认知不足。在这样的认知基础上，他们不可能关注和留心搜集数据，也就无法利用好数据。有些人正相反，把数据作为分析问题和做决策的唯一绝对方法，一切唯数据论，而忽视了数据背后的业务客观现状以及数据建模的过程和方法。

正确的数据认知指能够清晰地理解数据的价值和局限，能够客观地看待数据在解决问题过程中的作用，既不夸大也不贬低数据的影响。建立正确的数据认知首先要清晰地知道数据是什么，来自哪里，有什么特性，能够解决什么问题。特别在如今以数据为生产要素的时代，要建立起“数据是核心资产”的意识，留心采集数据，关注数据的存储，重视数据的安全和隐私性。

（2）数据敏感度

部队的很多高级指挥员有一个习惯，随身携带一个小本子，记录战场的很多数据：每支部队歼敌多少、俘虏多少，缴获的火炮多少、车辆多少、枪支多少、物资多少……再通过这些数据来分析和判断敌我军情，从而指导和制定后续战斗的打法。

这就是数据敏感度的例子。数据敏感度指结合对业务的深刻理解，洞察数据背后的业务规律，将看上去碎片化、没有关联的数据拼成一幅全局图，从表面纷繁芜杂的数据中发现业务价值。

数据敏感度高的人，看到数字会快速产生联想，脑海中迅速形成关联图，定位数据线索，寻找数据背后的问题或者机会。数据敏感低的人，看到数字往往没有反应，不知道这些数据能说明什么问题。

（3）数据处理的方法和经验

光有认知和敏感度还不够，利用数据还需要掌握数据处理方法，积累数据分析经验。大部分情况下，我们所能看到和采集到的数据都是最表层的。如果希望利用这些数据，往往需要对其进行转换、切片、填充、映射、计算等加工处理，基础、常用的数据处理方法包括 Excel 里的数据透视表、统计分析等。

企业工作人员，不论决策层还是执行层，都要建立全面的数据思维。这是发挥数据价值、做好数字化转型的基础。如果企业人员没有建立数据思维，就无法利用数据去提升业务，就像一个人站在金矿上却不自知。建立员工的数据思维是企业利用好数据的第一道门槛。

2. 缺少价值场景

数据要与业务结合才能产生价值，否则就是沉睡的资源。

所有数据都是为业务服务的，能产生业务价值的场景是利用数据的核心抓手。一个好的价值场景能够解决特定的问题，让用户有获得感。同时，好的场景能够让问题的相关方都贡献自己的数据，从而使数据打通。

例如，一些开在商场里的门店起初很可能并不愿意将自己的销售数据提供给商场运营方，但商场运营方通过整合全商场的销售品类数据，能够给门店提供更精准的用户推荐和导流，让门店能够提升流量和转化率，这时候门店就愿意开放自己的数据。

如何发现好的价值场景呢？这是一个很有挑战性的问题。业务人员身在问题之中，缺少技术与数据的专业知识，无法跳出惯性思维定位业务场景；而技术和数据人员则缺少业务思维。需要采用创新的方法，引导企业一步步探索和发现有价值的业务场景。

3. 缺少高质量数据

很多企业说他们没有数据可用，而实际上，数据无时无刻不在产生。在这些企业昂贵的数据存储里往往有大量的数据正在沉睡，这些数据都是孤岛，口径不一致，数据质量不高，无法被利用。

数据质量不高的根本原因是过去应用数据都是一体化架构，数据是从属于业务应用而存在的，开发人员重点关注的是业务应用的功能，生成什么就存储什么，需要什么就生成什么。而企业的业务应用目前还是按职能划分并建设的，所以在数据生产的环节就缺少整体的规划，数据生来就是孤岛。

精益数据方法认为，数据是业务的数字化存在形式，而应用是计算处理数据的工具，数据的生命周期要长于应用的生命周期。要改善数据质量问题，企业需要从根本上改变数据从属于应用的观念，用数据引导应用的建设，也就是先构建数据蓝图，再规划业务应用。

精益数据方法为企业提供了构建数据资产蓝图，以及使用数据资产蓝图来探索价值场景的方法。在设计业务应用之前把全局业务映射的数据全貌规划出来，这就是企业数据资产蓝图。数据资产蓝图是企业业务在数字化世界里的投射，与数据的存储形式、建模方式无关。

有了数据资产蓝图后，企业进行业务系统的规划设计就像拼图有了参照物，能够在数据资产的整体规划下设计业务系统的数据架构，从根本上规避数据孤岛和重复建设。

4. 缺少数据平台和工具

在很多企业中，甚至在一些信息化发展比较成熟的企业中，都有一些“表哥”“表姐”。他们的主要工作就是与 Excel 打交道，每天从各个系统里导出数据表格，根据领导的要求和业务的需要对这些表格做各种处理加工，很多业务就是根据这些 N 次加工后的离线数据来决策的。通过 Excel 表格的方式加工数据，是现在很多企业的数据利用现状，但是，这样的方式在复杂数据处理过程中有众多弊端，如版本无法管理、协作低效、无法处理大量数据、容易出错、存在很大数据安全隐患等。

这体现了企业利用数据的一个挑战，那就是缺少统一的数据平台和多样化的数据加工工具。这样的数据平台应该具备唯一性、安全性、多样化、健壮性的特点，能够与企业的业务系统、决策支持系统等紧密集成。

企业陷入“数据太多、太乱、质量不高，不知道如何利用数据发挥价值”的困境中，是因为底层的数据处理能力不够，缺少先进的数据处理技术、平台和工具。很多企业在当今仍基于20世纪的架构、技术和工具来处理数据。构建一个与时俱进的企业数据平台，优化数据处理手段和技术，是这些企业迫在眉睫的工作。

在这种情况下，精益数据方法认为企业需要建设一个服务于业务价值的、统一的数据生产平台，也就是数据中台。第7章将详细介绍如何利用精益数据方法打造数据中台。

5. 缺少数据人才和能力

现在互联网技术盛行，各种框架、脚手架、自动化工具层出不穷。在众多工具的加持下，开发业务系统的程序员能够很容易地套用一些可复用的代码，写出业务逻辑，实现业务功能。技术似乎真的没有门槛了。

但是在数据开发方面却是另一种景象。对于同样的数据源，不同团队开发出来的数据结果不一样；历史沉淀多年的数据管道、数据模型越积越多，无人能看懂，但是谁也不敢动；建模数据质量不高、数据重复存储，造成数据冗余，工作人员无法及时获取最准确、最全面的数据；数据仓库里历史报表成百上千，但是业务部门总是在提新的报表需求，数据团队永远疲于奔命赶进度。

这些现象充分体现了企业数据团队的现状，即缺少专业的数据人才，且数据相关的技术人员缺少能够满足新时代数据处理需求的能力。

本书第8章会根据精益数据方法提供一个典型数据团队的人员构成及数据类岗位全景图。

6. 缺少数据驱动的企业文化

很多企业在说自己无法有效利用数据这个问题的时候，往往强调两点：一是没有高质量数据，二是技术能力不行。但很少有企业提到一个最重要的基础问题，那就是企业是否建立了数据驱动的文化。这是企业最容易忽视的方面。

阿里巴巴公司内部有一句话，“有数据讲数据，没数据不说话”；字节跳动倡导员工在解决所有问题时都尽可能采用 A/B 测试，先得到量化的结果，之后再决策。这就是数据驱动的企业文化的体现。

数据驱动的企业文化是让数据持续发挥价值的重要支撑。如果没有人把数据当作核心资产，那就没有人在意数据的质量；如果企业的数据不能够进行必要的协同、共享，那就无法碰撞出更多的价值；如果员工在日常生产经营中没有利用数据做分析决策的意识，那再多数据都只是摆设；如果企业不能建立起数据驱动的组织机构，并配套形成决策、沟通、协同机制，那么企业的数据资源就无法真正发挥作用。

构建数据驱动的组织和文化，让数据成为组织内部沟通和决策的工具，是成为数据驱动的企业的基础工作和必要保障。第 8 章会详细介绍如何打造数据驱动的组织文化。

2.1.2　数据生产和利用的 6 个趋势

在数字化时代，数据的生产和利用存在 6 个趋势，如图 2-2 所示。

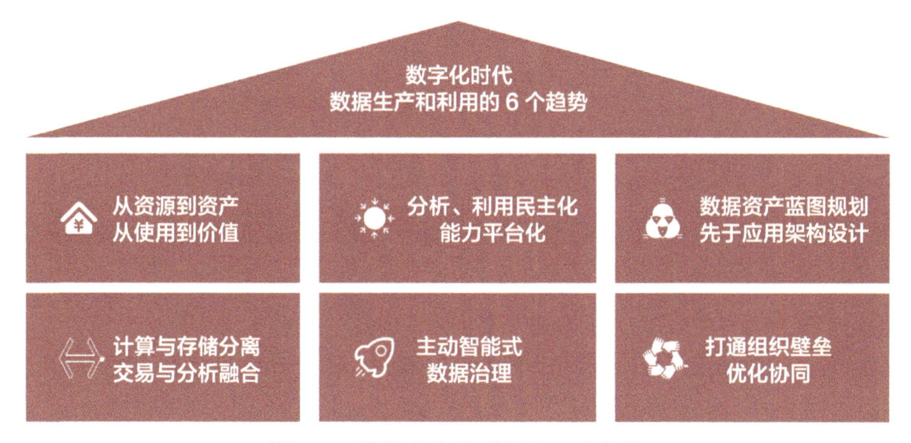

图 2-2　数据生产和利用的 6 个趋势

1. 从资源到资产，从使用到价值

人类利用数据的过程分为 4 个阶段。

- 第一个阶段：在计算机出现之前，数据是以信息的形式存在的，是人们从事社会活动的伴生产物，所有的人类活动都会产生并传递信息。人们使用石头、纸等物质来记录信息。这个阶段数据主要的计算工具是人脑和算盘。
- 第二个阶段：随着计算机的出现，数据成了软件的副产品，重要的过程和计算的结果都以数据的形式存储下来，从而让软件的使用体验更好。
- 第三个阶段：数据库的出现开启了人类规模化分析和利用数据的新篇章，人们能够实现跨软件、跨应用、跨领域的数据整合和分析，使用数据仓库、商业智能工具来辅助决策。
- 第四个阶段：进入数字化时代，数据从资源变成了资产，能直接为业务提供价值，人们从数据中挖掘业务洞见，发现业务创新，数据成了数字经济的生产要素。

前三个阶段，数据都是资源，是辅助人类思考和决策的副产品，到了第四个阶段，数据能够直接参与业务流程，驱动业务。

从资源到资产的变化，不仅改变了企业数据生产和利用的目标，还带来了数据管理、数据分析、数据科学、数据治理、数据工具与技术等方面的全方位变革。

所有的数据工作者都要意识到，我们正处于一个新的时代中。

2. 分析、利用民主化，能力平台化

海量数据不断产生，新的数字化技术层出不穷，为业务和数据工作者提供了更多样化、更强大、更智能的数据处理工具。数据分析从原来少数人掌握的专业技能逐渐变成每个人都需要学会的基础技能，借助便捷易用的数据分析处理工具，数据分析和利用的民主化是一个正在席卷全球的现象。每一个个体都可以应用这些技术和工具来处理分析数据，去解决问题。

数据的分析和利用从以前以 IT 部门为中心走向去中心化、民主化，所有的业务部门都要掌握和利用数据，与此同时数据能力的建设逐渐变得平台化，从而通过统一、敏捷的企业级数据中台为全员提供端到端的数据生产加工能力。

数据越丰富、维度越多，产生的业务洞察就越多。众多企业都在建设自己的“智慧大脑”，汇聚内外部的多方数据，形成业务决策和行动指令，下发给不同的执行单元去落实。

汇聚全域数据，推动数据能力平台化，实现智能决策，提升全局优化能力，这是数据驱动业务的典型趋势和体现。

3. 数据资产蓝图规划先于应用架构设计

现在很多企业面临数据孤岛、重复数据多、数据质量不高、数据难利用的现状。究其根本，是企业早期没有形成全面的数据规划，导致数据被动地跟着应用软件的建设节奏产生，一个应用形成一批数据，导致数据“烟囱”林立，无法融合。

精益数据方法提倡企业构建自己的数据资产蓝图。数据资产蓝图就是企业业务的终局全貌在数字化世界里的投影，它从数据的维度描述了企业愿景。企业的业务流程、具体策略、组织结构会发生变化，但是业务愿景是相对清晰和稳定的。

数据资产蓝图能够将企业一段时间内的数据资产、数据分布、数据关系、数据生产和利用的全链路描述清楚，从而去指导企业应用系统的构建，这样能最大程度上避免在构建应用系统的时候出现数据孤岛、数据不一致的情况。

4. 计算与存储分离，交易与分析融合

传统数据应用分成两类，联机事务处理（On-Line Transaction Processing，OLTP）系统和联机分析处理（On-Line Analytical Processing，OLAP）系统。前者主要用来接收和处理业务需求，通过计算形成数据；后者则专注于数据的分析和处理，形成业务洞见来辅助业务决策。

这样设计的本质原因是当时数据存储和计算能力不足以支撑大量数据同时进行交易和分析，所以只能将交易系统和分析系统独立开。这也是后面数据应用一体架构形成，进而产生数据孤岛现象的根本原因。

随着云计算、大数据、流式处理等数字化技术的成熟和广泛应用，新的技术逐渐支撑起数据的存储与计算分离，应用与数据不需要再采用紧耦合架构。数据虽然分布松散，但是可以快速融合汇聚，形成统一的企业数据中台，而应用则灵活地“飘”在云计算平台之上，云计算源源不断地提供算力，可以使交易系统实时获得海量数据分析的结果。

计算与存储分离、交易与分析融合的趋势已经在很多新的数据架构，如数据网格中呈现，这两个趋势会从底层带来数据生产和利用的巨大变革。比如，数据的连接比数据的获取和存储更加重要，随着实时计算、大批量数据传输技术的升级，以后无须把大量不使用的数据单独抽取出来提前存储在数据库里了。

5. 主动智能式数据治理

随着人工智能技术在数据领域的应用，过去以制定标准为主要内容、集中于事后或者事中阶段的被动式数据治理的模式将走向主动智能式数据治理。

主动式智能式数据治理有以下 3 个特点。

- 基于企业级数据资产蓝图，提前设计好顶层治理规划和标准。
- 将数据治理体系建设与具体的业务场景相关联，让数据治理直接产生业务价值。
- 利用新的数据及智能技术，实现元数据的主动智能管理，加速数据生产和利用的价值链的运转。
- 第 5 章会详细介绍主动智能式的精益数据治理。

6. 打通组织壁垒，优化协同

从第三次工业革命以来，专业化分工促进了生产力的发展，但是专业化分工构建的组织结构却成了阻碍企业数字化转型的最高的壁垒。不同的组织单元、职能部门间业务目标不一样，KPI 不一致，管理的系统不同，各自有各自的数据，相互不联通。

企业组织壁垒的问题，靠组织上的调整是很难解决的，但是企业通过数据的流动，能够打通组织壁垒，优化协同。也就是说，数据将成为企业打破组织壁垒，全局优化的新力量。因为数据天生具有连接性，一个数据可以关联其他数据，而且数据是没有部门、没有组织的。识别出价值场景，然后将相关的数据注入，通过数据价值链的正常运转找出那些有问题的错数据，解决了这些错误数据，其背后的组织壁垒以及由组织壁垒引发的业务问题也就迎刃而解了。

回顾数据利用的六大问题，展望六大趋势，我们发现新的时代需要新的方法论来解决企业数据生产和利用的问题，这样的方法论需要有以下几个核心要素：以用户价值为中心，构建自动化的数据价值链，持续迭代优化。

这 3 点正是工业时代精益思想的核心原则，精益思想曾指导工业生产转型，同样适用于数字化时代的数据生产。

精益数据方法针对数字化时代企业数字化转型的痛点，以精益思想为内核，融合了设计思维、敏捷思想和 Cynefin 框架，是一套数据驱动的数字化转型方法论。

2.2 全面认识精益思想

2.2.1 精益思想的产生

二战结束后不久，统治汽车工业的生产方式是以美国福特汽车公司为代表的少品种、大批量的流水线生产方式。在当时，这种生产方式代表了先进的管理思想与方法，通过专用设备实现大批量生产是降低成本、提高生产率的主要方式。

与处于绝对优势的美国汽车工业相比，日本的汽车工业则处于相对初级的阶段，丰田汽车公司从成立到 1950 年的十几年间，总产量甚至不及福特汽车公司 1950 年一天的产量。汽车工业是日本经济倍增计划中的重点发展产业，日本派出了大量人员前往美国考察。

丰田汽车公司的考察人员在参观美国的几大汽车厂之后发现，通过大批量生产来降低成本的方式仍有进一步改进的空间，他们认为在日本进行大批量、少品种的生产是不可取的，应考虑一种更适应日本市场需求的生产组织策略。

以丰田汽车公司的大野耐一等人为代表的精益生产的创始者们，在不断探索之后，终于找到了一套适合日本市场的、新的汽车生产方式：及时制生产、全面质量管理、并行工程、充分协作的团队工作方式和集成的供应链关系管理，逐步创立了独特的多品种、小批量、高质量和低消耗的精益生产方法。1973 年的石油危机使日本的汽车工业在世界舞台上闪亮登场。由于市场环境发生变化，大批量生产方式的弱点日趋明显，而丰田汽车公司的业绩却开始上升，与其他汽车制造企业的距离越来越大，精益生产方式开始为世人瞩目。

2.2.2 精益思想的 2 个核心要义

精益思想有 2 个核心要义：创造价值，消除浪费。

精益思想提倡以较少的资源投入，包括较少的人力、较少的设备、较短的时间和较小的场地，创造出尽可能多的客户需要的价值。

精确地定义业务价值是精益思想的第一步，如果不能精准地识别和定义客户需要的价值，就会带来很多浪费。

紧接着，要使保留下来的、创造价值的各个步骤流动起来。比如，使需要若干天才能办完的订货手续在几小时内办完，从而快速、持续地给用户提供价值。

随后就要及时跟上不断变化的客户需求，建立产品能力，在用户真正需要的时候能及时设计、生产和交付满足用户需求的产品，甚至直接按用户告知的实际要求进行生产，让用户需求拉动产品设计和生产，而不是把用户不想要的产品强推给用户，以减少双方的浪费。

精益思想包含一个目标，两个支柱和一系列基础实践。一个目标：构建高质量、低成本和快速响应的生产体系。达成这个目标，企业需要构建两个支柱能力：准时化和自动化。这三者的基础是一系列实践，包括均衡生产、标准化作业和看板拉动。如图 2-3 所示。

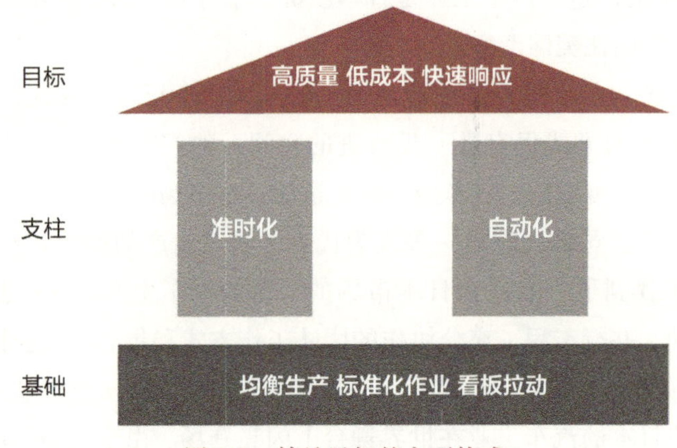

图 2-3　精益思想的主要构成

2.2.3　精益思想的 5 个原则

精益思想认为，企业产品或服务的价值必须且只能由最终用户来定义，产品也只有满足特定用户的需求才有存在的意义。精益思想重新定义了价值的原则，同传统的高效率大量制造既定产品向用户推销是不一样的。

精益思想有 5 个核心原则，这 5 个原则也是指导企业实施精益思想的关键指引。

1. 用户价值

詹姆斯 · P. 沃麦克和丹尼尔 · T. 琼斯在《精益思想》一书中提出的第一个核心原则就是要定义价值，要以客户价值为核心，而不是以生产者为核心。

精益思想认为，价值是在公司提供的产品中顾客愿意付费购买的部分。

生产一个产品之前，先要定义该产品的用户，明确产品能为这些用户带来什么价值。即使一个产品的功能再多，如果不能帮用户解决问题，那么该产品也是没有商业价值的。反之，哪怕这个产品只能解决一个很小的用户问题，它也是有价值的。

“用户不是要买钻头，而是要买一个洞。”如果生产者不能从根本上理解价值的内涵，一味关注那些用户本质上并不关心的问题，而忽略真正的用户需求，产品的设计就会产生偏差。

识别和定义用户价值是一个很复杂的事情，因为很多时候用户自己也不清楚自己的问题在哪里。在这种情况下，发现价值的工作和责任是提供产品和服务的企业要承担的。

精益思想进一步指出，价值是由用户定义的，但是产品的生产者要站在用户的立场上去思考，产品给用户提供的真正有用的东西是什么，能够为用户解决什么问题。

2. 识别价值流

价值流是一系列活动的集合，包括从用户的原始需求到产品实现这整个过程中的增值部分。比如，概念设计、产品设计、工艺设计、投入生产的技术过程，订单处理、计划、送货的信息过程，从原材料到产品的物质转换过程，以及产品全生命周期的支持和服务过程等。

精益思想识别价值流的核心是找到这些过程中真正增值的活动，识别并消除不增值的活动。

价值流通过可视化的方式让团队清晰地了解生产的全链路，并从中识别存在浪费和可以优化的地方。价值流对企业有着非常重要的作用，主要体现在如下 4 个方面。

- 能够优化生产过程，减少浪费，节约成本。
- 能够让团队清晰地认识到问题所在，从而更好地持续改进。
- 使团队统一价值认知，促进沟通和协同，达成最终一致目标。
- 全链路畅通的价值流是自动化的基础。

识别价值流就是要发现浪费和消除浪费，创造效率最高、流动最快的链路。通过价值流的绘制，我们可以把一个产品的构建过程分解成可视化的步骤，从而让团队统一对产品的认知，更好地沟通和协作，并且有效识别整个过程中有价值的部分，以及识别浪费，优化生产流程。

价值流通常以价值流图的方式呈现，价值流图包括3部分——信息流、材料流和延迟时间，如图2-4所示。

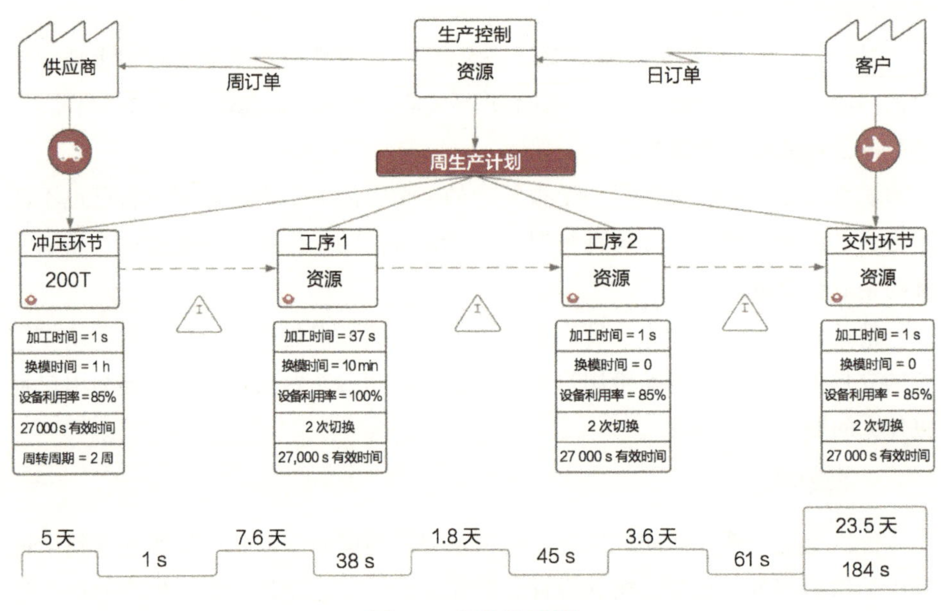

图 2-4　价值流示例

价值流图可以量化描述生产过程中每一个环节的处理时间、延迟时间、等待时间以及材料的消耗情况。有了这些量化的指标，业务人员能够更方便地发现浪费，从而优化改进流程。

价值流并不局限于企业内部，大多数价值流向前延伸到供应商，向后延伸到客户，从而按照最终用户的观点全面考察价值流，寻找全过程的全局优化。

3. 流动

精益思想要求创造价值的各个活动（步骤）能够“流动”起来，强调不间断地快速流动。

在传统生产观念里，精细分工和大量生产能提高效率，精益思想认为大批量的生产往往意味着等待和浪费，往往阻断了高速流动的价值流，如部门间交接和转移时的等待时间、大批量生产时机床旁边堆积的在制品等。

精益思想要求“所有的人都必须和部门化的、批量生产的思想做斗争”，用持续改进、单件流等方法创造价值，使其持续流动。

让价值高速流动需要具备以下 3 个条件。

- 消灭缺陷。缺陷造成的废品和返工都会造成价值流的中断。持续的流动要求每个过程和每个产品都是正确的。
- 良好的环境和完好的设备是流动的保证，为此企业要做到 5S，即整理（Seiri）、整顿（Seiton）、清扫（Seiso）、清洁（Seiketsu）和素养（Shitsuke）。此外，全面生产性维护（Total Productive Maintenance，TPM）也是价值流动的前提条件之一。
- 系统地进行流程设计和能力规划，避免因不当设计产生阻塞。

4. 拉动

拉动就是不主动推送服务给客户，而是将获取产品和服务的权利交给客户，按客户的需求生产，使最终用户能够在合适的时间得到需要的东西。

按照拉动原则实施生产流程以后，用户就像在超市的货架上选取所需产品一样，能真正满足自身需求，而不是让超市强行推荐产品。拉动原则将产品的生产和用户的需求直接对应，避免企业过早、过量投入，减少了大量的库存和在制品，大大压缩了提前期。拉动原则更深远的意义在于，用户一旦需要，企业就能立即设计、计划和制造，交付用户真正需要的产品。这种能力让企业最终可以抛开预测，直接按用户的实际需要进行生产。

5. 尽善尽美

按照上述 4 个原则对产品全生命周期进行不断改进，能显著提高价值流动速度，企业可以有效地用价值流分析方法进一步找出隐藏的浪费环节，这样循环操作，最终使生产过程趋于尽善尽美。

精益管理的目标就是：通过尽善尽美的价值创造过程（包括设计、制造和对产品或服务整个生命周期的支持），为用户提供尽善尽美的价值。

尽善尽美是一种理想状态，但持续追求尽善尽美，能够打造一个用户满意、无差错生产、永远充满活力、不断进步的企业。

回看企业利用数据的六大挑战，其中很重要的是企业缺少价值场景、无法识别用户价值。而现在很多企业面临的数据质量不高、数据孤岛的问题就是低质量和过度的数据生产导致的，这也产生了极大的浪费。当我们结合精益思想来观察企业的数据生产时，发现众多数据问题都可以迎刃而解，这就是精益数据方法的主要目标之一。

除了精益思想外，精益数据方法同时借鉴和吸收了 Cynefin 框架、设计思维和敏捷思想的理论体系。

2.3 其他参考体系

2.3.1 Cynefin 框架

1999 年达夫·斯诺登教授发明了一个概念性的框架，并将其命名为 Cynefin，帮助人们理解和解决各类问题。

Cynefin 框架将所有问题归纳为 4 种类型，如图 2-5 所示。

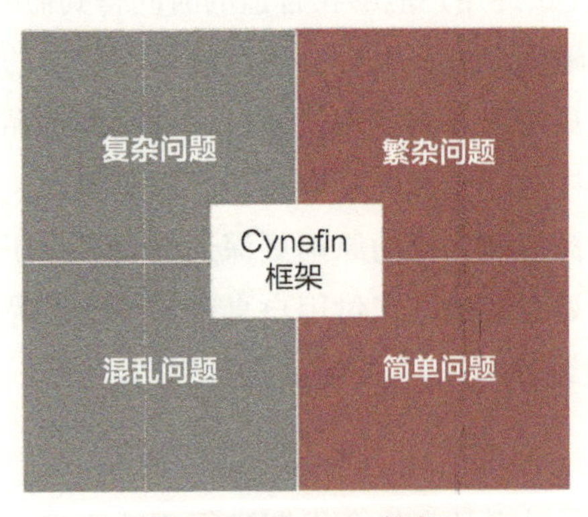

图 2-5 Cynefin 框架

1. 简单问题

简单问题具有不可预测和可重复的因果关系。这类问题对任何有理性的人来说都是不言自明的。就像看到门上锁了，我们的第一反应就是找钥匙。每一个简单问题都有一个公认的、显而易见的最佳答案。

在这个象限中，解决问题的方法是“感知→分类→应对”，即感受和识别这些问题，对它们进行分类，根据分类来选择已有的最佳应对策略，这是“最佳实践”这个概念能够指导应对策略和动作的唯一象限。

2. 繁杂问题

繁杂问题仍然具有因果关系，但这种因果关系并非显而易见，需要利用专业知识来分析它们。

比如，建设一座桥梁时，这个建筑团队虽然可能已经建造了许多跨过河流或道路的桥梁，但此时面对的交通、天气或地质条件是不同的，需要将不同领域的专业知识整合在一起，才能逐步去解决问题，不能够一眼就看出最佳方案。

在此象限中解决问题的方法是“感知→分析→应对”，即先采集信息，然后找到专家对这些信息进行分析，设计出有效的应对策略。

3. 复杂问题

复杂问题是没有因果关系、不可预测的系统性问题，只有在解决问题之后才能将问题和解决步骤看清楚。

穿越原始森林就是典型的复杂问题。因为原始森林的天气、地形、植物等环境因素在不断变化，探险者必须要不断地探索，才能逐渐找到路径。

面对复杂问题的解决方法是“探索→感知→应对”，即不断地尝试和探索从而获得反馈，再根据反馈来制定应对策略并调整策略，一步步逼近问题的最终解决方案。

4. 混乱问题

斯诺登教授认为，在混乱问题中没有确定的因果关系。在混乱的问题面前，首先要快速选择一个大部分人认可的方案去行动，在形势稳定下来后再去分解问题，将问题导向复杂问题域或者繁杂问题域去慢慢解决。

比如突然发生了火灾，被困人员性命攸关、生死系于一线，这个时候，不能通过方法论和逻辑思维慢条斯理地梳理、探索，而是快速做出决策并采取行动，组织人员去救火救人，让这个混乱的局面得以控制。

企业数字化转型是 Cynefin 框架中典型的复杂问题和繁杂问题的混合体。每家企业都不一样，需要不断地尝试探索，才能够逐渐找到适合自己的价值场景和转型路线。而在构建企业的数据战略、数据能力的时候，需要借助相关的专业知识和经验。精益数据方法的数据战略部分充分吸收了 Cynefin 框架的思想，对确定性问题和不确定性问题采用不同的策略去规划和设计。

2.3.2 设计思维

设计思维的核心就是以用户为中心，去发现用户的痛点问题，并用设计来解决问题。设计思维对解决未知的复杂问题非常有效果，主要通过以下阶段理解用户的需求，采用以人为中心的方式解构问题，通过头脑风暴创造很多新的想法，在原型和测试中去应用实践。

设计思维主要包括 5 个阶段，如图 2-6 所示。

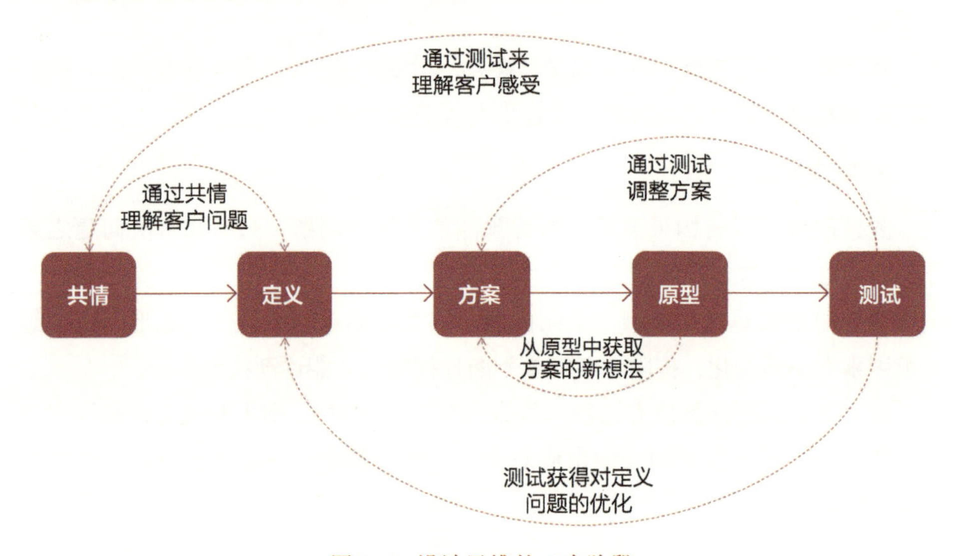

图 2-6 设计思维的 5 个阶段

- 共情：设计思维强调首先要与用户产生共情，只有共情才能够正确理解用户的真正需求。
- 定义：正确定义问题比解决问题更重要，设计思维强调一定要以人为中心来定义问题，不要将问题定义为你自己的愿望或者公司的需要。设计思维推荐采用工作坊这样的互动形式来与用户一起识别和定义问题，从而寻找问题的解决方案。
- 方案：理解了用户和用户需求，识别和定义了问题，那就可以进入方案设计阶段，这个时候就要定义这个产品或服务的概念。
- 原型：设计思维提倡尽早地设计原型，并且将原型作为一种手段来与用户进行沟通。

- 测试：尽早对原型进行用户测试，目的是验证前面的共情、定义、方案以及原型阶段是否合理，发现问题，从而更好地优化，最终找到用户问题的真正解决方案。

在数字化时代，用户为王，如何探索、设计出最贴近用户需求的创新产品是企业数字化转型实现价值的关键。

精益数据方法借鉴设计思维创造了精益数据共创工作坊，让业务人员和技术人员一起在共情的环境下进行头脑风暴，共创出企业数字化转型的价值场景和转型路径，详见第 10 章。

2.3.3 敏捷宣言

软件需求的不确定性导致软件开发越来越复杂。为了解决这个问题，敏捷思想应运而生。敏捷思想包括敏捷宣言的 4 个核心价值和 12 条原则。

1. 敏捷宣言的四大核心价值

敏捷宣言是软件开发史上一个里程碑，标志着传统的瀑布式开发向快速交付可用软件的开发方式的变革，从团队文化、协作、工具、沟通方式上全面重塑了软件开发的方式。敏捷宣言包括 4 个核心价值，如下。

- “个体和互动”高于“流程和工具”。
- “工作的软件”高于“详尽的文档”。
- “客户合作”高于“合同谈判”。
- “响应变化”高于“遵循计划”。

在上述每一条中，我们虽然不否认后者的价值，但更重视前者。

2. 敏捷思想的 12 条原则

- 最重要的目标是及早并持续不断地交付有价值的软件使客户满意。
- 欣然面对需求变化，即使在软件开发的后期也一样。掌控敏捷过程中的变化，以构建客户的竞争优势。
- 在更短的周期内经常性地交付可工作的软件，交付时间可以相隔几星期或一两个月，更快地上线软件来获得客户的反馈。
- 业务人员和开发人员必须时刻保持紧密的合作。
- 激发个体的斗志，以他们为核心构建项目团队，为团队提供所需的环境和支持，充分信任团队，从而达成目标。

- 不论团队内外，传递信息效果最好、效率最高的方式是面对面交谈。
- 交付可工作的软件是度量进度的首要标准。
- 倡导可持续的开发。责任人、开发人员和用户要共同维持软件交付的节奏和步调，稳定、持续地进行交付。
- 坚持不懈地追求卓越技术和良好设计，由此增强敏捷能力。
- 以简洁为本，极力减少不必要的工作量和浪费。
- 最好的架构、需求和设计出自自组织团队。
- 团队定期反思如何提高成效，并依此调整自身的行为表现。

精益数据方法认为，数据的生产和利用是复杂、高度不确定的，精益数据宣言也借鉴和参考了敏捷宣言。

2.4 认识精益数据方法

在数字化时代，每个企业都将成为生产数据产品并从中获利的数字化企业，需要构建数据驱动的能力。传统的将数据作为应用的副产品的底层逻辑已经不适用，企业需要从数据中心直接获得价值，需要新的通过数据生产和利用来创造价值的方法。

2.4.1 精益数据方法的定义、使命和愿景

精益数据方法是以精益思想为基础，融合了设计思维、Cynefin 框架和敏捷思想，以价值为核心，数据驱动且具有高响应力的数字化转型方法、体系和工具。

精益数据方法的使命是“让数据产生业务价值”。

传统的数据管理的方法论的目标都是管理好企业的数据，指导企业将数据当作一种资源来管理，让数据质量更好、更安全，以管理为核心而不是以生产为核心。

精益数据方法是在满足企业的业务愿景和目标的前提下，直接让数据以生产要素的形式参与生产，产生业务价值，而数据的高质量、有效管理、安全可靠更多是在实现业务愿景和目标的过程中自然实现的产物和手段，而不是最终的目的。

精益数据方法的愿景是让每一家企业都成为数据驱动的精益数字化企业。通过精益数据方法的实施，企业可以提升数据利用的能力。

2.4.2　精益数据方法的企业价值

精益数据方法是一套体系化、结构化的数字化转型方法论，帮助企业解决数字化转型的四大问题，打造数据驱动的企业。

1）构建数据战略。精益数据方法结合传统的自上而下的企业架构规划和敏捷的自下而上的探索创新，将业务、数据和技术很好地结合，利用精益数据共创工作坊这样的轻量级、互动式咨询方法，帮助企业构建以用户价值为核心、高响应、可落地的数据战略。

2）共创价值场景。精益数据方法首创的卡牌式共创工作坊能够帮助企业的业务人员和技术人员相互协同、探索创新，从而形成企业的数字化业务场景蓝图，让企业按图索骥即可快速创造业务价值。

3）绘制数据资产蓝图。解决数据孤岛和数据质量问题的核心是构建主动式数据规划和治理体系，充分理解业务，建模形成企业的数据资产蓝图，以此蓝图为指导去规划数据的生产、加工和消费的应用蓝图。

4）构建数据中台。企业数字化能力的核心就是数据生产、采集、加工和消费的能力，而数据中台就是提供业务价值的一站式数据生产平台。精益数据方法利用轻规划、速构建的切片式架构方法，帮助企业打造数据中台。

企业数字化转型过程中的重要工作是将所有业务都数据化，然后通过数字化技术来生产、加工以及更好地利用数据，这是数字化企业的基础能力。精益数据方法就是将精益思想融入数据生产的全过程，帮助企业提升八大数据能力，如图 2-7 所示。

图 2-7　精益数据方法提升企业八大数据能力

1. 可见

利用数据的前提条件是让业务人员知道企业都有哪些数据，这些数据在哪里，质量如何。能够让业务人员以直观的方式看到数据，是企业利用数据的必要条件。

目前，大部分企业的数据都沉睡在五花八门的业务应用里，形成一个个数据孤岛业务人员无法获得企业数据的全貌。所以业务人员经常抱怨数据质量太差，没有什么可用的数据，但是当被问起哪些数据质量差、差在哪里的时候，他们往往无法给出一个量化、准确的答案。

不将数据可视化，就无法谈及数据的利用。精益数据方法将数据可见的能力细分为以下 5 个层次。

1）用户能够根据自己的需要看到数据并获得授权。

2）用户能够看到所需要的清晰、全面的元数据描述信息，包括位置、访问方法、数据样例等。

3）数据进行了科学、丰富的分类编目，用户可以方便地检索、查询到所需要的数据。

4）建立了企业数据目录，能够分类管理核心数据和数据服务。

5）拥有企业统一的数据门户，对数据分级分类，全面管理企业数据和产品服务，能够提供增强的数据功能，数据提供方和数据消费方可以通过自定义服务的方式发布、探索、查询数据。

精益数据方法认为要打造数据文化，构建统一的数据门户、数据目录，有意识地对数据进行可视化，从而提升企业利用数据的基础能力。这在后面的精益数据协同、精益数据组织、精益数据中台等主题的内容中分别阐述。

2. 可访问

目前很多企业的数据现状可以用“数据迷雾”来形容，对于很多有数据需求的用户来说，企业有多少数据，有哪些数据，这些数据在哪里，分别是什么状态，是否可用，质量如何，都是模糊的、不清晰的。

精益数据方法认为数据可访问是利用数据的基础能力，在数据可见的基础上，让有权访问的用户用合适的方式，安全合规、便捷容易地触达这些数据，并且对这些数据进行利用。

精益数据体系总结了数据可访问的 5 个要素。

1）正确的对象。企业的数据访问体系不是一刀切的，而是与业务息息相关的，不同业务领域、不同业务职责的访问对象，其数据需求是不一样的，所以数据访问应该从现在的“人找数据”变成“数据找人”。

2）正确的时间。数据在不同的时间会体现出不同的价值，在正确的时间访问正确的数据是数据访问的重要诉求。比如，HR 系统增加了一个面试预定需求，如果在面试的时间点系统立刻连接会议室系统找到匹配面试时间的空闲会议室，那么这个数据对于面试官来说是非常有帮助的。

3）正确的位置。随着应用系统的不断增加，同样一个业务需求可能会有多种实现方法，同样一个数据可能会有多种取数方式和计算逻辑，优秀的数据的访问能力是指能够找到最准确、实时、最优的数据链路。

4）正确的数据。在访问数据的时候要找到正确、可信的数据。但是现在很多企业在数据利用的过程中，往往需要花很多时间去探索、验证和测试数据。建立正确数据的快速访问体系是很重要的数据能力。

5）正确的方法。访问数据的方式有多种，包括 API、文件、数据库等，在给访问对象提供正确的数据的同时，要使用正确的方法，从而给用户提供更好的体验。

精益数据方法定义了如下 5 类数据访问的方法。

- 通过文件、数据库和应用系统访问用户所需的数据。
- 通过数据仓库来获取和访问数据。
- 通过 API 自动访问数据。
- 建立企业级数据目录平台和服务，创建、检索、共享、利用和管理数据。
- 建立企业级数据目录平台和服务，提供可重用、可编辑、可发现、主动推送等多种数据访问方式，根据用户的需求匹配适合的数据。

3. 可理解

光有数据，如果不对数据进行全面的诠释和正确的解读，用户不知道数据所代表的信息、格式等，依然很难正确地利用这些数据。

精益数据方法认为具有以下特点的数据集才是易于理解的。

1）清晰全面的元数据描述。这是数据可理解的基础，包括名称、业务含义、技术描述、数据的源系统、数据的格式等。

2）方便浏览的数据样例。要为有数据需求的用户提供方便、易操作的数据探查的工具，使其可以抽样查看数据样本，更精准、直观地观察数据是不是所需要的。

3）可以自行添加的数据标签。只有在使用时数据才能够真正被发现和认知，要对数据打上标签，以便用户更直接地理解数据，减少数据探查和测试的工作。

4）关联典型的数据使用场景。能够把数据和该数据的使用场景关联起来，提供给用户参考，从而帮助用户更好地理解数据使用的上下文。

5）提供数据的血缘信息。在一些复杂的数据利用场景中，光凭借数据本身无法准确地判断数据是不是业务所需要的，要进一步从该数据的血缘信息中追溯到数据的生产加工源头，再进一步判断。

6）自适应的智能数据解读。智能系统监控数据流，能够实现主动的元数据管理，具备识别转换、组合或衍生新数据的功能，可以提供更多的见解。

精益数据方法将数据可理解定义为如下 5 个目标。

- 在用户需要利用数据的时候，能够通过文档或者代码提供对应的元数据描述。
- 建立了元数据体系，每一个数据都有清晰的描述。
- 建立了数据目录系统来管理元数据，并且可以添加数据标签。
- 建立了全面的数据目录系统，可以方便地浏览数据样例，管理数据标签，提供数据的血缘信息。
- 建立了智能的数据目录系统，能够实现主动的元数据管理。

让数据易于理解，是企业级数据目录的重要功能和价值。在后文中，我们会详细阐述企业级数据目录的相关内容。

4. 可链接

建立统一的数据标准，通过同一套标准进行数据的链接和集成。精益数据方法定义了数据可链接的 3 个目标，如下。

- 企业建立唯一的标识符，让数据更容易被发现、链接、检索和参考。
- 利用通用的元数据标准，快速方便地整合数据。
- 企业建立数据知识图谱，利用人工智能技术对数据进行自动化、智能化的整合和集成。

5. 可信

可信指用户对数据有信任感，能够依赖数据进行决策。当业务人员发现数据报表的结果与自己的直觉或者经验不一致的时候，会质疑，会逼着数据团队去溯源，查看是不是数据取错了，是不是计算逻辑不对，这都是由于数据的可信度不够。提升企业的数据可信度，能够大幅度提高数据生产的效率。

精益数据方法定义了数据可信的 6 个目标，如下所示。

- 将数据作为决策的重要依据，并且通过流程和体系形成标准，打造可信数据的利用环境和机制。
- 标记和保存关键数据产生、利用、修改等全生命周期记录。
- 在数据的全生命周期内建立对血缘信息等元数据的完善机制，确保能够对每一个数据进行溯源。
- 建立数据质量管理体系与技术平台，以评估和提高数据质量。
- 通过数据知识图谱等人工智能技术，自动对关键数据进行交叉稽核，及时发现数据的异常情况。
- 定期自动发布数据真实度、可信度评测，供数据生产方和消费方参考及优化。

6. 可交互

数据只有通过交互集成才能产生更大的价值，所以能够顺畅地交互数据、促进数据的协同，对于成功的决策至关重要。精益数据方法认为，提高数据的可交互和协作，需要实现以下 5 个目标。

- 企业为所有系统，包括生态伙伴的系统，制定数据交换规范，并严格执行。
- 交换规范包含所需的元数据，并与数据集一起传达标准化的语义。
- 企业建立分层、分级的数据共享、交换的体系制度。
- 建立统一的数据发布、获取、调用的企业级大数据门户，推动数据的集成、共享和交互操作。
- 数据运营团队对数据进行精细化的运营，从而推动数据在企业内部乃至生态体系内的高频协作和交互，加强数据的流动。

7. 安全可控

数据是企业的核心资产，反映了企业的业务运营、组织结构、管理体系等核心关键信息。保护所有静止、移动和使用中的数据安全可控，是企业生产和利用数据的基础底线。精益数据方法认为，企业要建立规范的数据管控体系，采用合适的技术来保证企业数据的安全可控，主要体现在以下 7 点。

- 实现精细化的权限管理（身份、属性、权限等），以规范数据的访问、使用和处置。
- 定期评估数据分类标准并测试其合规性，防止数据汇总、使用、分发、共享的过程中出现安全问题。
- 制定和实施经核准的安全标识、数据生产约束，以及数据管理标准。
- 制定和实施数据分类和分层控制标识，以及内容和明细记录管控规则。
- 制定和实施数据丢失预防措施，防止数据意外发布和披露。
- 对数据的访问、使用和处置进行全面审计。
- 全面采集、记录和监控数据的生产、加工、利用、共享及分发的全生命周期过程，并通过技术手段对数据的风险分级、分类，实现自动预警。

8. 产生价值

企业要制定数据价值体系，来规划、指导数据资产生产利用的过程，通过标准来度量数据资产所产生的价值。精益数据方法将企业利用数据产生价值的能力分成以下几类。

- 企业构建了数据资产蓝图，在生产和利用数据的时候有高阶价值标准。
- 在企业级数据资产蓝图的基础上，企业基于当前的业务战略，对不同数据的价值进行了分级，并且设计出了对应的业务场景。
- 企业对核心数据设计了价值量化体系，能够计算出数据的生产和利用对应的业务价值。
- 企业建立了数据交易体系和平台，更精细化、更标准化地推动了数据的交换和利用，并且能够实时计算对应的价值。

精益数据方法定义了精益数据成熟度模型来评估企业的数据能力，详见 2.5.3 节。

2.5 精益数据方法的构成

2.5.1 精益数据方法全景

精益数据方法由精益数据宣言、精益数字化企业、精益数字化转型路径和精益数据共创工作坊 4 部分组成，如图 2-8 所示。

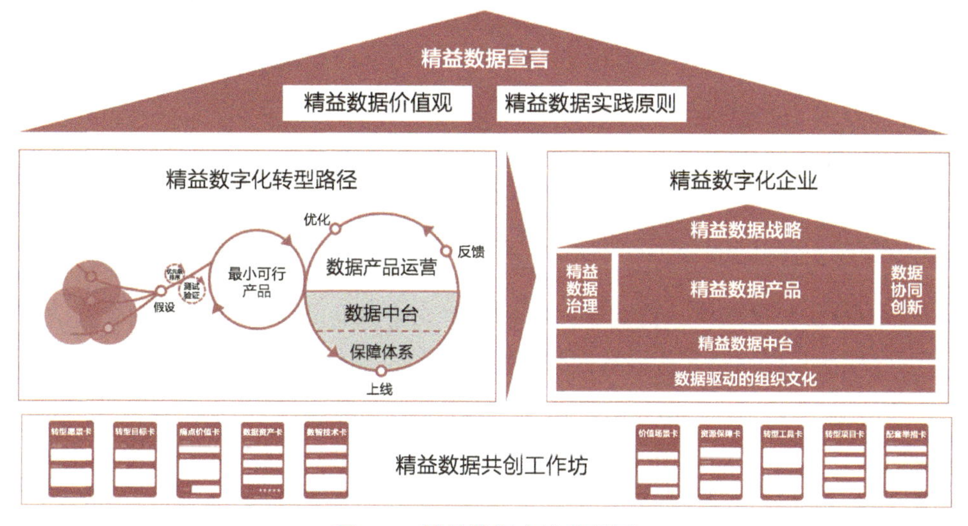

图 2-8　精益数据方法全景图

精益数据方法以精益数据宣言为指导，通过精益数字化转型方法的实施，以精益数据共创工作坊为特色手段，帮助企业转型成为数据驱动的精益数字化企业。

精益数据宣言包含精益数据价值观和精益数据实践原则两部分，凝练了精益数据方法的核心价值理念，让企业上下对齐价值、统一思想。精益数据宣言可以用在每一次转型的活动（例如精益数据共创工作坊）之前，帮助整个团队先统一思想和原则，再进行下一步的动作。关于精益数据宣言，本章后面会详细阐述。

精益数据方法包含一套企业数字化转型的实施方法，该方法通过三大步骤，帮助企业一步步构建精益数字化企业必备的六大能力。精益数字化转型的内容将在第 9 章详细阐述。

基于精益数字化转型的方法，企业转型为数据驱动的精益数字化企业，需要具备六大能力，如图 2-9 所示。下面先简要说明这六大能力，然后第 3 章至第 8 章会分别详细阐述。

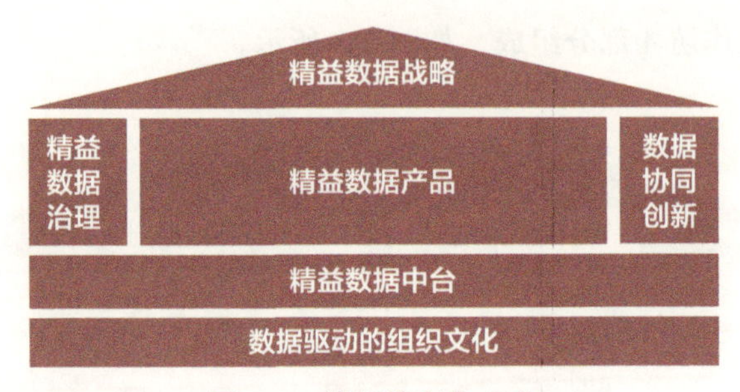

图 2-9　精益数字化企业

1）精益数据战略。精益数据战略能解决企业业务与数据融合的顶层设计问题。精益数据战略在传统数据战略的基础上，聚焦客户及业务价值，以精益数据方法为理论指导，结合敏捷思维，是一套轻量级、共创式的咨询规划方法。通过精益数据战略，企业可以打造全链路数据价值流，识别业务痛点和价值点，将数字化转型过程解构成一个个业务场景，再针对不同场景下的问题制定对应的解决策略，实现快速迭代。精益数据战略是打造其他五大能力、推进企业数字化转型的总体设计。第 3 章将详细阐述。

2）精益数据产品。数据产品是数字经济的主要承载形式，有着超越传统实体产品的数字化优势。企业数字化转型就是要识别价值场景，利用数据要素，打造新的数据产品，形成新的业务模式，获得新的收入来源。精益数据产品能够帮助企业探索、创新，提升收益。第 4 章将详细阐述。

3）精益数据治理。精益数据治理是利用精益数据方法，围绕业务价值展开实施的、轻量级的、治理数据的方法。不同于传统的数据治理体系，精益数据治理并不以构建完美的数据标准为目标，而是以解决业务问题、实现业务价值为目标。它提倡主动式、运营、迭代的治理流程，并将治理过程充分与业务融合，辅助以数据协同共享工具，消除数据生产的七大浪费现象，充分发挥数据的价值。第 5 章将详细阐述。

4）数据协同创新。精益数据方法认为，目前很多企业只关注数据的生产能力，忽视了数据的协同共享机制，这是导致数据质量差、数据孤岛等问题出现的重要原因。所以，建立内外部数据协同创新体系，让业务、数据和技术全链路拉通，是打造数据驱动型企业的重要手段。数据协同创新的核心是实现端到端闭环，以数据为生产要素，打造高效协作、快速创新的数据价值引擎。第 6

章将详细阐述。

5）精益数据中台。精益数据中台是精益数字化企业的核心能力平台，具有企业级统一、高效、敏捷的数据生产能力，支撑企业业务的快速响应和创新。精益数据方法总结出精益数据中台成熟度模型，不同的企业可以根据自身的需求和特点来建设及评估自己的数据中台。对此，第 7 章将详细阐述。

6）数据驱动的组织文化。数字化转型是一个体系问题，所以在企业推进业务和技术转型的同时，精益数据方法提供了配套的组织和文化转型的方法。打造数据驱动的组织和文化，是企业数字化转型成功的保障，也是比业务和技术转型更加复杂的工作。第 8 章将详细阐述。

精益数据共创工作坊是笔者原创的活动形式，它是国内首个以精益数据共创卡牌为工具，提供沉浸式体验，调动参与者互动创新的桌游式工作坊。在参与工作坊的过程中，企业的业务人员和技术人员共创业务价值场景，梳理数据资产，绘制数字化技术蓝图，制定转型路线和项目清单。对此，第 10 章有详细阐述。

2.5.2 精益数据宣言

最终，数字化企业中的所有工作都会与数据相关，数据的生产和利用将涉及大量的团队活动，需要高度灵活、默契的团队协作。精益数据方法总结了精益数据宣言，阐述了数据生产利用的 4 个核心价值观和 10 条实践原则，指导企业建立高效协同的数据能力，构建高质量的数据生产和利用体系。

1. 精益数据价值观

精益数据价值观是精益数据宣言的核心，包含以下 4 条内容。

（1）“用户价值”高于“流程制度”

精益数据方法认为，在数字化时代，数据生产唯一的终极目的是创造用户价值，数据质量、数据管理、数据治理等工作都服务于用户价值，这些工作事项是工具或手段，而不是目的。一切数据工作的初心都是解决用户问题，所以在工作中不能教条地追求数据质量和推动数据管理流程，对数据效果的度量要看它能否产生用户价值。

（2）“开放与信任”高于“命令与管控”

数据的生产与利用是典型的知识密集型、创造性的工作，特别是数据科学、人工智能等领域的工作，需要工作人员充分发挥创造力。这样的工作性质决定了数据团队的管理要以开放和信任为基础，不能采用命令与管控的方式，而要予以团队个体充分的自由和信任，如此才能促进个体发挥主观能动性，最大限度地让每个团队成员都发挥出最佳水平。要相信每一个成员在目标清晰的情况下，都会在当前的约束条件下对工作尽最大的努力。

（3）“协作与透明”高于“分工与考核”

数据生产和利用已经从IT部门内部的工作逐渐变成所有业务部门都必须学会的操作，成了一个群体性活动。精益数据方法认为，在开放信任的基础上，要加强团队之间的协作。虽然公司内部有不同的分工，但是各部门及人员不应把分工当作界限，要对用户价值形成统一认知，充分共享数据和协作，用数据量化过程，让效果可视化、透明化。这样的方式会比传统的强调分工、用KPI考核的方式的管理效果更好。

（4）“持续交付与优化迭代”高于“规划与预设”

在数据类项目中，从数据消费者（也就是用户）到数据生产者的链路比较长，数据生产者很多时候不是数据消费者，数据消费者却无法掌控源数据的生产，数据从生产到消费的过程中的不确定性较高。过于细节的项目规划与预设无法起到预期作用，因为该项目在很多时候会面临频繁的需求变化。对此，精益数据方法认为，要打造数据持续交付体系，快速试错，加快项目迭代的速度，建立高响应能力。

2. 精益数据实践原则

在精益数据价值观的基础上，精益数据宣言总结了企业进行数据生产和利用的10条实践原则。

1）及时满足用户需求。数据团队最优先的任务是洞察用户需求，及时将可用的数据产品和服务交付给用户，不要让用户等待，等待会产生浪费。

2）创造团队协作的条件。用数据创造用户价值是一个团队协作的过程，管理者应该尊重并鼓励每一个角色发挥其最大的价值，为团队成员创造充分的共享数据和协作的条件。

3）减少浪费。将资源投入到能够让业务增值的环节，减少无用和重复数据的生产，从而减少数据生产过程中的浪费。

4）分析即代码。虽然工作人员往往采用不同的工具和技术来加工、分析数据，但是我们倡导在代码或配置文件中将数据分析的相关信息描述清晰，帮助相关人员更好地理解和协作。

5）打造自动化数据价值链。为了实现数据的快速流动，应尽可能地打通所有数据生产的环节，打造自动化运转的数据价值链。

6）让用户需求拉动数据生产。从用户需求出发规划数据生产，将数据产品的主导权和消费权还给用户。

7）实时监测分析。建立高效能、可量化的过程监测指标体系，使生产全链路实现数据化、可视化，以便及时发现问题，持续优化产品和服务。

8）尽可能复用。想要实现高质量、高效率的数据生产和利用，根本在于尽量避免个人或团队的重复性工作。

9）缩短迭代周期。缩短将用户需求转换成数据分析场景的时间，通过可复用的生产流程来改进和发布数据产品，缩短数据产品的迭代周期，加快数据的流动。

10）打造学习型团队。培养团队中每一个成员的数据能力，帮助他们成长，这是最有价值的投资。数据驱动型企业应着力打造学习型团队，建立相应的组织能力。

2.5.3　精益数据成熟度模型

精益数据方法提供了精益数据成熟度模型，该模型将企业的数据价值体系分成 5 个级别，如图 2-10 所示。

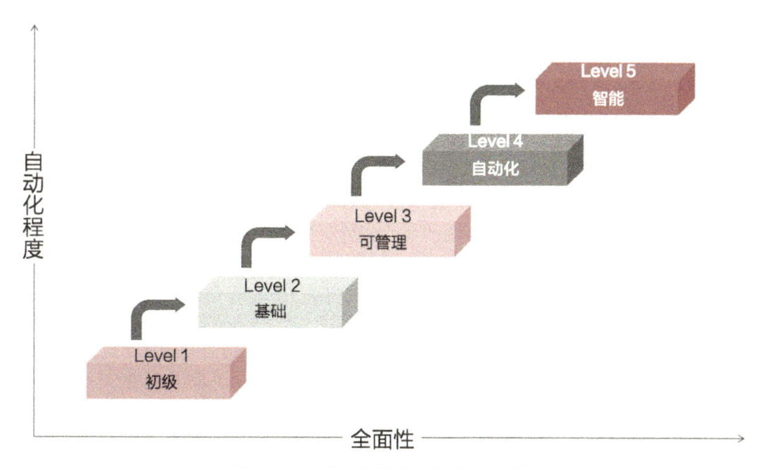

图 2-10　精益数据成熟度模型

1. 初级

在这一级别，企业拥有基本的数据管理和生产能力，建立了初级的安全管控体系，数据可见、可访问，具体参考表 2-1。

表 2-1　精益数据成熟度模型：初级

维　度	描　述
可见	用户能够根据自己的需要看到数据并获得授权
可访问	用户能通过文件、数据库和应用系统访问需要的数据
可理解	在需要的时候，用户能够通过文档或者代码获得对应的元数据描述
可链接	无
可信	数据可作为决策的重要依据，并且通过流程和体系形成标准，打造可信数据的利用环境和机制
可交互	企业为所有系统（包括生态伙伴的系统）制定并执行数据交换规范
安全可控	企业进行精细化的权限管理（如身份、属性、权限等方面），以规范对数据的访问、使用和处理
产生价值	无

2. 基础

企业拥有基础的数据管理和生产能力，能够满足业务部门基础的数据生产、利用的需求，具体参考表 2-2。

表 2-2　精益数据成熟度模型：基础

维　度	描　述
可见	用户能够清晰地看到所需数据及全面的元数据描述（包括数据的位置、访问方法、数据样例等）
可访问	用户可以通过 API 自动访问数据
可理解	企业建立了元数据体系，对每一条数据都有全面、清晰的描述
可链接	无
可信	企业标记和保存了关键数据生产、利用、修改等全生命周期的记录
可交互	交换规范包含所需的元数据，并与数据集一起传输标准化的语义
安全可控	企业定期评估数据的分类标准并测试其合规性，防止数据汇总、使用、分发、共享的过程中出现安全问题 企业制定并采用经核准的安全标识、数据生产约束条件和数据管理标准
产生价值	无

3. 可管理

企业在基础的数据能力之上，构建了对数据的顶层规划，建立了体系化的数据资产管理、生产和利用的能力，具体参考表 2-3。

表 2-3　精益数据成熟度模型：可管理

维　度	描　述
可见	企业对数据进行了科学、多维度的分类，用户可以方便地检索、查询到所需的数据
可访问	用户可以通过数据仓库来获取和访问数据
可理解	企业建立了数据目录系统来管理元数据，并且可以添加数据标签
可链接	企业利用唯一的标识符，让数据能够更容易被发现、链接、检索和参考
可信	企业会标记和保存关键数据生产、利用、修改等全生命周期的记录
可交互	企业建立分层、分级的数据共享和交换的体系
安全可控	企业会对数据的访问、使用和处理进行全面审计
产生价值	企业构建了数据资产蓝图，在生产和利用数据的时候有高阶价值标准

4. 自动化

企业在管理体系的基础上建立了以企业数据目录为核心的自动化数据生产和利用的系统，能更高效地利用数据，具体参考表 2-4。

表 2-4　精益数据成熟度模型：自动化

维　度	描　述
可见	企业拥有数据目录，能够分类管理核心数据和数据服务
可访问	企业建立了企业级数据平台和服务，以便创建、检索、共享、利用和管理数据
可理解	企业建立了全面的数据目录系统，可以方便地浏览数据样例，管理数据标签，提供数据的血缘信息
可链接	企业利用通用的元数据标识，建立了元数据管理体系，使数据能够快速方便地整合
可信	企业在数据的全生命周期内建立了数据血缘机制，确保能够对每一个数据进行溯源 企业建立了数据质量管理体系与技术平台，以评估并提高数据质量
可交互	企业建立了统一进行数据发布、获取、调用的企业级数据门户，推动数据的集成、共享和互操作
安全可控	企业制定并实施数据分类和分层的控制标识、内容和明细记录进行管控的规则 企业制定并实施了数据丢失预防措施，防止数据意外发布和披露 企业建立了数据管控平台，对上述功能进行自动化管理
产生价值	在企业级数据资产蓝图的基础上，企业基于当前的业务战略，对不同数据的价值进行了分级，并且设计出了对应的业务场景

5. 智能

在该级别，企业能够充分利用和挖掘数据，覆盖数据的管理、生产和利用等全生命周期，实现了智能化的数据管理。具体参考表 2-5。

表 2-5　精益数据成熟度模型：智能

维　度	描　述
可见	企业拥有统一的数据门户，对数据分级分类，全面管理企业数据和产品服务；能够提供增强的数据功能，数据提供方和数据消费方可以通过自定义的方式发布、探索、查询数据
可访问	企业建立了企业级数据平台和服务，提供可复用、可编辑、可发现、主动推送的多种数据访问方式，能够根据用户的需求匹配合适的数据
可理解	企业建立了智能的数据目录系统，能够实现主动的元数据管理
可链接	企业建立了数据图谱平台，利用人工智能技术对数据进行自动化、智能化的整合和集成
可信	通过数据图谱等人工智能技术，系统能够自动对关键数据进行交叉稽核，能及时发现数据的异常情况 系统定期自动发布数据真实度、可信度的评测，供数据生产者和消费者参考
可交互	数据运营团队对数据进行精细化的运营，推动了数据在企业内部乃至生态体系内的高频交互，加强数据的流动和共享
安全可控	企业全面采集、记录和监控数据的生产、加工、利用、共享和分发等全生命周期过程，并通过技术手段对数据的风险分级分类，实现自动预警
产生价值	企业建立了数据交易体系和平台，更精细化、更标准化地推动了数据的交换和利用，并且能够实时计算对应的价值

精益数据成熟度模型与数据管理能力成熟度评估模型是互补的关系。数据管理能力成熟度评估模型从数据管理的角度定义了数据战略、数据治理、数据架构、数据应用、数据安全、数据质量、数据标准、数据生存周期 8 个能力域的标准，并以这些标准来度量企业数据治理的成熟度，注重管理过程。而精益数据成熟度模型从最终用户价值的角度，也就是从结果角度来度量企业生产和利用数据的成熟度，注重用户生产、利用数据的体验和效果。

第 3 章 精益数据战略

前文介绍了精益数字化企业的六大能力，从第 3 章开始，我们将逐一对这些能力进行详细阐述。

从被动管理数据资源走向主动利用数据产生业务价值，这是数据战略在最近几年被很多企业重视的根本原因。在企业信息管理（Enterprise Information Management，EIM）时代，数据治理是数据管理的最终目标。而在数字化时代的今天，数据是业务的存在形式，是驱动业务的创新引擎。过去，企业以应用为先，如今，应用快速迭代，数据持续产生并成为新的生产要素，每个企业都需要制定数据战略去匹配业务战略，从而充分利用数据资产实现业务价值。

传统战略规划的底层逻辑是定位和预测，它基于最佳实践和历史经验，通过全面、细致的研究和分析来预测未来。企业往往期待通过战略规划让未来的一切都在掌控之中。但是，今天数字化时代的市场高度不确定，是无法被预测的。

精益数据方法认为，数字化时代市场是快速变化的，是无法被精准控制和预测的，企业要尊重和接受这种不确定性，充分利用数据和数字化技术来提升自身的响应能力和抗脆弱能力。

对此，精益数据方法提出轻量级的、探索价值场景、快速迭代的数据战略规划方法，即精益数据战略，从业务价值、客户价值出发，制定四大蓝图，让业务人员和技术人员共创数据驱动的企业数字化转型的整体实施路径。

精益数据战略引领精益数字化企业其他五大能力，是建设精益数字化企业的顶层设计。

3.1 数据利用的 4 个阶段

回顾历史，企业对数据的利用可以归纳为以下 4 个阶段：统计查询、商业智能、大数据分析和数据中台。不同阶段的数据管理策略都不一样，如图 3-1 所示。下面，我们通过详细分析数据利用的发展历程，来了解企业数据战略是如何演进的。

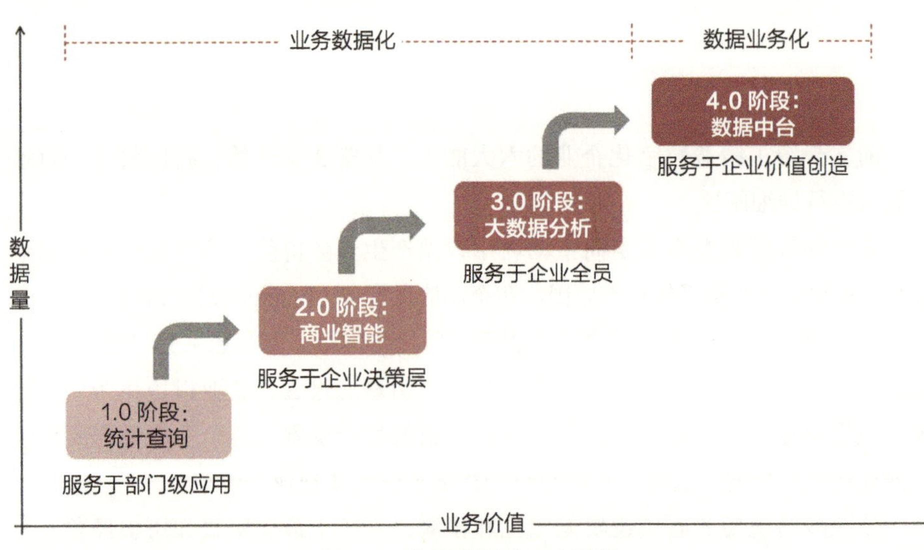

图 3-1　数据利用的 4 个阶段

1. 统计查询

早期的数据利用是对应用的数据进行统计查询，我们将这个时期称为 1.0 阶段。此时，数据并没有从业务系统中抽离出来。需要统计查询数据的用户也是业务系统用户的一部分。这个数据处理过程使用前文提及的 OLTP，即联机事务处理。

OLTP 负责业务系统的事务性处理，主要目的是通过在线流程完成特定的业务交易。在这个过程中数据是业务流程的副产品，部分关键数据会被存储起来。

举个例子，订单交易业务属于典型的 OLTP 类业务，这类业务对实时性要求比较高，并且会产生较高的并发访问量，最终所有交易完成的订单数据会被存储到订单数据库中。

这类业务有以下特点。

- 系统需要处理大量相对简单的事务，通常是数据的增删改查。
- 一般访问同一批数据的用户量比较多，系统需要保证数据的完整性，保证每一个事务的准确性。
- 系统需要支持非常高速的处理，响应时间以毫秒为单位。
- 系统需要提供快速检索和查询的功能。
- 业务对服务的连续性要求比较高，系统需要保持全天候可用。

基于业务特点，应用 OLTP 的数据利用过程相应有以下几个特点。

- 数据是软件功能的副产品，一般只有少量业务数据被存储。
- 数据与应用存在于一个整体性架构中，数据按照应用的逻辑被存储，应用怎么写入的，查询的时候就在同样的表里用 SQL 检索。
- 需要进行数据统计查询的一般是管理员或者业务系统本身的用户。

2. 商业智能

在 1.0 阶段，数据以查询统计的形式在一个具体的业务领域为特定的业务人员提供服务。当越来越多的业务利用计算机软件来支撑的时候，企业管理层需要了解更全面的业务信息，从而为决策提供依据，这就是 2.0 阶段的数据利用需求。我们称 2.0 阶段为商业智能阶段。

在这个阶段，数据处理的技术架构以关系型数据库和 OLAP 为主。

前文提到，OLAP 是对大量历史数据进行多维分析的处理模式。与 OLTP 关注每一个事务的交易不同，OLAP 更关注整体数据的变化趋势和分析结果。OLTP 往往只需要访问和处理一个数据源，而 OLAP 则需要对多个系统的数据源进行汇聚分析。

OLAP 的主要目的是从数据中获得业务的洞察，是数据挖掘、商业智能和复杂分析计算等过程的通用架构，常用于财务分析、制定预算和销售预测等业务需求。大部分 OLAP 架构的核心是数据立方体，它为用户提供多维度的数据快速查询、报告和分析功能。

举个例子，我们如果需要按地区分布来分析订单交易的历史数据，就要将所有的订单数据都抽取到一个数据库中，并且对这些数据按照地区维度进行汇聚和处理，这个过程对于实时性要求不高，但是对于数据的全面性、准确性有一定的要求。

基于上述介绍，我们可以从以下维度来理解 OLTP 和 OLAP 的区别，如表 3-1 所示。

表 3-1　OLTP 和 OLAP 的区别

	OLTP（事务型）	OLAP（分析型）
面向用户	业务操作人员	决策人员、数据分析人员
关注点	少量数据的增删改查	大量数据面向特定主题的复杂分析
数据源	单一的关系型数据库	多维数据来源
处理时间	毫秒级响应时间	响应时间比 OLTP 的短
并发访问量	高	低
数据组成	一般包含当前运行的数据	各个数据库的历史数据
业务价值	处理当前业务	提供业务分析和洞察
读写频率	高频读写	只读，很少写

在商业智能阶段，企业管理对数据分析的需求呈现稳定的增长，因此众多数据技术和产品应运而生。我们将该阶段的数据处理架构分为 3 个层次，如图 3-2 所示。

最前端是企业的数据应用层，对已经加工好的 OLAP 数据立方体提供的数据进行各种方式的利用，比如查询 / 报表、实时分析、数据挖掘。

在中间数据建模层，系统对从底部数据仓库抽取的数据集进行建模，形成面向不同业务主题的数据立方体，供前端快速利用。

系统将源系统数据抽取到这一层，形成数据集市，再汇总到数据仓库，构成企业级的统一数据集，给业务提供数据模型。在这个阶段，如何管理越来越多的数据成了一个专业事项，企业信息管理成了这个领域广受关注的数据管理方法。

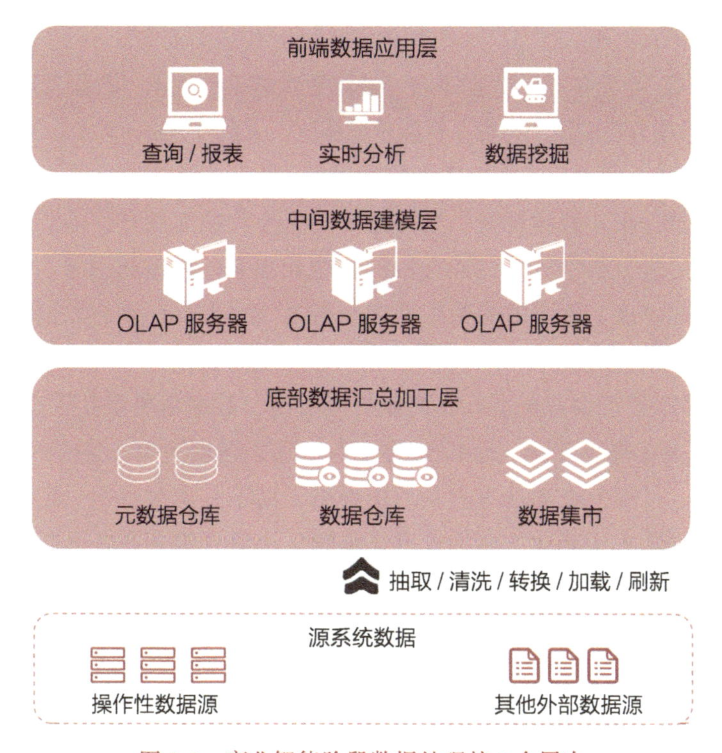

图 3-2　商业智能阶段数据处理的 3 个层次

3. 大数据分析

在商业智能时代，主要的数据源是以 ERP 为代表的企业内部管理系统，这类系统关注内部研发、生产、人、财、物的管理。

随着移动互联网崛起，很多企业逐渐构建了自己的电商体系、会员体系，同时更加关注用户的体验，原来以用户订单和基础信息为主的用户数据已经不能满足企业的用户分析需求。于是，企业开始逐渐从用户的行为数据、社交媒体数据中挖掘用户信息，对用户进行更加深入的洞察。此外，对制造型企业、资产密集型企业来说，物联网技术的出现也让这些企业有了更好的手段，能够实时连接生产设备和固定资产，采集更多的设备信息、运维信息、状态信息等。这样的业务需求带来了半结构化、非结构化数据的大幅度增长。

除了数据量和数据种类的要求，企业对于数据也提出了更高的价值需求，而以云计算、大数据、物联网、移动互联网技术为主的数字化技术的出现，支撑了这些需求的实现。于是，一个新的大数据时代迎面而来。

在新时代，企业依托大数据平台，处理更大规模的数据。数据利用发展到3.0阶段，即大数据分析阶段。与商业智能阶段相比，大数据分析阶段有以下几个特点。

1）数据量、种类、产生速度大幅度提升。在大数据时代，企业内外部数据急速膨胀，数据量、数据种类、数据的产生速度大幅度提升，传统的针对结构化数据批量处理分析的方式已经无法满足企业如今的数据利用需求。企业需要更全面、更多维度、更实时的数据处理分析方式，来保证业务数据化后的结果尽可能与真实的业务保持一致，并且产生领先业务的洞察。

2）数据服务于企业全员。在商业智能时期，数据主要服务于企业决策层，从历史业务中获得统计型、分析型的业务信息，辅助决策。这个时期所抽取、使用、分析、呈现的数据基本上是历史数据，而不是实时数据。到了大数据时代，数据全面服务于企业的全局业务，从辅助决策延展到方方面面。移动互联网、物联网技术让数据能够直接实时触达业务的一线工作人员。而不同的用户角色，对数据以及数据产品形态有着不同的要求，这就需要企业建立快速应对多元化需求的数据能力。

3）海量数据拉动多样化的数据技术栈。在这个时期，企业的应用系统数量飞速增加，外部数据呈指数级增长，海量、多样的数据推动了多样化的数据处理技术的发展，比如，开源框架Hadoop开创了分布式大数据处理技术的先河。

4）从批量处理变为实时处理。在商业智能时代，OLAP是数据处理技术的核心，批量处理、查询统计都是非实时的。到了大数据时代，企业对实时数据处理的需求进一步增强，数据分析的目的从通过历史报表进行粗略评价和预测变成根据用户的实时请求，结合OLAP分析得到的业务洞察来进行精准营销或者价格优化。

在大数据时代，数据对企业越来越重要，数据驱动型企业的概念也逐渐被越来越多的企业接受。

4. 数据中台

在前面3个阶段中，数据利用的主要形式还是商业智能，这个过程需要工作人员出报表给管理者，管理者查看后再进行决策，是由人工完成的。随着人工智能技术的迅速发展，面对高速动态变化、不确定性极高的市场环境，企业的数据利用进入了4.0阶段，即数据中台阶段。

该阶段以数据中台概念为核心，呈现了数据利用情况的 3 个变化趋势。

（1）从商业智能到人工智能

在前面的阶段中，企业的经营决策以人为主，数据只是以报表等形式辅助决策。而到了 4.0 阶段，人工智能技术发展，机器学习、深度学习等手段具有传统的统计型数据分析方法所不具备的业务洞察能力，这些手段以算法的形式呈现，企业进入了数据直接驱动业务的时代。人工智能算法将逐渐成为数据驱动的主要引擎，大量的历史数据、交易数据都成为训练和优化算法的材料，数据从辅助决策走向直接参与决策。

（2）从局部支撑到全局优化

受限于算力和数据存储、处理的能力，企业在前面 3 个阶段中的业务应用和数据存储是紧耦合的，无法做到企业级的全量数据的汇聚和融合，无法做到基于全量数据的分析和洞察，只能聚焦于关键业务领域，做特定主题的局部分析。而到了数据中台阶段，基于云计算、大数据、流计算等技术，企业具备了汇聚、分析全量数据，得出全面的业务洞察的能力，这有利于企业从全局进行业务优化。

（3）从业务数据化到数据业务化

在前面 3 个阶段中，企业的数据利用聚焦于业务数据化，也就是将业务流程设计成软件应用，通过软件应用采集、生成业务数据，再通过对业务数据的分析形成业务洞察，然后由业务人员参考业务洞察去制定业务策略。

到了数据中台阶段，企业对数据的利用走向了数据业务化，通过人工智能技术进行数据建模，形成可以指导业务优化的算法模型，然后采用 API 等方式，直接将算法模型部署、集成到业务应用中，驱动业务系统的运行。这种变化如图 3-3 所示。

在业务数据化的过程中，数据并不直接参与业务的执行，它是业务流程的产物；在数据业务化的过程中，数据是新的生产要素，直接参与业务。所以，在这两种不同的过程中，企业数据战略的关注点和目标是完全不一样的。

在业务数据化阶段，数据战略聚焦于数据管理，关注数据的质量、安全性，从资源角度来管理数据。此时行业中只有企业信息化战略，而很少提到数据战略，因为企业对数据的诉求主要是做好管理，实现标准化，保证数据安全，数据战略是服务于企业信息化战略的。

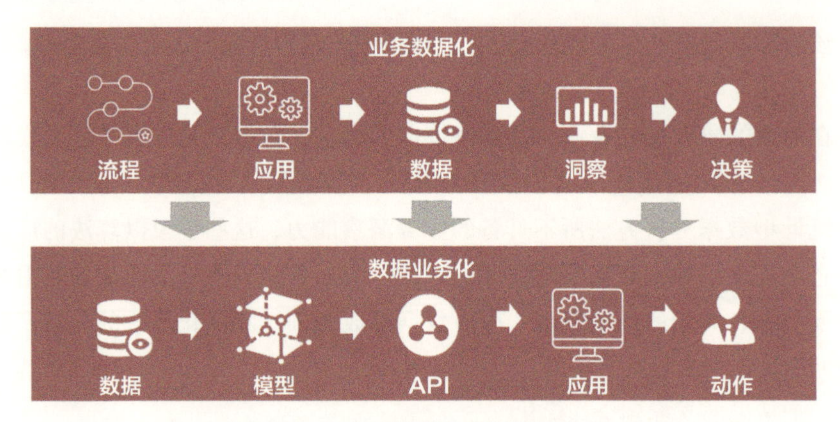

图 3-3 从业务数据化到数据业务化

而在数据业务化阶段，企业要从业务的视角出发，从用户出发，从价值出发，才能制定出符合业务战略、能够产生价值的数据战略。更好地利用数据创造价值，已经成为业务的创新引擎，成了企业的重要业务战略目标，数据已经从资源管理领域走向价值创造领域。

数据战略规划的要求与数据管理完全不同，企业不能静态地管理数据资源，要随着市场和用户需求的变化，动态、高响应地分配、调度数据资产，让其产生直接的业务价值。目前很多企业管理数据的方式还是以企业信息管理为主。

3.2 从企业信息管理到数据战略

企业信息管理是信息化时代的数据管理方式，以数据治理为目标。而数字化时代的数据战略以创造业务价值为目标。

3.2.1 企业信息管理架构

回顾数据利用的 4 个阶段，企业信息管理在 2.0 阶段被广泛应用，企业信息管理的核心架构如图 3-4 所示。我们从底层对该架构进行说明。

1. 企业信息管理的 4 种数据类型

企业信息管理的核心是管理好信息化时代企业的 4 种数据：主数据、交易数据、商业智能数据、非结构化 / 半结构化数据。

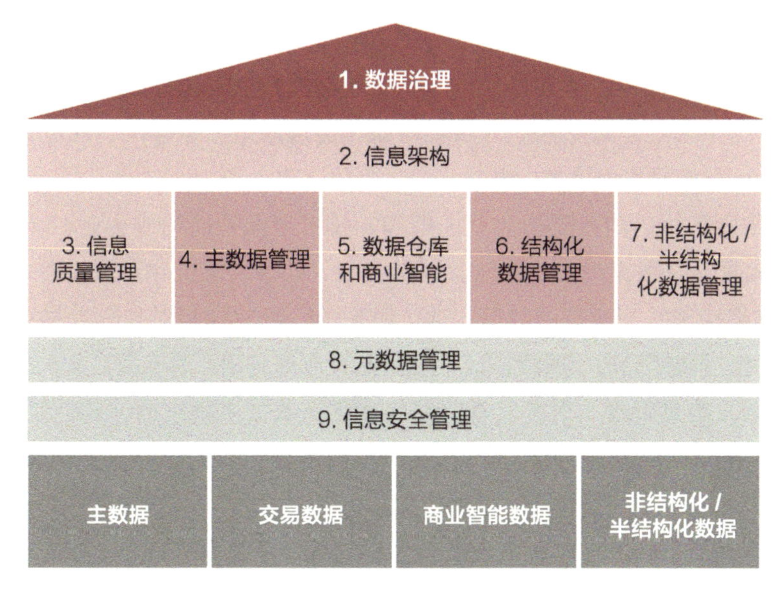

图 3-4　企业信息管理的核心架构

主数据具有共享性，在企业内部跨越应用系统和部门，是反映业务实体状态的核心基础数据。主数据有相对静态、特征唯一、识别唯一、长期有效的特点，不因部门、流程、系统、技术而改变，具有单一、准确和权威的数据来源。例如，客户、组织结构、人员、物资、项目、财务科目等方面的数据是常见的核心主数据。

交易数据是描述企业在业务运营过程中记录内外部发生的事件或者交易的数据，如销售订单、通话记录、用户行为等。主数据在使用过程中会调用交易数据。

商业智能数据指的是经过挖掘、处理、分析后形成的数据。这类数据是以主数据和交易数据为原材料，为了解决业务问题而生成的二次数据，比如企业的报表数据、图表数据等。

非结构化 / 半结构化数据与业务系统建模生成的结构化数据有所区别，如日志数据、文档数据等。过去，因为技术局限性，挖掘利用这些数据的复杂度较高，所以企业并没有充分地将这类数据利用起来，这部分数据在企业信息管理架构里并不是核心的内容。

2. 企业信息管理的 9 大领域能力

为了管理好这 4 类数据，企业信息管理提供了如下 9 大领域的能力。

1）数据治理。在企业用企业信息管理方式来管理数据的时期，数据治理是所有数据管理工作的目标和指导，也是企业管理数据资源的核心手段。在这个时期，数据治理工作以主数据为核心对象，通过制定数据标准、规范管理流程等手段，让企业的数据更加标准化。

2）信息架构。信息架构与业务架构、技术架构共同构成企业 IT 架构，指从 IT 的角度定义数据的结构，以及数据收集、共享、维护和存储的方式。企业通过信息架构来管理所有的数据，这个时期的信息架构是对现有数据存储状态的描述，包括数据架构。所以在这个时期先有业务应用，后有信息架构。

3）信息质量管理。信息质量管理包括定义数据质量指标、分析数据质量、验证和审计数据质量服务水平、主动和被动清理数据、识别数据质量要求等功能。

4）主数据管理。主数据是企业的核心数据，直接影响企业业务的运营，所以主数据管理是企业信息管理中非常核心的组成部分，也是数据治理的主要工作内容。主数据管理控制企业核心业务实体的获取、存储、同步和使用。

5）数据仓库和商业智能。数据仓库和商业智能用于归档和分析历史数据，例如销售、人力资源和其他日常运营信息。该功能组件负责建立、控制和支持数据的分析、集成、传递过程，以及支持相关数据技术和工具。

6）结构化数据管理。企业信息管理对结构化数据的具体管理工作包括如下几个方面。

- 提供开发生命周期服务：设计物理数据库，定义数据服务，维护生产、开发和测试环境，控制配置和更改，创建测试数据，验证数据需求，迁移和转换数据等。
- 提供数据生命周期服务：外部数据采集，数据备份和恢复，性能监控和调整，存储管理，归档管理等。
- 提供数据基础设施服务：数据技术的安装、管理，支持非结构化数据的管理等。

7）半结构化 / 非结构化数据管理。企业信息管理涵盖广泛的半结构化 / 非结构化数据，包括文档、报告、图像、表格、各种记录、电子邮件、网页、XML 文档、地理空间数据和企业知识类数据等。

8）元数据管理。元数据是解释整个企业的系统、应用程序或环境中的数据内容的定义、控制、使用和处理的数据上下文。元数据是互连企业信息管理中其他组件，推动企业在数据领域应用信息管理工具和技术的基础数据。

9）信息安全管理。信息安全管理通过在企业内对政策、规则和程序采用建立、实施、管理和审计等手段来确保数据的隐私性和可控制，例如角色和行级安全。

至此，我们会发现，在上述对企业信息管理整个架构的介绍中，并没有提到业务价值、业务场景等方面的内容，这是因为企业信息管理的目标就是管理好数据资源本身。

3.2.2　数字化时代企业信息管理的局限性

在信息化时代，企业信息管理统治了企业数据管理领域很长一段时间，到了数字化时代，这种管理方式逐渐跟不上企业发展和业务需求。在数字化时代，从环境、业务特点到数据种类等方面都发生了变化，数据战略逐渐取代企业信息管理，发挥更大作用。如图 3-5 所示，企业信息管理与数字化时代数据战略相比具有 5 方面的重要区别。

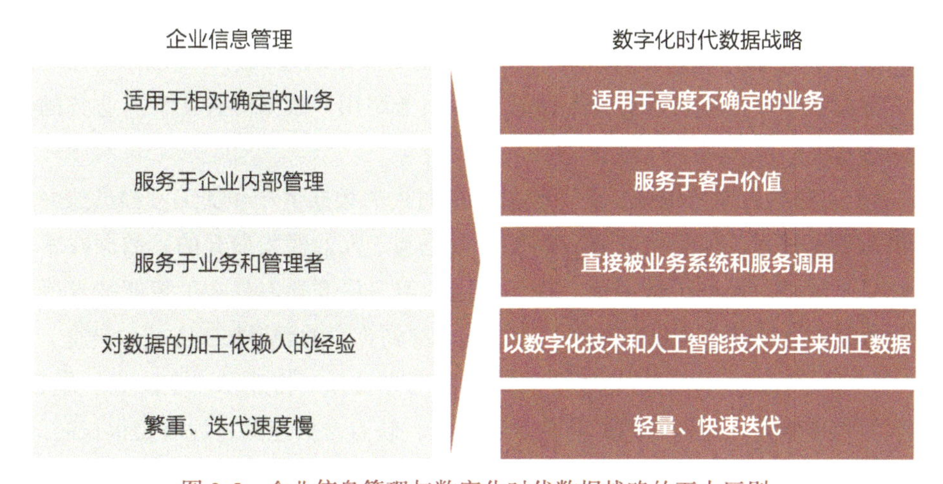

图 3-5　企业信息管理与数字化时代数据战略的五大区别

图 3-5 直接呈现了企业信息管理这种数据管理方式在数字化时代的局限性，下面分别阐述。

1）无法适应高度不确定性的业务。信息化时代，企业与外部市场用户的直接交互不多，大部分数据来自企业内部的研发生产和管理工作。到了数字化时代，电子商务、社交媒体等平台崛起，企业收集的数据越来越多样，数据量呈爆发式增长，数据种类也在快速变化。企业信息管理这种完全自上向下的纯规划型管理方式无法及时响应外部的变化，往往是数据治理项目刚实施到一半，业务需求又发生变化了，同时不断有新的数据产生，所以企业采用企业信息管理很难真正地让数据产生业务价值。在数字化时代，企业需要更加敏捷灵活的数据管理体系。

2）无法产生业务价值。在信息化时代，很多数据在业务生命周期内的变化不大，所以企业信息管理在本质上还是将数据当作相对静态的资源来管理，并且将主数据从所有数据当中区分出来重点管理。而到了数字化时代，数据从资源变成了生产要素，企业希望从数据资产当中挖掘出业务价值。在这样的目标下，仅仅把数据当作资源来做好管理、保证安全和实现标准化，已经不再符合企业对数据和数据部门的期望。企业更希望数据管理能够给用户、给业务带来明显的价值。

3）无法直接参与业务价值的创造。企业信息管理时代，主要是业务人员和管理人员需要利用数据，业务人员查看数据和报表，管理人员根据数据分析结果做出业务决策。而到了数字化时代，企业更多是通过API来调用数据服务，这些数据服务可以直接被业务系统或其他服务调用，数据能直接参与业务的价值创造过程。

4）无法摆脱人力依赖。企业信息管理时代的数据生产和加工过程虽然会用到很多数据技术，但是大部分数据工作还是基于人的经验展开的，数据技术和工具只是辅助。而到了数字化时代，机器学习、深度学习等人工智能技术能直接从数据中发现规律、找到模式，这是从人脑到算法的数据加工方式的转变。

5）体系繁重。企业信息管理以数据治理为目标，构建了一个庞大、缜密、细致的管理体系。该体系的好处是非常标准，缺点是搭建的过程需要很长时间，整个企业需要投入巨大资源才能完成体系的构建。而环境或者业务一旦发生变化，对这样大规模的体系调整起来速度很慢。所以传统的数据治理项目往往只能将生成一堆文档和制定很多标准作为成果，但是实际的业务已经发生了很多变化，企业花费巨大精力搭建出来的体系也就不完全适用了。在数字化时代，企业需要新的数据管理体系来支撑业务战略的执行。

3.3　价值驱动的精益数据战略

从资源到资产，从辅助业务决策到成为业务的数字化呈现形式，数据已经成了每一个组织向前发展的战略资源和关键手段。在新阶段应该如何让数据发挥作用呢？这已经成了国家和企业都在研究和实践的课题。

为了解决这一课题，如何利用数据产生业务价值成了每个组织首先要做的事情。在制定精益数据战略之前，我们先来了解并掌握数据战略的重要目标。

3.3.1　数字化时代数据战略的 6 个目标

企业在数字化时代面临更复杂、更混沌、更加不确定的业务问题，如何充分发挥数据要素的资产属性并创造业务价值是数据战略需要解决的问题。精益数据方法认为，要发挥数据的作用，企业的数据战略要对齐 6 个目标。

1. 创造业务价值

对企业来讲，管理数据、分析数据不是目的，真正的目的是用数据创造业务价值。数据战略要服务于业务价值，从数据管理走向价值创造。所以，数据战略要从业务问题出发，而不是从数据问题出发。

2. 探索价值场景

定义问题永远是解决问题的前提，定义好数据要素发挥作用的价值场景是创造业务价值的关键。因此，如何制定企业的业务场景蓝图，是数据战略规划的核心工作。

传统的数据战略以数据需求为出发点，让业务人员提出对数据的需求，比如“某种数据的质量不高，怎么解决？”。这些问题往往不是业务需求，而是在现有的业务场景和流程基础上对数据的管理需求。而在数字化时代，数据战略应该识别出服务于业务目标的业务场景，对应的问题应该是这样的：“如何提高销量？”

3. 规划数据资产

数据资产的形成过程要经历 4 个主要阶段，包含 5 个关键步骤，如图 3-6 所示。

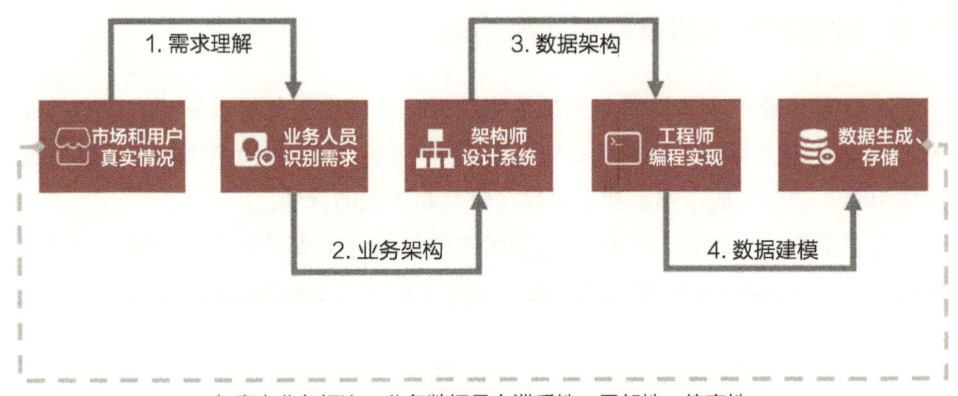

图 3-6　数据资产形成的 4 个主要阶段

1）需求理解。在这个阶段，基于真实的市场情况和用户的反馈，业务人员识别出关键需求，并且设计出流程。不同的业务人员对市场和用户的理解是不一样的，所以最终识别的需求也不一样，需求的准确度、全面性也不尽相同。

2）业务架构。在这个阶段，架构师根据业务需求形成业务系统的架构。基于不同的经验和技术，架构师设计出来的业务系统的层次、架构也是不同的。

3）数据架构。这个阶段是从业务架构的设计发展到数据架构的设计，需要考虑哪些是主数据，哪些是交易数据，以及这些数据之间的关系。这是对数据资产的生成进行总体设计的阶段。

4）数据建模。在这个阶段，工程师需要思考采用什么方式建模来实现数据架构，如何设计数据库和数据表，如何设置字段的属性等问题，该阶段决定存储数据的最终呈现形式。

从上面 4 个阶段可以看出，最终的业务数据与真实业务之间客观存在 3 方面的差距，业务数据具有滞后性、局部性和偏离性。

首先，这 4 个阶段中的每一个阶段都需要花费时间，所以在传统业务的数据生产模式下，数据本身肯定是滞后于实际业务的。其次，工作人员在实施不同步骤时，对上一个步骤的理解是局部的，很难将上一个步骤的所有内容完整地复制到新的设计中。最终，形成的业务数据在大部分时候距离真实的业务情况有一定的偏差。

这些差距是所有数据问题产生的根本原因。为了弥补这些差距，精益数据方法认为，企业在制定数据战略时要规划数据资产蓝图，并在数据生成之前就用该蓝图指导业务数据化的过程。具体来说，企业要在转型初期就勾勒出业务在某个阶段终点时的数据资产大图，然后以此为框架来规划应用系统的建设，同时根据该图去设计应用系统间如何进行数据的共享、集成和协作，这样才能够规避数据孤岛的形成。

在数字化时代，一切应用系统都服务于数据的生产和利用，应用架构会经历快速迭代，甚至完全重构，而数据作为业务的数字化存在形式则会持续存在，所以对数据要先于业务应用来规划。

4. 构建数字化技术

数据战略要从业务价值出发，依据业务场景，对企业的数字化技术能力提出需求，指导和牵引技术平台的建设及新技术的应用。企业的数字化技术蓝图要清晰地描述出，在某一个阶段，建设价值场景、数据资产需要哪些技术，这些技术以什么方式提供服务。数字化技术蓝图能够准确、有效地指导企业进行技术能力建设，使技术资源的投入产出比最大化。

每个企业都需要制定自己的数字化技术蓝图，以便指导内部进行技术能力建设和工具平台的搭建。

5. 规划清晰的可执行路径

新时代的数据战略要将规划和落地融于一体，既要制定蓝图、指明方向，又要聚焦于关键问题，提供执行路径。只有这样，该战略才能够快速启动实施。否则，战略规划的周期越长，变化就越大。而这需要数据战略的规划者能够从纷繁混乱的现象中快速抓住最本质、最具有确定性的内容。

企业需要对价值场景、数据资产和数字化技术三者的联系进行梳理，导出它们之间的层层解码关系，根据这些关系规划数字化转型落地的举措才能够更贴近业务，快速产生价值。

6. 快速获取反馈，持续优化

外部环境是变化的，用户的关注点也是变化的。为了始终有效地服务于业务，数据战略要有持续迭代的能力。精益数据方法认为，数据战略首先要构建起反馈闭环，获取新的用户数据，再对新的数据进行分析来洞察市场及用户需求的变化，然后快速调整和优化，并持续下去。

在新时代，数据战略要以数据产品的形态呈现，而不是仅仅停留在报告里。这就需要企业构建自动化的数据价值链，利用数字化技术让数据流动起来，通过数据指标体系来度量和指导业务的持续优化。

3.3.2 认识精益数据战略

1. 精益数据战略的定义

前文提到，在数字化时代之前，企业希望通过层层精密的逻辑来预测和定位客户的需求，同时，企业认为将战略做得越细越好，以便让后续的执行能全部在掌控之中，减少不确定性的风险。但是数字化时代产生了两个重大变化：一是市场和业务变化具有高度的不确定性；二是数字化技术为企业提供了与用户进行实时、高频沟通的能力。

因此，企业需要适应新时代的数据战略，而精益数据战略便是一套满足企业在数字化时代需求的方法。

精益数据战略是以精益数据方法为指导，以业务价值为目标，具有轻量级、快速反馈等特点的数据战略形式。它和传统战略有着本质上的区别。

首先，精益数据战略的底层逻辑是认可和接受不确定性的。它建立起与市场的直接连接，增强用户互动并及时接收用户反馈，从不确定性中寻找确定性，提高响应能力。

其次，在底层逻辑的基础上，精益数据战略发展出一套包含 4 个特点、3 项内容、4 张蓝图、4 项原则的完整体系，如图 3-7 所示。这些方面体现了精益数据战略与传统战略的不同之处，对此，下面分别进行详细阐述。

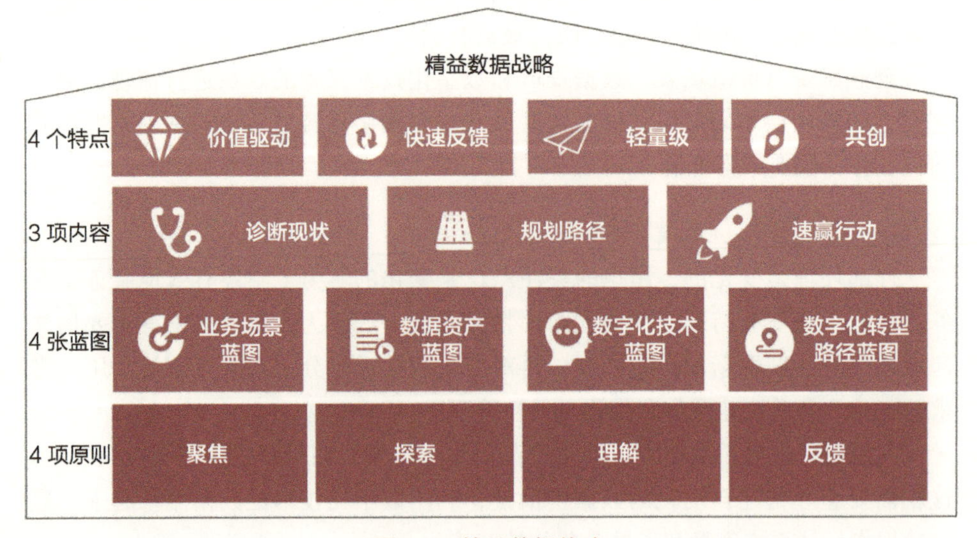

图 3-7 精益数据战略

2. 精益数据战略的 4 个特点

与传统的数据战略规划方法相比，精益数据战略具有如下 4 个特点。

（1）价值驱动

传统的数据战略是建立在企业信息管理架构上的，主要是从企业 IT 部门的视角管理好企业的数据资源，确保数据的质量和安全。

精益数据战略是从企业的视角看待数据，数据工作不再只是 IT 部门的职责，数据是企业新的生产要素、核心的企业资产。精益数据战略的核心是让数据资产产生业务价值。

（2）快速反馈

精益数据战略认为，数字化时代的外部环境有着高度的不确定性，企业的数据战略要建立起快速反馈的机制，从而高速响应市场的变化。所以精益数据战略提倡快速反馈的构建过程，对确定性的事情快速做，对不确定性的事情快速试错。

（3）轻量级

传统的数据战略制定的周期比较长，交付的规划成果非常全面并且颗粒度比较细，希望对所有的工作内容都能够不打折扣地完成规划，导致制定一个完整的企业级数据战略至少需要 6 个月至 12 个月时间。

精益数据战略聚焦业务场景探索，配合精益数据共创工作坊这一国内首创的卡牌式高效调研及共创方法，能够将数据战略的规划时间大幅缩短至 2 周到 8 周。

（4）共创

精益数据方法认为，每个企业都有自身的特点，自上而下、依赖历史经验的传统规划方法难以满足其需求。要采用自下而上、共创的方式，令业务部门与技术部门共创出符合企业自身特点的数字化转型的总体规划和实施路径。

3. 精益数据战略的 3 项内容

制定精益数据战略的核心是回答 3 个本质问题：在哪里，去哪里，从哪里开始。这 3 个问题对应了诊断现状、规划路径和速赢行动这 3 项内容。

（1）诊断现状

精益数据战略强调适用性和实用性，不同企业的业务目标、业务模式、组织形式、技术现状都不一样。制定数据战略时，首先围绕企业的业务目标、业务战略，对企业的现状进行全面扫描，发现问题和需求，再结合现有业务流程、技术现状、团队能力去规划蓝图。

具体来说，诊断现状主要包括对企业现有业务情况、数据产品现状、数据能力、数据资产、数据治理情况、技术架构、配套措施、数据团队等方面的调研和诊断，以便制定出符合企业现状和特点的数据战略。

（2）规划路径

对齐了业务目标，梳理了企业的数据生产和利用的现状，下一步就需要面向未来做整体规划和路径分解。

精益数据战略认为，在数字化时代，外部的环境高度不确定，所以数据战略的规划不宜做得太重，也不宜做得太细。要尽可能保证规划的前瞻性、可执行性和落地效果。

首先，要保证前瞻性，就要从外部环境、行业格局、市场竞争以及技术趋势 4 个方面考虑，让规划能够保持一定的生命力。

然后，要具备可执行性，就要将蓝图实现过程中的关键路径、阻力、风险一一分析清楚，描述出 3 个执行的关键要素：谁负责，如何执行，如何管理。企业的数字化转型一定要由具体的机构来整体负责，并且制定出项目级别的计划，还要有一套度量指标来衡量和监督执行情况。只有这样，该数据战略才能有效执行下去。

最后，业务人员最关注的就是该数据战略能否给他们带来实际的价值，这也是很多企业数字化转型面临的难点和挑战。精益数据战略认为，在做数据战略的时候，一定要把每项工作、任务、策略都对应到业务价值，不做不产生价值的动作，减少浪费，并且在执行中观察度量指标的变化，及时调整和优化具体的执行动作。

精益数据战略强调，所有的规划要建立在全员对齐目标和认知的基础上，聚焦价值场景，梳理出业务场景、数据资产、数字化技术和数字化转型路径 4 张蓝图，然后围绕蓝图做战略路径的解码。

（3）速赢行动

精益数据战略的核心是产生业务价值，该价值不能通过 PPT 产生，也不能通过打印出来挂在墙上实现，只能通过实际的数据产品和服务做出来，如此才能让用户满意、让企业获益。为了实际落地，精益数据战略要求企业在规划蓝图及路径以后，一定要制定出速赢阶段的行动策略。速赢阶段就是数字化转型的第一个工作周期，时长一般是半年，最长不超过一年。该阶段的行动策略主要包括如下内容：

- 高优先级价值场景清单；
- 数字化转型项目清单及执行计划；
- 项目计划；
- 配套举措。

4. 精益数据战略的 4 张蓝图

（1）业务场景蓝图

精益数据战略制定的业务场景蓝图包括下面 3 种类型的场景清单。

1）速赢场景清单。该清单包含价值清晰、痛点明确、具有确定性的场景。对这些场景下的工作内容，需要在战略落地时尽快执行。

2）中期建设场景清单。该清单上的价值场景从中期来看是有必要建设的，但是目前建设条件不成熟，或者有一些关键依赖项还不具备建设条件，对此要尽快补足条件短板，准备建设。

3）远期建设场景清单。从长期战略来看，该清单上的场景虽然需要建设，但是目前不具备条件，并且优先级不高。

典型的业务场景蓝图如图 3-8 所示。

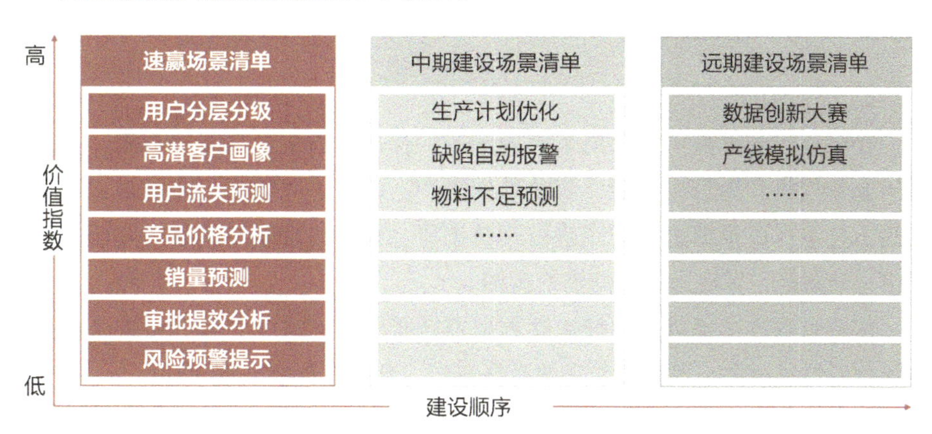

图 3-8　业务场景蓝图示例

另外，精益数据转型方法还提供了花瓣模型，从业务场景、数据资产和数字技术 3 个维度结构化地识别业务场景，并对其进行优先级排序。关于花瓣模型的具体内容，本节不详细阐述，读者可阅读第 9 章来了解。

（2）数据资产蓝图

精益数据方法认为，企业要尽早识别并规划出面向未来的数据资产蓝图，然后按照该蓝图去规划和建设自己的应用系统，指导这些应用系统生产和利用数据。

以某汽车企业为例，其数据资产蓝图的形式如图 3-9 所示。

数据资产蓝图

用户数据	车辆数据	环境数据	研发数据	市场销售数据	内部管控数据	商业智能数据
车主信息	整车数据	车联网数据	仿真场景数据	销量明细数据	供应商数据	平衡积分卡
车主 App 数据	电机数据	道路数据	车辆参数	市场活动数据	采购数据	销售分析数据
车载娱乐数据	BOM 数据	交通设施数据	车辆故障数据	用户大盘数据	财务数据	市场分析数据
车主购买数据	燃料电池数据	天气数据	车辆测试数据	销售线索数据	人力资源数据	库存分析数据
驾驶行为数据	发动机数据	路况数据	VR 数据	4S 店分布数据	行政办公数据	销量预测数据
驾驶习惯	车辆位置数据	POI 数据	试验车数据	市场信息数据	组织结构数据	用户画像数据
三方浏览数据	报警数据	地图数据	工艺流程数据	用户反馈数据	设备资产数据	车型分析数据
兴趣爱好	……	车内环境数据	研发设备数据	媒体报道数据	……	……

主要应用系统

CAD/CAE	产线系统	客户关系管理系统	智能网联系统	客户数据平台	库存管理系统	研发管理系统	车辆检测系统
电商平台	MES	客户服务系统	呼叫中心	供应链管理	运输管理系统	内容管理平台	……

图 3-9 数据资产蓝图示例

数据资产蓝图是一个面向未来的蓝图，企业能够从中清晰地看到，根据自己的业务战略和愿景应该拥有哪些数据资产，以及这些数据资产应该来自哪些系统。企业可以根据这张蓝图进行现状调研，分析出现状与预期的差距，从而制定行动路径，实现这个数据资产蓝图。

精益数据方法提供了 4 种探索数据资产蓝图的方法和工具，帮助企业全面无死角地扫描过去、现在和未来的数据资产，具体过程参见第 9 章。

（3）数字化技术蓝图

精益数据战略的数字化技术蓝图指的是支撑企业数字化转型的数据智能技

术全集。企业在构建数据中台的时候，可以依照此蓝图，围绕价值场景，急用先行，按需建设，最终完成自己的数字化技术体系建设。

典型的数字化技术蓝图如图 3-10 所示。

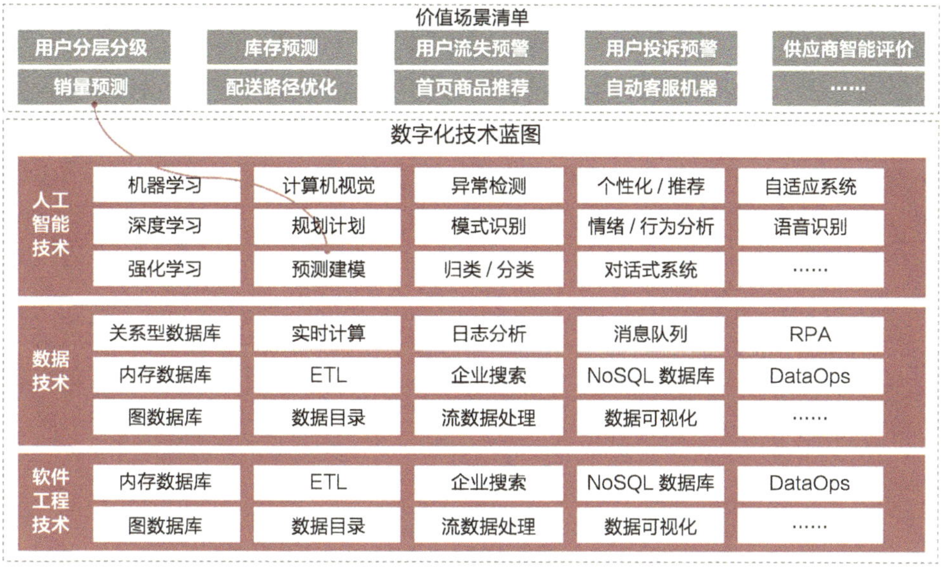

价值场景清单

用户分层分级 | 库存预测 | 用户流失预警 | 用户投诉预警 | 供应商智能评价
销量预测 | 配送路径优化 | 首页商品推荐 | 自动客服机器 | ……

数字化技术蓝图

人工智能技术：
机器学习 | 计算机视觉 | 异常检测 | 个性化 / 推荐 | 自适应系统
深度学习 | 规划计划 | 模式识别 | 情绪 / 行为分析 | 语音识别
强化学习 | 预测建模 | 归类 / 分类 | 对话式系统 | ……

数据技术：
关系型数据库 | 实时计算 | 日志分析 | 消息队列 | RPA
内存数据库 | ETL | 企业搜索 | NoSQL 数据库 | DataOps
图数据库 | 数据目录 | 流数据处理 | 数据可视化 | ……

软件工程技术：
内存数据库 | ETL | 企业搜索 | NoSQL 数据库 | DataOps
图数据库 | 数据目录 | 流数据处理 | 数据可视化 | ……

图 3-10　数字化技术蓝图示例

数字化技术蓝图在解决企业数字化转型的痛点问题的过程中主要提供了 3 个方面的助力。

首先，数字化技术蓝图将企业的业务场景和技术联系起来，识别出企业所必需的技术。

非软件类企业做数字化转型时往往出现两种情况：第一种是技术能力不够，第二种是建设了很多用不上的技术能力。数字化技术蓝图能够以价值为导向，以业务场景为抓手，清晰地识别出满足业务战略需要哪些技术。企业按图建设，可以减少浪费，使技术体系精准地服务于业务价值。

其次，数字化技术蓝图将技术需求分层分类，结合价值场景，制定技术能力构建的策略。

企业并不一定需要自行构建所有技术，同时不能根据团队的兴趣爱好、特点来制定技术能力的构建策略。精益数据方法提倡企业结合业务场景的价值来制定该策略，厘清哪些能力需要自建，哪些能力可以通过购买服务获得。这样能够加快数字化转型的效率，把最优的资源投入到最有价值的任务中。

最后，数字化技术蓝图可以作为技术团队能力建设的顶层规划。

数字化技术蓝图能够指导企业构建适合自己的技术能力体系，让技术投入更贴近业务需求，也让技术团队的人员能力与业务需求相匹配。

（4）数字化转型路径蓝图

精益数据战略认为，一条清晰的可执行路径必须定义出短期、中期和长期这四个不同阶段的数据利用目标，并且要根据短期目标提供具体可以落地的场景，以便直接指导策略落地。对应于数字化转型路径蓝图，就是规划出速赢阶段、中期阶段、远期阶段的主要任务。

典型的数字化转型路径蓝图如图 3-11 所示。

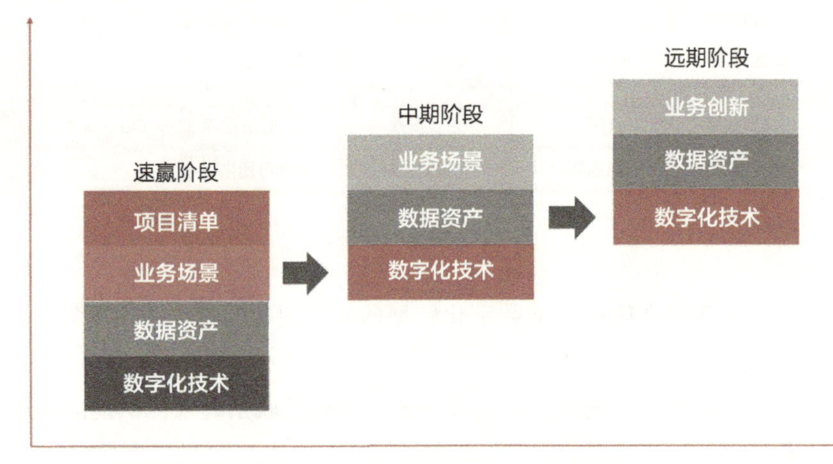

图 3-11　数字化转型路径蓝图示例

其中，速赢阶段要制定出项目清单等内容，以便该阶段的策略能快速落地，并通过用户的反馈，量化策略实施的效果和价值，不断优化。中期阶段重点关注数字化技术和数据资产的建设准备工作，为业务场景打好建设基础。远期阶段则更关注创新及企业终极愿景的达成，尝试孵化新的业务模式。

对这四张蓝图，企业以业务场景蓝图为核心，带动数据资产蓝图和数字化技术蓝图的持续迭代优化，不断刷新数字化转型路径蓝图，让全局业务更加敏捷和高效，如图 3-12 所示。

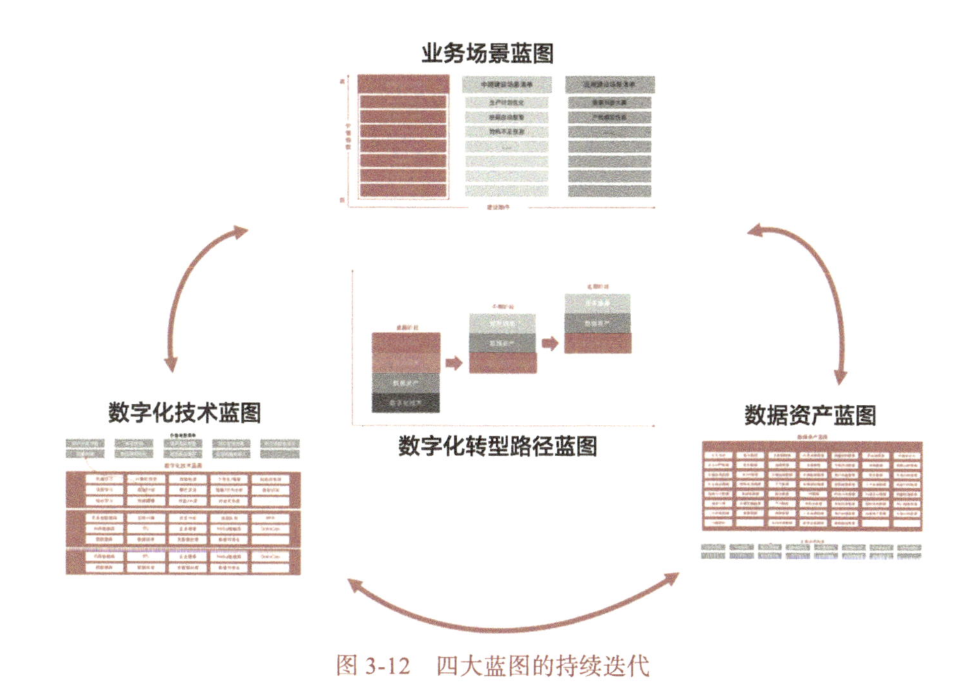

图 3-12　四大蓝图的持续迭代

企业以业务场景蓝图为纲，构建数据资产蓝图，指导数据资产的采集、建设和利用。然后从业务需求、数据开发需求的角度出发，推导出数字化技术蓝图，建设数据中台。再将这三张蓝图的演进路线和执行计划进行归类、集成，形成企业的数字化转型路径蓝图。通过这四张蓝图的持续迭代优化，企业最终转型为精益数字化企业。

3.3.3　精益数据战略的挑战和原则

1. 三方面挑战

精益数据战略在执行上面临如下三方面挑战。

（1）可靠度

可靠度反映了战略规划的科学性、合理性，包括规划的内容是否可靠，目标、行动和实现策略是否符合实际，能否带来预期的效果。若战略不可靠，则工作人员可能会在执行中途发现无法满足业务需求。传统战略的可靠度体现在预测未来的能力上，主要取决于策略制定者对行业趋势的把握，以及部分信息不对称的优势。但是在数字化时代的今天，一切瞬息万变，信息越来越透明，靠预测趋势来制定战略已经不能保证可靠度。

（2）认同度

认同度反映了管理层和员工对战略理解及接受的程度。战略的方向是否正确、是否值得信任、是否有清晰而明确的目标和实现策略等，影响他们是否能充分地理解、接受并认同这个战略，愿意配合并执行。

（3）支持度

在可靠度和认同度的基础上，好的战略要获得组织层面的支持，企业要做出配套的举措来保证战略可以落地。

2. 四项原则

面对这三方面挑战，精益数据战略强调聚焦、探索、理解和反馈这四项原则，如图 3-13 所示。

图 3-13　精益数据战略的挑战和原则

（1）聚焦

企业的资源，比如人、财、物，总是有限的，而数据的生产是无限的。要把有限的资源发挥出最大的效果，精益数据战略首先强调聚焦。

聚焦就是把资源集中到一个关键问题上，先解决该问题，在这个点上形成真正意义上的竞争优势，才能让企业经营获得实质性的突破。

聚焦原则是有共通性的，但是对不同发展阶段的公司、不同事项来说，聚焦的意义是不同的，因此聚焦的具体问题和过程要因公司、阶段、人员而异。

对于创业和发展中的公司而言，聚焦是第一原则，是生存根本。因为创业公司所拥有的资源更加有限，在发展的路上随时都可能“血尽而亡”，所以要聚焦、聚焦、再聚焦。这时候的战略重点不是如何规划和布局，而是如何聚焦于一个小小的生存突破口。具体而言，聚焦需要做好两件事：第一，聚焦于打造一款好卖的产品，能满足顾客需求并能变现；第二，聚焦于探索一个可复制的卖货模式，能让单品源源不断地销售。

对于成熟的大企业而言，聚焦的意义和内涵则不同。大企业已经建设了一个相对完整的业务结构，拥有相对多的资源。（相对多不是绝对多，也永远不会变成绝对多。）但大企业容易高估自己的能力上限，对自己能力圈的边界定义不清。所以大企业的战略不是聚焦于做什么，而是聚焦于不做什么。

精益数据战略强调 3 个聚焦关键点：关键问题、关键用户、关键效果。企业通过聚焦原则，从不确定性中找到最大的确定性，并对其快速验证。

（2）探索

精益数据方法认为未来不可以被完全预测，因为现在企业所处的内外部环境越来越不确定，企业能做的只有提高自身响应能力，以便更好地应对快速变化的环境。而提高响应能力时主动探索很重要，企业不能一直被动响应。

精益数据方法建议企业在制定数据战略的时候，不要墨守成规，要有空杯心态，对齐业务目标，积极探索、发现和共创，不能仅仅参考历史经验和实践。

精益数据方法提供了原创性沉浸式的精益数据共创工作坊，让业务和技术人员能有效互动、碰撞想法，从而探索出新的价值场景。

（3）理解

战略再完美，企业如果不对它进行充分解读，并且让全员对它建立清晰的认知，就无法正确、彻底地将其执行下去。

精益数据方法认为，数据战略不仅要提供目标、方向和动作指引，还要通过战略解码，对自身进行澄清和诠释，转化为所有相关人员都能够清晰理解的语言、标准动作和行动指南，帮助他们明晰路径、明确目标、分解任务，才能最终实现“上下同欲，左右协同，力出一孔”的执行效果。

精益数据方法认为，企业数据战略进行解码包括以下几个关键动作。

1）反复对齐目标和路径。对重要的事情要强调多次，反复对齐，特别是对战略的目标和路径，它们似乎很好理解，但是员工不一定真正对其表达的意图和内涵有着深刻领悟。企业必须通过多次、反复地对齐，来保证所有员工对其达成一致的理解。

2）分解和制定行动指南。在对齐了目标和路径的基础上，企业一定要分解和制定行动指南。通过行为去改变思想，将目标分解成关键动作，指导员工一步步实现战略。

3）持续进行培训宣贯。培训宣贯体系是加强理解的工具，企业开展配合实例的讲解和培训活动，让每一个员工都能理解并接受该战略，才能让战略被贯彻执行。

4）制定度量体系。要对实施过程制定对应的度量指标，让战略的执行结果可视化，保证过程的准确性才可能保证结果的达成。

（4）反馈

在精益数据战略的执行过程中，最重要的是快速反馈，也就是通过量化反馈来回顾战略设计与实际现状的差距，从而找到待优化点，再去针对性地调整、提升。反馈和迭代是持续进行的，这也是精益数据战略区别于传统数据战略的一大特点。

3.4 精益数据战略的制定方法

3.4.1 精益数据战略制定的 5 个底层逻辑

1. 距离客户更近

对所有的数据，都要找到它与客户价值的连接点，这是制定精益数据战略的首要逻辑。企业要通过精益数据资产蓝图，清晰地对数据分层分类，明确哪些数据是现阶段的高价值数据，哪些数据目前没有对应的价值场景，然后借助精益数据共创工作坊等工具持续挖掘出这些数据的价值。

2. 确定性任务先行

参考 Cynefin 框架，将精益数据战略解码后的具体任务分成两类：一类是不确定性较高的任务，例如业务价值度量困难、用户需求变化快的价值场景；另一类是确定性较高的任务，例如需求紧迫、价值清晰的场景。针对不同的任务有不同的落地策略。

对于确定性较高的任务，例如速赢项目，以及数据中台等必须要建设的能力型项目，企业要快速启动、大胆投入，考量最终效果来制定落地计划。

而对于那些受市场、用户影响较大，且高度不确定的项目，则控制投入，小步快跑，同时采取运营动作来实时监测和度量效果，及时调整方向。

如图 3-14 所示，对于确定性较高的业务场景，企业要尽快启动，同时将这类业务场景中共性、可复用的数据服务放到数据中台的速赢阶段先行建设。而对于不确定性较高的业务场景，则尽可能减少投入，尽快推出最小可用版本，接受市场和用户的检验，再逐步试错迭代。

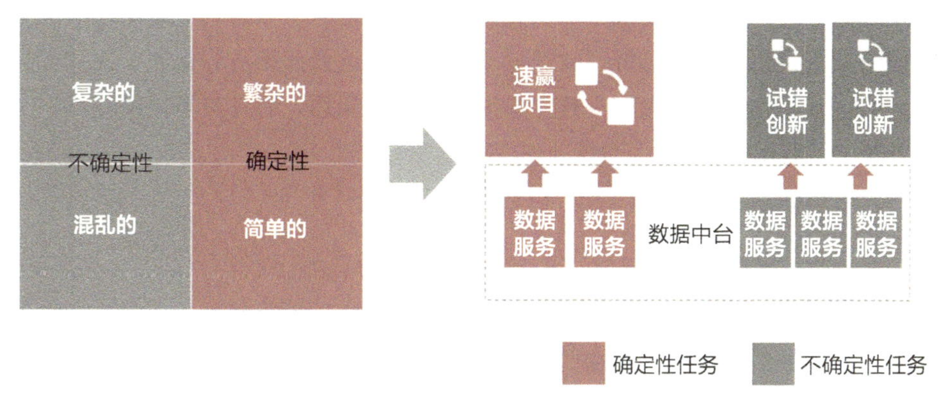

图 3-14　确定性任务先行的战略解码策略

3. 打造数据生态

精益数据战略的目标是构建数据驱动的企业，即将数据要素作为驱动企业生产和经营的核心资产，形成如图 3-15 所示的价值生态闭环。

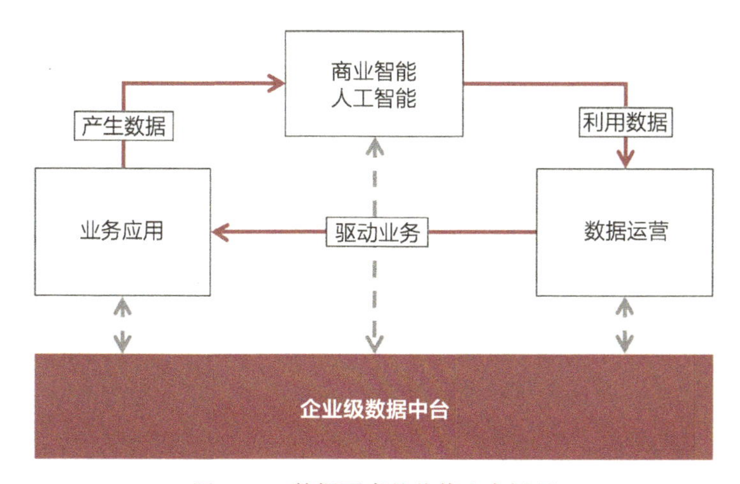

图 3-15　数据要素的价值生态闭环

业务应用作为数据价值生态的源头，通过软件将业务数字化，从而产生数据；然后通过商业智能和人工智能对数据进行挖掘分析，形成数据产品和服务，提供给数据运营方；数据运营方驱动业务，将指令通过API和新需求的方式反馈给业务应用。这是一个数据驱动的闭环，其中，企业级数据中台是对所有数据进行存储、加工、分析、利用的能力平台，帮助企业做到数据与计算分离、应用与数据分离，形成一份标准、真实、全企业统一的数据资产蓝图，而业务系统的数据利用、数据分析、数据运营等都基于这张蓝图进行交互，这样就能彻底解决数据孤岛、数据不一致、数据质量差等问题。而且该闭环中任何一个环节发生了变化，都不会影响企业的整体数据资产。

4. 快速反馈

精益数据战略提倡轻规划、准落地、快反馈。

轻规划指在快速变化的情况下，不再把战略规划做得很重、很深入、很细致。因为越细致，该战略就越僵化，它应对快速变化的能力就越弱。所以整体规划建议做轻、做薄，识别出价值场景和演进路线，能够提供原则和方向，可以指导建设即可。

准落地、快反馈是指在轻规划的基础上，快速聚焦于能产生价值的问题，并快速执行落地，结合敏捷的思想，小步快跑，快速迭代，这样既能验证战略的方向是否正确，又能及时获取真实的反馈来优化整体的战略。

5. 持续迭代

精益数据战略认为，未来的企业战略应在以年为单位的定期规划的基础上，加快迭代速度。先将战略意图解码成可以度量的数据指标，然后在业务运营过程中收集反馈，获得实时的指标数据，验证战略的落地情况，再通过算法推演预测后续的趋势，从而复盘分析战略解码是否正确，是否需要优化，从依赖人脑的战略规划走向数据驱动的战略迭代。

3.4.2 精益数据战略制定4步法

精益数据战略和传统战略方法的最大差异在于，精益数据战略认为数字化转型是一个复杂问题，不同的企业都面临不同的问题，没有最佳实践可以照搬。所以，精益数据战略参考Cynefin框架，提出解决这类问题的核心是提高响应力，要探索试错、获得反馈，才能使解决方案逐渐清晰。

精益数据战略以探索为核心，辅助以顶层规划，挖掘企业的业务价值场景，将其中确定性高的任务进行分解。对不确定性较高的部分，不断试验、迭代，使其逐渐清晰，最终从中挖掘出新的确定性更高的内容。

精益数据战略制定的方法主要分成 4 个步骤，如图 3-16 所示。

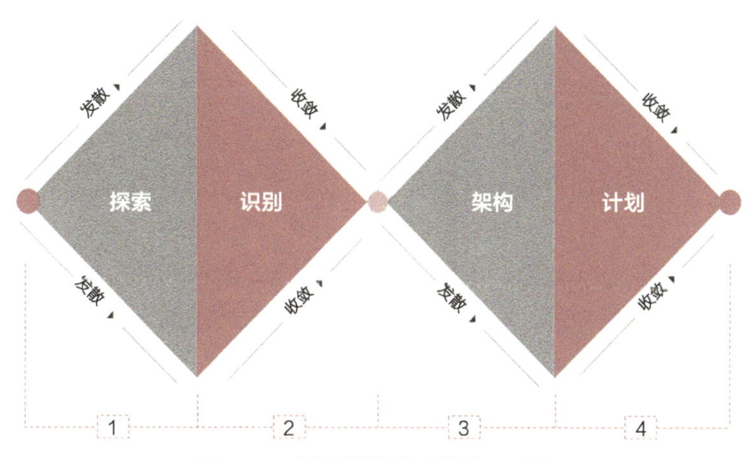

图 3-16　精益数据战略制定 4 步法

1. 探索

精益数据战略客观地认识到，过去的定位论与控制论已经不适应高速变化的环境，在高度不确定的时代，企业要放弃繁重的、计划式的战略，在不确定中发现确定，所以精益数据战略的制定从探索开始。

探索的起点是业务战略，是企业的业务愿景和发展终局蓝图。在这个环节，企业不需要考虑 IT 架构和数据现状，一切对齐业务价值，将所有对达成战略有帮助的工作内容都纳入业务场景蓝图之中。

探索的阶段是业务和技术人员共创的过程，主要的活动有：对齐业务愿景，共创数据资产蓝图，共创数字化技术蓝图，共创业务场景蓝图，排列场景优先级。在探索的阶段，不去考虑技术和数据的现状以及可行性，完全从业务价值出发，避免认知的局限影响价值场景的挖掘。

2. 识别

在业务场景蓝图的基础上，进入第二个阶段：识别。

对有价值的业务场景进行第二轮评价度量，从价值密度、需求紧迫度、投入产出比和复杂度等维度筛选出最先建设的价值场景。重点识别该场景的可行性如何，以及实施的前提条件是否具备，是否有可预测的阻碍和风险，结合企业数字化技术与数据资产现状，进一步从最有价值的场景清单中，筛选出投入产出比最高、实施可行性高、优先级高的价值场景清单。

这个阶段是收敛的过程，要尽量聚焦，只有这样才能筛选、识别出最有价值的业务场景。

3. 架构

带着业务场景蓝图和速赢阶段的价值场景清单，进入第三个阶段：架构。此时要兼顾长期和短期目标进行架构设计，这是一个发散的过程。

首先围绕业务场景蓝图，规划出企业需要哪些数据资产，设想数据中台构建完成的架构是什么样的，明确其中需要哪些技术和服务，形成长期的数字化技术蓝图和数据资产蓝图。

然后聚焦最有价值、最可行的业务场景。一方面识别出这些业务场景可以通过哪些数据产品和服务实现；另一方面识别出这些业务场景最需要的数据资产和数字化技术是什么，这是企业需要立刻建设的能力，也就是数据中台的速赢版本。

4. 计划

有了业务场景蓝图、价值场景清单、数字化技术蓝图和数据中台的速赢版本，那么数字化转型的实现目标和建设内容就比较清晰了，这就进入了第四个阶段：计划。在该阶段，企业可以罗列具体的项目清单、行动计划和关键举措了。

通过探索、识别、架构和计划 4 个步骤，企业就能够制定出精益数据战略。更详细、更具体的精益数据战略的制定过程参见第 9 章。

同时，笔者结合精益数据方法与设计思维，首创了精益数据共创工作坊，它是一种桌游式互动创新工具，利用独特的精益数据共创卡牌为参与者提供沉浸式体验，打造精益数据战略制定的新范式。具体介绍参见第 10 章。

3.4.3 精益数据战略制定的 7 个关键动作

结合上述内容，制定精益数据战略具体需要做到以下 7 个关键动作，如图 3-17 所示。

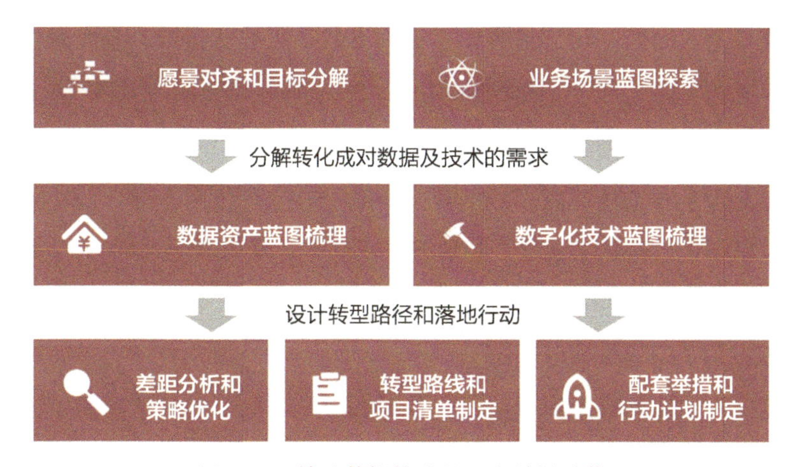

图 3-17　精益数据战略的 7 个关键动作

1. 愿景对齐和目标分解

一个有价值、可执行的数据战略首先要符合企业的业务战略，在业务战略和愿景的基础上分解业务目标。只有当目标足够清晰，需要哪些数据要素、数据要素如何发挥价值等问题才会逐渐明朗。很多企业数字化转型过程中，对齐企业愿景和分解目标这一步骤做得不够深入，没有在所有的业务部门和技术部门间形成共识，导致在转型实施的过程中各自的目标不一致，具体动作也就很难一致。

2. 业务场景蓝图探索

在愿景和目标清晰，并且全员对其达成一致认知的基础上，企业需要对业务价值场景进行探索和挖掘。数据要素必须结合业务场景落地，只有找到有价值、用户有获得感的场景才能够发挥作用。在这个阶段，企业要通过业务、技术、数据各部门相关人员的共创，梳理出符合企业愿景和目标的所有价值场景，形成业务场景蓝图。

3. 数据资产蓝图梳理

在业务场景蓝图的基础上，企业需要梳理出构建价值场景需要的所有数据资产，形成数据资产蓝图。数据资产蓝图是企业业务的数据呈现形式，梳理出企业的数据资产蓝图能够让所有相关人员理解业务全貌，使每个部门、每个业务团队在构建自己的业务系统时能有参考依据，避免出现数据孤岛的情况。

4. 数字化技术蓝图梳理

基于业务场景蓝图和数据资产蓝图，企业需要明确需要哪些数字化技术能力，这就是企业的数字化技术蓝图。梳理出数字化技术蓝图，企业就能够清晰地知道支撑业务场景的所有技术能力和服务，这就是建设数据中台的前提。

5. 差距分析和策略优化

结合上述业务场景蓝图、数据资产蓝图、数字化技术蓝图，对比分析企业的业务架构现状、数据架构现状和技术架构现状，找出蓝图与现状之间的差距，制定出改进策略和任务优先级。

6. 转型路线和项目清单制定

差距分析和优化改进完成后，企业根据短期目标、资源情况制定出转型路线，这是推动战略落地、指导企业转型的具象化内容，同时把战略意图解码成可以落地的项目清单。

7. 配套举措和行动计划制定

最后，就要从组织结构、业务流程、绩效体系等配套措施的角度分析，需要做哪些配合工作来保障转型顺利进行，制定出配套举措和行动计划。

综合上述内容，我们可以知道，精益数据战略的目标是打造精益数字化企业，它引领了精益数字化企业的其他五大能力，如图 3-18 所示。从第 4 章开始，我们将分别阐述这五大能力。

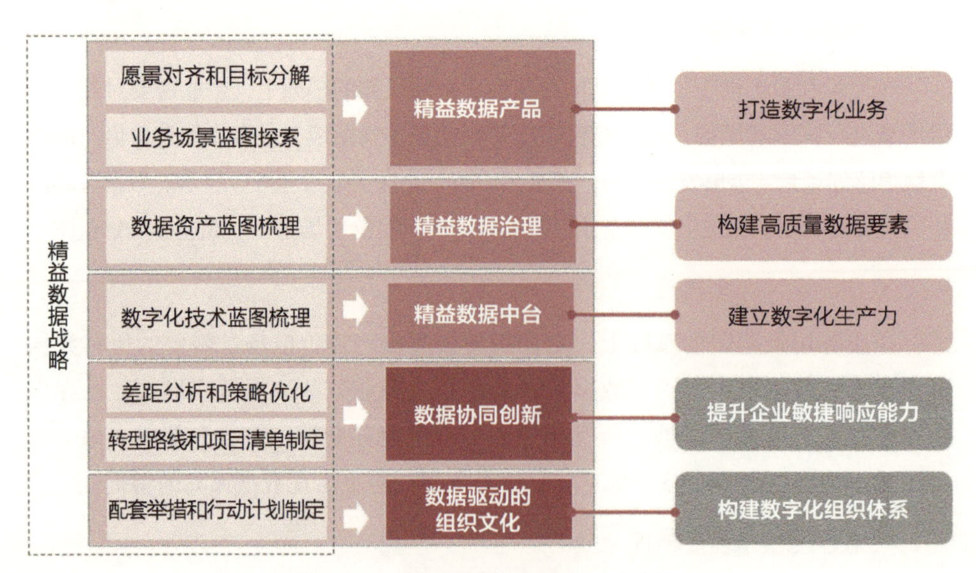

图 3-18 精益数据战略打造五大能力

3.5　案例：富国银行的精益数据战略

富国银行是一家从董事会开始贯彻实施精益数据战略的企业，该企业将数据资产作为核心竞争力，通过识别价值场景、构建数据中台，全面转型成为一家数据驱动的领先企业。

3.5.1　富国银行的数据转型之旅

富国银行有 166 年历史，一度被称为"美国最佳零售银行"，以创新精神和良好的客户体验著称。富国银行从很早开始就重视数据，早在 1983 年，富国银行就建立了自己的企业级数据仓库系统。

在很多企业中，对于数据存在较深刻认知的主要是 CTO 或者 CIO 这样的技术角色。与之不同，富国银行的 CEO 蒂姆斯隆对于数据的重要性有着自己的解读，富国银行更是少有的将数据战略写入董事会战略里的企业之一。

但是在 2017 年之前，像大部分银行一样，富国银行的数据平台和应用是围绕业务线建立的，每个业务部门、产品线都建立了独立的数据系统，导致虽然富国银行拥有超过 7000 万的大量客户数据，但是它们分布在多个银行部门和系统中，很难查询和共享。例如，信用卡部门不知道客户的抵押贷款和投资经历，业务人员只能了解客户的局部信息。

为了打破这样的局面，实现通过数据全面地描述出客户画像，并且提升企业各级的决策和业务经营能力，在 2017 年，富国银行启动了数据转型之旅，建立了全行集中、统一的数据运营和洞察团队，开发整体的数据战略和平台架构，从而支撑高级数据分析功能。

富国银行的数据转型主要包含以下 4 部分工作内容：

- 实现企业级数据资产管理和数据治理；
- 识别面向未来的业务场景；
- 构建企业级现代化数据平台；
- 建立数据运营和洞察团队。

数据转型项目帮助富国银行梳理出高价值密度、体系化、全行统一的数据资产，并且通过构建企业级一站式数据中台，赋予各业务部门数据自服务的能力，从而在多个业务领域打造了卓越的数据产品，更好地了解了客户的行为，并且提高了管理能力，降低了风险。富国银行的首席数据官说过："数据使我们的企业变得更加敏捷和高效。"

3.5.2 富国银行的数据战略

"如今，每一个人都了解数据分析和机器学习的强大功能，知道要围绕客户的需求去构建系统，从而实现与客户的个性化交互，但是很少有银行建立全面的数据战略。"富国银行战略副总裁曾在一次访谈中提到，"大部分公司的数据都有问题，原因有几个，其中首要的就是大部分公司在设计 IT 系统的时候，没有真正考虑到数据将成为 IT 系统的重要元素，没有预料到大数据革命，所以，这些公司没有设计好整体的数据架构。"

这就体现了数据战略的重要性。富国银行通过建立全行级别的数据战略，清晰地洞察了银行目前的状况，以及未来数据能够做什么。

通过数据战略的建设以及定期的迭代优化，富国银行能够清晰地知道自己都拥有哪些数据，这些数据在哪里，从业务角度看有什么价值，未来还需要哪些数据，这些数据将通过什么渠道来获取，再根据企业级数据旅程地图去完善后续应用系统建设的数据战略，从而从一开始就拉通企业整体的数据规划，避免后续应用系统中的数据孤岛问题。

富国银行的数据战略的主要内容如图 3-19 所示。

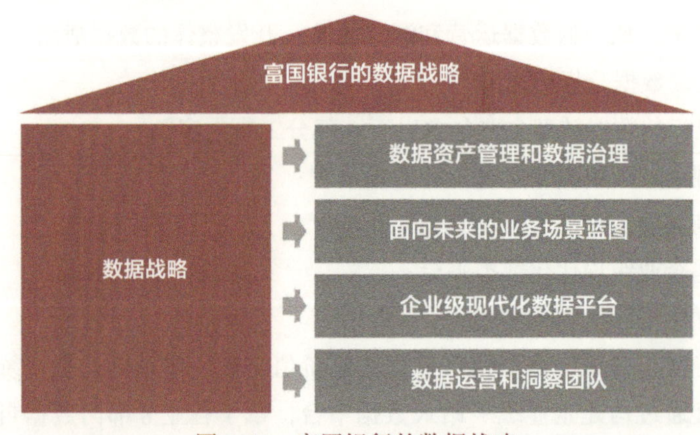

图 3-19　富国银行的数据战略

3.5.3 富国银行的数据资产管理和数据治理

富国银行在数据治理领域的工作做得非常全面和细致。

富国银行的数据治理策略由首席数据办公室牵头制定，其内容包括企业数据治理策略、企业数据标准等。这些内容进一步定义和记录了管理和维护关键数据资产的有效方法，并与银行原有的合作、贷款、信息安全、记录管理以及数据保护和隐私等方面的政策保持一致，从而确保各方以正确的方式利用数据并符合相关的法律和监管要求。数据治理对企业实现愿景和价值观，提升目标一致的运营效率，增强的客户体验至关重要，只有可信的高质量的数据才能帮助企业实现业务战略。

企业级数据治理的重要工作目标如下。

- 梳理和建立企业的数据目录，让需要的人随时能够清晰地知道在哪里获取什么数据、数据产品及服务。
- 确保银行的风险数据有统一的定义（元数据），且可追溯至记录系统。这样，无论计算方式为何，数据的传输过程都会有清楚的记录。
- 将常用的数据整合成统一版本。监管人员或银行员工查询某个具体数据时只能从一个地方取得数据，从而避免他们从多处获得不同的答案。
- 建立互通的数据沟通语言、工具、平台，从而让不同业务线及内外部都能够获取一致的可信数据。

通过执行这些数据治理工作，银行能够更好地管理风险，并使用数据来解决问题，以及挖掘银行各项业务之间的机遇。

富国银行的数据治理不仅包括制定战略层的标准和流程，还包括管理数据技术的基础架构，统一集成交换技术的标准等。最重要的是，将战略层的数据标准体系在面向未来的业务场景中落地，通过测试来验证这些标准的可行性，再对其进行优化，从而保证数据治理不是停留在理论层面，而是进入可以通过技术手段去落地执行的项目实施层面。

在进行数据治理的同时，富国银行全面地梳理了自己的数据资产。

富国银行在 2017 年分析了自己的金融数据全景，制定了企业级数据资产管理的全生命周期的流程，从主机数据到数据湖，包括分析运营数据、价格策略数据、用户日志数据等，将数据源、数据类型、数据分析方法、技术手段统一进行分析和设计，从而保证了企业级的数据处理的标准化和顶层设计的一致性。

这与精益数据方法提倡的企业数据资产蓝图是同样的思路，即在业务应用之上建立一个企业整体的数据架构全景，然后根据该架构全景来管理自己的数据，包括已经生成的、正在生成的，乃至未来会产生的数据。

为了把数据资产管理和数据治理的策略执行得更好，富国银行设置了一个数据管理和洞察的岗位。这个岗位的主要职责是围绕业务目标去使用和管理数据，进行客户洞察，并保证数据操作满足监管要求，不同的业务线都有对应的数据管理和洞察顾问。

富国银行的数据资产管理和数据治理是面向业务目标的数据应用工作，融合了业务、技术和数据岗位的职责，而不是一个纯粹的技术工作。

3.5.4 富国银行的面向未来的业务场景蓝图

富国银行的数据战略中有一个很重要的部分，就是银行不仅要分析数据现状，还要面向未来设计业务场景，规划数据应用蓝图，就像富国银行战略副总裁 Pankaj Rai 在访谈中所说，“要将数据的架构设计放到 IT 系统设计之前”，这就是提前探索设计业务场景蓝图。

基于业务场景蓝图，富国银行建立了面向数据分析的运营模型（Analytic Target Operation Model），从而把数据智能能力赋予所有业务部门，优先级最高的速赢项目是用户体验改进、用户和市场洞察、风控管理和赋能企业客户这 4 个高价值领域。

1. 用户体验改进

富国银行的客户洞察团队，通过对 7000 万用户数据进行整合分析，将不同的数据转化为可靠的洞察，加深了对用户行为的了解，改善了用户体验。

富国银行的首席市场官在一次采访中提到，富国银行通过人工智能技术，将多个渠道的用户行为数据、交易数据整合起来，更加全面、细致地了解他们喜欢什么、想要什么，以及如何使用富国银行的服务。在此基础上，银行优化了门户网站的设计，为用户提供更加个性化、更加高效的体验。

2. 用户和市场洞察

通过整合客户的有效信息，富国银行可以了解其交互历史，并可以分析过去的交易以确定他们采取某些行动的原因，了解为什么不同类型的客户反映不同的业务结果和行动模式。基于此，银行可以预测客户行为，根据客户资料和客群画像来制定产品策略。

比如，基于大量的数据、统一的用户画像，富国银行构建了客户数据平台（CDP），在这基础上做了很多的分析应用，比较典型的有用于客户服务的 Chatbot，富国银行是全球最早推出 Chatbot 的大型银行之一；用户在手机上通过 Facebook 接受银行的预测型服务，比如给出如何管理现金流、如何平衡收支以及理财的建议。

3. 风控管理

风控是金融企业最重要的业务领域，也是数据智能能够发挥价值的所在。富国银行将数据和智能技术深入地应用在风控领域，比如反洗钱、信用卡反欺诈等。富国银行在风控领域聚焦以下几个价值场景。

- 信用卡反欺诈

富国银行数据团队建立了一种可以持续检测潜在欺诈可能性的人工智能模型，将该模型部署在业务系统中，在业务发生的同时就能够自动检测潜在欺诈的发生概率，当概率超越阈值的时候，自动采取对应的业务动作。这大大地减少了人工调查反欺诈案件的情况。

- 银行卡反欺诈

银行卡反欺诈是典型的业务场景，零售和商业银行都希望识别出破产、违约、预付、重组贷款等高风险事件，从而降低由于借款人未能履行合同义务而带来损失的风险。

4. 赋能企业客户

富国银行基于自己的数据和数据平台，开发了一系列数据产品和服务，不仅应用在自己的企业业务上，还将其变成增值服务，提供给企业客户，让这些客户也可以利用这些能力创造价值。

富国银行制定数据战略时在用户场景梳理部分有以下两个值得借鉴的特点。

第一，以用户为中心，基于用户旅程做梳理。

很多企业根据数据来规划工作内容，而富国银行的场景梳理不依赖数据，只考虑用户价值。富国银行梳理了核心的用户角色，以及每个角色的用户旅程，然后识别出用户痛点，结合业务目标，制定业务场景蓝图。这个场景蓝图就是该银行数据转型的目标，对阻碍这个目标达成的困难，团队要想办法一一克服。如果没有数据，就去构建应用采集数据；如果数据质量不高，就实施数据治理去提高质量，不能让数据现状限制业务价值的创造。

第二，对价值场景分级、分类，急用先行。

业务场景蓝图包含非常多的场景，企业不可能一次性将它们全部实现，所以富国银行将业务场景分级、分类，围绕业务战略，针对最核心的痛点和问题，从投入产出比、需求紧迫程度、建设复杂度等多个维度梳理了建设优先级清单，急用先行。

3.5.5 富国银行的企业级现代化数据平台

富国银行在 1983 年就建立了自己的企业数据平台，拥有包括 SAS、Teradata、Oracle 等各种软件。在这次数据转型项目中，富国银行希望构建统一的数据基础架构和以 Hadoop 为核心的现代化数据平台，从而让数据能够以统一的服务界面被业务应用使用和消费。

富国银行所实施的工作内容和构建数据中台的理念是一致的，主要包括如下组件。

1. 现代化数据平台

富国银行持续地进行遗留数据系统的现代化迁移，将传统的 Teradata、Oracle、SAS 这样的单体数据平台迁移到云上或者基于 Hadoop 搭建的开放数据架构上，从而将企业的数据进行整合和统一。通过这个过程，富国银行关闭了 100 多个独立数据中心，降低了成本，同时提高了数据一致性和可用性。

由于富国银行原来的数据是分散在各个公司、部门、业务线的，所以整个企业独立的数据平台的迁移是基于整体的数据战略的，以保证迁移后的数据是互通的，符合银行的顶层设计。

2. 企业级数据湖

富国银行的数据量庞大，包含以下类型的数据。

- 内部数据：客户的账户和资金收付交易记录等结构化数据；客服音频、网点视频、网上银行记录、电子商城记录等非结构化数据。
- 外部数据：美国征信机构对每个客户的信用评分及信用报告信息、评级机构提供的信息、工商法院提供的信息、客户社交关系信息、客户消费信息等。

富国银行建立了以 Hadoop 为基础的、由数据中台集中管理的分布式数据存储架构，通过多样化的技术、统一的集成标准来管理企业级数据。

3. 用户数据平台

富国银行围绕客户，打通了各业务线的数据，建立了“横向客户视图”，也就是我们所说的用户数据平台。企业通过用户数据平台让业务人员掌握全面、一致的用户信息，帮助他们做出最准确、实时的业务决策。

4. 元数据管理

为了对元数据进行统一定义和管理，富国银行建立了一套全企业一致的描述数据的语言，从而从最底层开始应用数据治理体系，保证了数据在高速变化的情况下的唯一性和一致性。

5. 数据集市

在数据湖的基础上，富国银行建立了面向业务价值的数据集市，所有的数据服务都基于数据集市产生，能够更快地、实时地为业务提供数据支持。

6. 数据 API

正如 Pankaj Rai 所说，“API 是最佳的协作方式之一，未来的企业将由 API 来驱动”。富国银行构建了自己的 API 网关门户，将数据以 API 的方式供内外部使用，构建自己的生态。

在富国银行，数据不仅可视化，还智能化。将数据产品或服务的 API 嵌入到业务系统中，实时地影响业务的进行，将人工操作报表转变为通过 API 实时控制，使业务更加智能。

7. 机器学习

富国银行在 2018 年宣布成立了自己的人工智能解决方案团队，帮助企业将机器学习等人工智能技术应用到业务的各个领域。银行在 2018 年 2 月份向所有客户推出了基于人工智能的预测银行功能，能分析客户的银行活动并向他们发送警报或建议，帮助他们采取行动以实现积极的理财策略，并避免损失。

8. 自然语言处理

人们越来越喜欢使用语音与数字设备交互，而不是在他们的键盘上打字。

基于这种趋势，自然语言处理技术可以成为我们的声带与系统应用之间的桥梁。在银行业，语音验证比密码更简单、更安全、更高效。它还可以在人们支付账单、汇款转账或进行其他交易时提供更多选择和便利。富国银行是最早将自然语言处理应用到数据领域的金融企业之一，基于该技术构建了智能客服系统。

9. 数据自动化处理

人工智能系统可以学习如何收集、组织和解释随着时间推移以相同格式出现在相同位置的数据，从而减少人们花在重复性任务上的时间。例如，银行进行客户开户审批，过去业务人员需要花费大量时间访问数十个文档和系统，而部署人工智能解决方案之后，业务人员可以专注于客户及其需求，人工智能系统则可以向客户提出所有正确的问题以及筛选出要审核的内容。

通过现代化数据平台的建设，富国银行完成了全行统一的数据汇聚和存储过程，打造了标准的数据处理链，并且在该处理链的基础上构建了优先级最高的数据产品。

3.5.6 富国银行的数据运营和洞察团队

富国银行在 2014 年就设置了首席数据官，建立了统一的数据运营和洞察团队，拥有 5000 多名数据方面的技术人员，帮助各个业务领域、组织单元进行数据运营和洞察，从而更好地利用数据达成业务目标。

1. 富国银行数据团队的关键角色

富国银行数据团队的结构大致如图 3-20 所示。

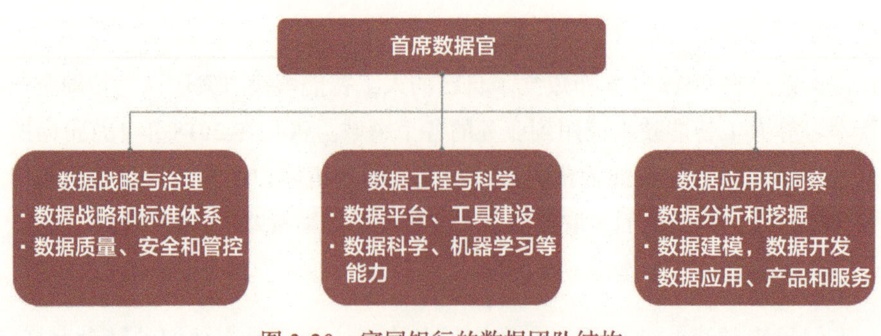

图 3-20 富国银行的数据团队结构

富国银行的整个数据团队由首席数据官来统一管理，下设 3 条线。

（1）数据战略与治理

数据战略与治理团队主要负责数据战略和标准体系的制定，包括保证数据质量、安全和管控。该团队的主要岗位如下。

- 数据战略顾问
- 数据治理专家
- 数据集成顾问
- 数据隐私官

（2）数据工程与科学

数据工程与科学团队主要负责数据平台、工具的构建，为企业提供数据科学、机器学习等能力。该团队的主要岗位如下。

- 人工智能 / 机器学习算法工程师
- 数据科学家
- 大数据中心工程师 / 数据平台工程师
- 数据处理专员
- 测试数据工程师

（3）数据应用与洞察

数据应用与洞察团队主要负责与业务团队一起进行数据分析和挖掘、数据建模和开发，以及运营数据应用、产品和服务。该团队的主要岗位如下。

- 数据管理和洞察顾问
- 应用数据负责人
- 数据建模顾问
- 主数据管理
- 数据分析顾问
- 数据风险管理团队
- 数据产品经理

2. 富国银行数据团队的组织结构和协作模式

富国银行的数据战略非常明确地提出，要成为数据驱动的企业，企业要做一项很重要的工作，就是让数据成为企业经营生产的新要素，每个人都要掌握利用数据的能力。为了更好地推动数据在业务中的使用，富国银行建立了一个5000人的数据团队，并将这个团队分层，融入各个业务板块当中。

富国银行的数据团队分成两个类型，形成矩阵式结构，能与业务团队更紧密地协作，如图3-21所示。

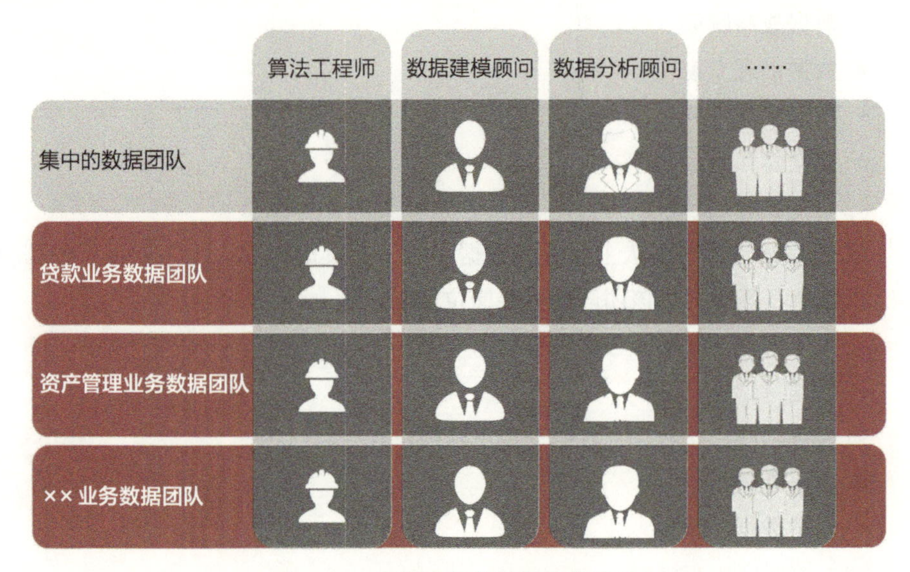

图3-21 富国银行的数据协作关系

第一类是集中的数据团队，负责整体的数据规划、数据标准制定，以及通用的数据系统、应用和产品服务的构建，主要向其他业务团队输出数据能力和技术。

第二类是专门负责某一业务领域的数据团队，分散在各个业务部门，每天和业务分析师、运营人员一起工作，直接接收来自一线的需求和问题，从而更加熟悉和了解对应的业务，利用数据和数字化技术为一线解决实际问题。

这5000人的数据团队就是一个赋能中心，在与其他业务团队紧密协作的实战过程中将数据思维、数据价值和能力传播出去，从下往上地推动数据组织和文化的形成。

3.5.7 富国银行给我们的4点启示

富国银行的数据转型案例是业界的标杆，接受了众多的媒体报道。通过对这个案例的研究，我们发现富国银行的数据战略是整体转型成功的基础。富国银行给我们的启示主要有以下几点。

1）以用户为核心去分析痛点需求。富国银行利用数据的 4 个高价值领域，其中 3 个都是以用户为核心的。所以一定要围绕用户去分析痛点需求，而不要以企业自己为核心。

2）业务价值场景是数据转型的有力牵引。数据转型的本质是让数据产生业务价值，而不是完成高质量的数据治理，所以，以业务价值场景为牵引去按图索骥地治理和利用数据，才是可持续的数据治理路径。

3）数据中台的建设要结合价值场景推进。企业要建立统一的数据中台，整合数据资产，打通数据，让前线业务人员能够获得最全面的用户和市场洞察，而这一切必须要结合价值场景去推进，否则这些数据没有对应的应用场景，只能沉睡在数据库里，数据质量再高用户也感知不到。

4）让数据团队在实践中播种数据驱动的文化。数字化转型是一项长期工作，当所有人都具备相关的数据能力时才达成最终的成功，所以数据团队不能闭门造车，要深入到具体的业务中，与业务人员一起战斗，才能够在实战中播种数据驱动的文化。

每个企业都需要清晰的、可落地的数据战略，指导企业数据资产的构建和数据要素价值的生产。精益数据战略就是吸取了类似富国银行这样的成功实践的战略规划方法，以业务价值驱动，围绕业务场景，打造业务场景蓝图、数据资产蓝图和数字化技术蓝图，帮助企业实现数据驱动的数字化转型，构建精益数字化企业。

为了能够让战略规划的过程更加开放，激发各团队成员共创的积极性，精益数据方法提供了国内首创的桌游式卡牌工作坊，详见第 10 章。

4

第 4 章

精益数据产品

数据产品是数据价值的最终呈现形式，是数字化企业服务客户的价值载体。数据产品从传统的统计查询类产品发展为数字化时代数据驱动的智能产品，从在业务部门背后提供决策支持走到直接参与业务、创造价值，成了数字化企业的收入引擎。

精益数据方法提倡以终为始，即从最终目标出发制定路线，以用户价值为目标，以业务场景为抓手，打造持续迭代的精益数据产品。精益数据方法提供了精益数据产品的定义、价值、典型业务场景，以及精益数据产品成熟度评估模型，让企业在数字化转型过程中建立自己的数据产品能力。

精益数据产品以精益数据战略为指导，以数据中台为能力支撑，通过数据治理和协同创新保证数据的质量和生产效率。

4.1 什么是精益数据产品

4.1.1 数据产品的定义和优势

1. 数据产品的定义

简单来说，数据产品指通过使用数据达成业务目标的产品。

数据产品的核心是两点：第一，它需要利用数据，将数据当作生产要素；第二，它是一个产品，企业借此来达成一个业务目标，解决一类问题，服务一类用户，从中获得业务价值。

过去，数据产品大部分以报表的形式呈现，而在数字化时代，所有的产品都需要利用数据来升维，所有的产品都将转为数据产品。所以，如何探索、识别出最有价值的业务场景，然后针对这些场景设计、开发数据产品，并将产品交付给用户使用，是每个企业都在尝试的工作。

2. 数据产品的 8 个升维优势

企业为什么要构建数据产品呢？与传统的实物产品相比，数据产品在生产过程和使用过程中有着超越实体产品的 8 个升维优势，如图 4-1 所示。

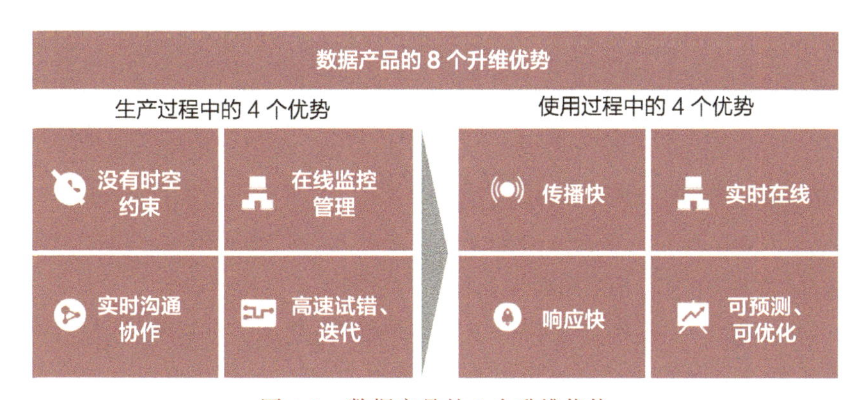

图 4-1 数据产品的 8 个升维优势

数据产品的原材料就是信息和数据，加工过程依靠算力。业内已经存在非常多的工具，所以数据产品的生产过程相比于传统实物产品，具有非常明显的优势，主要体现在如下方面。

1）没有时空约束。传统实物产品有重量、有体积，产品本身和生产产品的环境在很大程度上都受空间的约束，如果没有足够的、合适的空间，比如厂房，生产工作就无法开展。数据产品则天然超越时间和空间约束，不具有传统实物产品的重量和体积，海量的数据存储所占据的实际空间也无法和传统实物产品相比。

2）实时沟通协作。传统实物产品的生产流程复杂，可能需要成百上千种零配件，涉及多个地域，与各种供应商协作，异地协作是传统实物产品生产的很大挑战。而数据产品借助互联网和数据的支持，可以做到实时沟通与协作。一个数据立方体构建好后，可以为众多数据模型提供数据源。产品的开发生产过程可以分散在全球各个地方，各分工团队的数据可以在整个开发过程中实时共享、传输、协作。

3）在线监控管理。在数据类产品的生产过程中，工作人员能够实时地对产品进行监控管理，从而掌握详细的生产情况，实现生产自动化。在很多传统实物产品的生产过程中，我们已经能够通过物联网技术实现无人车间，对所有的数据进行实时采集。

4）高速试错、迭代。传统实物产品的设计、研发、生产周期都很长，成本很高，往往一款规模化产品的一次迭代需要一年以上的时间。数据产品的生产元素就是数据本身，而生产工具就是软件。数据产品的测试、修改、再测试、再修改等过程与实物产品相比，简单很多，成本很低。对数据产品，数据产品团队理论上可以做出成千上万种版本去试错，让不同的用户来测试，获得他们的反馈，从而决定最后的产品选型。高速的试错、测试、迭代，是数据产品相比于传统实物产品的一大升维优势。

数据产品被加工，形成数据集、数据大屏或者数据应用后，相比于传统的商业成品，在使用过程中有着数字化原生产品的 4 个升维优势。

1）传播快。一条抖音视频可以在 1s 内传遍全球，推送到几亿人的手机 App 上。数据的传播速度与介质有关，电信号和光信号的传播速度远远大于传统实物产品的运输速度，所以数据传播具有绝对的优势。

2）实时在线。把一个实物产品销售给用户以后，我们就无法再掌握该产品的具体情况了，也就无法了解这个用户对该产品的使用体验如何，产品是否需要维修，用户还有没有更多的需求。而把一个数据产品销售给用户以后，用户的所有动作、行为都可以被记录，并且可以被传递回来，以供分析。用户对产品的使用频率、操作习惯，以及产品是否出现故障等信息，都可以被我们实时、全面地掌握，我们还可以为用户提供在线升级的功能。这些信息非常有利于持续我们进行用户留存，促进用户的再购买、再消费。

3）响应快。传统的实物产品一旦销售出去，企业就无法及时响应用户的需求。当产品出现问题的时候，用户只能打电话给客服，然后等待维修。数据产品的交互是实时在线的，用户信息可以被实时采集及检测，企业能够提前发现问题，并提醒用户。当判断这个需求很重要的时候，研发团队就可以快速开发出新版本，通过 OTA（On The Air）升级的方式，提供新的功能给用户。数据产品拥有比实物产品更高的响应市场和用户需求的能力。

4）可预测、可优化。数据产品被用户使用一段时间后，会获取和积累大量的用户购买及使用等数据。企业因此具备了挖掘、分析数据的基础，能够通过数据预测用户可能的行为，从而对产品做出优化。

所有的数据都是业务的本质呈现，数据产品的核心优势就是能够对这些数据进行实时分析、预测和优化。

在企业的数字化转型过程中，核心工作就是将传统的实物产品进行智能化升级，让产品数据化，使其具备数据产品的 8 个升维优势，提高企业的产品能力。

4.1.2　数据产品的类型

数据产品可以分为 3 类、9 种，如图 4-2 所示。下面分别对其阐述。

图 4-2　数据产品的分类

1. 数据增强类产品

数据增强类产品是指利用数据智能技术来提升竞争力的实体结合数据的产品。现在所有的产品都在努力成为数据增强类产品，以便获得数据产品的 8 个升维优势。数据增强类产品示例如图 4-3 所示。

其中，传统的客户管理产品，通过整合更多的社交媒体、第三方以及其他多渠道数据，形成了 360° 客户画像的数据产品。

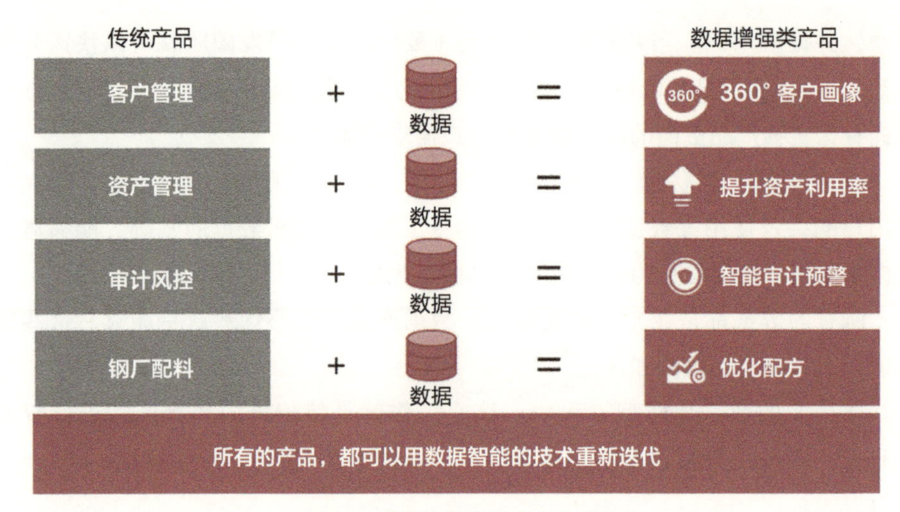

图 4-3 数据增强类产品示例

传统的实物产品，通过在线化、数据化的改造，能够产生更大的业务价值。例如，在以前，大型挖掘机销售出去以后，厂家和客户就没有了更多的连接；而现在，借助物联网技术，厂家让挖掘机的运行情况实时在线，能够实时掌握运行数据，更及时地提供检测维修服务，购买挖掘机的客户可以实时掌握挖掘机所处的位置、业务运作情况，从而掌握商业的全貌，最后做出更加精准的资源调度和分配。

数据增强类产品主要包括如下 3 种。

1）智能应用。智能应用是利用软件应用对数据进行加工处理，生成新的数据，同时提供客户需要的服务的软件应用系统和工具。智能应用是最广泛的数据产品，最常见的智能应用就是股票交易软件，一个个上市企业的股票情况以数据、K 线的方式呈现在用户面前，然后用户通过对大盘、历史走势等各种情报进行分析来操作股市交易。

2）智能硬件。随着物联网的发展，很多硬件也被赋予了数据的能力，成了智能硬件。这类硬件能够采集数据、加工数据，最后根据数据来形成自己的动作行为指令，从而完成某一项业务动作和任务。比如扫地机器人就是典型的智能硬件。

3）自动规则。随着业务的复杂度越来越高，外部环境变化得越来越快，自动规则类数据产品应运而生。

RPA（机器人流程自动化）产品就是典型的基础自动规则类产品，通过录制自动化脚本，把原本人工的数据处理过程批量复制到业务系统中，提升处理效率。当然，自动规则类产品主要是自动识别业务流程中的控制节点，并掌握相应的判断规则，比如风控模型、调度模型等。通过这类数据产品，业务部门可以简化原来需要人工审核、分析的过程，缩短时间，提升流程的运转效率。

所有的产品，都可以用数据智能的技术重新迭代。

2. 数据洞见类产品

数据洞见类产品的典型代表就是商业智能工具以及辅助决策的报表类产品。

在目前阶段，大部分企业应用最多的是其中的决策支持类数据产品，比如商业智能工具、管理驾驶舱、数据大屏以及可以给出决策建议的对话机器人等。这类产品是针对某些业务问题，将业务数据加工成支持业务决策的报表，以语音、文字、图表等形式展示出来。

例如，使用数据洞见类产品助力销售目标的拆解时，这类产品可以进行大数据分析，并把复杂的分析计算逻辑隐藏起来，把简单可执行的建议和洞见通过可视化的方式醒目地呈现出来。这就是数据洞见类产品的典型应用。

3. 数据即服务类产品

数据即服务，指将数据直接当作一种服务提供给用户。这是数据作为生产要素的主要应用形式。比如，大数据交易所提供的各类数据集和算法就是数据即服务类产品的典型代表。

数据即服务类产品有以下 5 种最终提供服务的方式，如图 4-4 所示。

图 4-4　数据即服务类产品的 5 种服务方式

- 数据 API：以接口的形式提供数据，应用于查询出行信息等场景，数据 API 将是未来最实时、最普遍的提供数据服务的方式。
- 数据订阅：以订阅的方式主动推送数据，比如用户主动订阅天气数据。

- 数据库同步：在数据库间同步数据，比如定期同步定位数据。
- 文件：以文件的形式提供数据，比如通过 FTP[1]下载统计类数据。
- 数据终端：用特定的程序终端来提供数据，比如股票终端。

数字化时代中，产品最重要的能力就是与市场客户实时互动和反馈的能力，所以数据 API 是数据即服务类产品最重要，也是最主要的服务方式。

数据即服务类产品主要以两种形式提供给客户，一个是数据集，一个是算法。

数据集形式指企业直接把数据本身当作产品提供给用户。比如，数据仓库采用文件、表格或者其他存储形式，将原始数据提供给用户。这是最直接的数据产品。如果企业对这些数据进行汇总、转换、抽象等加工处理，把二次加工后的数据提供给用户，就是另一种数据即服务类产品的形式。在如今数据越来越被重视，各个国家先后出台数据保护制度的趋势下，直接交易原始数据的情况会逐渐减少。

算法形式指企业的系统通过对数据样本的学习、训练，最后形成一个算法模型提供给用户。该算法模型能够解决某一类业务问题，也是一种数据即服务类产品的形式。比如，企业系统通过训练得出一个路径优化算法，将这个优化算法作为产品提供给用户，用户输入他自己的业务数据，通过算法能够得出一个适合自己情况的最优的路径规划。

企业在生产数据产品之初，就要对数据产品的类型有清晰的了解，从而更好地设计自己的数据产品。

4.1.3 精益数据产品的定义和原则

1. 精益数据产品的定义

精益数据产品是遵从精益数据方法，以数据为要素，利用数字化技术，解决业务问题，创造客户价值，具备数据运营和快速迭代能力的数据产品。

精益数据产品有以下四大特质。

（1）用户有获得感

精益数据产品服务于特定的用户群体，解决他们的痛点问题，让用户有非常显性的获得感，对产品有较强的粘性。而用户的获得感需要从 3 个方面建立：同理心、产品价值和用户体验。

---

[1] FTP（File Transfer Protocol，文件传输协议）是一套文件传输的标准协议。

同理心是第一位的。企业首先要站在用户的视角去分析他们要解决什么问题、达到什么目标、需要什么服务，不能想当然地把自己的产品和服务强加给用户。精益数据方法提倡企业的数据产品团队躬身入局，在实际场景中体会用户的感受。

为用户提供业务价值是核心，但是用户体验也是不容忽视的。一个产品的使用流程是否足够简洁，界面设计是否足够清晰，达到用户零学习成本？产品能不能提供沉浸式体验，让用户乐在其中？

只有这3个方面都做到了，企业才能让用户对产品有认知、有获得感，才能进一步获得其信任，逐渐建立忠诚度。

（2）价值定位清晰

精益数据产品强调功能的价值聚焦，每一个产品要有独特的价值定位，为用户提供清晰的问题解决方案。产品要简洁易用，每一个功能都是用户所需要的，避免让用户迷失在众多看似有用、实则很少使用的功能菜单的“迷宫”里。

精益数据方法认为，对一个精益数据产品，我们应该用一句话就能够清晰地描述出它的价值定位。比如，这是一个为“谁”、提供“什么服务”、解决“什么问题”的产品，它与其他类似产品有“哪些不同”，具有“哪些特点”。

（3）实时运营

数据产品和传统实物产品的最核心的区别就是，数据产品实时在线，能够实时获取产品的状态信息和用户的使用情况。所以从设计之初，企业就应该对精益数据产品构建全链路的数据采集、分析和监控的体系，从而能够通过特定的数据指标实时洞察产品的运营情况，在第一时间发现新机会和风险，并采取对应的行动。

（4）快速迭代

精益数据方法提倡尽早地发布产品，尽快地交付客户使用产品，从小处切入，不断根据客户的反馈来优化迭代，而不是试图一次性解决所有的问题，满足用户所有的需求。否则，产品的构建周期长、投入成本高，并且企业无法百分百准确地预测客户的需求。

所以，我们可以清晰地看到，很多产品已经从许可制走向了订阅制，用户可以想用就买、用完就退。在这背后，厂家也通过订阅数据更精准地理解了市场需要什么样的产品和服务。

精益数据产品要能够依托DataOps这样的自动化交付体系，实现持续开发、持续集成、持续发布，能够快速响应市场和用户的变化，快速迭代。

2. 精益数据产品的“6个必须”原则

精益数据产品的构建要遵循以下“6个必须”原则，如图4-5所示。

图4-5 精益数据产品的“6个必须”原则

（1）必须解决痛点问题

定义问题比解决问题重要。精益数据方法认为，要打造精益数据产品，首先要反复探索、验证，找到用户真正的痛点问题，并且要对问题深度挖掘，找到背后的本质原因，不能着急去设计解决方案。

（2）必须设定效果度量指标

找到真正的痛点问题后，要进行充分分析，设计出数据指标，来衡量问题解决的程度和效果。如果没有用于度量的数据指标，就无法高效地制定产品的改善策略。但是，并不建议将指标体系作为唯一刚性的决定因素，应综合考虑市场和用户需求及产品阶段等情况，就像在驾驶过程中，司机可以查看仪表盘，但也要考虑实际路况。

（3）必须精简低价值功能

精益数据方法认为，好的数据产品要尽可能功能精简，从而突出它价值最大、用户获得感最强的功能，然后以这个功能为基础，不断地深化、优化。不要让一些无关紧要的非核心价值功能干扰了用户对主要功能的体验，少即是多，如果可能，尽量砍掉一些价值定位不明确、差异化不明显、不影响用户使用的功能。

（4）必须充分数据化

数据产品的核心是一切业务数据化，一切数据价值化。所以在数据产品的构建过程中，一方面，要尽可能把线下的、人工的操作都线上化、数据化；另一方面，要尽可能整合、利用其他数据资产，数据只有融合、集成才能发挥更大的价值。

（5）必须建立运营反馈机制

企业的运营团队必须在所有的数据产品上线那一刻就建立起数据驱动的运营反馈机制，以便自动获取产品的使用情况、运行情况等数据，更好地掌握产品的信息，制定更准确、更有针对性的运营策略和动作。

（6）必须高速持续迭代

运营反馈机制的目的是让企业对运营数据深度挖掘，发现更多的用户需求，有机会打造产品的下一个爆款功能。在产品快速改进，将新的功能推送给用户之后，团队会收集新的反馈，持续迭代。所以精益数据产品不会非常突出其中某个版本，可能一个月就会更新多个版本。

4.2　精益数据产品画布

精益数据方法提供了精益数据产品画布这一工具，来帮助企业从 0 到 1 识别、定义和设计精益数据产品。精益数据产品画布如图 4-6 所示。

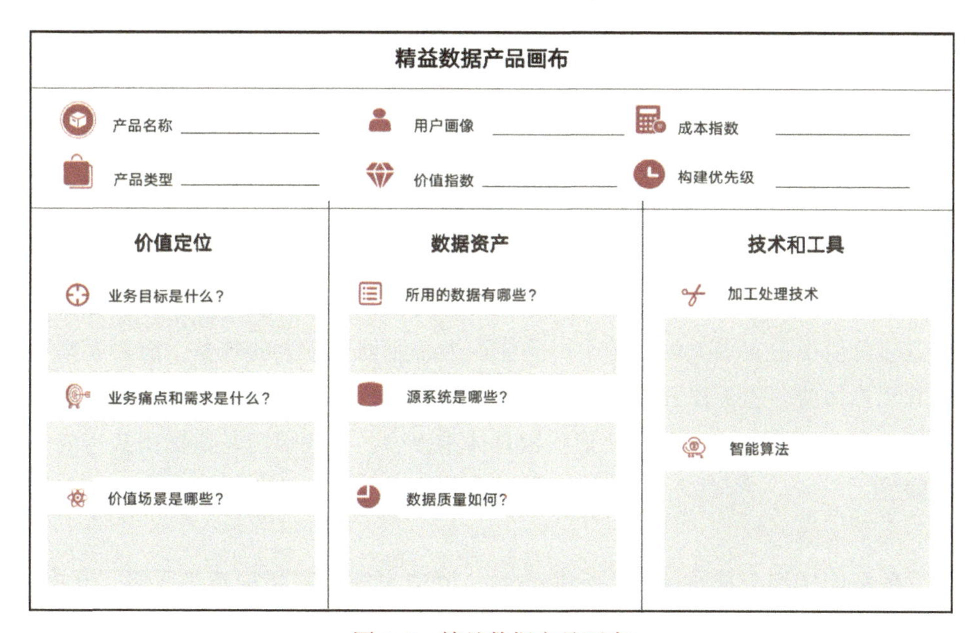

图 4-6　精益数据产品画布

精益数据产品画布定义了精益数据产品的6个要素、3个核心领域。它通过结构化的模块，帮助企业清晰地识别和解构精益数据产品的关键内容。

4.2.1 精益数据产品的6个要素

（1）产品名称

产品的名称是唯一的产品标识。这个产品是什么，为什么存在，给用户提供的最大价值是什么，这些最好能够直接、显性地呈现在产品的名称里。这时候的产品名称和最后对外的市场营销为目的的产品名称可以不一致，重点是突出产品要解决的问题和提供的价值。

（2）用户画像

用户画像描述了该精益数据产品服务的用户是谁。对用户的描述要精准，尽可能聚焦收敛，指向某一类共同特性的用户群。比如“消费者”这个描述就不够准确，可以具体描述为“喜欢运动的消费者”。

（3）产品类型

产品类型指该精益数据产品属于什么类型，可以对照4.1.2节的数据产品类型来确定，不同产品类型的构建方法和路径是不一样的。

（4）成本指数

成本指数指构建该精益数据产品所需要的成本情况，包括开发成本、采购成本、运营成本等，以便对该产品的总体投入有一个预估，不需要计算出具体的、精确的数字。成本指数可以帮助数据团队进行优先级排序。精益数据产品构建的依赖条件和复杂度是包含在成本指数里的。

（5）价值指数

关于价值指数，企业需要考虑该产品解决业务问题所提供的价值在企业业务总体价值中占有多大的权重，产品能否为企业创造巨大的收益，能否大幅度提升用户体验，能否提升经营效率或者降低成本。一般来说，价值指数取值范围从1到10。至于该产品的价值指数具体是多少，业务部门与数据团队达成一致即可。

（6）构建优先级

数据团队综合成本指数、价值指数、紧迫度等因素来构建优先级。其中，紧迫度是从业务视角来审视该数据产品的构建需求是不是非常紧迫。

构建优先级需要考虑该需求是一个长期的战略性问题，还是一个中期的重要问题，或者是一个短期的应急问题。对这三种需求的权重可以根据具体的情况进行不同的设定，但最重要的是，数据团队要让需求方就优先级达成一致意见，以便据此来落地执行。

4.2.2　精益数据产品的 3 个核心领域

1. 价值定位

回归价值本身是构建精益数据产品的根本，可以从如下 3 个方面来不断逼近产品最本质的价值。

（1）业务目标

首先要思考这个产品所解决的问题背后的业务目标是什么，这个业务目标与这个产品的关系是怎样的。

举个例子，某企业想开发一个数据看板产品，以便让销售团队实时掌握销量情况。在进行产品设计时，数据团队把和销售有关的所有数据都逐个呈现出来，做了一系列报表和图表，工作很细致。但是产品上线以后，数据团队发现销售人员很少使用该产品。最后研讨的时候，销售团队给了这样的使用反馈：这个数据看板产品的功能太多，但是本质上，我们只关心如何提升销量、待办任务是什么、有没有客户流失的风险、负责的项目进展如何。而现在产品提供的报表太多，销售人员无法直接查看重要结论，需要人工分析报表，找出这些问题的答案。

这就是一个很典型的例子。数据报表是数据看板产品的主要功能，但是看数据本身不符合销售人员的业务目标。对销售团队来说，这个产品最好能直接告诉销售人员今天需要做哪些事情来提升销量，能提升多少销量。

数据产品的功能本身不是用户价值，用户价值是用户使用这些功能获得的东西。

（2）需求痛点

理解了用户需求背后的业务目标之后，就要分析这个产品到底在哪些方面能够帮助用户达成该目标。这就进入了需求痛点挖掘的阶段。

数据产品不是万能的，不能解决所有的问题。可以通过用户画像、调研共创、现场走查等方法来搜集用户痛点和期望，但是这些并不一定是用户的真实需求，只有那些与业务目标一致的痛点和期望才是有价值的用户需求。

当然，不要为了提供服务陷入“被需要”的陷阱。如果发现用户的这些业务目标在现阶段是该数据产品无法达到的，那么就要更冷静地分析这个产品是否有存在的必要。

（3）价值场景

找到了需求痛点以后，下一步是识别典型的业务场景，让这些点状、碎片化的需求痛点串成一个具象、连续、用户有感知的场景集合。具体的价值场景如何构建，请参考4.3.3节。

2. 数据资产

梳理了数据产品的价值定位，明确了该数据产品是有价值的之后，就要查看企业的数据资产对产品的支撑情况。关于数据资产，可以从以下3个方面来分析。

1）所需要的数据资产有哪些。从业务的角度确认这个数据产品实现用户价值需要哪些数据资产。比如销售部门构建的销售看板产品需要用到内部的订单数据、用户数据、组织结构数据、产品信息数据。同时，为了能洞察市场情况，该产品还需要同行业的宏观数据、竞对数据等。在这个阶段，不需要深入到技术层的数据库字段等细节，只需要从精益数据战略规划的数据资产蓝图中把必须的数据资产识别出来即可。

2）数据源在哪里，是否能采集到。定位这些数据资产的源系统，每一个数据要定义一个唯一准确的源系统，这个系统就是该获取数据的数据源。精益数据方法建议采用数据流图的方式将端到端的数据价值链描述出来，从而识别浪费，做到最优。具体方法参见第9章精益数字化转型的相关内容。

3）数据的质量如何。通过数据流图全面识别出数据源后，就要进入具体的数据勘察环节。这个环节的目的是全面了解这个数据源的情况，比如数据的数量、完备性、准确性、可信度、更新频率等，从而评估这个数据源是否满足数据产品的需求。

在数据资产的分析过程中，我们可能会碰到系统中有一些需要的数据没有被采集的情况，此时就要考虑是否同步新建应用或者改造原有应用来采集这些数据。

3. 技术和工具

数据产品是由场景、数据和技术3部分构成的，所以精益数据产品画布建议在构建数据产品时，尽快识别出该数据产品所需要的技术和工具有哪些。这一步骤可以先从识别业务场景的技术需求开始。比如，业务场景是否需要进行海量数据处理，对产品的实时性要求如何，是否要处理非结构化数据，是否有图像视频的处理需求等。通过这些技术需求，我们可以进一步判断需要哪些技术和工具，这些技术和工具是不是必需条件，目前企业是否有支持的能力，是否有其他替代的技术和工具等。

精益数据方法认为，数据产品本身要尽可能聚焦该产品独特的功能，把那些与其他产品无差异的功能尽可能抽象沉淀成技术服务，由数据中台去承载，从而让数据产品更有针对性、更简单、更轻量，有更强的响应能力。

4.3　精益数据场景画布

数据产品的规划设计来自业务场景，企业在利用数据的时候，最大的难点就是找不到业务场景。企业往往拥有大量数据，却不知道这些数据能够给业务带来什么价值，为用户解决什么问题，这种情况下这些数据就无法发挥业务价值。根据精益数据方法探索、识别业务价值场景，是企业数字化转型过程中非常核心的工作。在业务场景的探索过程中，我们需要精益数据场景画布这个工具，它是基于精益思想设计的帮助企业结构化设计数据类业务场景的工具。企业可以通过这个画布围绕业务价值和数据清晰地描述业务场景。

4.3.1　业务场景的定义和价值

1. 业务场景的定义

开放架构组织（The Open Group）认为，业务场景是对业务问题的完整描述，包括业务的需求和体系架构。一个业务场景要尽可能全面地涵盖用户关心的需求，并且给出对应的体系架构。

上述解释比较清晰地描述了场景的 3 个核心点：完整性、全面性、关联性。

第一，业务场景必须是一个业务问题的完整描述。这里的完整可以理解为闭环，也就是说，业务场景一定是对一个业务问题的端到端描述，不能有遗漏或缺失。

第二，一个完整的业务场景应该包括业务和体系结构（技术架构）两部分，从而能够呈现业务层面和系统层面的全貌信息。

第三，业务场景里如果包括多个业务需求，这些业务需求要能够完整地描述业务问题，它们之间是相互关联的。

2. 业务场景的价值

业务场景是一类信息的组合，能够直接描述需要解决的业务问题、服务的对象、需要的工具和原材料。它能对企业端和客户端两方面分别提供突出价值，如图 4-7 所示。

图 4-7　业务场景的两大价值

通过解决一个具象问题，让用户直观、强烈、快速地感知到产品价值。只有让用户有获得感，才能够争取用户的全力支持和参与。识别出一个“杀手级”用户场景是企业数字化转型的核心关键。

举一个例子。美国提供医疗服务的组织包括药店、诊所和保险公司。过去这 3 类组织的数据很难拉通，它们出于保护利益的考虑并不愿意共享数据，多年以来都是如此。但是新冠疫情需要各方及时得出检测结果，这是一个非常迫切、符合各方利益的需求，在这个应用场景下，三方很快联通数据。这个很多年来通过各种标准制定、协调沟通都没能彻底解决的问题，一下子就解决了。

合适的业务场景能够统一多个利益相关方的思想，实现共赢，更高效地整合资源，让过程中的目标、方法、实践能够规范化和体系化，并具有统一标准，从而提升协作效率。

在解决问题的时候，我们往往花费很多时间直接研究解决问题的方案或方法，但是这些方案或方法在大部分情况下无法解决根本问题或者无法得到有效执行，关键可能并不在于该方案或方法本身，而是这个问题并没有被我们正确识别，团队间没有对齐目标。

识别出正确的问题，统一业务场景，数字化转型就成功了一半。

精益数据方法提出，价值场景是开发数据产品的第一要义，必须要识别出正确的场景才能够打造用户需要的数据产品。

4.3.2　业务场景的 SMART 原则

一个好的业务场景应该遵循 SMART 原则，如图 4-8 所示。

图 4-8　业务场景的 SMART 原则

1）独特的（Specific）。一个业务场景必须能够描述和定义业务中需要解决的独特的问题。精益数据方法认为，业务场景解决的问题宜精、不宜多，只有聚焦关键问题、独特问题，然后深度剖析问题，找到问题产生的原因，从根源处设计解决方案，才会获得真正的“杀手级”场景。

2）可度量的（Measurable）。精益数据方法强调，没有度量就没有高质量执行，更没有优化改善。即使是面向最简单的问题，也一定要设计出对应的度量指标，从而清晰地反映出该问题是否得到了正确解决，以及用户是否满意等。可以通过用户的复购、流失、转介绍等数据来度量用户体验。

3）可执行的（Actionable）。业务场景必须能够清晰地分解业务问题，并且提供可执行的解决方案，这是设计业务场景的目标。如果明确了一个业务场景，却找不到可以满足该业务场景的方案，那么就需要重新审视这个业务场景是否将多个业务问题掺杂在了一起，导致该场景过于复杂而无法应对。

4）现实的（Realistic）。在当前的技术能力和成本的约束下，要保证提炼出的业务场景是能够实现的。精益数据方法的可行性排序会以“是否可实现”作为重要的度量指标，来甄选速赢阶段中有价值的业务场景。

5）时效性（Time-bound）。业务场景需要有效定义其适用的时效性。任何问题都有特定的时间阶段，能够清晰地识别出业务问题的时效性是很重要的，能够帮助我们设计数据产品的生命周期，以便计算出产品的投入产出比，判断该产品是否有必要建设。

4.3.3 认识精益数据场景画布

精益数据方法提供了精益数据场景画布这一利器，企业能够结构化地将每一个数据产品的立项、调研阶段的工作非常精准、明确地罗列在画布上，有效识别出高价值的业务场景。精益数据场景画布如图 4-9 所示。

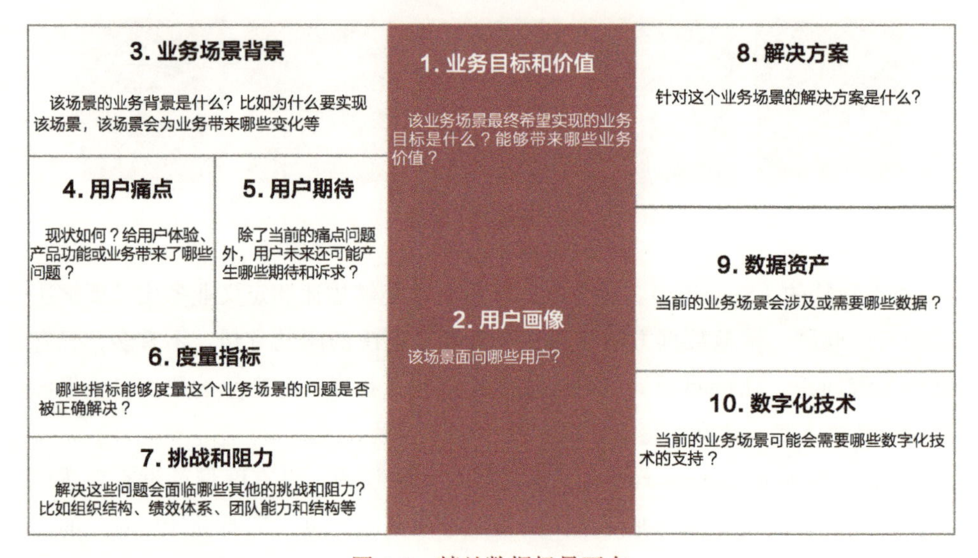

图 4-9　精益数据场景画布

精益数据场景画布包含 10 个场景要素。

（1）业务目标和价值

所有的业务场景都服务于特定的业务目标，产生业务价值。所以精益业务场景画布强调，企业首先要思考清楚这个业务场景最终的目标和价值是什么，是否与企业战略、企业业务目标一致。

（2）用户画像

描述业务场景时，一定要精确地分析并描述出当前场景服务的用户画像。只有聚焦了用户画像，才能更精准地识别他们的痛点和需求，才能找到真正的用户需求。

(3) 业务场景背景

很多时候，我们过分关注问题本身，忽视了问题产生的上下文背景。而不同的环境、不同的时期，问题都是不一样的。所以精益数据场景画布强调，一定要将业务场景的背景描述清楚。只有这样，团队成员才能对用户遇到的业务问题更有代入感、同理心，才能设身处地地站在用户的视角来描述和分析场景。

(4) 用户痛点

业务场景要描述出当前用户面临的痛点问题，才能针对痛点设计出解决方案。

(5) 用户期待

精益数据方法将用户的需求分成两类：一类是前文提到的用户痛点，就是当前业务状况下用户面对的问题，比如流程不畅的地方；另一类是用户期待，就是抛开业务现状，用户希望的工作状态是什么样的。举个例子：假设现在工作人员进行的业务操作需要手工输入身份证号，流程很烦琐，这是用户痛点；同时，工作人员提出，能不能不使用打字的方式，而用更加简洁的方式来录入身份信息，这就是用户期待。用户期待往往是比痛点更有价值的需求。

(6) 度量指标

每一个精益数据场景必须要在定义之初就设计出对结果进行度量的指标体系，以此来评价这个场景的问题是否已经得到解决，用户的满意度如何，是否达到了企业的目标。

(7) 挑战和阻力

要分析出在当前业务场景下解决业务问题会面临哪些挑战和阻力，应对这些挑战和阻力的方案是什么。否则，设计出一个当下无法解决问题的场景，除了浪费资源没有任何意义。

(8) 解决方案

设计解决方案时，只需简洁地描述出这个业务场景的对应方案是什么，可以附上业务流程图和架构图，帮助相关人员更好地理解。

(9) 数据资产

数据资产是数据业务场景的核心，需要罗列出当前业务场景可能涉及或者使用的数据资产有哪些。精益数据方法强调，这里的数据资产不是当前企业已经采集、存储的数据，而是逻辑概念上的数据资产蓝图里的数据资产。

（10）数字化技术

识别当前业务场景可能需要的数字化技术，比如手工输入身份证的场景就可能需要光学字符识别、图像扫描识别等技术。

4.3.4 业务需求、业务场景、业务用例和用户故事

在软件开发领域，业务需求、业务场景、用户故事和业务用例是常用的术语和概念。其中，业务场景源自用户需求，又和用户故事息息相关，等到了产品实现阶段，则需要对用例进行设计，所以很多时候大家无法厘清这几个概念之间的关系。定义清楚这些概念，识别它们的区别和联系，是实现数据产品过程中剖析问题、设计方案和架构的基础，否则团队成员从概念层就是模糊的，后续实施时就更难达成统一。

精益数据方法对这 4 个概念的理解如图 4-10 所示。

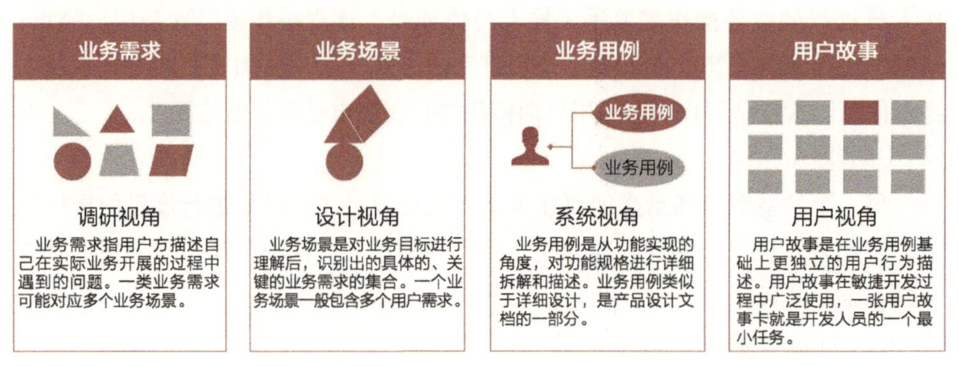

图 4-10 业务需求、业务场景、业务用例和用户故事

1. 业务需求

业务需求基于调研视角，描述用户达到业务目标需要解决的问题。很多时候，用户提供的需求不是真正的业务需求，主要有如下两类情况。

第一类是用户提供的是伪需求。这类需求并不存在，或者无法在现有的环境下落地，或者并不符合用户的业务目标。

第二类是业务部门给出的并不是用户需求，而是解决方案。这是非常常见的情况。比如业务部门提出增加一个用户界面让用户录入他们的基础信息，看

上去这是一个常见的业务需求。但是业务分析师分析后会发现，这句话并不是需求，而是解决方案。而这个方案背后的真正需求应该被描述为“为了达成某目标，需要采集用户基础信息”。“增加一个界面”并不是需求，是满足“采集用户基础信息”这个需求的一种办法。

所以，业务人员在提出需求的时候，应该从业务目标和本质出发，不带有任何实现方式、工具手段，只有这样，才可能探索出最有效、最优的解决方案。

在上述例子中，业务部门对需求已经预设了解决方案，即需要一个用户界面来录入信息，所以技术人员看到该需求时就直接获得了实现动作的建议，就不会去思考更好的解决方案，而是根据该方案立刻投入开发。这是造成很多数据重复采集、数据产品功能堆叠的原因之一。

精益数据方法认为，找到业务需求的本质，对齐最终的业务问题，是数字化转型最重要的基础。

2. 业务场景

业务需求是全面采集和调研的结果，能够客观地描述用户的业务痛点和价值诉求，但是业务需求是零散的、不成体系的，来自多个用户，其价值也参差不齐。

为了更好地发现对业务目标最有价值的需求，解决让用户最“痛”的问题，企业需要对业务需求进一步分析和聚类，将关联的、零散的业务需求串联成一个个具有业务价值的业务场景，而具象、连续的业务场景将解决一类问题。

3. 业务用例

有了业务场景，仍不足以让技术人员去设计解决方案。接下来，需要将业务场景和业务需求集成到一个描述参与者与系统交互的体系中，形成业务用例。这里的参与者不一定是人，也可能是设备或者其他系统。

业务用例把系统看作黑盒，而参与者同系统的交互，包括系统的响应，都可以在系统外部感知。业务用例简化了业务需求的描述，避免掉进对功能如何实现做出假设的陷阱。

正确的业务用例的描述应该具备以下特点：

- 描述满足业务目标的业务活动；

- 不涉及特定的实现语言；
- 包括合适级别的细节；
- 足够短，能在一次发布中被一个软件开发人员实现。

业务用例是数据产品的产品需求设计文档中的重要部分。业务人员在产品研发过程中一般通过业务用例向技术人员描述业务需求。

4. 用户故事

在敏捷开发过程中，经常对业务场景和业务用例做进一步拆解，使其变成用户动作的最小单元，也是产品开发的最小模块，这就是用户故事。第 9 章将详细介绍如何分析和设计用户故事。

4.3.5 精益数据产品的典型技术场景及业务用例

业务和管理人员要掌握常用的数据智能技术的概念和业务用例，从而更好地理解和利用数据。但是，如何让完全不懂技术，也没有技术基础的业务人员理解并掌握数字化技术呢？

为了解决上述问题，精益数据方法提出了技术场景化的赋能体系。业务人员只需要知道数字化技术能解决哪些问题，以及在哪些典型的业务场景可以发挥价值，而不需要掌握具体的技术选型和实现方法，更多的技术问题就交给数字化人员去完成。

精益数据方法识别了成熟的、常用的 12 种数据智能技术场景，如表 4-1 所示。业务人员理解和掌握了这些场景，就能够解决大部分常见的业务问题。

今天，众多过去只能由人来处理和解决的问题，可以由自动化的、基于数据的技术来解决，比如人工智能技术在很多领域都已经发展得相当成熟。但是很多业务人员却基于 10 年前的技术认知来处理现在的问题。因此，让业务人员理解新的数字化技术能够起到什么效果、解决什么类型的问题，是企业数字化转型的基础。业务人员只有掌握了更多数字化技术的典型业务用例和场景，才能够在实际工作中有更多手段来解决问题。

精益数据方法总结了大部分常用的数据智能技术，并仔细地甄选了与之匹配的典型价值场景，做成了精益数据共创卡牌，企业可以利用这套卡牌在桌游式的数字化情景中学习数据智能技术。对该过程的讲解具体见第 10 章。

表 4-1　精益数据产品典型的 12 种技术场景

编　号	技术名称	定　义	典型场景	实现技术
1	异常检测	通过数据分析来发现业务中的异常点	广泛应用于金融、通信、医疗、制造等行业 典型业务场景包括诈骗检测、网络侵入检测、医学异常检测、传感器网络异常检测、视频监督、物联网大数据异常检测、日志异常检测、工业危害检测、设备异常检测等 举例：Netflix 使用异常检测技术在数万台服务器中找出不健康的服务器	目前主要用机器学习的方法来实现，通过训练数据集来得到分类器，再用分类器在新的数据集中找出异常值 无监督异常检测的技术实现主要包括统计与概率模型、线性模型、基于相似度衡量的模型、特定领域的异常检测
2	模式识别	对表征事物或现象的各种形式的信息进行处理和分析，从而对这个事物或现象进行描述、辨认、分类和解释	常见的模式识别主要包括对文字、声音、图像、视频等事物的处理和分析 典型业务场景包括文字识别，常用 OCR 技术将印刷的文字准确地识别并显示出来；包括图像识别，识别某张照片里的物体的类型；包括语音识别、指纹识别、医学识别等；包括遥感图像识别，该技术广泛应用于农作物估产、资源勘查和气象预报等领域 举例：某发动机制造厂利用时间序列模式识别算法来发现涡轮发动机的故障	主要采用机器学习的方法，通过计算机算法自动发现数据的规律，并使用这些规律将数据分成不同类别来实现识别和描述 常用的算法包括 KNN、贝叶斯分类、PCA、LDA 等
3	预测建模	预测建模可以根据过去和当前的数据来预测未来的结果和行为	预测建模是一种统计分析技术，可以评估和计算一些相关结果的概率 典型业务场景包括价格预测、销量预测、满意度预测等 举例：日本最大的社区型购物网站 Mercari 就利用价格预测模型自动给卖家建议正确的价格；而 Netflix 则充分使用预测建模来预测新节目的收视率，从中挑选出可能成为爆款的节目	主要包括分类模型、聚类模型、预测模型、时间序列模型等

（续）

编　号	技术名称	定　义	典型场景	实现技术
4	个性化推荐	指为客户提供量身定制的服务或者体验，从而获得更好的满意度	典型的个性化业务场景是推荐引擎，当用户打开一个网站、页面的时候，系统根据该用户的个性化画像重新定制网站和页面的内容，从而推荐更好的服务和产品 举例：业界最著名的推荐系统来自Netflix设置的100万美元的Prize大奖赛。Netflix通过观众观看的时间、设备、长度等信息，结合用户画像给会员推送不同的节目单	主要包括协同过滤、基于内容的过滤、强化学习等实现技术
5	归类 / 分类	通过算法将一个事物放到它应该归属的类别中	归类和分类算法的应用非常广泛，最典型的业务场景就是用户分类，通过用户提供的基本信息将用户分成不同的类别，从而提供个性化的服务 举例：通过逻辑回归、线性判别分析和Boosting的分类器对金融用户进行分类	常用的分类算法有感知机、支持向量机、逻辑回归、朴素贝叶斯、KNN、决策树等
6	情绪 / 行为分析	又称为情感人工智能（Emotion AI），是利用自然语言处理、文本分析、计算机视觉等技术用来系统性地识别、提取、量化、分析目标的情感状态和主观信息的技术	情感分析最典型的应用场景是通过用户在社交媒体上发表的内容来分析用户的观点、情绪和倾向 举例：在舆情系统中，通过分析大量的用户留言来分析品牌的受欢迎程度；Twitter做了一个示例程序，让用户可以很容易地基于Twitter的开发工具来对自己发表的内容做情绪分析	主要采用文本挖掘、文本分析和自然语言处理等技术

7	对话系统	指能够理解语言并且可以和客户进行书面或口头交互的智能系统	以客服机器人为典型代表的对话式系统技术目前已经在生活中随处所见，从自动推销的呼出电话机器人到自动应答的售后客服机器人，对话式系统帮助企业节省了大量的人力和物力，基本上大型的企业都有自己的智能客服机器人	打造对话式系统的基础技术和组件主要包括对话系统、模式匹配、自然语言生成、自然语言处理等
8	自适应系统	指能够脱离人类的控制，自主执行行为判断的系统	典型应用场景就是自动驾驶，车辆能够在无人的情况下感知环境，做出正确的、最优的驾驶动作；此外还包括智能医疗、智能制造等场景	综合了数据智能领域的大部分技术，是一个综合性的数据智能场景
9	机器人流程自动化（RPA）	是一种软件技术，可以学习、模仿进而执行基于规则的业务流程	最适合那些重复性高、工作量大的业务场景，比如在收款和记账环节具体包含收款、清点、记账一系列动作，其中的操作规则清晰，不需要太多决策，在这样的业务上人工效率不高，并且由于量大，总是存在约 2‰ 的错误率，而 RPA 模拟员工操作，可以实现记账和分摊报扎业务 举例：据商业银行引用案例佐证，RPA 记账数量日均 800 笔，高峰可达 3000 笔，是人工的 3 倍以上，错误率为 0	与 RPA 相关的有 3 项核心技术：屏幕抓取和控制、自动化业务流程处理、数据智能技术
10	自然语言处理（Natural Language Processing，NLP）	利用机器学习等人工智能技术来处理自然语言，即人们日常使用的语言，从而实现人与计算机之间用自然语言进行有效通信的各种理论和方法	主要应用于机器翻译、舆情监控、自动摘要观点提取、文本分类问题回答、文本语义对比、语音识别、中文 OCR 等方面 典型的场景如信息提取，从指定文本范围内提取出重要信息，例如时间、地点、人物、事件等，可以帮助人们节约大量时间 举例：将多篇论文批量、快速提取出核心观点和成果，从而完整、准确地反映论文的中心内容	不同阶段的自然语言处理所采用的技术是不一样的，早期是基于规则的，现在主要以深度学习的 RNN、LSTM、GRU 技术为主，同时，ELMo、GPT 和 BERT 等预训练语言模型也越来越受关注

（续）

编　号	技术名称	定　义	典型场景	实现技术
11	计算机视觉（Computer Vision，CV）	让计算机和系统能够从图像、视频和其他视觉输入形式中获取有意义的信息，并根据该信息采取行动或提供建议。通俗地讲，就是让计算机看懂图片等内容	有非常多的业务场景，如图像分类、目标检测、语义分割、实例分割、视频分类、人体关键点检测、场景文字识别、目标跟踪等，每一类业务场景都能够解决一系列典型问题，如图像分类可以用于人脸识别、图片鉴黄，语义分割可以自动识别图片里的物体是什么，人体关键点检测可以识别和追踪人的运动和行为 举例：在工厂里用CV技术来识别工人的动作是否合规	主要以人工智能和深度学习等实现技术为主
12	区块链	是一种高级数据库机制，允许在企业网络中透明地共享信息 区块链数据库将数据存储在区块中，而数据库则一起链接到一个链条中，数据在时间上是一致的，因为在没有网络共识的情况下不能删除或修改链条	企业可以使用区块链技术的透明存储、共享，以及未达成共识时不可单方面修改、删除的机制，来记录、存储、跟踪、利用、分发各种关键数据和信息 典型应用场景包括数字货币、金融资产交易、数字政务、存证防伪、产品溯源、数字化资产交易等	主要采用分布式账本技术，实现的方法多种多样，有非常多的区块链项目在支撑区块链的快速发展

4.4　精益数据商业模式画布

如何通过数据产生新的业务价值，这是很多企业在数字化转型过程中最想了解的内容。精益数据方法总结了 6 种利用数据产生增量的商业模式，并统一用精益数据商业模式画布来描述。

4.4.1　解读精益数据商业模式画布

精益数据商业模式画布是基于精益数据方法，结合商业画布，以数据利用为主的商业模式设计工具，主要由五大要素构成，如图 4-11 所示。

<table>
<tr><th colspan="3">精益数据商业模式画布</th></tr>
<tr><td>关键业务活动
这项业务的主要活动，以及给客户提供的产品和服务是哪些?</td><td rowspan="2">价值定位
该商业模式的价值是什么，解决了客户什么样的问题，能够给客户带来什么收益?</td><td>客户
该业务的客户是谁? 这些客户有什么痛点?</td></tr>
<tr><td>数据资产
需要什么数据资产?</td><td>生态伙伴
这个商业模式的生态伙伴、渠道商、供应商等是谁？</td></tr>
</table>

图 4-11　精益数据商业模式画布

1）价值定位。该商业模式的核心价值定位是什么，即它能够解决客户什么问题，给客户带来什么收益。

2）客户。客户是所有商业模式的最核心的内容，如果不能清晰地识别出面向的客户，那么所有的商业模式都是梦幻泡影。企业需要考虑清楚该业务的客户是谁，这些客户有什么痛点。

3）关键业务活动。在这个商业模式里，企业的关键业务活动有哪些？给客户提供的产品和服务是哪些？

4）数据资产。实现这个商业模式需要哪些数据资产。

5）生态伙伴。该商业模式的生态伙伴、渠道、供应商都是谁？数据产品的特性决定了企业通过生态伙伴可以对数据产品进行更快速、更广泛的传播，并且在此基础上进行二次加工，形成更多衍生产品，从而更快速、更大范围地覆盖和触达目标用户。

通过精益数据商业模式画布，企业可以清晰、简洁地梳理出数据产品的客户、业务价值，以及实现业务价值的方法。

4.4.2 案例：数据产品的 6 种商业模式

下面以某家挖掘机厂商为例，说明数据产品的 6 种创新的商业模式。

1. 产品数据洞察服务

该模式是对现有产品产生的数据进行分析，形成新的数据洞察服务，提供给使用该产品的客户，如图 4-12 所示。

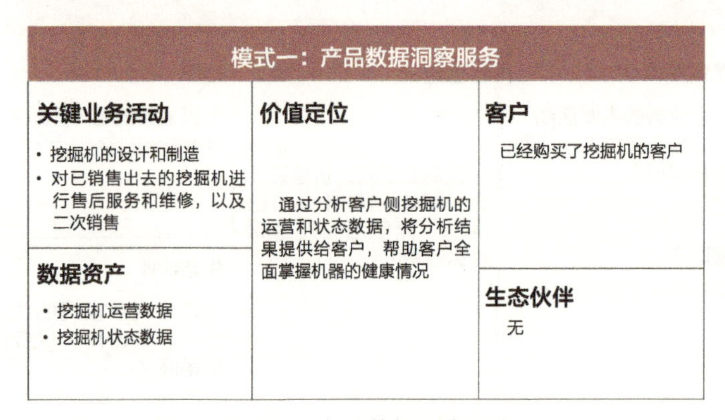

图 4-12　产品数据洞察服务

具体来说，挖掘机厂商在挖掘机上安装物联网设备，实时采集挖掘机的运行数据和状态数据，对这些数据进行分析，诊断挖掘机的健康状态，查看机器是否有异常，是否需要维修。将这些分析过程和结果作为增值服务提供给已经购买了挖掘机的客户，帮助他们全面掌握机器的健康情况，避免突发性的故障，提升生产效率，杜绝生产事故隐患。

2. 产品数据创新服务

该模式通过分析、整合产品数据及其他数据，形成新的服务并提供给已有客户，如图 4-13 所示。

挖掘机厂商在分析挖掘机运行状态的基础上，结合同类挖掘机常见故障、维修保养等数据，给用户提供预测维修、精准维修、保养建议等增值服务，并整合生态伙伴的维修、配件等相关产品和服务，销售给客户。

模式二：产品数据创新服务		
关键业务活动 • 挖掘机的设计和制造 • 对已销售出去的挖掘机进行售后服务和维修，以及二次销售 • 对挖掘机的数据进行挖掘分析，发现服务的需求和机会	**价值定位** 通过分析客户侧挖掘机的运行和状态数据，整合同类挖掘机的维修保养、故障数据，进一步为客户提供预测维护、精准维修、保养建议等增值服务	**客户** 已经购买了挖掘机的客户
数据资产 • 客户的挖掘机运行数据 • 客户的挖掘机状态数据 • 同类挖掘机故障数据 • 同类挖掘机维修保养数据		**生态伙伴** 挖掘机的维修、配件等相关产品和服务的供应商

图 4-13　产品数据创新服务

3. 产品数据整合销售

该模式通过整合产品数据及其他数据，形成新的数据并提供给新客户，如图 4-14 所示。

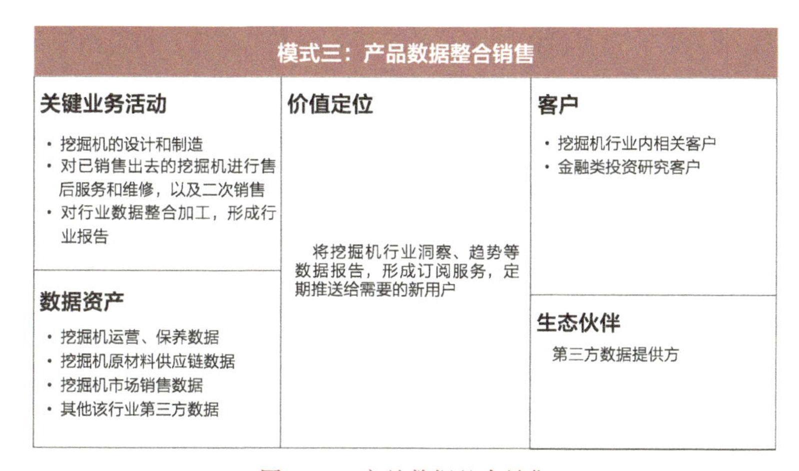

图 4-14　产品数据整合销售

挖掘机厂商对内外部的数据进行整合，形成行业洞察、趋势报告等数据服务，以订阅产品的形式提供给需求相关方，比如金融类投资研究客户、挖掘机行业内相关客户等。

4. 产品数据价值链创新

该模式通过整合上下游伙伴企业的产品数据及其他数据，形成新服务提供给新客户，如图 4-15 所示。

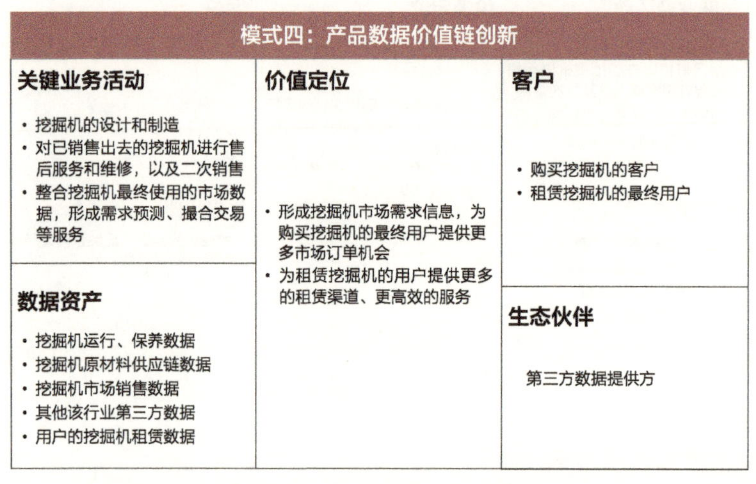

图 4-15　产品数据价值链创新

挖掘机厂商利用自己在行业里的核心地位，获取挖掘机的市场需求信息、供给信息，再结合自己掌握的挖掘机的运行、保养、销售、供应链等信息，综合分析后，搭建挖掘机市场的供需匹配、撮合交易等服务，帮助客户扩大销售，提升业务价值。

5. 生态数据创新服务

该模式通过整合分析上下游伙伴企业的产品数据及其他数据，发现行业生态中其他相关企业的需求，形成新的服务并提供给生态的相关客户，如图 4-16 所示。

挖掘机厂商利用自己在行业里的核心地位，获取各方面数据或者信息，分析出生态中其他相关方的需求，整合生态资源，提供相关的产品和服务给这些用户，比如供应链金融服务、精准加油服务等。

6. 生态数据平台服务

该模式是打造数据交易平台，为行业生态中的多方提供撮合交易、数据创新及平台服务，如图 4-17 所示。

模式五：生态数据创新服务

关键业务活动

- 挖掘机的设计和制造
- 对已销售出去的挖掘机进行售后服务和维修，以及二次销售
- 识别挖掘机行业相关生态的产品和服务
- 以挖掘机为支点延展到建筑领域的上下游客户，识别其需求

数据资产

- 挖掘机运营、保养数据
- 挖掘机原材料供应链数据
- 挖掘机市场销售数据
- 其他该行业第三方数据
- 建筑行业挖掘机相关数据

价值定位

获取挖掘机的业主方、用户方以及第三方等的数据，分析其采购配件、维修保养、金融贷款等需求，整合相关的生态产品和服务，精准提供给客户

客户

- 挖掘机最终消费用户
- 挖掘机业主方
- 金融类投资研究用户
- 建材行业相关客户

生态伙伴

挖掘机相关的服务组织，如：

- 加油站
- 维修厂
- 配件厂
- 金融机构

图 4-16　生态数据创新服务

模式六：生态数据平台服务

关键业务活动

- 挖掘机的设计和制造
- 对已销售出去的挖掘机进行售后服务和维修，以及二次销售
- 建立和运营以挖掘机为核心的建筑产业生态数据开放平台

数据资产

- 挖掘机运营、保养数据
- 挖掘机原材料供应链数据
- 挖掘机市场销售数据
- 其他该行业第三方数据
- 建筑产业相关数据

价值定位

- 聚合以挖掘机为核心的建筑产业相关数据，提供数据查询、撮合交易服务
- 依托平台的数据，开展产业创新服务，包括创新大赛等

客户

- 挖掘机最终消费用户
- 挖掘机业主方
- 金融类投资研究用户
- 建材行业相关客户

生态伙伴

- 挖掘机相关的服务生态
  - 加油站
  - 维修厂
  - 配件厂
  - 金融机构
- 建筑行业相关伙伴

图 4-17　生态数据平台服务

挖掘机厂商站在产业的角度，构建交易平台，让供需双方将自己的服务、产品及数据发布在平台上，通过数据分析技术和工具，实现以挖掘机为核心的产业生态的数据查询、撮合交易服务，同时开展产业创新服务，比如创新大赛等，成为平台运营商。

4.5 精益数据产品交付

数据产品和传统的软件产品在交付上有着本质的不同。数据产品综合了多种工程技术，具有2个本质特点，同时面临4个交付挑战。对此，精益数据方法总结了数据产品的3层7步构建法，并设计了精益数据产品成熟度模型，帮助企业评估自己的数据产品能力，更高效地生产和交付数据产品。

4.5.1 数据产品的2个本质特点

数据产品，尤其是人工智能类的数据产品，与传统的软件产品相比有以下2个特点。

1. 高度依赖数据要素

数据产品与传统软件产品的本质区别是数据产品极度依赖数据原材料。以最典型的数据报表这一产品来看，报表就是对数据原材料加工后的呈现形式，如果数据本身质量不高，报表也不可能有很大的价值。数据产品的经典逻辑是“垃圾进，垃圾出”。但是，数据原材料是动态的，上游生产数据的业务系统往往不会及时将数据变化同步到产品端，这给数据产品的容错机制设计带来很大挑战。例如有的报表一直运行正常，但是突然出现数据不准的情况，很可能是数据的源头出现了问题，这样的问题排查起来非常复杂。

2. 不确定性高

参考Cynefin框架来看，对于数据产品，尤其是基于机器学习等人工智能技术的数据产品，其构建是一个复杂问题。对于一般的应用软件来说，再复杂的需求都可以被层层分解为简单问题，而数据产品面临的问题则有一定的不确定性和不可预测性。比如，在机器学习模型的训练过程中，并不是所有数据都可以得到有效解释和可视化。虽然该模型经过非常多的测试，但是工作人员无法百分之百保证测试中穷举了所有可能出现的问题，因此，也就无法保证将机器学习模型部署到生产环境后，该模型面对海量的新数据仍能运行出原来预测的结果。

数据产品这两个特点，为其交付带来了四大挑战。

4.5.2 数据产品交付的 4 个挑战

数据业务化的开发过程是一个综合性强、复杂度非常高的工程体系。交付一个数据产品，面临四大挑战。

1. 数据复杂度的挑战

现在企业的 IT 架构越来越复杂，系统应用越来越多，应用部署方式也越来越多样，众多异构的技术架构导致数据分散、存储形式不一致、关联关系错综复杂。每个企业都在对抗数据的复杂度。数据产品要从这沼泽一样的海量异构数据源中识别、定位、获取准确的数据，是非常有挑战的。很多时候，获取一个数据可能需要关联多个系统，进行错综复杂的计算，并且还能保证最终的结果符合预期。所以高度复杂的数据是数据产品交付的最大挑战，这也是为什么数据治理越来越被重视。同时，企业的专业分工、组织结构也带来了普遍的问题，数据的生产方往往不是数据产品的构建方，数据产品的构建面临组织维度、协调维度、沟通维度的挑战。

如何让数据产品在面对实时产生、不断变化并且不能被完全掌控的源数据时，依旧能够得出正确的结果，是数据产品交付的首要挑战。

2. 难以显性化的价值挑战

一直以来，报表、商业智能工具等数据产品都面临业务价值难以显性呈现的挑战。因为这些数据产品大部分是提供给业务人员和管理人员的，这些人员查看过数据以后做出的决策是否有价值，做出该业务决策受数据产品的影响有多大，这些因果联系很难显性化地表现出来。所以，很多时候数据团队只能用报表被查看了多少次这个数据来衡量其价值。

数据产品的价值难以显性化的核心原因在于缺少可靠的、实时的、量化的反馈。4.1.1 节也曾重点强调过数据产品必须建立可量化的度量指标体系。

3. 工程技术协同的挑战

数据产品的开发过程融合了如下 3 类不同的工程技术。

- 数据工程：探索数据源，分析数据源，校验数据质量，获取数据，加工数据，对数据进行 ETL、ELT 等加工处理。
- 算法工程：特征工程、模型训练、模型部署等数据科学领域的开发工作。

- 软件工程：开发环境构建、开发语言和开发框架选型、前端开发、后端开发、集成、上线等软件开发工作。

这3类工程技术由不同的开发人员负责，对应的人员思维模式、开发工具、测试方法都不同，如何高效协同这些不同特点的开发过程，是数据产品开发的又一大挑战。

4. 数据科学产品化的挑战

数据产品中与数据科学技术相关的部分具有独特价值，但是数据科学技术有着高度的不确定性，其实现过程是高度动态、不可预测的。如何保证应用数据科学技术的产品在上线以后面对新的数据源时依然能稳定输出符合预期的结果呢？这就是数据科学产品化的挑战。

面对上述四大挑战，精益数据方法提出，要建设持续交付的3个层次，构建多角色高效协同的工具平台，利用精益数据产品构建的7步法，快速迭代。

4.5.3 精益数据产品3层7步构建法

通过精益数据战略探索出需要建设的高优先级价值场景后，就进入了精益数据产品构建的阶段。精益数据方法原创了3层7步法来构建价值显性化、快速迭代、闭环增长的精益数据产品，如图4-18所示。

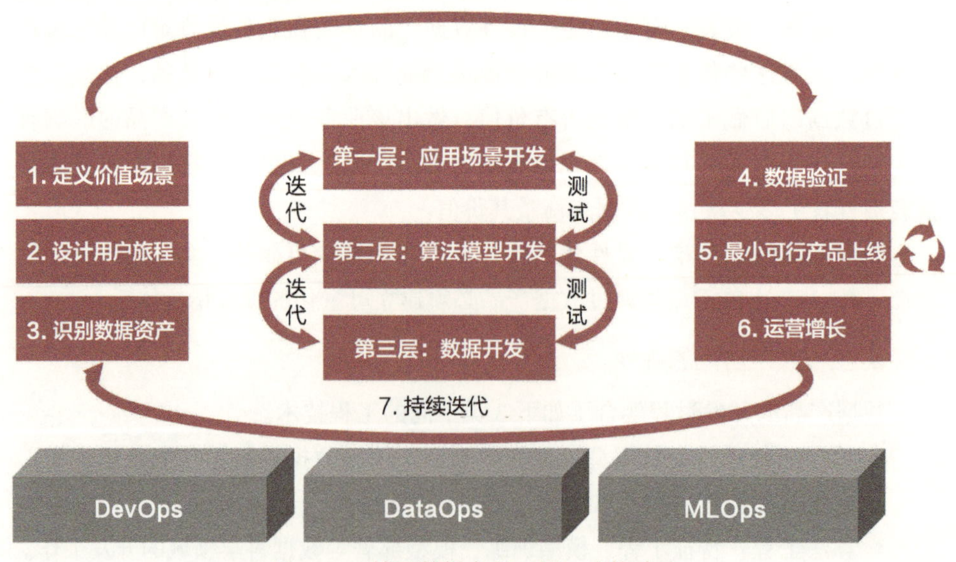

图4-18 精益数据产品3层7步构建法

1. 精益数据产品开发的 3 个层次

前面提到，数据产品的开发是涉及软件工程、数据工程和算法工程 3 类工种的综合性工作。为了协调这 3 类工种的工作，精益数据方法认为，数据产品的开发工作要分成 3 层来进行，层与层之间要有相对明确的衔接关系，每一层内部形成相对独立的工作闭环，这样才能够让专业的人做专业的事情，减少协作混乱带来的失误和低效。

（1）应用场景开发

应用场景的开发主要在于软件界面、业务流程部分，这一部分工作主要是设计用户使用的流程、体验，以及业务逻辑，主要由业务分析师、软件架构师、前后端开发工程师等完成。比如，在用户登录环节，通过采集用户的设备数据、手机号码来避免用户重复输入用户名和密码；在首页展示环节，根据用户的画像来匹配和推荐用户最感兴趣的产品等。

团队在这一层的工作要聚焦在业务本身，确认对于算法模型的需求后，清晰地描述这方面需求，并将其交由算法工程师和数据科学团队完成。例如，对于一个数据增强类的电商产品，在分析用户旅程的时候，针对每一个环节都要判断当前的用户故事是否可以利用数据智能算法来增强产品的可用性，提升用户的体验，带来业务价值。

（2）算法模型开发

算法模型开发最大的挑战点在于，这是一个没有最佳实践的领域，所以没有人知道在业务目标和数据供给情况未知时，哪一个算法是最优的。这个问题可能根本就不存在标准答案，但数据科学的魅力就在于可以无止境地逼近最完美的结果。

算法模型的开发一方面要对齐业务目标，另一方面要对齐产品开发的进度，快速试错。没有做到这两方面工作是很多算法模型开发失败，最终导致数据产品无法完成或者推迟上线的重要原因。

算法工程师很多时候会尽力追求模型的完美，但是数据产品一旦从创新实验阶段进入开发上线阶段，完美就不是最终目标，能够为用户创造价值才是最终目标。开发人员一定要时刻牢记，这个模型的开发是为了解决用户的问题，只要能使产品的用户体验比原来的好，哪怕结果准确度没有达到预期，也可以根据实际情况选择发布。

（3）数据开发

数据的采集、处理、加工与准备是业务应用场景和算法模型开发的基础，数据工程师同时负责数据产品的软件部分和算法模型部分的开发，三者的关系很紧密。保证数据同源且只有一个真实出口，是数据开发的核心原则，否则就会出现数据怎么也对不齐，但是找不到原因的情况，其实根本问题是数据源头不一致。

精益数据方法建议按照“一拖三、自闭环、找问题、寻根源”的方法进行协作，如图 4-19 所示。

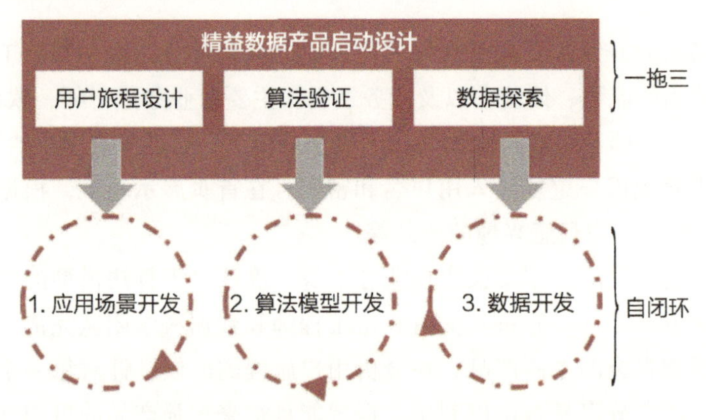

图 4-19　精益数据产品 3 层开发工作的关系

应用场景、算法模型和数据开发 3 层开发工作均在启动阶段进行总体设计，经过用户旅程设计、算法验证和数据探索，形成同源、同口径、同度量的数据标准，并且形成统一的测试协议及测试用例，然后各组分别进行开发。当发现问题的时候，各组回到原点，共同剖析和调整，不能在未通知其他小组的情况下自行修改。这样的方式能够尽可能地应对 3 层不同的开发工作带来的种种协同上的问题。

2. 精益数据产品构建的 7 个关键步骤

（1）定义价值场景

首先对业务场景进行深入分析和设计，形成精益数据场景画布，从而对业务场景有全面、深刻的理解，确定对企业有价值的、能够解决用户痛点的业务场景。

这个过程必须由业务、数据和技术三方面团队全程参与，让大家充分表达意见，对齐思路，保证成员对精益数据场景画布的每一个要素都能够理解并认同，以便开展后续的工作。

（2）设计用户旅程

然后要围绕该业务场景的用户需求设计用户旅程。一般来说，先描绘用户画像，再进行用户旅程设计，最后形成可以指导产品设计的数据产品需求设计文档。具体的设计方法可阅读第 9 章。

（3）识别数据资产

数据产品需求设计文档详细描述了产品要解决的问题及要实现的业务需求，接下来就要从数据资产的视角来分析，数据产品设计需要哪些数据资产的支持。这个环节就需要利用精益数据战略中的数据资产蓝图。

一般来说，数据产品开发所需要的数据资产分为以下几类。

1）已经产生并存储在企业的数据仓库中的数据资产。在这种情况下，首先需要通过数据资产蓝图来识别这些数据资产在哪些系统中，然后识别出其中哪些是数据产品需要的，再将其集成到数据产品中。

2）已经在业务过程中产生，但是并没有被采集和存储的数据资产。这时就需要改造原有系统，将这些数据存储下来。

3）没有产生，但是可以通过企业新建应用去采集和生产的数据资产。这就需要构建新的应用去采集和生产这些数据。

4）没有产生，并且企业自身无法生产的数据资产，比如用户在其他平台的行为数据。这就需要考虑从外部获取这些数据。

数据资产识别的步骤对于数据产品的开发来说非常关键，直接决定了数据产品能否按预期上线。有时候产品功能开发出来了，但是测试时发现企业不具备相应的数据条件，就产生了开发上的浪费。

（4）数据验证

数据资产识别清楚之后，就可以进入产品的开发过程了。数据产品区别于传统的应用软件的一个非常重要的开发步骤就是：数据产品的关键功能一定要用真实的数据提前做仿真验证。

比如，核心算法模型开发出来后，一定不能仅仅使用训练数据集来做测试，要提前利用真实的生产数据，甚至可以刻意准备一些杂乱数据来验证算法模型的健壮性，从而尽可能避免数据测试不全导致的算法模型上线后结果不准确。

（5）最小可行产品上线

精益数据方法提倡采用最小可行产品（MVP）的方法尽早上线产品，不要等所有的功能都开发测试完毕再上线。当然，MVP 要能够提供给客户完整的功能，实现关键的业务价值。MVP 尽早上线，就能够尽早获取客户的真实使用数据，从而尽早发现问题并调整策略。

（6）运营增长

数据产品的上线并不是终点，而是起点。从上线这一刻开始，数据产品才具备了生命。数据产品的生命周期取决于上线后的运营动作，基于数据的运营才能够带来产品销量的增长。

（7）持续迭代

企业数据产品的能力大小还取决于是否建立了持续集成、持续发布、快速迭代的 DataOps 体系，以及是否拥有自下而上的分布式创新能力，能否不断发现新的用户需求，设计新的商业模式，并将这些想法通过数据创新平台实现。

第 9 章将详细介绍精益数据产品的开发过程和方法。

4.6 精益数据产品成熟度模型

度量一个企业是不是数字化企业的最直接方式就是查看其数字化业务的价值，也就是数据产品创造的价值在整个企业的收入和利润中的占比。精益数据方法定义了企业数据产品的成熟度模型，可以帮助企业自我评估，以及构建分析和利用数据产品的能力。

4.6.1 精益数据产品成熟度评估的 4 个维度

企业的精益数据产品成熟度可以从业务价值、数据利用、运营能力、迭代创新 4 个维度来度量。

（1）业务价值

是否直接创造客户价值是衡量精益数据产品成熟度的第一个指标。传统的数据产品大部分以辅助决策的方式出现，并不直接创造业务价值。精益数据产品成熟度模型把数据产品的业务价值分成两个阶段：第一个阶段是数据产品服务于企业内部管理，并不直接产生收入；第二个阶段是数据产品已经商业化，为企业带来经济效益。

（2）数据利用

产品对数据资产的利用程度是衡量精益数据产品成熟度的第二个指标。

精益数据产品成熟度模型对于数据利用的评估并不仅考量技术先进性，还着重考量利用效果。具体考查点如：产品是否利用了维度更丰富、多样、跨领域的数据；这些数据是否采用合适的技术进行了充分的融合、集成；数据的利用过程中是否出现浪费，以及利用方式是不是最优化和高效的；等等。

（3）运营能力

运营能力是衡量精益数据产品成熟度的第三个指标。具体从以下 3 个方面来评估。

- 数据在线能力：所有的产品是否都已经实时在线，企业能够全面、精确地掌握所有数据。
- 数据洞察能力：企业是否建立了与业务目标对齐的运营指标，能够快速监测产品的应用情况，并从中发现问题、风险，提出应对策略。
- 运营执行能力：在洞察的基础上，运营团队是否有快速的运营执行能力，可以通过内容、活动等运营动作来落实业务策略。

（4）迭代创新

企业是否建立了持续的产品创新能力，是衡量精益数据产品成熟度的第四个指标。精益数据产品的迭代创新能力评估主要包括两个部分：第一个部分是产品本身是否建立了创新能力，能够实时发现需求、痛点、机会，并快速构建，快速发布；第二个部分是企业是否建立了创新平台，从而能够规模化、体系化地发现并提出各种创新想法，通过机制来保障想法的识别和孵化。

4.6.2 精益数据产品成熟度的 5 个层次

精益数据方法将数据产品成熟度分成 5 个层次，分别是初级、基础、试点、局部和领先，如图 4-20 所示。

1. 初级

精益数据方法认为，只能辅助企业内部决策和管理而不能直接带来客户价值的数据洞见类产品应归于初级的数据产品能力，该层次数据产品能力具体的评价体系如表 4-2 所示。

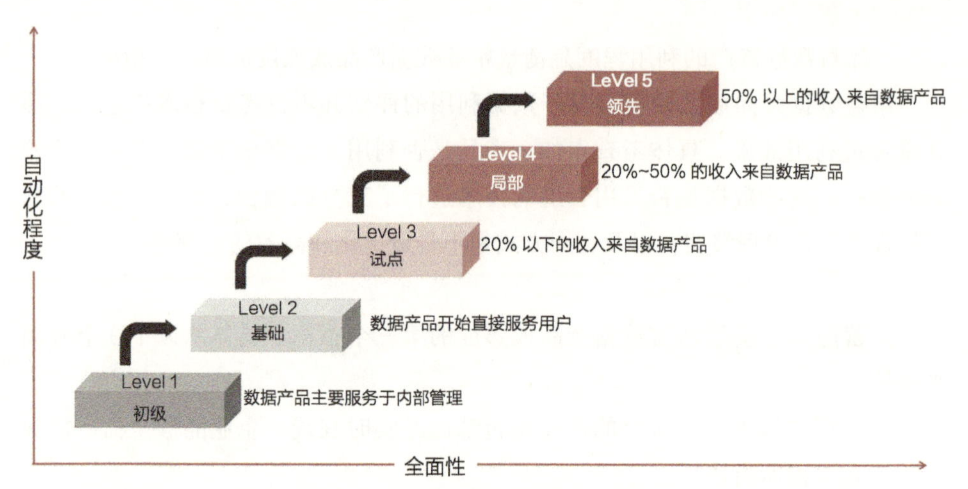

图 4-20 精益数据产品成熟度模型

表 4-2 初级的数据产品能力

维度	描述
业务价值	数据产品以报表等形式为主，为管理层提供业务洞察及分析
数据利用	以企业管理经营等内部数据为主，以统计分析、商业智能技术为主
运营能力	可以通过统计分析查看数据产品被使用的情况
迭代创新	按照项目模式管理实施，业务部门提需求，数据团队排期进行生产迭代

2. 基础

企业的数据产品开始直接服务于客户价值，但是并不能直接创造收入，对此，精益数据方法将之评价为基础的数据产品能力。具体的评价体系如表 4-3 所示。

表 4-3 基础的数据产品能力

维度	描述
业务价值	除了通过商业智能工具等形式辅助决策以外，还能以数据增强类产品的形式为客户提供服务，如帮助客户分析产品使用情况，给客户提供解决问题的建议等
数据利用	对客户相关数据进行多种方式的挖掘生产，形成数据产品和服务并直接提供给客户
运营能力	能够实时获取数据产品的运营情况
迭代创新	采用产品化管理方式而不是项目化管理方式，能够对产品运营的数据进行分析，决定产品的优化策略

3. 试点

企业的数据产品不仅间接服务于客户，还开始直接创造收入。在该层次，企业通过数据产品在一些试点领域和部分客户群体中进行收费，能够获得一定的收入，这部分收入应该占企业总收入的 20% 以下，具体评价体系如表 4-4 所示。

表 4-4 试点的数据产品能力

维 度	描 述
业务价值	数据产品带来的直接收入占企业总收入的 20% 以下
数据利用	能够整合企业内外部的数据为数据产品服务
运营能力	建立了一定的产品数据运营的能力，能够全面、实时地洞察用户的使用情况、市场情况，并能主动推送数据给用户
迭代创新	建立了 DataOps 体系，设定了标准化的数据产品运营指标，可以根据指标来实时度量和监测用户的使用情况，获得用户对于产品及服务的反馈，从而指导产品的优化迭代

4. 局部

数据产品直接带来的企业收入能够占企业总收入的 20%～50% 的时候，该企业就拥有了局部的数据产品能力，基本上已经建立起了从产品的创新设计到闭环迭代的全域能力体系。具体的评价体系如表 4-5 所示。

表 4-5 局部的数据产品能力

维 度	描 述
业务价值	数据产品带来的直接收入占企业总收入的 20%～50%
数据利用	大部分数据都以产品或服务的形式呈现，内外部用户能够方便地调用数据产品或服务
运营能力	建立了全面的数据运营能力，与用户形成了双向的数据沟通链路，能够主动发现运营中的问题
迭代创新	在 DataOps 基础上建立了一定的机器学习能力，可以通过自动化的方式来获得用户对数据产品的反馈和意见，从而快速进行产品迭代

5. 领先

当数字化企业 50% 以上的收入都来自数据产品时，它就拥有了行业领先的数据产品能力。具体的评价体系如表 4-6 所示。

表 4-6　领先的数据产品能力

维　度	描　述
业务价值	数据产品带来的直接收入超过企业总收入的 50%
数据利用	所有产品都能充分地利用数据能力
运营能力	建立了智能的数据产品运营能力，通过算法模型自动监测产品的运营情况，并且根据算法自动调整运营策略，从而达成最佳的业务效果
迭代创新	通过机器学习等技术实时监测所有产品的运营数据，及时预警问题，发现新的机会，更快地对产品功能进行迭代；建立了企业级的数据创新平台，持续地提出新想法、新需求、新模式，并有一套完善的机制来识别、孵化数据产品

4.7　案例：Netflix 的精益数据产品

《哈佛商业评论》2019 年 9 月 24 日发布了 10 年来全球最成功的 20 个商业变革案例。其中 Netflix 以全新业务收入增长率 44%、复合年增长率 59% 大幅领先第二名，排名榜首。这个榜单的企业都是从全球标准普尔 500 指数和福布斯全球 2000 强的公司中筛选出来的，代表着全球最优质的、规模最大的企业。

Netflix 成功的秘诀在于它将数据充分地用到了所有的业务和管理中，打造了一系列卓越的数据智能产品，通过这些数据智能产品全面驱动企业的经营。企业的经营工作主要可以分为数据驱动的用户洞察、内容生产和运营优化 3 个方面，支撑这些业务的数据智能产品的底座是 Netflix 原创打造的数据平台类产品，如图 4-21 所示。

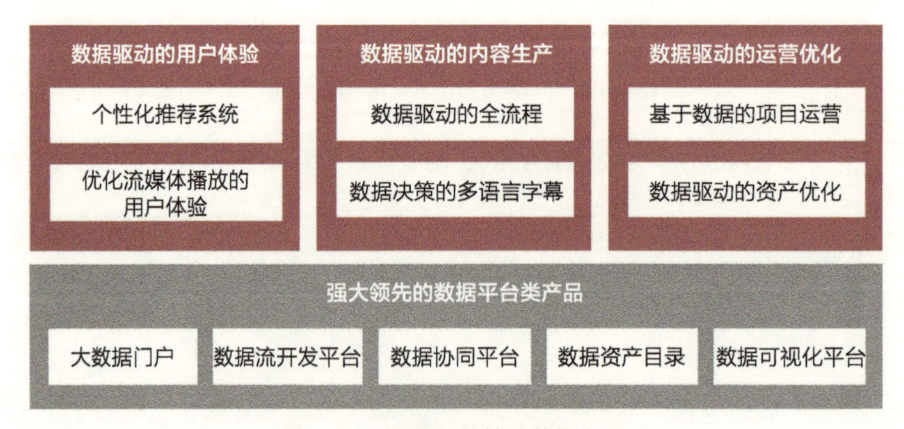

图 4-21　Netflix 的精益数据产品

4.7.1 数据驱动的用户体验

Netflix 完全靠用户订阅获得收入。从 2010 年到 2020 年，10 年间 Netflix 的用户订阅数从 2500 万到超过 2 亿，这样惊人的增长源于 Netflix 对用户的深度洞察。

1. 个性化推荐系统

2020 年 Netflix 已经在全球拥有 1.8 亿的用户，它的推荐系统也从原来最早的预测评级升级到排名、页面生成等提升用户体验、满足用户个性化需求的功能。对于 Netflix 来说，有 3 个最核心的指标：新用户订阅率、用户取消率、老用户重新订阅率。

围绕这 3 个核心指标，Netflix 制定了如下 5 种主要的推荐算法。

- Personalized Video Ranker，PVR（某类型影片）：推荐用户喜欢的影片类型。
- Top-N Video Ranker（最佳推荐）：推荐排名靠前的影片，和 PVR 的差别在于这种推荐算法不受类型的限制。
- Trending Now（现正热播）：依据当下热门话题，如圣诞节，推荐用户喜欢的影片类型。
- Continue Watching（请继续观赏）：推荐用户可能会想继续观看的影片。
- Video-Video Similarity（因为您观赏过）：推荐用户可能会想看的类似影片。

最终，页面生成系统根据以上 5 种算法，排序、设计并生成每个用户在不同时点、不同场景的个性化首页。

除了推荐算法，Netflix 还使用人工智能技术增强其产品。比如，根据用户历史点击的数据，Netflix 可以预测哪些电影或节目的配图最适合特定用户，以提高用户参与度等。

总而言之，用 Netflix 全球传播总监 Joris Evers 的话来说，“有 3300 万个不同版本的 Netflix”，这就是因为不同的用户在不同的时间、不同的地点，使用不同的设备，所看到的 Netflix 页面都是不一样的。

2. 优化流媒体播放的用户体验

在用户需求越来越多样化，网络环境和终端设备越来越复杂的条件下提高流媒体传输效率，提供优秀的用户体验，是 Netflix 这样的企业的核心竞争力之一。比如，用户在移动设备上的浏览、查看行为与在智能电视上不一样，因为 4G 网络并不稳定，硬件也有差异。面对这些不同的情况，流媒体运营商不能一刀切，而要动态调整，为会员提供持续高质量的体验，主要包括如下 3 个场景。

（1）个性化流媒体播放

Netflix 对网络质量的表征数据进行分析和训练，预测网络质量的情况，从而提前匹配个性化的流媒体传输方案，做到在不中断视频播放的同时调整视频质量，保证用户拥有流畅的收看体验。

（2）预测播放内容

Netflix 预测用户即将播放的内容，在用户点击播放之前就把部分内容缓存在设备上，从而使视频能够更快地启动。这个算法已经被广泛地应用，能够有效避免用户在点击链接以后忍耐比较长的视频加载时间。

（3）设备异常监测

Netflix 在全球超过一千种不同的设备上运行，包括笔记本电脑、平板电脑、智能手机、智能电视以及其他各种流媒体终端，并且每天还有新的设备不断进入这个生态，现有设备也经常更新，这些变化都给播放带来挑战。Netflix 利用统计建模和机器学习模型对不同设备的异常进行监测，提前发现并解决异常问题，或者提供配套的个性化播放方案，从而提升用户的收看体验。

4.7.2 数据驱动的内容生产

2013 年 2 月 1 日，《纸牌屋》系列剧集开始在 Netflix 上播出，两年后它在 27 万条评论中获得了 90% 的好评，成了影视历史上的一个里程碑。与此同时，《纸牌屋》的诞生代表了一个内容生产新时代的开始，那就是基于观众兴趣进行内容生产。

正如《纽约时报》所解释的，Netflix 通过对订阅用户数据的分析，了解大家都喜欢凯文 · 史派西的表演和大卫 · 芬奇的导演作品。根据这些信息，Netflix 投资了一亿美元制作了《纸牌屋》。在此之前，Netflix 一直都是发行方，并没有影视制作的经验。

1. 数据驱动的全流程

Netflix 不同于迪士尼，在内容制作方面的沉淀和资源比较少，所以 Netflix 充分利用数据洞察用户，从内容的策划，到潜力爆款内容的识别，再到开创性的互动式制作，全流程都是由数据驱动的。

Netflix 通过数千部电影和电视剧拥有 190 多个国家和地区的 1.95 亿会员，用户的口味广泛而多样，所以，如何最大化地给每个会员带来欢乐是内容制作者所追求的业务成功。Netflix 利用数据和机器学习技术帮助内容制作者去挑选内容，通过 A/B 测试来获取反馈，再根据反馈优化内容。

2. 数据决策的多语言字幕

Netflix 在内容的全生命周期中，在内容生产所有的环节中，都尽可能地利用数据去做决策。典型的场景就是，当一部影片要在全球发行的时候，无法一次性将所有语言的字幕都制作出来，那么多语言字幕制作的先后顺序就成了资源投入的决策点。

对于这么小的场景，可能别的公司就按照各个国家和地区的收入占比、用户数量，做一个总体的排序。但是 Netflix 有强大的数据支撑，就可以针对不同的影片做出快速的个性化测试，最终做出最接近用户行为习惯的决策。

4.7.3 数据驱动的运营优化

Netflix 将数据应用在内部的运营优化上，典型的场景包括基于数据的项目运营和数据驱动的资产优化。

1. 基于数据的项目运营

内容从生产到上线发行，周期非常长，往往会碰到各种问题。当上千个内容项目同步开展的时候，如何管理这么多项目的进度，及时地发现项目的风险，并解决这些问题，就成了项目管理的巨大痛点。

Netflix 将每一个内容项目的管理过程都利用数据建模形成动态变化的甘特图。工作人员结合敏感性分析，就能够实时地获取每个项目的进展，监控项目中不同计划的执行情况，从而在第一时间发现卡点，快速协调解决。

2. 数据驱动的资产优化

一部电视剧或者电影的制作是非常复杂的，涉及成百上千种资源的整合，而 Netflix 一年要制作上千部内容，如何从资产层面优化每一个内容项目的制作流程，做到成本最低、用户体验最好呢？ Netflix 在项目运营中将数据利用到了极致。

Netflix 构建了分层的成本模型，将所有的资产，包括摄影棚、演员、各种道具，都标准化成模型，然后根据内容项目的生产周期、拍摄地点的变化，进行数据层面的各种方案的模拟，从中识别最优配置的方案。

通过这种方式，Netflix 能够最大化地利用演员的时间，减少工作人员的差旅成本，减少设备的移动运输等，降低整体成本，提高制作效率。

4.7.4 强大领先的数据平台类产品

Netflix 的业务类数据产品层出不穷，并且快速迭代，这一切都来自 Netflix 自主研发的数据平台类产品，包括大数据门户、数据流开发平台、数据协同平台、数据资产目录和数据可视化平台，这些也是数据产品的一部分。

（1）大数据门户

Netflix 构建了全球统一的企业级大数据门户，整合所有的数据产品和服务。所有的数据用户都统一通过这个门户发布、访问、获取、加工数据和数据产品，从而实现统一标准，提高协同效率。

（2）数据流开发平台

Netflix 自主研发了以 Metaflow 为核心的数据流程开发、编排的平台，从而让数据工程师、数据科学家等能用标准的语言，灵活地实现各类数据产品和服务的开发、整合与集成。

（3）数据协同平台

数据产生价值的过程是一个团队协同的过程，需要众多角色的协作才能高效地将源数据转变为数据资产，再使其产生价值。Netflix 构建了统一的数据协同平台，让每一个角色都能方便、快捷地与其他角色合作，提高数据生产的效率。

（4）数据资产目录

Netflix 的数据资产目录集中、高效、标准化地管理了所有的数据资产，使数据用户可以按类别、标签、分工、价值、场景等多种维度进行数据的查询、获取和加工，保证数出同源，实现数据的可信、可靠、可管理。

（5）数据可视化平台

数据可视化是所有数据利用的基础，Netflix 为不同的数据用户提供了多种多样的可视化工具和技术，从而让数据的利用不再是技术人员的特权，提高了数据在企业内部产生价值的效率。

5

第 5 章 精益数据治理

彼得·德鲁克说过，在不确定的时代，最大的危险不是不确定本身，而是依然用过去的逻辑做事。

从 2006 年以主数据管理为核心的数据治理的概念被提出以来，数据治理的目的和主要工作是管理数据，让数据的质量更高、更安全。所以，过去的数据治理项目大部分都以文档、标准和规章制度为主要成果，而业务部门对数据治理的价值感知并不强烈。

到了数字化时代，数据从资源变成了生产要素。精益数据方法认为，数据治理要以让数据产生价值为目标，也要从繁重、依赖标准、一次性的传统治理方法，走向轻量级、主动式、智能化、运营模式的精益数据治理。围绕业务场景，利用数字化技术、工具和平台，梳理数据资产，解决数据问题，产生业务价值，是精益数据治理的核心。

精益数据治理的最终目标是，让数据治理的概念和工作内容融入数据生产过程中，让企业不需要刻意设置独立的数据治理岗位。

精益数据治理是精益数字化企业的重要能力，为数据中台提供生产数据产品所需的高质量数据。

5.1 认识精益数据治理

5.1.1 传统数据治理的 3 个现象

数据治理已经成为数字化转型领域的热门词，所有企业数字化转型必提数据治理。数据治理并不是一个新概念，早在 2005 年就被提出来了，发展至今已经建立了成熟的体系和方法。

但是，很多企业落地数据治理项目有 3 个普遍现象。

1. 业务价值不凸显

很多数据治理项目独立于业务应用之外，期待从上至下构建全面的企业级数据标准和规范，治理的颗粒度很细，包括所有数据的标准格式、字段类型等。企业希望毕其功于一役，让全员都能遵从这个统一的规则。从实际执行来看，这样的项目鲜有好的反馈，业务部门往往不能感觉到数据治理对业务的价值，只看到一系列标准让他们强制遵守。

2. 产出物难以落地

一般来说，数据治理项目会产出 4 个成果：数据标准规范、数据治理流程、数据管理组织机构和岗位、数据治理工具和平台。但是企业数据治理往往出现这种结果：规范、流程和岗位需求都停留在文档层面，没有被切实地执行下去；工具和平台最后也因业务紧迫、需求变化快等理由被束之高阁，没有得到有效利用，或者成了业务发展的瓶颈。

3. 治理成果不可持续

有些数据治理项目年年做。企业先治理完一批数据，完成项目验收，等到半年以后，又发现了新的问题，只好从头再来。数据治理项目的成果不可持续，是因为企业没有建立日常的数据治理机制，没有把治理动作和业务动作结合在一起。

5.1.2 传统数据治理的 4 个痛点

究其根本，上述传统数据治理的 3 个现象是由数据问题导致的，精益数据方法认为，数据问题的产生是贯穿整个数据价值链的，从数据生产、采集到数据利用，目前很多企业的数据治理项目并不能全面、系统地解决这些问题。总结一下，传统数据治理主要有如下4个痛点问题。如图5-1所示。

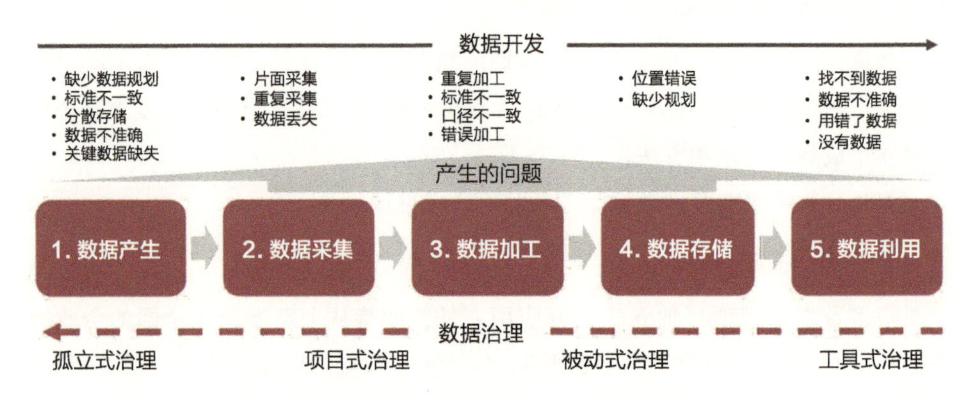

图5-1 传统数据治理的4个痛点

1. 孤立式治理

企业往往将数据治理作为独立的项目来执行，业务部门参与度不够，数据治理本身不与业务直接关联。这样的治理模式会带来以下问题。

1）难以获得真实的反馈。数据治理团队不深入到业务一线，无法获得最真实和本质的问题反馈，通过传统调研模式获得的不一定是最真实的声音，可能是应付的辞令。毕竟数据治理团队不与业务团队直接挂钩，那么各团队考虑问题的出发点是不一样的，目标也是不一致的。

2）形成的标准难以落地推广。产生数据质量问题的原因，不是企业没有数据标准，而是很多标准不被知道、不被理解，所以如果不能够让标准制定者与数据的生产者和消费者一起"战斗"，那么这些数据标准依然无法走出高阁，深入一线。

2. 项目式治理

大部分企业的数据治理都是以项目的方式来组织的，有明确范围，有时间周期，有验收节点。此类数据治理项目往往分为两类：一类是以构建企业级数据资产体系为目标的，另一类以解决某一个特定领域的数据问题为目标。前者产出的结果是一系列数据标准体系和岗位职责，后者输出的是一个被梳理好的数据集。

这样项目制的数据治理往往会治标不治本，效果不可持续。在项目推进过程中，由于进度的压力，所有人会朝着项目的验收目标前进，过程往往都是很顺利的，但是也会避开很多实际的问题。一旦完成项目验收，团队就解散了，后续的数据工作又回到原样。然后等过了一段时间，问题又不断产生和积累，企业往往需要再一次启动数据治理的项目。

3. 被动式治理

目前很多数据治理项目是被动式的治理模式，业务部门基本处于被动响应预测、被动干预、被动参与的情况，当数据问题影响了业务以后才能发现，再进行治理。数据是持续流动的，是不断产生的，数据治理工作如果不能从源头进行全链路拉通，则无法达到根治数据问题的效果。

4. 工具式治理

不少企业的数据治理逐渐将工具作为落地的手段，这是很好的趋势。但是只靠工具是无法解决根本问题的，工具必须配合以体系、流程、职责和评价，才能够更好地发挥作用。搭建系统不是目的，只是手段。不要认为有了系统，数据治理的问题就能够解决。

5.1.3　精益数据治理的定义和底层逻辑

1. 精益数据治理的定义

精益数据治理是将精益数据方法应用到企业数据治理过程中，以创造业务价值为目标，用最低的成本构建适合该组织、持续改进的数据治理体系。精益数据治理的 4 个底层逻辑如下。

（1）标准永远跟不上变化

企业的数据标准是很重要的，只有标准统一才能够产生更统一、可信的数据。但是精益数据方法在肯定数据标准的同时，认为从客观上来看，数据在速度上滞后于真实的市场，在维度上是业务的局部建模，所以企业无法预知未来，制定出一劳永逸的数据标准，如图 5-2 所示。

数据的源头是市场产生的业务需求。企业经过业务需求分析，梳理出重要的业务流程节点，开发成业务系统，最后沉淀数据。数据沉淀的速度是滞后于市场的变化的。数据描述了业务的重要流程和动作，但不是全部。比如用户在下单的过程中，与企业系统交互的动作是有限的，系统无法全面记录当时的市场情况、用户心情等，所以，最后沉淀的数据比真实的业务维度一定要少。

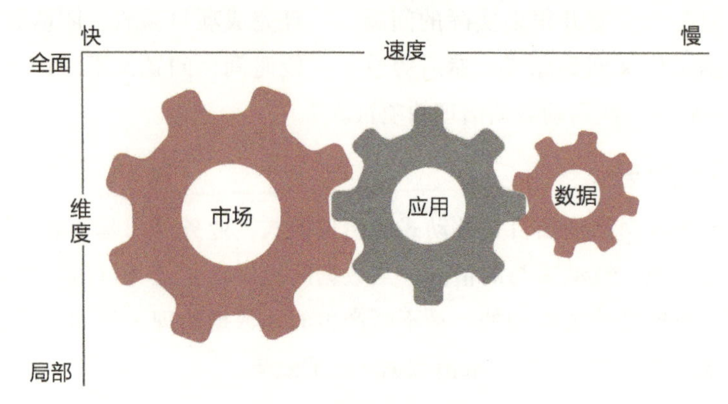

图 5-2 数据产生的现状

数据的滞后性和局部性是导致数据问题的根本原因之一，精益数据治理从客观上接受这两个现象，认为企业在建立标准规范的同时，应该尽可能地提高响应力，而不应该以建立全面、繁重的标准为目的。

（2）高效的协同共享是数据治理轻量化的基础

数据问题产生的本质原因之一就是数据没有实现全链路拉通，负责数据生产、数据采集、数据利用等环节的部门缺乏相互了解。企业看不到问题，就谈不上及时解决，等到数据问题积少成多，再进行集中的治理，其实已经错过了最佳的时机。举个例子，如果企业中数据消费部门能够看到数据生产部门的数据标准、数据情况，那么当不一致的数据出现的时候，各部门就能够及时沟通，消除问题。

精益数据治理强调数据资产的全局共享、协同、可视化，建议企业通过数据资产目录、数据门户这样的平台，让企业全员在统一的标准上生产和利用数据。

（3）充分利用数据智能技术提高数据治理效率

企业数据的产生速度迅猛提升，渠道及类型在爆发式地增加，每个企业都在面对一场数据复杂度的“战争”。信息化时代，企业产生的数据大部分都是企业内部的管理经营数据，其中一部分相对静态，描述业务实体，比如组织结构、会计科目、商品信息等，被称为主数据。当时数据治理的一个很重要的目的就是避免主数据编码不一致导致的问题，采用的方法是人工审核对主数据的增、删、改、查等操作。

但是，到了数字化时代，主数据的概念发生了本质的变化。原来相对静态的业务实体现在已经不再静态，另外又增加了很多在业务中会被频繁使用的数据，比如用户画像信息、用户标签信息。对比于原来的主数据，现在企业主数据的数量和类型增加了很多。如果还用传统人工的方式去管理，一来会形成业务的阻力，比如过去增加一个商品主数据是需要走人工审批流程的，业务人员往往需要向多个关联部门发出申请，等待一天以上的时间才能够完成该流程，之后才能够对这个商品进行操作，使整体效率下降；二来，人工管理容易出错，效率低，面对频繁使用的海量的数据，人工是不可能完全满足业务需要的。

基于上述情况，企业充分利用人工智能技术，以元数据为核心来做数据治理，是确定性的趋势。

（4）数据治理嵌入数据生产过程

精益数据方法认为，数据伴随业务动作的产生，业务在发展变化，数据也是动态变化的，所以数据治理不应该脱离业务存在，应该将数据治理的流程、动作、标准嵌入数据生产的全链路，精益数据方法称之为 BDGI（Build Data Governance In）式治理。否则，试图利用静态的标准来管理动态的数据，就是刻舟求剑。

2. 对比精益数据治理与传统数据治理

精益数据治理是在传统数据治理体系之上，以业务价值为核心，强调数据的协同与共享的轻量级、嵌入式治理模式。精益数据治理基于传统数据治理的框架和模式产生，但是又与之有所不同。

传统数据治理体系的典型实施框架如图 5-3 所示。

传统数据治理体系的实施有以下几个特点。

1）以建立企业级数据标准为目标。传统数据治理体系的过程相对独立，试图从顶层抽象和掌握所有业务系统的数据需求，然后在此基础上进行深度分解，制定细致的数据规划和标准，其出发点和基本逻辑是建立企业级数据标准。

2）以文档和标准为主要交付物。传统数据治理体系独立于业务场景，试图抽象和总结出可复用的数据标准，并指导企业所有业务。

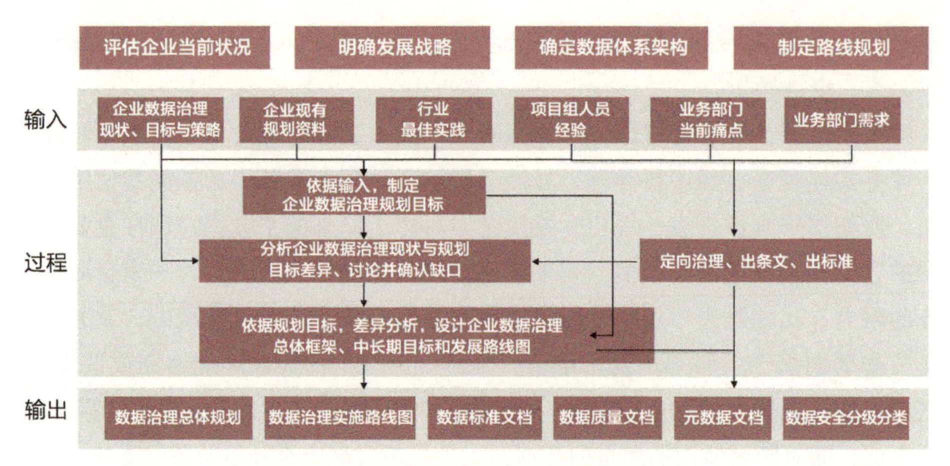

图 5-3 传统数据治理体系典型实施框架

这样的模式在企业业务相对静态的时期是可行的、必要的。但是在一些业务变化比较快的企业，以及与市场和用户联系比较紧密的业务领域中，这种模式会造成很大的浪费。因为脱离业务场景而制定的标准最后不一定能够落地，反而会降低业务部门响应市场的速度，造成实际业务经营和数据生产“两张皮”。

精益数据治理的实施框架如图 5-4 所示。

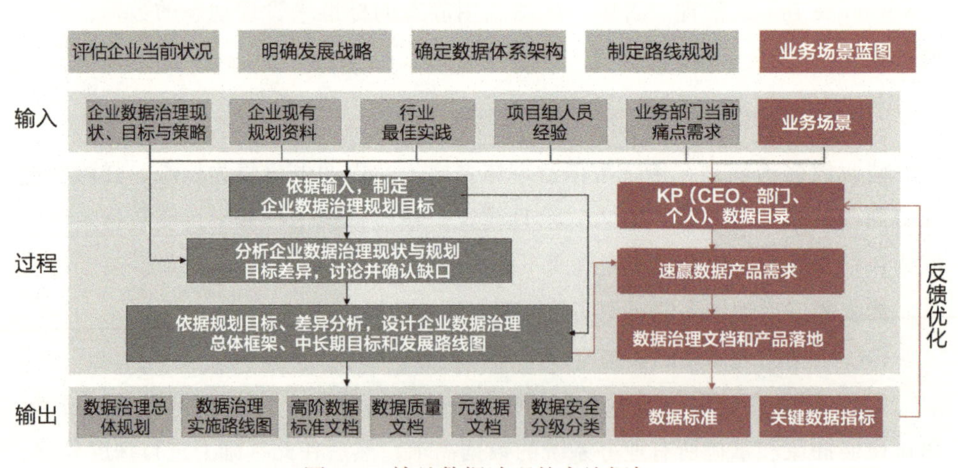

图 5-4 精益数据治理的实施框架

精益数据治理的实施框架在传统数据治理的基础上多了一个垂直的业务场景实施部分。数据治理团队在数据治理前期设计的时候，要规划出业务场景蓝图，识别企业所有有价值的、需要利用数据的业务场景，然后挑选其中典型的、优先级较高的场景实施落地。与此同时，数据治理团队与业务团队紧密协同，将制定的数据标准规范、指标体系在业务应用落地过程中推行和实践，从而发现具体的问题，可以反过来优化和修正数据规范和标准。

精益数据治理强调全面思考、场景切入、优化迭代，这样可以在最大程度上减少浪费。并且，由于治理的过程与业务应用建设紧密协作，业务部门也能够感受到数据治理工作显性的价值，不再是“要我做数据治理”，而是“因为业务需要，我要做数据治理”；不再是“被动遵循你的标准”，而是“一起制定标准”。

精益数据治理体系的实施方式在传统数据治理体系上做了两点调整，如图 5-5 所示。

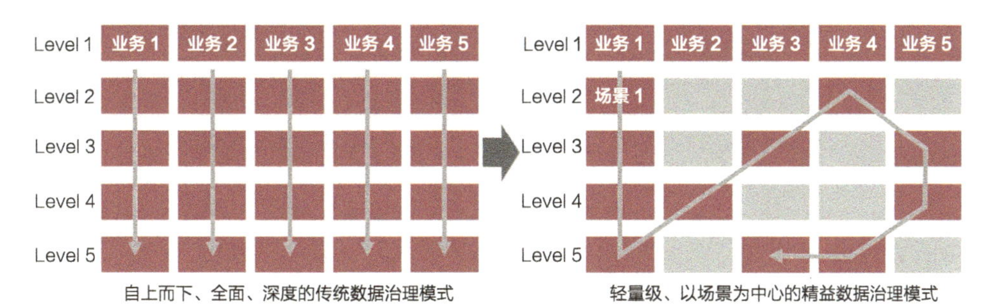

图 5-5　传统数据治理模式和精益数据治理模式

传统数据治理模式从上往下全面梳理相关的数据资产，然后进行深度的、统一的标准制定，如图 5-5 左边所示。但是此时其实有部分数据并没有找到对应的业务场景去落地，所以这样的标准有可能并不适用于真实场景或者不能满足业务的需求。

精益数据治理模式如图 5-5 右边所示，识别关键业务场景，分析业务场景所需要的数据之间的关联，围绕业务价值梳理和制定具体的数据标准，从而让每一个数据标准都能够快速地被应用和落地。这样就能够快速发现数据治理过程中的问题，及时调整治理策略。

这两种模式的共同点是它们都会在一开始对企业的数据做全面的规划和扫描，但是区别在于：传统模式会直接进行整体、多级、细颗粒度的数据标准制定，把企业所有的数据都梳理清楚，制定出指标，整个过程与业务场景的应用建设是脱离的；精益数据治理模式建议在全面的规划和扫描后，挑选典型的、高优先级的业务场景落地，并根据这些场景的应用建设来细化数据标准和指标，结合应用建设一起落地，以便获得来自业务一线的反馈。

5.1.4 精益数据治理的6个新范式

精益数据治理强调场景化、轻量化、智能化的治理方式，通过主动式、运营式和迭代式的治理模式，实现价值显性化的治理效果，如图5-6所示。

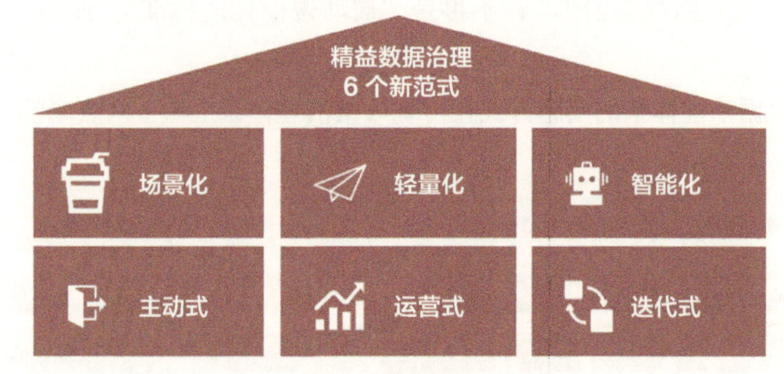

图5-6 精益数据治理6个新范式

1. 场景化

场景化的精益数据治理能够解决传统数据治理与业务脱节的问题。精益数据治理在制定企业级数据标准规范的同时选择特定的价值场景，在具象、真实的业务中把制定的标准和规范应用起来，第一时间获得反馈，验证标准和规范是否可行，明确有哪些优化点。这个过程与业务部门协作，能切实地体现出数据治理对于业务的价值。

2. 轻量化

传统的数据治理方法比较繁重，周期较长。精益数据治理强调轻量化，对于那些在短期内不会被用到的业务数据，尽量简化其治理工作，尽可能地考虑到变化。

轻量级指的是在不确定的情况下，不对规范和标准做特别细致的过度设计，也不去对短期内用不到的数据制定标准和规范。轻量化的数据治理的本质是将数据治理工作从阶段性的项目模式变成持续的运营模式。

3. 智能化

现在企业的数据源多样化、数据架构复杂化、业务变化快。在这种情况下，传统的人工梳理数据结构、清理数据的方式，工作量庞大并且很容易出错。

精益数据治理认为，要以元数据为抓手，充分发挥数据智能技术，利用知识图谱、流数据处理、机器学习等技术来掌握数据的规律、规则，实现智能化数据治理，比如提供智能化元数据服务、制定智能化数据标准等，让数据来管理数据。

4. 主动式

传统的数据治理的本质是从问题中寻找解决方案，是被动式治理。而精益数据治理强调主动治理，有整体规划，是覆盖数据全生命周期、全链路的持续性治理。

精益数据治理的主动性主要体现在以下几个方面。

1）主动规划。企业缺少数据资产蓝图，无法在数据产生前就做好顶层设计，是很多数据问题的根源。精益数据治理将企业的业务映射成数据资产蓝图，并在规划业务系统的时候，就根据数据资产蓝图将数据规划提前做好。

2）主动监测。精益数据治理将数据的业务规则、标准、稽核关系数字化，利用数字化技术，如流式计算，在数据的生产、加工、传递和利用过程中主动监测数据的变化，发现问题实时预警。它将原来事后才能发现数据导致的业务问题这一过程改变为事前主动监测问题。

3）主动修正。部分数据格式、数据正确性方面的错误是可以通过后台扫描、数据交叉比对等技术手段实现主动修正的。

总的来说，主动式治理的目的是提前发现问题并解决问题，避免数据问题阻碍业务的进行。

5. 运营式

精益数据治理指导企业从孤立的项目式治理走向持续的、协同的、日常的运营式治理。想要实现数据治理运营化，企业需要准备好以下 4 个核心要素。

1）组织。企业要建立起日常化的数据治理的组织部门，这个部门的职责不仅是制定标准和规范，还要像运营电商平台一样来围绕价值去运营数据。

2）流程。企业需要在组织的基础上，设置数据治理的标准化流程（SOP），让所有人按照流程来执行，才能保证数据治理的有序性、一致性，才能保证治理的结果达成预期。

3）标准。要制定4个方面的标准——业务标准、技术标准、安全标准、数据资产管理标准，让所有数据的生产者和消费者都能够在统一的体系下工作。

4）平台。要建立统一的服务于数据治理的数据资产管理平台，利用数字化技术来让流程、标准都在线化、自动化，才能提高治理效率，降低治理的错误率。

6. 迭代式

数据是业务的数字化存在形式，业务随着市场和用户的需求变化而快速变化，所以数据也是动态的、变化的、不确定的。在这种情况下，组织结构、业务流程、绩效体系、核心产品都需要具备快速变化的能力，这本质上与传统数据治理的实现数据标准化、数据质量管理的做法是冲突的。

在数字化时代，企业的数据治理需要建立快速迭代的能力，能够在业务快速变化的时候依然保证准确性、一致性和标准化。传统的数据治理一次性定义清楚企业所有数据的标准，乃至规划出最终存储字段的长短、使用的场景，投入巨大，但是收效其实甚微。因为过于超前的标准的制定是跟不上业务的变化的。

精益数据治理提倡轻规划、全面覆盖。首先做到方向大概正确，然后结合业务场景进行深度的标准定制，再对治理策略逐步完善、快速调整。这是由场景牵引的迭代式数据治理方式。

5.1.5 数据问题的根源是7种浪费

数据治理的一项核心工作就是解决数据质量和不满足企业利用需求的问题。解决问题要从问题的本质出发。企业的数据问题都可以对应到精益思想所提出的7种浪费现象，如图5-7所示。

1. 过度生产

在传统制造过程中，过度生产是指超出必要数量的生产和提前生产。比如，用户要100件商品，而工厂生产了120件；或者用户在1个月以后需要这批产品，但是工厂在10天后就生产出来了。过度生产将造成提早消耗原材料、浪费人力与设施、占用资金、占用场地、增加搬送负担、增加管理费用等问题。过度生产不仅本身造成浪费，还掩盖了其他浪费现象，将生产现场中可供改善的线索隐藏了起来。

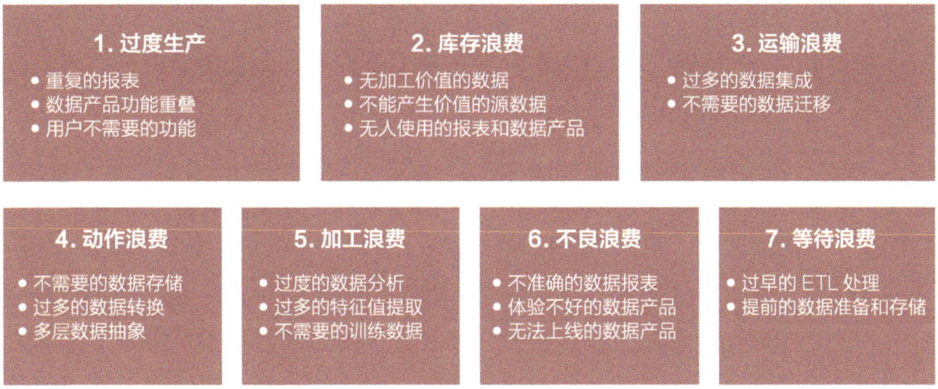

1. 过度生产
- 重复的报表
- 数据产品功能重叠
- 用户不需要的功能

2. 库存浪费
- 无加工价值的数据
- 不能产生价值的源数据
- 无人使用的报表和数据产品

3. 运输浪费
- 过多的数据集成
- 不需要的数据迁移

4. 动作浪费
- 不需要的数据存储
- 过多的数据转换
- 多层数据抽象

5. 加工浪费
- 过度的数据分析
- 过多的特征值提取
- 不需要的训练数据

6. 不良浪费
- 不准确的数据报表
- 体验不好的数据产品
- 无法上线的数据产品

7. 等待浪费
- 过早的 ETL 处理
- 提前的数据准备和存储

图 5-7　数据的 7 种浪费现象

很多时候，我们潜意识认为，多做、多生产能提高效率，提早做能减少产能损失，但是忽视了如下这些过度生产带来的问题。

1）工厂提早用掉了材料费、人工费，但是生产的产品没有确定的用户订单，导致生产并没有立刻产生价值。

2）过度生产使工厂、设备、工人都处于忙碌状态，把“等待浪费”隐藏起来，很容易使管理人员漠视等待的发生和存在，当真正的需求来临的时候却不能及时响应并投入资源。

3）过度生产的产品占据了生产线，造成了生产资源的浪费，不知不觉中吞噬企业的利润。

4）生产的产品短时间内销售不出去，从而产生搬运、存储成本，先进先出变得困难。

当我们把过度生产的浪费对应到数据生产领域的时候，我们会得到两个关键的发现：宏观生产过少和微观过度生产。

宏观生产过少是指，从宏观上看，企业的数据生产往往不是过度生产，恰恰是生产过少。我们经常会发现，当决策层或业务部门需要一个新的数据报表的时候，现有的数据模型里没有对应的数据。在这种情况下，我们就需要重新分析、设计这个数据模型，再去寻找源系统，从那里抽取数据。这种现象在很多数据开发过程中很普遍，不是过度生产，而是我们的数据模型没有全面覆盖企业的业务，导致在业务有需求的时候需要临时修改模型。

这个问题的根源就是企业没有梳理出数据资产蓝图，而基于企业应用架构现状来做数据架构，以及建设数据模型。企业的业务系统一定是持续建设的，而企业的数据资产蓝图是相对清晰和确定的。企业要面向未来做数据模型的设计，而不是基于现状。

与之相反的是微观过度生产，即系统人员做业务系统设计的时候往往会过度生产企业数据。在很多时候，由于开发任务紧急，开发人员往往会自己设计和创建一个数据结构，把应用数据存储起来。这对于复杂的企业数据架构来说，几乎是一场灾难，导致数据持久化层充斥着各种私搭乱建。从应用场景的角度看，一个实体数据被存储了很多份，而场景是无穷尽的。除了那些跟业务场景紧密相关的个性化数据外，一些公用的数据字段也被存储了很多次。这导致数据冗余，并且修改、更新、维护困难，在最后进行数据分析利用的时候，也会带来数据不同源、口径不一致的问题。

所以，过度生产是数据开发生产领域的一大问题，这个问题的根本应对思路就是做好顶层设计，将数据存储、更新、处理和利用与业务应用的开发流程尽可能地分开，形成松耦合，将那些过程表、过程处理的数据存储与最后的结果数据分层处理。

2. 库存浪费

精益生产认为过量生产和库存过剩是最大的浪费，过量生产最终也体现在库存过剩上。原材料、零部件、半成品、成品的库存是不产生任何附加价值的，只能增加营运成本。比如，库存物品占用空间，需要人员进行管理；库存物品的品质会逐渐变坏；随着市场的变化，库存物品有成为废品的风险。

库存过剩不仅造成浪费，还一样掩盖了生产中存在的问题和其他浪费现象。比如，当库存量很高的时候，等待材料、品质问题、计划有误、生产切换时间长、生产效率低下、设备故障、员工缺勤、供应商过失等问题往往是不为人所注意的；当库存量降低，需要更高效生产时，这些问题就暴露出来了。

精益生产认为，库存过剩会导致各种问题。所有改善行动皆与直接或间接地减少库存有关。库存过剩引发的浪费及其他常见问题如下。

- 产生不必要的搬运、堆积、防护、找寻等浪费。
- 使先进先出的作业模式变得困难。
- 损失管理费用。
- 物品的价值会降低，变成滞销品。

- 占用厂房空间，造成工厂、仓库建设的浪费。
- 使管理层对设备及人员能力产生误判。
- 使管理层没有管理的紧张感，阻碍管理上的改进。
- 库存量一多，机械故障、不合格产品等问题所带来的不利后果不能马上显现出来，因而管理层也不会有对策。

在企业数据管理和生产的过程中也有同样的问题。很多信息化建设起步比较早的企业，存在一个相对普遍的现象，那就是各个部门开发了众多的报表，并且还在持续不断地开发，但是这些报表中被频繁使用的很少。笔者在一个企业做数据资产盘点的时候，发现这个企业有上千张报表、几百个视图，其中真正被经常使用的只有不到 20%，大部分报表和视图在数据库里沉睡，但是谁也不敢动，因为不知道这是为谁开发的，什么时候开发的，这些报表之间是什么关系。当业务部门有新的需求的时候，由于不确定以前的报表是否能够满足这个需求，很少有数据团队会在以前的报表上修改，大部分情况下会基于数据模型开发一个新的报表。如此一来，报表越来越多，每一个报表都对应一个特定的业务和一个特定的需求。但是业务对于数据的需求很多时候是有时效性的，往往用了一个报表一段时间，又有新的需求，于是就再也不用该报表了，这个报表就“沉默”在数据的库存中。

一个报表在后台对应一系列的生产动作，比如数据处理链的定期抽取、更新等。报表持续消耗着企业的计算、存储及网络资源，不常用报表产生的浪费是非常大的。

在数据生产的浪费中，库存的浪费是最普遍、最严重的现象。大量不恰当地采集抽取却从未被使用的源数据沉睡在数据库里。而且这类浪费是很难被识别的，因为没有被使用，所以问题没有被暴露，这样的情况会带来更多的浪费。

精益生产者认为库存会隐藏问题，而问题在精益生产者看来是宝藏，问题如果能不断地被发现、解决，则收益便会不断地产生。数据生产也是这样，企业要及时地发现数据的问题，而不能掩盖问题。

3. 运输浪费

（1）传统生产过程中的运输浪费

在传统生产流程中，如果在相距较远的两点间对物品（成品、半成品、辅料、包材等）进行搬运、放置、堆积、移动、整列等，而造成资源（人、机、场地、能源、时间等）的浪费，我们将其统称为搬运浪费，或者运输浪费。

在产品生产过程中，不可能所有的工序都在同一地点、时间内完成。其间的搬运是不可避免的。但是，搬运是无价值的，客户是不付费的，所以传统企业都在努力减少搬运带来的浪费。运输浪费会给生产带来直接浪费和潜在影响。

过多搬运直接增加了所需人力和设备，带来资源的浪费；搬运导致的运输、堆积、整理等需要工具、设备及额外的设施、空间，这些额外投入都增加了企业的成本；搬运使物品存在损坏、碰撞及丢失的可能，增加了产品质量的风险。

搬运需要时间和资源，必然会使得生产效率下降；搬运减慢了产品流转的速度，延长了交付时间，也间接增加了在制品和库存的数量；过多搬运和出入库，增加了生产的复杂度，可能导致不正确的货物存放，最后会增加存货盘点等工作量。

（2）数据生产中的运输浪费

对应到数据开发和生产领域，运输就是将数据从一个存储空间传递到另外一个存储空间的过程。

比如，从多个源系统中抽取数据到数据仓库，在数据仓库内部对数据进行整合，在处理过程中建立临时存储表，从数据仓库将商业智能展示需要的数据运输到前端系统等。

看上去这只是数据传输的消耗，似乎远没有实体世界里的运输那么低效、成本那么高，但是过多的数据传输依然会占据网络带宽、额外的存储空间和计算资源。同时，这个过程依然会产生及存储很多中间的数据版本，这也是一种库存浪费，会导致数据口径不一致、不同源的问题。

4. 动作浪费

在传统制造中，动作浪费主要是指工人不规范的生产动作。传统工厂把动作浪费细分为两手空闲、单手空闲、不连贯停顿等 12 种类型。当识别出这些动作后，管理层就能够对现有的工序、工艺和生产设备进行优化，从而避免这些工厂的无必要的生产动作，提升效率，提升工厂的工作体验。

对应到数据生产加工领域，这里的动作指的是工作人员在数据加工处理过程中的一些编码习惯、建模方法，以及不当的工具使用等。常见的数据生产的动作浪费包括临时的数据存储、过多的数据转换、过多的数据建模、多层数据抽象等。

5. 加工浪费

加工浪费就是生产流程中存在一些与工程进度和加工精度无关的非必要的

加工操作，有一些工序可以被省略、替代、重组或者合并。

例如，对于空调生产线的热交换器组装流程，原来是先由一名员工把处理过的热交换器装箱后，用手推车运送到对应设备旁，再由另一个员工操作设备并处理热交换器，最后由第三名员工把处理过的热交换器搬运到另一条运输线上。后来，他们把一条传送带延伸到设备旁，并且把设备迁移到最后的运输线旁，只需一名员工将热交换器装箱搬运到传送带上，再到设备所在处进行操作，即可完成流程。通过对工序进行合并重组，原来的 3 名操作员工可以减少为 1 名。这就是一个利用精益的方法去发现、分析和解决加工浪费的典型案例。

在数据的生产过程中，也有加工浪费的情况出现，如过度的封装、多次建模、没有必要的格式转换、数据管道的重复建设等。

6. 不良浪费

任何的不良品产生皆会造成材料、机器、人工等方面的浪费，及早发现不良品，更容易确定不良来源，进而减少不良品的产生。不良浪费在传统制造的概念中就是产品不合格，是显性浪费。

但是，在数据生产过程中，不良浪费是非显性浪费，非常难被发现。比如，没有对数据字段的格式做验证，导致数据库中有脏数据，但是在业务系统中是感知不到这些脏数据的，一旦这些数据被抽取到数据仓库，与别的数据进行综合加工，就会出现问题，比如结果不一致、统计不准确等。对这种问题，如果不进行全链路的追踪，是很难发现的。

数据加工中的不良浪费可以归纳为以下两种。

- 开发的数据产品并不能够满足用户的需求，用户并不使用，比如很多无用的报表沉默在数据仓库之中。
- 取数逻辑或者数据源不对，导致最后的数据口径不对，无法使用。

7. 等待浪费

在传统生产领域，等待浪费包括如下几种。

- 生产线的品种切换导致的生产暂停和物料等待。
- 工作量少时，工作人员便无所事事，导致资产闲置，不产生价值。
- 时常缺少生产资料，导致设备闲置。
- 上游工序延误或生产暂停，导致下游无事可做。

- 设备发生故障，导致生产线停产等待。
- 生产线工序不平衡，生产速度不均衡，导致生产速度快的生产线的等待速度慢的，劳逸不均。
- 相关通知或设计图未送达生产线，导致生产线暂停。

以上浪费现象同样很清晰地出现在数据生产的过程中，主要体现在两个方面。

1）提前进行数据准备和存储。在数据仓库为主的时代，由于算力有限，为了能够实现更快建模、计算、分析，数据团队一般采用空间换时间的方式，将源数据复制到多个分析系统作为副本，存放在本地进行计算，提升效率。而源数据复制副本的过程会造成一定的等待，并且容易因为多个数据源导致数据不一致等问题。到了云计算和大数据技术充分发展的今天，算力理论上是可以无限提高的，为了追求更高的效率和更准确的数据，要减少数据副本数量，做到数据同源，降低数据生产复杂度，同时提升数据一致性。

2）过早的 ETL 处理。协同不畅导致部分团队处于等待状态。比如，批量任务启动前，为了避免产生脏数据，必须要等待前置的 ETL 任务完成，因此不要过早执行 ETL 处理链，以免造成等待浪费。

5.2 精益数据治理的实施方法

5.2.1 精益数据治理的 8 项指导原则

精益数据治理有 8 项核心的指导原则，如图 5-8 所示。

图 5-8 精益数据治理的 8 项指导原则

1. 以业务价值为目标

以业务价值为目标而不以数据质量为目标，是精益数据治理的第一项原则。

企业要理解和接受数据质量问题在企业数字化转型的进程中是客观存在的问题，提升数据质量只是手段，而不是最终的目的。一切的数据治理动作都是为了让数据最大化地创造业务价值，所有不能创造价值的数据治理动作本身就是浪费的一种。

所以，企业在进行数据治理之前要对齐并理解企业的业务战略和业务目标，这些业务战略和目标会在精益数据治理过程中指导和牵引所有的动作，使其回到业务价值本身。比如，企业在面对数据问题的时候，要思考这些数据问题会给业务带来什么影响，以及解决了这些问题会给业务带来什么价值，而不是为了治理而治理。

2. 从数据资产蓝图开始

精益数据治理强调围绕企业的核心业务价值梳理全域数据概念和模型，也就是设计企业数据资产蓝图。

现在企业的数据治理都是从已经产生并且存储好的数据开始，但这只能解决局部的问题，只能解决现在的问题，无法解决全局和未来的问题。

在数据资产蓝图中，不是企业现有的、已经存储在业务系统里的数据全集，而是企业业务在数字化世界的投影，是逻辑数据模型。即使一个企业还没有建设任何业务系统，但是根据其业务模式和生产流程，就能够梳理出企业会产生哪些数据，会消费哪些数据，能够根据这些逻辑数据模型勾勒出企业的数据资产蓝图。有了这个数据资产蓝图，就有了一个企业数据的整体架构，再围绕这个架构去按需建设业务系统，采集数据。因为前面有了蓝图，所以后面实施时数据之间的关系也会比较清楚，就能够有规划地从源头减少数据孤岛、数据不一致和浪费的问题。

3. 数据治理与业务充分融合

传统以主数据为核心的数据治理是一个独立的项目，数据治理团队与业务团队是相互独立的，并且两边的考核标准也不一样。在这种情况下，数据治理团队是围绕数据质量来工作的，目的是制定一个大而全的企业级数据标准，梳理一系列的企业数据规范，然后将这些规范作为制度要求所有业务团队、产品团队服从。

但是实际的情况是：第一，随着业务的发展、系统的不断建设，数据本身在发生变化，而标准的制定永远是滞后于这些变化的，所以往往这种独立的数据治理项目的产出大部分无法落地到实际应用中；第二，业务团队的目标是产生业务价值，自身的考核体系并不包含数据的质量部分，所以当业务价值和数据标准出现冲突的时候，往往会在数据标准上妥协，最后数据治理的成果流于形式，治理工作无疾而终。

精益数据治理体系认为，数据治理要与业务充分融合，两边团队要对齐目标，协同工作，以数据产生价值、服务于业务为核心，使标准与实践同步完善，只有这样才能够让数据治理的成果被业务团队所接受，让业务团队感受到价值，也只有这样才能够让数据治理切实、持续地进行下去。

4. 充分地共享协同

精益数据方法认为，企业产生数据问题的根源之一就是企业数据没有充分地共享和协同。数据生产方和消费方缺少共同的目标，缺少协同，数据资产没有可视化，没有被全员看到和了解，所以形成了分散开发、分散采集、分散生产、分散利用的数据孤岛。例如，财务部门在构建自己的数据体系的时候，并不会把过程对业务部门开放，所以当财务部门理解的业务规则、数据口径与实际情况有出入的时候，对应的业务部门并不会第一时间发现，也就带来了数据的问题。但是如果这个过程是协同的，各部门使用的都是同一套数据，财务的数据标准、数据计算规则能够共享给其他部门看到，那么就可以在早期发现问题并解决问题。

精益数据治理强调在安全的基础上充分地共享协同。只有统一入口，统一生产工具，统一数据标准，所有的人在统一的数据平台上工作，才能最大限度地减少数据问题，并且在数据问题出现的第一时间发现并协作解决问题。

5. 典型场景反馈优化

数据是业务在数字化世界的呈现形式，而业务本身是千变万化的，用户的需求是纷繁复杂的，数据的标准是否可行也要遵循“实践是最佳的检验工具”原则。

数据治理的标准必须要在应用场景中获得应用和验证，才能够获得真实、有价值的反馈，从而进行优化。例如，用户主数据的联系信息需要放哪些字段，各字段的格式和长度是怎样的，业务部门一定要将这些标准在具体应用场景中实践一遍，才能够切实地将用户需求与数据标准联系起来。例如，在定义用户联系方式的时候，为了避免无效手机号码的出现，数据部门定义了 139 和 186 等手机号号段，但是等到真正建设项目的时候才发现，运营商已经推出了众多其他的号段，这个时候就需要回去调整手机号的数据标准。

精益数据体系认为，每一个数据治理的规则在发布推广前，都必须在典型的业务场景中进行应用测试，这个过程一定能够获得有价值的反馈，再根据反馈进行优化。

6. 嵌入式数据治理

数据治理不是一个人的工作，也不是某一个数据治理项目组的工作，而是所有数据工作者的共同职责。所以数据治理要提供开放的、便捷的信息搜集、反馈、协同的工具，让每一个数据工作者在工作中一旦发现数据的问题，都能够及时反馈，提出数据的问题，从而对数据进行完善和修正。

要让数据治理成为数据生产和利用的工作的一部分，原来数据分析师发现数据可能有问题的时候，一般就会停止工作并且创建一个数据副本，在这个数据副本上工作，完成数据分析。但是在这种情况下，原来的数据的问题依然存在。

精益数据体系倡导所有的数据工作者都有意识、有工具、有手段，能发现并修正企业数据的问题，从而形成全员数据治理的格局。

7. 将标准和规范融入开发过程

数据的源头是应用系统的开发过程，程序员选择的数据的设计、加工和存储的方式、手段，直接决定了数据是不是唯一的，是不是准确的，是不是有效的。

精益数据体系倡导企业将数据治理的协作、沟通和标准制定追溯到数据源头，由数据治理团队和企业的技术架构、开发管理团队一起制定符合数据标准的开发规约，包括如何获取数据、如何加工数据、如何存储数据、如何命名数据、如何设计数据库等，只有这样才可能从源头来落实数据治理的标准体系。

8. 采用数据智能技术

十几年前，主数据管理平台流行一时，那时候为了严格保证核心主数据迭代一致，当业务系统需要创建一个新的物料编码的时候，业务人员需要通过接口或者手工进入主数据管理平台来创建主数据。在这个时期，主数据管理的流程一度成为业务的瓶颈，有时候会出现线下货物已经到了仓库门口，但是线上主数据未更新而无法操作的情况。

从主数据管理到数据治理，最大的变化就是数据管理的范围极度扩大，从原来有限的静态主数据扩展到不断增加的业务数据。在这种情况下，传统的以流程为核心、人工审核的治理模式是无法满足需求的。精益数据体系倡导企业采用数据智能技术来进行数据治理的具体工作，从而实现智能化治理。

5.2.2 精益数据治理画布

精益数据方法设计了精益数据治理画布，以业务价值和业务场景为出发点，结合数据规范和标准体系，以用促治，从根源上解决数据质量的问题，如图5-9所示。

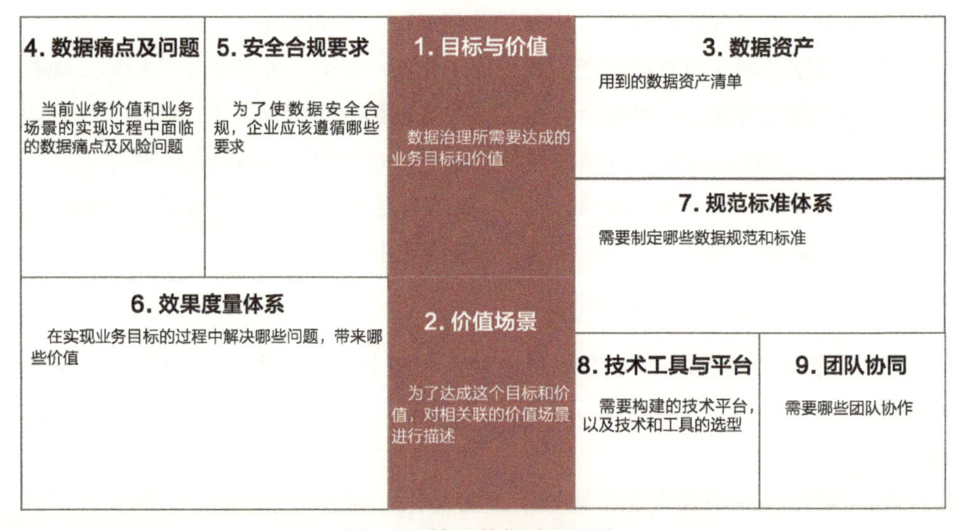

图5-9 精益数据治理画布

精益数据治理画布适用于以产生业务价值为目的，对相关的数据进行治理的场景。精益数据治理画布包括9个要素。

1. 目标与价值

精益数据治理不以制定数据标准为目标，而以创造业务价值为最终目标。

所以，精益数据治理方法不期待企业一次性创造全面细致的规划，解决所有数据问题。以终为始，精益数据治理要首先确定需要达成的业务目标和业务价值。

2. 价值场景

精益数据治理的特点就是结合具体的业务场景制定数据标准、规范和体系。所以在数据治理项目启动的时候就要识别出达成业务目标与业务价值所需的价值场景清单。这些价值场景清单一方面明确了最终建设的业务系统、数据产品的业务需求，另一方面能够在数据资产蓝图中定位需要的数据，更准确地确定数据治理的范围，避免过度治理带来的浪费。

3. 数据资产

根据目标与价值，结合价值场景，在精益数据战略所梳理出的数据资产蓝图的基础上，识别出相关的数据资产。将数据资产清单罗列到这个画布上，包括目前企业的数据资产现状，哪些数据资产已经由系统采集和生产，哪些尚未建立系统采集。

4. 数据痛点及问题

根据数据资产清单，对数据进行调研、盘点、扫描和摸底，识别出现在的数据痛点及问题，这些问题就是数据整理所需要解决的。常见的数据问题如下：

- 数据质量问题
- 数据命名和定义冲突
- 业务规则冲突
- 数据安全和隐私保护问题
- 数据策略、标准架构和流程不一致
- 数据不一致

5. 安全合规要求

企业的业务及数据的安全合规要求都有哪些，将其罗列在画布上，从而知道利用这些数据资产要遵守哪些规范，有哪些限制。主要的合规要求包括以下 4 类。

- 认证：验证数据的使用对象是正确的。
- 授权：正确识别使用数据的对象，并在特定的、具体的、适合的范围内对其予以数据访问的权限。

- 访问：及时、可管理地让用户访问正确的数据。
- 审计：监控和评审用户的行动，从而确保其遵从法规要求并符合相关策略和标准。

6. 效果度量体系

数据治理过程中有一个很大的挑战是讲不清楚治理工作的价值，说不清楚数据治理与业务效果的关系。所以在精益数据治理体系中，数据团队一开始就要与业务部门一起梳理出数据治理工作的效果如何度量，这项工作到底在实现业务目标的过程中能解决哪些问题，带来哪些价值。这个效果度量体系制定出来后，会成为指导数据治理实施的指标，数据团队在治理过程中采集、监测这些指标，从而实时地了解数据治理的过程和效果，及时发现问题，予以调整优化。

7. 规范标准体系

接下来就需要深入制定数据质量标准和治理流程规范，主要包括元数据标准、主数据标准、数据治理流程规范等。这些规范标准体系要通过数据资产目录的形式数字化到系统平台中，从而实现自动化的数据治理。

8. 技术工具与平台

构建对应的数据治理的技术工具和平台，将效果度量体系、规范标准体系通过系统实现，通过数据集成的方式，实时搜集以元数据为核心的数据生产全链路的数据，实时监测企业数据的流转情况、质量情况。

9. 团队协同

数据治理是一个团队协同的工作，在精益数据治理画布中，要识别出该项工作相关的部门、团队和个体，从而指导数据治理过程中的协同角色、职责和协同流程。

精益数据治理画布用来让业务部门、数据部门和技术部门坐在一起，共创出围绕业务价值进行数据治理的方法、路径和实施工具，避免数据治理脱离业务和技术的支撑，变成“挂在墙上”“装在书里”的一纸空文。精益数据治理画布的使用案例详见 5.2.5 节。

5.2.3　以元数据为核心的智能数据治理

1. 元数据的定义

元数据是描述数据的数据，如果把数据类比为一个人，那么元数据就是能够清晰、唯一地识别和描述这个人的人。

元数据包含企业所使用的数据的所有相关信息，包括物理数据描述、技术描述、相关业务流程、数据规则和约束等信息。对复杂度不同的数据，元数据的描述也不尽相同。

元数据是描述性标签，描述了数据、概念以及它们之间的联系，以结构化的方式记录了数据的全生命周期的状态变化，帮助企业端到端地管理数据。

2. 元数据的构成

元数据包括业务元数据、技术元数据两大类。

业务元数据包括数据所描述的业务主体、实体及属性等信息。通过业务元数据，数据消费者可以把业务目标和数据清晰地描述出来，更好地理解数据背后的业务信息。

典型的业务元数据包括：

- 业务数据定义
- 业务规则和算法
- 数据血缘
- 数据模型
- 数据质量描述
- 数据所有者及相关的组织信息
- 数据更新周期
- 历史数据的可用性
- 监管或安全合规约束
- 报表和数据内容

技术元数据为开发人员和技术用户提供数据相关的信息，包括物理数据库表名等基础技术性数据，还包括数据运营过程中的操作信息。

典型的技术元数据包括：

- 审计控制信息

- 数据归档规则
- 编码转换规则
- 数据抽取的历史和结果
- 数据源系统字段标识
- 物理数据库信息，包括表名、键名、索引、视图等
- 程序名称和描述信息
- 备份与恢复规则
- 版本信息

3. 元数据的价值定位

元数据的有效管理是企业实现可靠和灵活的大数据生态系统的重要工作，因为它帮助公司更有效地管理其数据资产，并给数据科学家和其他分析师提供信息。元数据的价值主要体现在如下6点。

1）元数据通过描述出数据上下文关联信息，让零散的、独立的数据形成有机的、有业务关系和逻辑的整体，从而帮助业务和分析人员更好地理解数据本身和数据背后的业务。

2）元数据通过记录数据的背景、历史、变迁等信息，完整地描述数据和业务的变化情况，让企业员工能够更好地理解和掌握这些信息。

3）元数据帮助数据用户更快、更方便地找到正确的数据，减少数据探索、识别、定位、采集的研究时间，加速产生价值。

4）企业结合业务元数据与技术元数据，构建业务用户和IT技术人员之间的沟通桥梁，方便团队间共享成果、更好地协作。

5）元数据能帮助企业分析整体数据情况，画出企业数据地图，从而能制定统一的数据标准体系，提升企业数据的整体质量。

6）利用数据和智能技术对元数据进行加工、分析和挖掘，可以实现自动化、智能化的数据管理和数据治理。

4. 智能数据治理

元数据是对数据的全面描述，实时跟踪和记录了所有数据的活动，包括数据的结构变化、对应业务、技术描述、全链路使用过程等。

精益数据治理建议企业构建以元数据为核心的智能数据治理体系，主要包

括如下关键行为。

1）通过元数据全面地描述清楚数据的需求、开发过程和质量要求，实现自动化的数据生成和加工，尽可能减少人工的干预。

2）通过元数据定义核心数据的质量规范，通过人工智能技术来实时监测和抽查业务数据，从而实现及时预警和修正，降低业务风险和人工成本。

3）元数据详细地描述了数据与数据之间的关系和规则，可以利用这些关系和规则，通过人工智能技术做到数据之间的交叉稽核，提升数据的准确性，减少误操作等原因导致的数据不一致。

5.2.4　精益数据治理的 3 个阶段

精益数据方法在传统数据治理方法的基础上，将精益数据治理分成 3 个阶段，如图 5-10 所示。

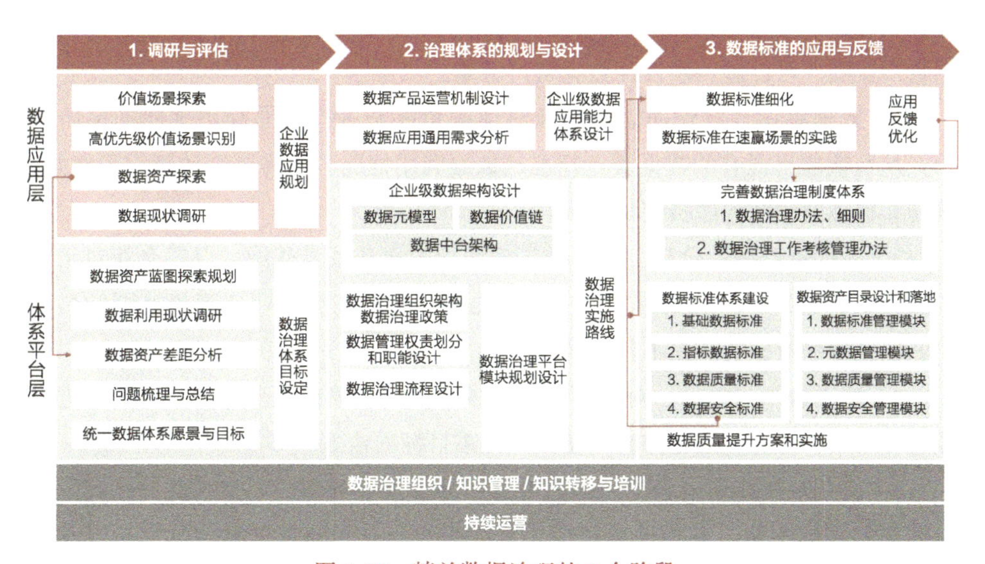

图 5-10　精益数据治理的 3 个阶段

精益数据治理强调数据治理的目标是创造业务价值，要与数据应用紧密协同，不能脱离数据应用来谈数据治理，所以精益数据治理的实施过程分成 2 个主要层次：数据应用层和体系平台层。在 2 个层次的基础上，我们详解精益数据治理的 3 个阶段。

1. 调研与评估

（1）数据应用层

在第一阶段，要通过精益数据战略明确数据生产和利用的业务目标，产生业务场景蓝图。在此基础上，识别高优先级的价值场景，并且对这些价值场景所需要的数据资产进行梳理，对价值场景相关的数据现状进行调研，明确现状与这些高优先级的价值场景之间的具体数据资产的差距，从而制定企业的数据应用的规划。也就是说，在数据应用层，要围绕业务目标，明确数据应用的建设策略和顺序。

（2）体系平台层

与此同时，在体系平台层要跳出具体的业务场景，从企业整体来做调研和评估，主要工作如下。

1）数据资产蓝图探索规划。这里的数据资产蓝图不仅包括企业已经生产并存储的数据，还包括那些尚未存储，但是在业务角度看有价值的数据。依托数据资产蓝图，可以进一步设计数据资产目录。

2）数据利用现状调研。从企业整体的角度来进行数据利用现状的高阶调研，从而梳理出现有的数据资产情况、数据利用情况，不需要细致到字段级别，只需要梳理到领域和逻辑模型层面。

3）数据资产差距分析。结合数据应用层的业务场景蓝图，以及企业对于数据资产的诉求，分析出数据资产差距，也就是明确在实现业务场景蓝图的过程中，还有哪些数据资产是不具备条件的。

4）问题梳理与总结。对数据资产、数据利用、数据安全等方面的问题进行梳理和总结，将这些问题作为数据治理体系目标的输入。

5）统一数据体系愿景与目标。数据团队要与业务部门、技术部门一起，针对前面发现的问题、差距进行探讨，对数据为业务能够带来哪些价值，以及业务的愿景和目标是什么形成统一认知。后续的数据治理工作都要围绕该愿景和目标进行。

6）数据治理体系目标设定。精益数据方法认为，数据治理不是目标而是手段，数据治理的目标要基于业务目标来设定。在这一阶段，企业要结合业务场景，将数据体系的愿景与目标分解成实施数据治理的具体目标，这些具体目标需要具备可执行性。

2. 治理体系的规划与设计

（1）数据应用层

在第一阶段，应用层已经形成了业务场景蓝图和高优先级价值场景清单，所以很清楚地知道远期和速赢阶段要建设哪些价值场景。

在第二阶段，就要围绕高优先级价值场景清单做如下 3 件事情，为实现速赢业务场景做准备。

1）设计数据产品运营机制，以便提前从数据产品运营的视角对数据治理提出需求。

2）分析数据应用的通用需求。将高优先级价值场景清单里的通用数据需求抽象出来，进行统一设计，这是数据治理体系里的数据元模型、信息价值链和数据中台架构的基础。

3）设计企业级数据应用能力体系。在业务场景蓝图的基础上，结合数据产品运营和通用需求分析，构建数据应用能力体系，包括产品、数据资产、数据运营等方面的能力，其中数据资产能力会成为体系平台层中数据架构设计过程的输入信息。

（2）体系平台层

在体系平台层，主要的工作如下。

1）企业级数据架构的设计。该设计过程包括数据元模型、数据价值链和数据中台架构的设计。

2）数据治理组织架构的构建和数据治理政策的设计。数据治理规划很重要的工作就是明确数据治理的组织结构。类似于国家的政体制度，数据治理本质上是企业内部的数据政体，数据治理也需要有对应的政策体系。与详细的数据标准不同，数据政策更基础、更全面、更关键。数据治理政策贯穿了整个组织，描述了什么可做，什么不可做，包含数据架构、数据安全、数据协作等主题，企业要根据自己的情况采用对应的组织结构和数据治理政策。

3）数据管理权责划分和职能设计。这一工作让数据治理的工作都有对应的岗位角色来承接，并产生清晰的度量体系。这些都是向数据治理平台输入的需求。

4）数据治理流程设计。精益数据治理认为，数据治理的流程要结合不同的业务场景来设计，而不是一刀切，采用统一标准，要尽可能减少流程的复杂度，减少审批环节，本着最低管理复杂度的原则来设计。

5）数据治理平台模块规划设计。在这一阶段，要梳理出企业级数据治理平台的总体规划，包括数据治理平台的核心目标、功能和建设的路线。

6）最终以数据治理实施路线作为汇总，指导具体数据治理工作的开展。

3. 数据标准的应用与反馈

第三阶段是具体的数据标准构建和实施的阶段。在这个阶段，速赢的业务场景开始建设，对应的数据治理体系、标准逐步细化，并用于指导业务场景的开发，同时获得及时的反馈。这样做既保证数据治理能够落地，又保证真正产生业务价值，获得业务部门的支持和认可，主要工作如下。

1）根据速赢场景的具体情况细化数据标准。

2）在速赢场景中将数据标准应用起来，产生业务价值。

3）结合速赢场景来优化数据标准和数据治理方案。

下面我们用一个真实案例来阐述精益数据治理的实施过程。

5.2.5　案例：大型多元化集团的精益数据治理

不同于传统数据治理，精益数据治理以快速产生业务价值及解决数据问题为目标，而不是以构建一个完美的、标准化的数据标准体系为目标。下面我们用一个真实的案例来说明。

1. 案例背景

该企业是一个有着上百家子公司，涵盖不同业态的多元化集团，资产庞大，业务多样，希望通过数据来打通多个业态的业务，实现多个业务之间的协同效应。例如，让物流板块的用户能够购买同集团的跨境电商服务等。

但是，由于各个板块的子公司的信息化水平参差不齐，数据分散在不同的系统当中，标准不一、来源割裂，所以集团连用户总量都无法有效统计。

2. 业务目标

该企业的数据治理工作的业务目标从一开始就非常清晰，通过整合不同板块的数据来打通多个业态的业务，实现跨业务的子公司和部门协同，创造新的一站式数据产品。所以，在整个数据治理过程中，一切策略、方案、动作都对齐这个目标，而不以数据标准、数据质量为目标。

3. 数据治理方案

整个数据治理的过程是跟数字化转型项目同步进行的，利用精益数据治理画布将数据治理方案呈现出来，如图 5-11 所示。

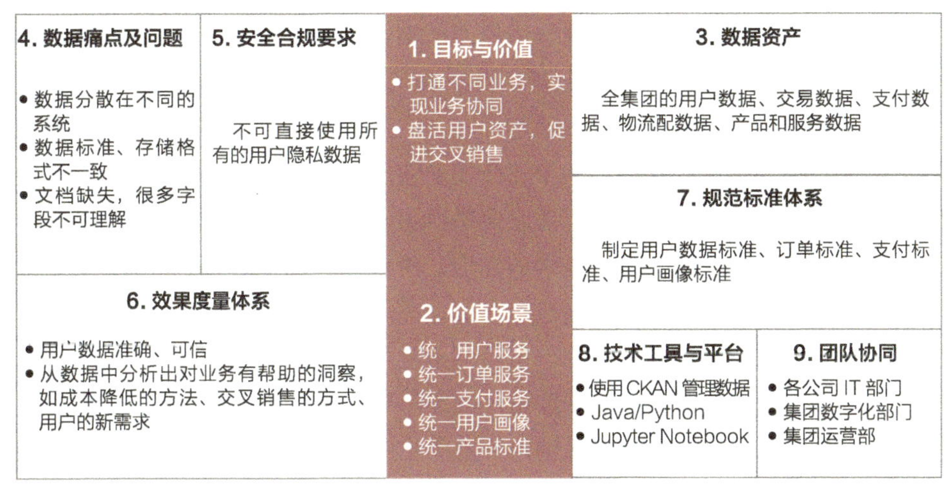

图 5-11　精益数据治理画布示例

基于精益数据治理画布，将数据治理工作分成 3 个阶段。

（1）调研与评估

首先确定数据治理的业务目标。该企业的业务目标很清晰，就是要将原来分散在各个不同板块、子公司的数据打通，从而获得如下 3 个方面的收益。

- 统一管理：集团层面能够全面了解业务状况。
- 统一用户体验：让原来分散在各个公司的用户产品服务能够通过统一的界面提供给用户，强调集团品牌。
- 促进交叉销售和创新：通过整合用户、订单和支付数据，促进集团内部不同产品的交叉销售，并且基于全量用户数据来创新产品和服务。

目标清晰后，数据治理团队就针对这个业务目标做了调研和评估，这部分工作分成如下两个层次。

- 业务层：梳理所有的产品和服务，通过共创的方法探索出业务场景蓝图，并制定出演进路线，对数据层提出全面需求。
- 数据层：梳理集团整体的数据现状及数据平台工具现状，全面地了解当前数据和技术能力与数据需求之间的差距，其中包括数据治理的需求。

（2）治理体系的规划与设计

数据治理体系规划和设计也分两个层次，一个是数据应用层，另一个是数据体系和平台层。

- 数据应用层：当业务场景蓝图梳理出来后，接着就要对优先级较高的业务场景进行深度的数据分析，发现现状问题，梳理出数据治理的需求，反馈给体系平台层。
- 体系平台层：在该层，基于业务场景蓝图制定数据治理规范、标准、体系和组织流程。这个过程该企业做得很轻量化，并没有细致到梳理出所有数据的字段、格式等级别的标准，而只是针对数据应用层反馈的高优先级的业务场景中的数据进行设计，并且对数据应用层提出的具体问题予以解决。

同时，围绕数据资产目录和数据自服务门户构建企业级数据管理和应用平台，让体系、规范等以流程和规则的形式固化到平台中，用元数据来全面描述和管理数据。

（3）数据标准的应用与反馈

在第三阶段，数据应用层的工作进入了应用开发实施环节，体系平台层的数据标准也制定完毕。该阶段的工作是将数据标准应用到业务应用中，通过真实的业务来获得反馈，发现问题，并不断优化。

当第一批应用上线后，就根据数据资产蓝图的演进路线同步制定数据体系，优化数据平台的功能。

4. 数据治理重点工作

在整个过程中，数据治理工作与业务发展共存。具体到工作任务，数据治理团队做了以下 5 项重点工作。

（1）构建数据资产目录和数据自服务门户平台

首先构建了基于 CKAN、Superset 和 Metacat 的数据资产目录和数据自服务门户平台，对所有的数据资产都统一管理，并且使其能够开放给数据用户来浏览和探索。这样就可以让数据分析人员和业务人员在这个平台上快速工作起来，他们可以利用 Superset 的可视化分析功能来查看过去“沉睡”在不同系统中的用户、订单、产品、支付等数据。

（2）梳理现有数据资产现状

业务团队与技术团队一起在数据资产目录和数据自服务门户平台上一个个地梳理现有的数据资产，发现问题，识别有价值的数据。

（3）制定核心数据标准

基于业务构建核心的数据标准，比如，全集团统一的用户数据应该有哪些属性，分别是什么格式。这些标准的制定是为了将搜集上来的所有公司的数据进行统一存储，便于后续统一的加工处理和探索创新。

（4）清洗并标准化现有数据

在核心数据标准的基础上，对原来的源数据进行清洗、标准化，将其加工整合后统一存储到数据中台。

（5）探索数据价值及优化数据标准

业务人员和数据分析人员一起按照数字化转型的目标，一个个场景地对整合后的新数据进行探索挖掘。在这个过程中，如果发现数据标准不合适，或者数据字段格式不满足要求，则可以优化或补充数据标准。

这是一个典型的嵌入式、场景式的数据治理的案例。数据治理的工作是集团数字化运营工作的一部分，而不是一个独立的项目。这个多元化集团整体的数字化转型过程详见第 9 章。

5.3 企业级数据资产目录

精益数据治理强调通过共享、开放、协同的方式，将数据治理融入业务场景中，在数据生产的全链路中实施数据治理工作。为了实现这一个目标，企业需要对应的技术平台、企业级数据资产目录。下面详细介绍数据资产目录。

5.3.1 数据资产目录的定义和价值

1. 数据资产目录的定义

数据资产目录是公司数据资产的清单，方便用户快速找到所需的信息。该目录包含元数据，它提供其他数据的基本信息，结合数据治理和数据探索的相关工具，构成了企业级数据资产目录，如图 5-12 所示。

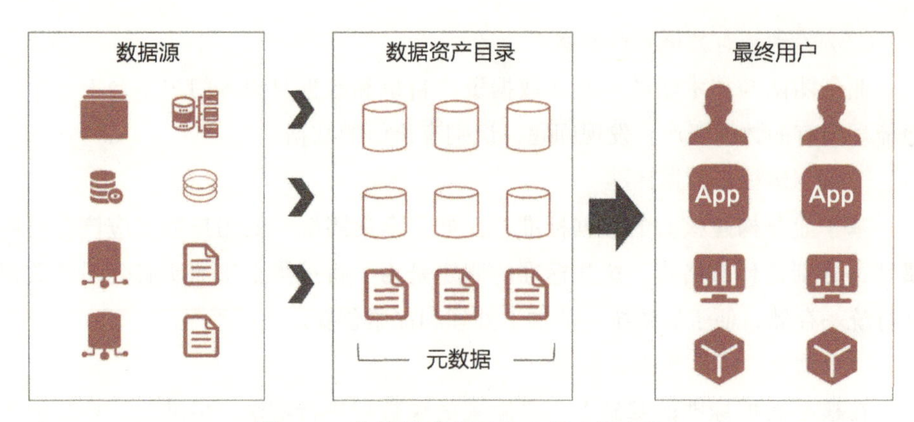

图 5-12 数据资产目录在企业中的定位

企业数据资产目录是对企业所有数据资产进行中心化管理的手段，企业通过元数据将数据源和数据产品等进行标准化的注册、管理等操作，让最终的数据用户可以方便地使用。

2. 数据资产目录的 4 个价值

数据资产目录是数据管理的核心抓手，企业通过数据资产目录能够提高数据使用和开发的效率。数据资产目录主要有如下 4 个价值。

（1）统一数据管理

企业的 IT 团队无法为越来越多的业务人员和数据分析师提供所需的所有数据，导致业务人员和数据分析师无法了解企业现有的数据集数量、数据集的内容以及每个数据集的质量和实用性。他们花费太多时间来查找和理解数据，经常重新创建已经存在的数据集，经常使用不正确的数据集，导致分析不充分和不正确，这也是精益数据治理所提到的浪费的核心根源。所以帮助业务人员和数据分析师实现自助式数据生产是数据治理的根本，为此，要先实现数据的统一管理。

数据资产目录应该是企业唯一且统一的数据资产管理工具，也是企业单一可信的数据出口。所以，数据资产目录应该清晰、结构化地将所有的数据资产按类别或标签进行管理，让所有的用户能够在一套数据体系下、一个平台上获取、分析和利用数据，让数据更容易被理解，从而减少错误，降低风险，提高数据分析效率，从而实现数据自助服务和分析。

（2）自助式探索分析

数据资产目录应该对不同角色的用户提供对应的数据探索、浏览和分析的功能，从而让用户方便地根据业务需要，用自己熟悉的方式浏览、查找、探索数据。

（3）安全合规保障

数据资产目录对所有的数据、数据产品和服务进行分级、分类、分权限管理，根据不同的身份对用户授权，满足企业的数据安全合规的要求。

（4）高效协同生产

数据资产目录是所有用户访问数据的唯一入口，要让所有用户能够高效协同，比如提供统一的知识库、数据自服务、数据标签以及协同开发等功能。

3. 数据资产目录优化企业数据生产全链路

在没有数据资产目录的时候，企业的数据生产全链路如图 5-13 所示。

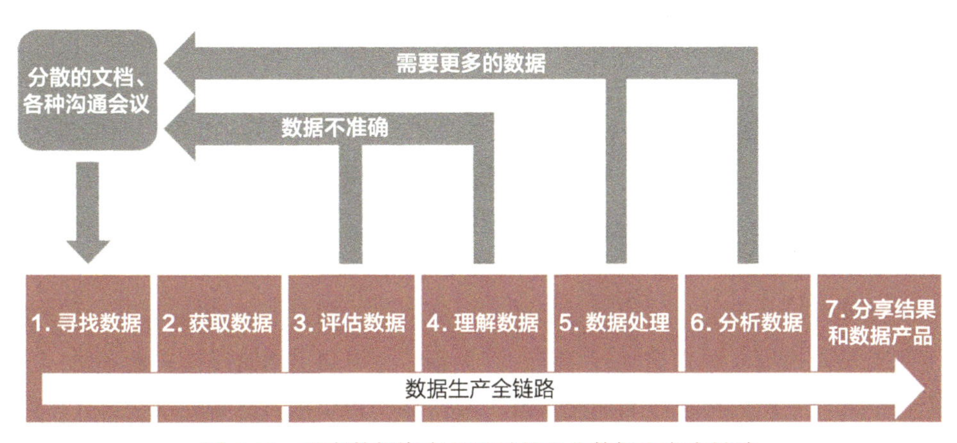

图 5-13　没有数据资产目录时的企业数据生产全链路

由于没有统一的数据管理工具，所有的数据相关的文档、数据产品和数据都分散在企业不同的系统中，所以当需要数据的时候，工作人员就只能通过分散的文档和各种沟通会议来获得数据，然后评估数据是不是完整，再进行数据的探索和理解。如果数据不准确或者不是所需要的，则又要回到原点去寻找数据。

在数据处理和数据分析阶段，相关人员如果需要更多的数据，就要寻找更多的数据文档和组织更多的沟通会议。从寻找数据开始，到数据分析结果出来，再到数据产品构建好，这个过程费时费力，并且新的数据分析结果和数据产品又变成了数据孤岛，当别人利用数据的时候依然需要沟通。这样的过程低效、随机性很大，并且很容易导致数据质量问题。

当企业构建起数据资产目录后，数据生产的全链路就形成了，如图 5-14 所示。

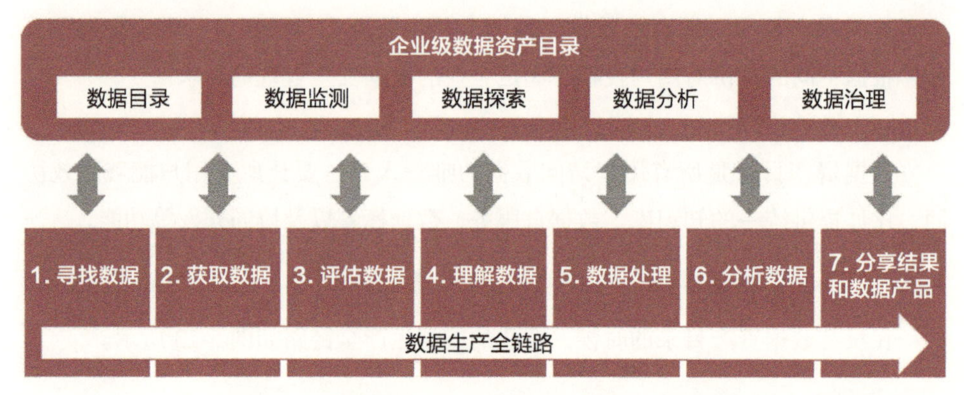

图 5-14 数据资产目录支撑下的数据生产全链路

数据资产目录是企业所有数据产品和元数据的管理工具，能够集中地注册、管理数据资产，全面地监控数据生产的过程，让用户对数据进行探索分析，把数据治理的工作分散融入数据生产全链路中。这样从寻找数据、获取数据、评估数据、理解数据、数据处理、分析数据，到最后数据结果和数据产品的分享，所有工作人员都可以实时通过数据资产目录协作，而且所有的操作都会被记录下来，不同人可以对数据进行点评、打标签，分享自己对这个数据的理解，从而帮助其他人更好地查找和利用数据。数据资产目录的目标是提供快速且低成本的方式来盘点、分类和组织分散且杂乱无章的数据资产，让所有人用同一个工具进行数据的查找、访问和协作。

数据资产目录帮助企业构建统一的一站式数据治理能力，是精益数据治理的典型实现方式。

5.3.2 数据资产目录的典型功能模块

企业数据资产目录是数据治理和利用的核心工具，主要由如图 5-15 所示的功能模块构成。

图 5-15　数据资产目录的 8 个核心功能模块

1. 数据获取

数据资产目录要提供全面的数据连接、获取的功能，让企业的各类数据能够接入进来。在现在数据复杂度越来越高的情况下，企业数据资产目录要兼容数据仓库、数据湖、云上数据系统等多种数据源。但是，数据的存储并不是数据资产目录的核心功能，数据依然可以按业务需求以多种形式存储在不同的地方。数据资产目录要建立全面的数据注册、接入、管理的能力，从而管理好每一个数据的全生命周期。

2. 数据探索

数据探索是数据资产目录被使用最频繁的功能，能帮助用户缩短查找数据的时间，大幅度提升数据生产的效率。数据资产目录提供的数据探索功能主要有以下几点作用。

- 帮助用户搜索到需要的数据和数据产品。
- 帮助用户查看数据，为用户提供全面的数据描述信息，也就是元数据，帮助用户更好地理解数据。
- 帮助数据探索数据的全生命周期信息，也就是数据血缘，从而确认数据的正确性。

所以，数据资产目录要提供多样化的数据探索功能，主要包括按关键词搜索、按标签搜索、按访问热度浏览、按相关性浏览等。

数据运营人员要对用户的行为数据等进行深度挖掘分析，从而帮助用户快速定位到正确的数据，通过数据资产目录给用户推荐更匹配的数据。

3. 数据管理

数据资产目录是根据数据资产蓝图构建的，界面信息呈树状结构。企业所有的数据资产，包括源数据、数据集、数据产品等，都要归类并挂接到数据资产目录中。并且数据资产目录要通过丰富的业务和技术元数据对这些数据资产进行全面、清晰的描述，方便用户打标签和评论。

精益数据方法认为，数据资产目录不仅要管理好源数据，还要将所有二次加工的数据、报表、数据集等纳入管理。

4. 数据质量管理

数据资产目录不仅具备数据资产仓库的作用，还要依据元数据和数据质量标准规范，构建起数据质量管理的能力。数据资产目录要按业务需求对所有的数据资产进行扫描，然后将数据质量反馈记录下来，从而在管理数据的同时全面监控数据质量。数据资产目录要能够跟踪数据质量，生成数据日志，方便用户整理和准备数据。此外，数据资产目录使用人工智能来自动管理数据质量，主要管理工作包括检测最近更新的数据存储的异常情况，将业务术语和标签添加到新数据集，检测可能关联的数据集，改善搜索体验。

5. 异常监测和管理

数据资产目录要构建起自动的数据监测功能，通过将数据治理的规范标准嵌入脚本中，扫描数据资产实时获取数据资产和数据加工过程中的异常情况，起到监测重要数据问题的作用。

6. 数据可视化和分析

用户在找到数据后要进行数据可视化和数据分析，所以数据资产目录也需要将数据可视化和分析的功能集成进来，为用户提供流畅的使用体验。

7. 数据共享和协作

数据的生产、加工和利用是一个集体活动，所以数据资产目录也要提供一定的共享和协作功能，大幅减少用户在查找、生产和利用数据过程中的浪费。具体的共享和协作功能如下。

- 用户可以共同编辑、维护元数据信息和数据知识库。
- 用户可以共享自己的数据探索、分析、生产、利用的成果，供其他用户使用。

- 用户可以给数据资产打标签，做评论，从而发现问题，提出问题，供他人参考。
- 每一个数据和数据产品都关联到具体的人或团队，方便用户之间进行交流。
- 用户可以协作开发、协作编辑、协作建模。

8. 元数据管理

元数据管理是数据资产目录最重要的功能，也是最基础的功能。数据资产目录的整体运作就是以元数据为基础的。数据资产目录应该全面地管理所有数据的两类元数据：技术元数据和业务元数据。

数据资产目录不仅要实现对元数据的定义和管理，还要通过工具和技术手段对接入的数据源自动进行元数据的采集和生成，从而减少人工的工作量，提升数据治理的效率。

5.4　案例：Netflix 的数据治理

和很多企业不同，Netflix 并没有专门的数据治理团队，但是 Netflix 的数据驱动业务却是闻名全球的，是什么保障其数据质量能够支撑这么庞大的业务决策和经营体系呢？

5.4.1　Netflix 数据治理的 3 个支撑点

Netflix 通过 3 个支撑点将数据治理的过程拆解到数据生产的全链路中，如图 5-16 所示。

图 5-16　Netflix 数据治理的 3 个支撑点

1. 统一数据生产平台

Netflix 构建了全企业唯一的统一数据生产平台，以数据资产目录为核心，将数据采集、加工处理、分析利用等工作汇集到一个数字化平台上，所有的数据操作都在这个平台上完成。数据生产平台的整体技术架构如图 5-17 所示。

图 5-17　Netflix 数据生产平台的整体技术架构

在这个统一的数据生产平台上，所有的数据都是共享的，数据的开发利用工作都是协作的，在生产中进行数据治理，数据只要出现了问题，立刻就会被相关的数据使用方、数据生产方发现，然后予以澄清解决。

2. 自助数据服务

Netflix 的所有业务人员都能够在统一的平台上对数据资产进行生产和利用。大数据门户集成了多种数据自服务工具，提供给业务、数据分析和运营人员来对数据进行处理，相关人员在处理过程中需要遵守工具本身所设置的标准、协议等，这些就是嵌入式数据治理的控制点。

自助数据服务能够大幅度降低 IT 部门的工作量，让数据团队专注在构建数据原材料、数据生产工具上，快速变化的业务数据需求由业务部门自己来支持。数据团队构建了自动化的数据扫描流程以及数据任务的监测体系，能够实时发现上层数据生产过程中的问题和不一致的数据，真正做到自动化治理数据。

3. 全链路协同共享

Netflix 构建了企业大数据门户来统一管理和使用数据，让全员能够在一个平台上共享、协作，通过全链路的协同共享让数据的问题实时暴露，从而将数据治理从事后提到了事中乃至事前。

精益数据方法认为，企业建立统一且唯一的数据治理标准，并且让所有业务部门遵从该标准，是在各部门没有充分协同、数据未打通的情况下的做法。而当企业各部门能够全链路协同、共享数据的时候，企业就能减轻制定标准的繁重工作，让业务更加灵活。

Netflix 并没有强调数据治理。它的业务基本都是数字化的，数据都存储在云上，应用与数据分离，计算与存储分离，通过一站式的数据资产目录将数据生产的全链路动作都以元数据的方式采集和管理起来，实现业务和数据一体。实现这一切的重要工具就是数据资产目录。

5.4.2　Netflix 数据资产目录

Netflix 的数据资产目录是集成在大数据门户里的，具有数据资产搜索、数据资产浏览、数据标签、数据自服务、数据运营监控等功能。所有的数据资产都统一管理，用户可以自行配置界面和权限。其界面如图 5-18 所示。

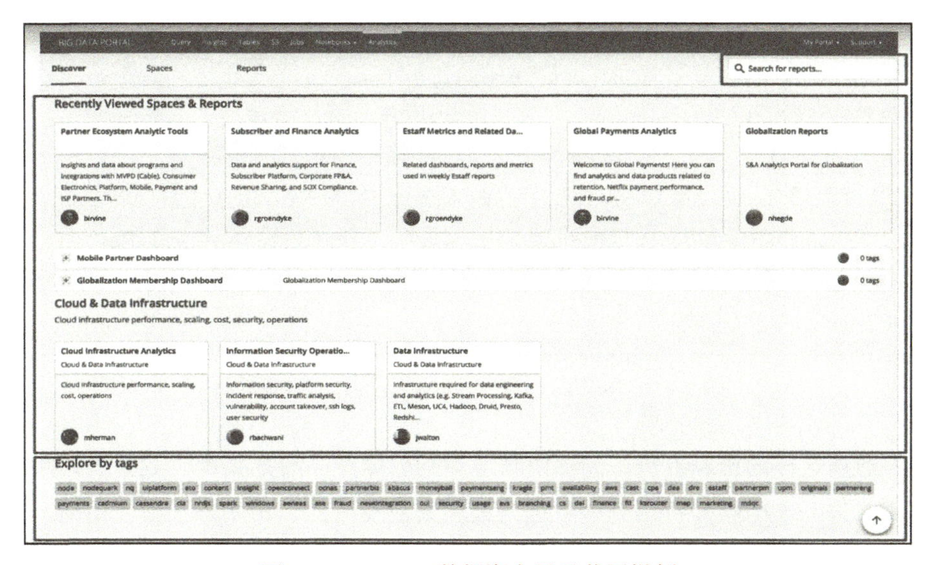

图 5-18　Netflix 数据资产目录截图样例

Netflix 的数据资产目录由数据探索、数据资产空间和报表 3 个主要模块构成。数据探索模块可以让用户浏览所有的数据产品，同时深入到每一个数据集的结构、字段。用户还可以利用数据资产目录内嵌的计算和分析工具，对这些数据进行加工，验证自己的想法。如果发现数据与自己的需求有差异，就可以通过每一个数据资产左下角的联系方式直接联系对应的开发团队或者开发人员，进行沟通。下面介绍 Netflix 数据资产目录的几个功能。

1. 管理全链路数据血缘

数据血缘是数据资产的重要组成部分，用于分析表和字段从数据源到当前位置的路径以及血缘字段之间的关系。数据血缘关注数据一致性以及表设计得是否合理。它描述了数据从收集、生产到服务的全链路的变化和存在形式。在数据的全生命周期内，数据与数据之间会形成各式各样的关系，贯穿整个数据链路，因此形成了全链路数据血缘。

Netflix 的数据基本都在云上，所有的元数据都是自动分析、采集和管理的，所以能够实现自动扫描所有的数据资产，获取数据资产之间的底层联系，而形成如图 5-19 所示的全链路数据血缘。

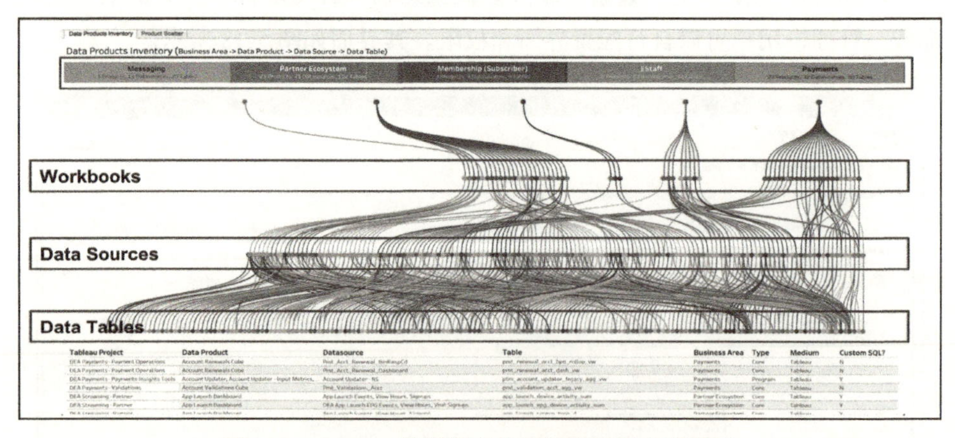

图 5-19　Netflix 数据资产的全链路数据血缘样例

通过这样的血缘追溯，能够清晰地看到数据产品与数据源、数据表之间的联系，进一步能够分析出哪些数据是最频繁被使用的、哪些是不被使用的，从而发现和减少浪费。

2. 自动更新元数据

Netflix 的数据资产目录能够通过强大的计算能力实时更新元数据，保证数据资产目录中的信息都是及时、准确的。如图 5-20 所示，数据资产目录能够自动跟踪记录数据的更新时间等状态。

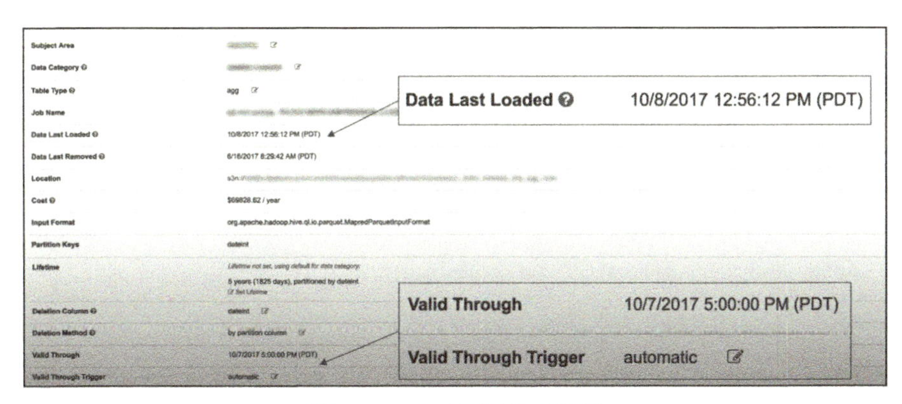

图 5-20　自动更新的元数据

3. 提供数据自服务工具

Netflix 为不同的业务角色提供了数据自服务的工具，让业务用户也能够通过 Tableau 等技术工具来分析数据，如图 5-21 所示。

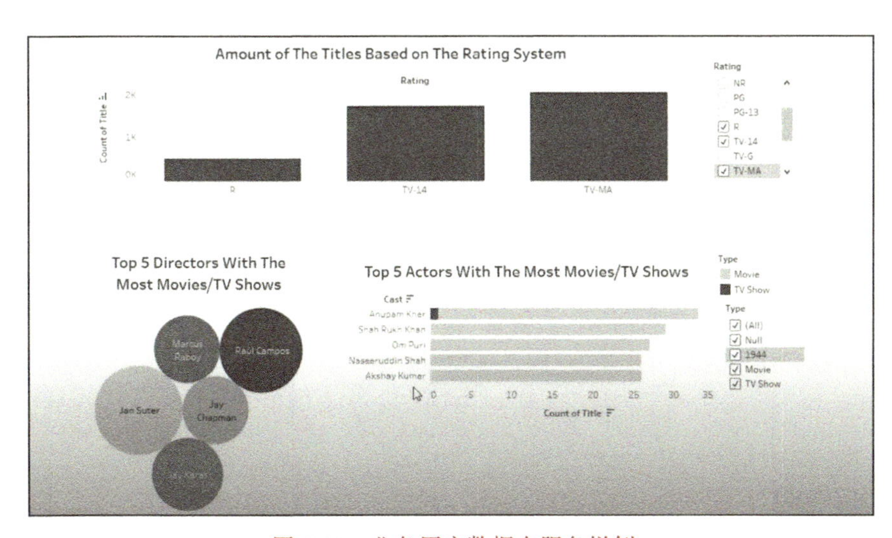

图 5-21　业务用户数据自服务样例

很多数据分析平台同样提供了各种强大的数据分析工具，Netflix 与这些平台的区别在于，Netflix 的数据分析工具是定制化的。Netflix 针对不同的业务团队、用户特点、业务目标，设计专门的分析工具。比如，对于不会写程序、不会用复杂工具的运营人员，为他们提供日常分析所需的图形化拖拽式分析工具。

第 6 章

数据协同创新

单维度的数据价值含量低，只有多种数据的组合协作才能产生更大的业务价值，才能进行创新，比如 100 万条用户姓名数据的价值远低于 1 万条用户订单、地址、行为数据的组合。受限于组织结构和应用架构，很多企业的数据是不共享、不集成、不协同的。

数据已经成为企业所有部门的生产要素，但是传统的职能分工还停留在 IT 部门处理数据的阶段，于是出现了数据需求膨胀、IT 部门能力不足、数据开发需求缓慢排队的情况。IT 部门的资源已经无法支撑企业剧增的数据需求，各部门数据自服务将成为企业的趋势。

数据协同创新就是打造一站式的数据生产体系，让数据的分析、利用、创新变成日常工作的一部分。

数据协同创新是通过精益数据方法，对齐企业数据战略，依托数据中台里的协同创新组件，如大数据自服务门户、企业数据创新平台，推动相关的组织、人员、设备全链路协同，让所有的要素共享互通、高效协作、快速创新。

6.1 数据协同

6.1.1 数据协同的定义

1. 企业为什么需要数据协同

数据只有组合才能产生更大的业务价值和创新。精准营销就是基于用户画像、历史销量和产品画像的数据组合实现的。

数据本身是没有壁垒的，是相互关联、相互耦合的，但是企业的组织结构、岗位分工却将数据局限在一个个孤岛里，使其无法自由地流动和参与部门协作。

数据协同要从一种自发、无组织、依赖工作人员线下关系和利益的被动协作，走向标准化、统一、借助平台工具的体系化协作，才能从根本上打破数据的壁垒，让数据要素真正成为企业的资产，更快、更好地创造价值。

2. 数据协同的定义

数据协同是指多方协作，融合多方数据，对数据要素进行加工利用，达成某一类业务目标的过程。数据协同的本质是人与数据的价值连接，如图 6-1 所示。

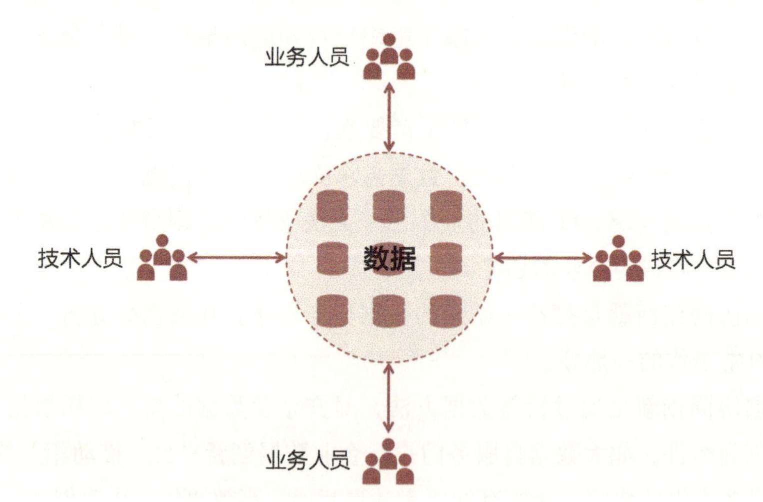

图 6-1　数据协同创新的本质是人与数据的价值连接

数据协同包括局部协同和全局协同。

- 局部协同解决局部业务问题，优化多人协作的过程。比如，为了获取用户画像数据，数据工程师、软件工程师和多个业务系统的业务人员协作，制定标准和行动计划，从多个业务系统中获取统一集成的用户数据。

- 全局协同是企业整体的数据生产、采集、加工、利用的全链路协同方式，让所有的数据用户利用同一套数据，按照统一的标准协作。

目前大部分企业的数据协同都处于局部协同阶段，往往是项目级、任务级的团队内部协作，并未形成企业级的全局协同。

3. 业务对数据协同的期待和现状

企业各个业务部门对于数据的依赖性越来越高，很多企业每个业务部门都有专门的数据分析和运营人员获取业务数据，对数据进行分析，然后生成报表和洞察报告提供给业务决策者。在这个过程中，业务部门不仅需要本部门的数据，很多时候还需要其他业务的数据。比如，销售部门在做销售预测的时候，除了需要销售数据外，还需要财务的数据、库存的数据等。

各业务部门对于数据共享的需求越来越旺盛，所以如何协同就成了很大的挑战。在现在大部分企业中，业务部门期待的数据协同方式和实际现状间仍存在很大的差距，如图 6-2 所示。

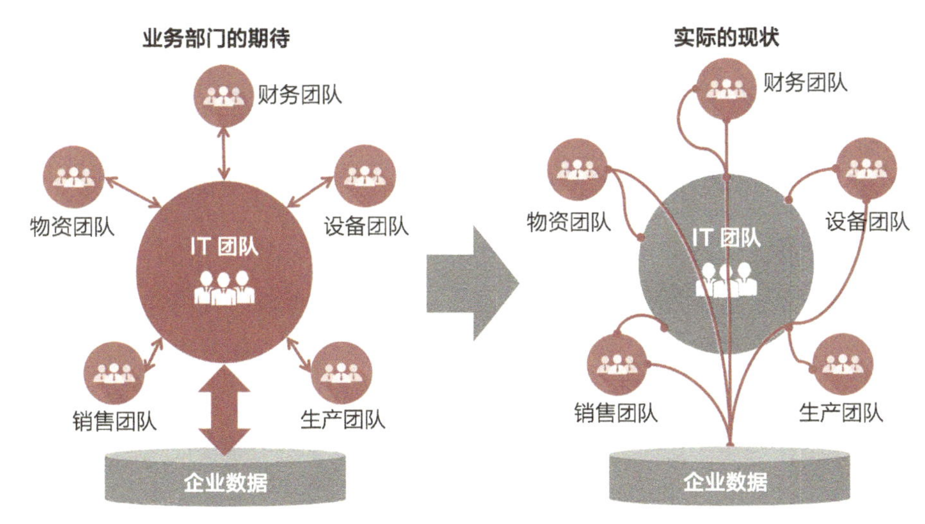

图 6-2　企业数据协同的期待和现状

基于过去的职能分工，找数据、做报表、做分析，就找 IT 团队。在这样的组织结构和共同认识下，所有的需求都找 IT 团队去解决，在过去很多年都是这种协作关系。在这样的分工模式下，企业数据协同的需求并不旺盛，因为各部门都找 IT 部门提供数据，自己并不需要做数据的工作。

随着企业业务的快速发展，企业全员对数据的需求处于爆炸式增长的阶段，所有的业务分析、决策都需要数据的支撑，各类报表、指标等着 IT 部门来开发，甚至开一个会都需要抓取各种数据来做临时的分析。

在这种情况下，没有哪个企业的 IT 部门能够及时地满足这样庞大、随机、缺少计划的数据生产需求。当业务部门在 IT 部门排队等待、催促还是无法获得数据以后，业务部门就开始自建数据分析和运营体系，在部门内部实现获取数据、分析数据、加工数据等过程，这样一来，各种数据生产工具不断出现，各种数据集不断产生。

由于缺少统一的标准，缺少技术工具，各自业务部门间的数据口径、数据分布都不一样，所以当业务部门自己做各种数据分析工作的时候是缺少标准化协同的，最后导致重复加工、重复分析、数据不一致等多种问题。

6.1.2　数据协同的 6 个阶段

经过十几年的信息化建设，企业生产的数据越来越多，企业利用数据的需求也越来越广泛和深入，所以很多岗位的主要工作就是加工和分析各种数据，而所有人都是在一套企业的数据基础上进行加工利用，形成了企业数据协同的全景图，如图 6-3 所示。

从图 6-3 可以看到，企业的数据协同过程可以分成 6 个关键阶段。

1. 数据源

众多企业面临着数据复杂度的挑战，众多割裂的系统时刻都在产生大量的源数据，这些数据以部门为单位生产，服务于某一段时期的特定业务需求，不同的开发团队采用的技术架构不尽相同，数据建模方法也不一样，缺少协同。应用级的数据之间口径不一致，内部的数据开发人员缺少协作，最终导致数据孤岛丛生。

在数据源阶段，企业的数据生产缺少规划协同，数据源之间的数据不共享、不拉通，导致从源头上就有很多数据的重复生产、重复存储、标准不一等问题。

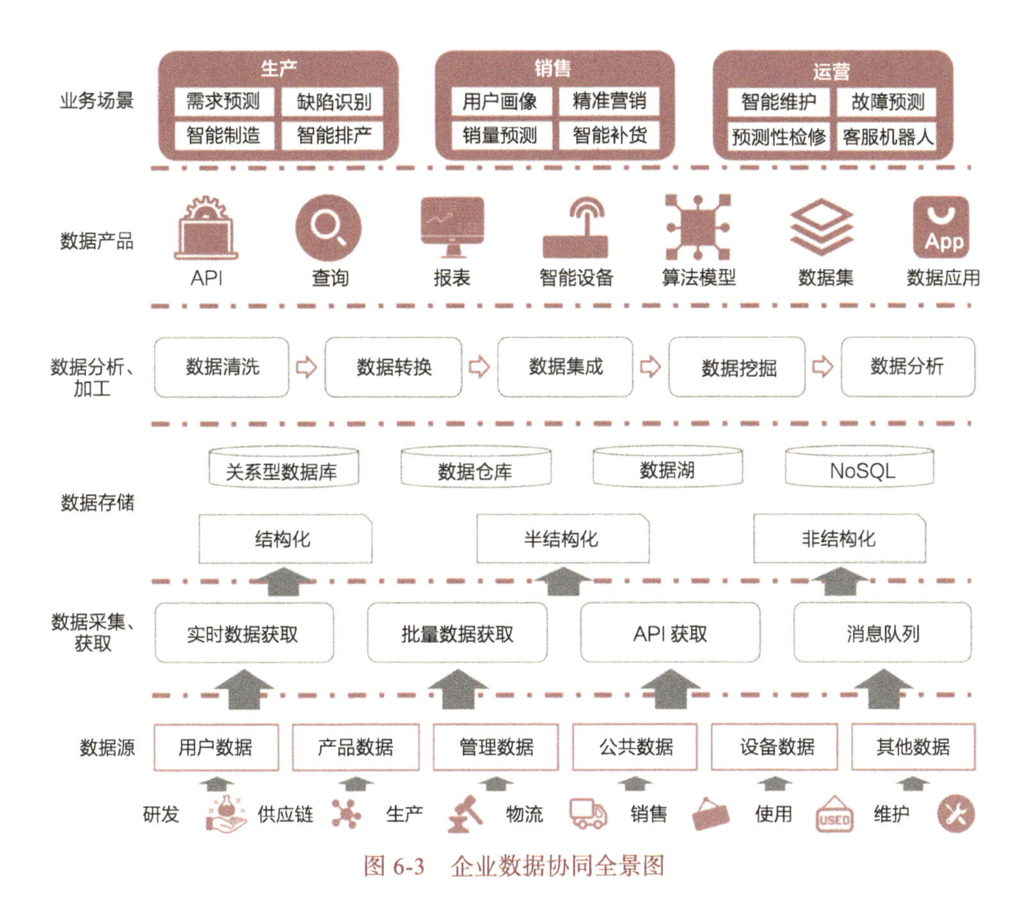

图 6-3　企业数据协同全景图

2. 数据采集、获取

过去多年以数据仓库为主的企业数据建设过程中，有很大一部分工作是从源数据系统中采集和集成数据，这样的采集工作呈现两个特点。

（1）需求多样

不同的业务需求对数据有着不同的采集频率、采集方式，比如文件传输、数据库复制、通过 API 获取等。

（2）标准不一

这样的采集工作缺少全局的规划，数据消费端的需求不一样，所以采集哪些数据，用什么结构去采集，以及如何设计数据处理链等，这些环节都不一样。

3. 数据存储

采集到的数据会被存储到各种各样的数据系统中。很多企业的数据体系缺少统筹规划，是按照组织结构来设计的。比如，集团有集团级别的数据仓库，分 / 子公司有分 / 子公司级别的数据仓库，而有的业务部门也有自己的数据存储系统。所以重复加工、重复存储的数据随处可见，缺少统一的数据血缘追溯体系，有的时候数据消费端不知道从哪里能取到最可信的数据。

4. 数据分析、加工

数据分析是应用最广泛的数据处理工作，从业务人员到数据人员都有数据分析的需求，但是目前企业的数据分析现状具有以下 3 个特点。

1）大量时间在找数据而不是分析数据。很多数据分析师接到分析需求后，花费大量的时间，甚至超过 50% 的时间找数据、要数据，以及做数据分析前的数据预处理工作。这是因为数据资产没有被集中、规范地管理，数据分散在不同的地方，无法被高效定位、识别和获取。

2）缺少在线协作的分析工具。日常的工作中，各部门还是用自己熟悉的工具做分析，使用即时通信工具来沟通甚至传送数据。大部分企业尚未建立统一、在线、端到端的数据协作工作台。

3）分析后的成果难以共享和分发。一项数据分析工作完成后，分析的成果往往都在分析师自己的电脑上，没有统一的系统去存放、共享和分发，所以其他数据分析师再次碰到类似问题的时候，要么重新分析，要么到处打电话向其他数据分析师询问是否有可以参考的内容，效率非常低下。

在数据分析的背后是非常繁重的数据加工工作，而当前大部分企业的数据加工环节是以数据团队为中心去进行的，这样导致以下 3 种现象出现。

1）数据团队疲于奔命。数据团队由于资源和能力有限，往往被众多数据加工任务排满，工作量大，每天被各种紧急需求追着跑。

2）缺少统一管理。数据加工环节缺少统一的监控、调度、预警等管理功能也是目前很多企业的现状之一。无法及时地发现数据加工环节的问题，导致业务部门在使用数据产品的时候发现数据口径不一致等问题，然后紧急救火。

3）缺少统一工作台。当下，很多数据工程师的工作环节并未打通，都是在一个工具应用里做完一个任务后再登录下一个应用，有时候还是离线地在本机上处理数据然后传送文件。这样带来了很多数据不一致、重复加工、版本无法管理的问题。

5. 数据产品

数据产品的构建是从数据到价值的最后一公里，目前的企业数据产品构建往往呈现三大特点。

1）缺乏统一管理。数据产品的形态多种多样，比如 Excel 表格、FTP 文件、数据集、数据 API、数据应用。目前很多企业并没有建立起统一发现、搜索和使用数据资产和产品的平台，在这种情况下，由于业务的紧迫需求，工作中难以避免数据的分发和复制。

2）缺少运营。数据产品被谁下载及使用，使用的情况如何，这些用户消费和行为数据并未由统一的平台去记录和管理，所以哪些数据产品是令用户满意的、受欢迎的，哪些是不受欢迎的，都无从衡量。这也是很多数据平台和数据产品的价值无法度量的原因之一。

3）安全风险。企业虽然强调数据安全，但是缺少技术平台的支撑，数据安全体系仍然处处都有漏洞，具体体现在数据资产没有分级、分类机制，数据产品的安全管控缺失等。

6. 业务场景

数据产品最终会应用于不同的业务场景，如在生产领域的智能排产、需求预测；销售领域的精准营销、用户画像；运营领域的预测性检修和智能维护等。这些业务场景往往是由不同的部门主导和构建的，所以各业务场景之间是相互割裂、互不联系的。从数据的角度看，所有的业务场景背后可信且真实的数据应该只有一套，而目前往往各个业务领域都有自己的数据副本，数据经过了很多二次加工操作，所以最后不同业务场景中一些共性数据会出现口径不一致、结果不一致的问题。

6.1.3　数据协同的 6 个挑战

从企业数据生产加工过程来看，企业数据协同面临以下 6 个挑战，如图 6-4 所示。

1. 目标不一致

协同的基础是有共同的目标，只有有了共同的目标和利益，相关人员才能够在内心里认同协同。如果连目标都不一致，那么协同也就是一句空话，企业提供再好的工具平台都是无效的。而现在很多部门的数据利用与生产是割裂的，各方并没有形成统一的目标，分别有各自的 KPI，缺少对齐目标的意识和行动。

图 6-4 数据协同的 6 个挑战

2. 缺少意识

目前很多企业尚未建立起数据协同的意识，业务部门认为数据是技术部门和数据部门的事情，与自己无关。应用开发团队将数据团队隔离在外，什么事情都喜欢自己搞定。这导致不同部门或团队总会出现数据不一致等问题，根本原因是缺乏数据协同的意识。

数据是没有组织壁垒、没有立场的，能将所有事实串联成链条。当数据成为生产要素的时候，数据的协同就成了必然的趋势。

3. 缺少标准

当下很多企业在数据开发和利用上没有统一的标准，包括数据协同处理的流程和规则、各个团队之间的分工等方面。

4. 缺少度量

很多企业尚未建立协同的标准，部门间数据协作的过程也都是线下自发的方式。没有标准也就采集不到协作过程的关键指标，比如进度、状态等，也就无法可视化和度量每一个数据任务的状态，比如该任务目前处于哪个环节，进度是否符合计划等。

5. 缺少平台

只有标准是不够的，必须要有工具和平台来支撑标准的执行和落实，否则标准带来的只是额外的管理工作量。但是目前大部分企业都缺少企业级的数据协同平台，能把业务、技术和数据三方的相关内容和工作人员都整合在一起，无缝衔接，无边界协作。

6. 缺少运营

让企业实现数据协同还需要运营。运营的主要任务包括如下几点。

- 运维：监控企业的各项数据协同状况，及时发现问题，比如数据处理链异常、存储空间不够等。
- 调度：调度相关的资源来支持和保障各项数据协同任务能够高效完成。
- 分析：通过分析相关的协同数据，发现数据协同过程的趋势、风险以及待优化点。
- 引导：举办活动，制定机制，鼓励和引导更有价值的数据协同生产。

企业已经进入数据民主化的时代，如何能够在全员皆是数据用户的情况下做好数据协同，成了所有企业面临的问题。如果这个问题解决不好，那么数据治理也会越来越难。

要解决这个问题，需从用户的本质需求出发，搞清楚企业数据的用户都有哪些，分成什么类型，不同的诉求是什么，会进行怎样的协同。

6.1.4　数据协同的核心用户画像

企业数据协同的目标是所有的数据用户能够打通全链路、全要素、全价值，构建高度自动化、闭环的数据加工应用，打造一站式数据生态环境。所以要想更好地协同，首先要梳理清楚这个协同链路上都有哪些用户，这些用户都有什么数据需求。

按照企业数据的全生命周期价值链，数据用户主要分为 4 类：数据产品消费者、数据产品生产者、数据处理加工者、数据管理者。每一类用户又可以进行细分，从而形成企业数据自服务门户的用户画像大图，如图 6-5 所示。

1. 数据产品消费者

数据产品消费者是指数据产品的最终用户，一般可再分为两类。

第一类是直接使用数据产品获得最终业务价值的业务人员，他们通过阅读或查看报表、指标系统、管理驾驶舱等数据产品的数据，获得信息，帮助自己做出决策并解决问题。此类用户可以细分为以下 5 种。

（1）决策层用户

决策层用户指企业的领导层，他们主要的需求是掌握企业的全面、重要的运营数据，及时洞察企业的风险，帮助企业做出决策。在企业数据自服务门户里，他们可以直接看到决策所需要的指标体系、报表等。

图 6-5　企业数据协同的用户画像

这类用户的特点是数量少却非常关键和重要，一般不太懂技术，时间很宝贵，他们希望一眼能看到重点。这类用户在企业数据自服务门户中应该是最特殊的，数据产品要针对每一个个体做个性化的设计和服务。

（2）管理层用户

管理层用户一般指各职能部门、业务板块的管理层，他们在数据自服务门户里不仅需要看到指标体系、报表，还要看到一些向下分解的指标，可能还需要自定义查询功能。

（3）产品经理

大部分产品经理都是数据产品消费者。比如说，他们在设计并开发产品的过程中需要清楚地知道企业已经有哪些数据集，有哪些数据服务，以及有哪些数据可视化工具可以调用，从而在设计产品的过程中避免重复设计，避免由于数据的不一致产生冗余二次数据。

总的来说，产品经理是数据自服务门户的最大的业务用户群之一，他们需要根据自己的业务需求、产品需求在数据自服务门户中浏览、探查、发现自己所需要的数据产品，然后判断这些数据产品是否可以复用，是否需要对数据产品开发团队提出新的需求。

（4）业务分析师

业务分析师对数据产品的需求和产品经理类似，他们往往需要了解更细节的数据情况。比如这个数据产品的数据源是哪些系统，取数和计算逻辑是怎样的，从而更准确地做出业务分析和判断。业务分析师消费的数据产品的主要形式是数据集和报表。

（5）业务运营人员

产品上线以后需要持续地运营，这个过程需要大量的数据支持，比如各类用户数据、订单数据、行为数据等。业务运营人员根据业务目标对这些数据进行持续分析，提供运营的指导，再执行对应的业务动作，比如调整价格，给潜在用户推送营销活动等。业务运营人员消费的数据产品的主要形式是报表。

除上述用户外，第二类数据产品消费者是将数据产品（数据集、数据 API、算法模型等）作为原材料组件来构建新的应用或者产品的二次开发者，比如业务开发团队使用数据团队提供的数据集、数据 API 和数据模型来构建新应用。

2. 数据产品开发者

数据产品开发者主要指需要开发报表、指标体系、数据集、数据模型等数据产品的用户。一般来说，数据产品开发者分为两类：业务型开发者和技术型开发者。

业务型开发者是指在数据产品开发过程中专注于业务需求、业务分析等方面的业务人员，包括数据产品经理、数据运营人员、业务分析师等。这类人员的特点是不具备编程能力，不具备专业的数据处理技能，但是熟悉业务，知道业务的目标，了解业务与数据的逻辑，所以他们能够使用熟悉的数据开发工具和方式来生产对应的数据产品，比如利用查询工具、可视化工具、Excel 来对数据从业务层进行解读、开发，使其形成新的数据产品。

技术型开发者是指用专业的数据开发工具进行开发的技术人员，一般包括数据科学家、算法工程师、机器学习工程师等。这类开发者基于已经处理、清洗好的数据集，利用算法、建模工具来对数据进行开发，成果是数据模型和算法，主要使用的工具包括 Jupyter Notebook、MATLAB 等。

3. 数据加工处理者

我们可以将所有数据加工处理者统一归类为数据工程师。

数据工程师在源系统中对数据进行探查、获取、计算、建模、存储、挖掘、验证，最后将加工的数据集以数据立方体、数据宽表等形式提供给数据产品开发者使用。数据工程师一般需要具备软件开发能力，能够熟练地使用数据工具，或具备软件编程技能，能进行 ETL 开发。

4. 数据管理者

数据管理者主要是源系统的数据工作者，他们负责设计业务软件或硬件的数据结构、数据模型，然后用应用系统将数据存储起来。数据提供者同时负责对已经生成的数据进行备份和恢复，从而确保数据的安全。

将企业数据用户的重点需求汇总成需求矩阵，如图 6-6 所示。

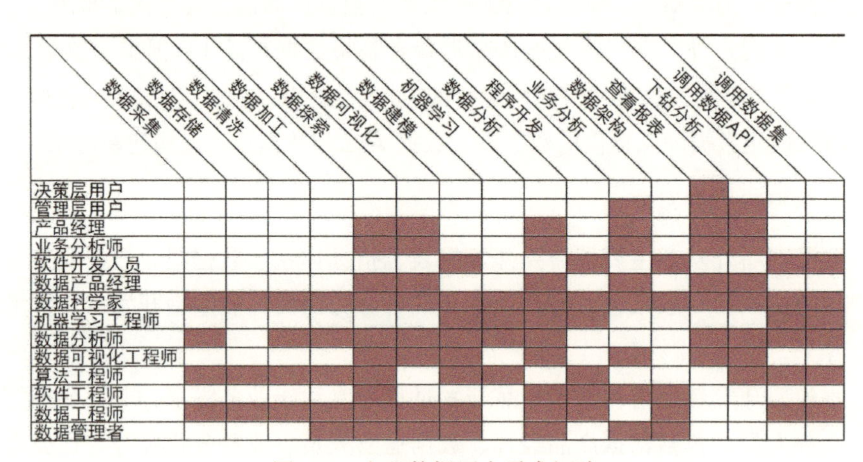

图 6-6　企业数据用户需求矩阵

6.1.5　数据团队的痛点

与数据产品生产关系最紧密的角色是数据团队，它可以分为 4 类：数据管理团队、业务团队、数据分析团队、数据工程团队。不同的团队的痛点不一样。

1. 数据管理团队的痛点

数据管理团队肩负着统筹管理企业数据资产，挖掘和度量数据价值，保证数据产品和数据相关系统平台的稳定运行的职责。数据管理团队面临如下痛点。

1）数据资产统筹管理难。企业的数据资产越来越多，种类越来越复杂，并且越来越重要，如何全面、安全地统筹管理数据资产，既要让所有人能够便捷地访问和利用数据资产，又要保证安全合规？这是数据管理团队的首要需求，也是最大的痛点。

2）业务价值度量评价难。如何评价数据产品的价值，特别是那些不能直接销售的数据产品的价值，是数据管理团队面临的第二个痛点。需要一种模式让数据和数据产品的价值显性化、具象化，让业务用户和企业管理者感受到。

3）数据管理工作烦琐。数据团队越来越大，每天的工作任务很多。工作的状态如何，进度是否符合计划，是否有风险，有什么困难和挑战，也是数据管理者关心的。只不过当下更多是通过开会来解决这些问题。数据管理者需要一个全景视图，全面了解团队的关键项目、任务执行情况，以及数据相关资产的利用情况和风险情况。

4）业务需求反馈协调慢。业务部门中，数据产品消费者对于数据产品的反馈如何？有什么问题？是否能及时解决？过去这些反馈在事后才能获得，往往以投诉的方式获知。但是数据的加工生产本身都是在线的，所以完全具备实时监控和沟通的条件。

2. 业务团队的痛点

数据已经成为业务团队工作的必备方法和工具，但是大部分业务人员都不是技术或者数据相关专业出身，仍然需要借助数据分析和技术团队来实现数据需求。但是企业的数据利用链路往往很难给业务团队提供高响应的支撑，主要体现在如下 5 方面。

1）找不到数据。业务人员经常面临的问题包括不知道公司有多少数据，不知道这些数据在哪里，想看数据却不知道如何获得，数据管理流程复杂冗长等。业务人员纵使有很多的业务需求和想法，还是会因为繁重而封闭的数据管理体系望而却步，最后只能放弃。

2）缺少业务型分析工具。业务团队虽然有很多的数据报表，也有专业的数据分析人员，但是很多时候针对个性化的需求，也希望自己能够直接快速地做一些简单的分析洞察。但是大部分企业缺少友好的业务型数据分析工具，导致很多企业有超过 50% 的数据分析都是在 Excel 里进行的。

3）数据分析质量差。由于数据口径、数据质量的问题，很多数据分析的结果不准确。业务团队与数据团队对同一个数据的理解不一致，又带来巨大的沟通成本，并且导致数据描述不清晰，数据分析效果差。

4）数据开发响应慢。业务对数据的需求总是比较紧迫的，需要被快速响应，但是数据开发团队的响应往往比应用开发团队的慢很多，这主要有两个原因：一个是业务团队与数据开发团队对数据需求的理解很难对齐，需要多次尝试验证才能找到最终正确的数据；另一个是企业数据开发团队的能力与应用开发团队相比，尚不那么成熟，缺少标准、统一的工具和流程。

5）应用上线慢。数据应用的上线和业务应用不一样。在上线之前，数据的接入、迁移、验证、测试需要大量的时间，接入数据越多的应用，上线过程越复杂。并且，数据应用的问题追溯比较困难，所以数据工程团队一般很难提供明确的 SLA（服务等级承诺）。

3. 数据分析团队的痛点

数据分析团队现在成为很多企业里最热门，但是也最辛苦、最有挑战的团队。往往在季度、年度结束的时候，数据分析团队更是会接到大量需求，需要通宵达旦地工作，这是因为数据已经成为所有业务的生产要素，而数据分析团队的产能是有限的，导致数据分析团队超负荷工作。数据分析团队的痛点主要有以下 5 点，如图 6-7 所示。

图 6-7　数据分析团队的五大痛点

1）重复需求多。这是很多数据分析团队最大的痛点。不同的业务团队提出的需求很多都是重复的，甚至 80% 的需求都是已经分析过的。但是由于需求提出方不同、数据范围不同、理解不一致，数据分析团队就要对这些需求重新分析一遍。而且很多需求的时间要求并不像业务团队在提需求时所说的那么紧迫，甚至不少数据分析的需求完成以后，其结果并没有被使用。

2）数据定位难。业务团队只能描述对数据的需求，但是不知道对应这些需求的数据从哪个系统中获取，数据分析人员没有参与系统的构建，也不知道数据在哪儿，往往需要通过多次交叉稽核、校验才能确认数据来源。

3）数据获取难。数据分散在不同的源系统中，系统对应部门不一样，数据的存储格式、结构标准也不一样，导致获取数据很困难。据统计，数据分析团队有超过 50% 的时间花在了获取数据上，而真正花在分析数据、探索价值的时间却比较少。

4）数据产品管理难。业务部门对数据的需求很多都是重复的，但是作为支持性部门，数据分析团队只能积极响应，导致最后开发的数据产品非常多，但是缺少体系化的管理。重复的、冗余的数据集和数据分析报表及视图等都堆积在各个平台中，越堆越多，越来越难以管理。

5）工具打通难。不同的数据分析人员所使用的数据分析工具不一样，有用传统商业智能工具的，有用 Jupyter Notebook 的，有用 MATLAB 的，多种数据工具分析的结果文件需要解析转换，打通工具也有困难。

4. 数据工程团队的痛点

数据工程团队负责最终解决所有数据问题，但是大部分数据工程团队都面临很多痛点，主要包括以下 6 点，如图 6-8 所示。

图 6-8　数据工程团队的痛点

（1）不确定的数据源

数据工程团队的工作对象和生产要素就是数据，但是目前企业的数据分散在不同的内外部系统中，其中很多都是遗留系统，缺少文档，缺少标准，缺少对数据结构的描述记录。于是这些数据缺少统一的规划和管理，相互不联通，使数据用户像进入原始森林一样迷茫。如何清晰地管理这些分散的、高度不确定的数据源是数据工程团队一大痛点。

（2）重复数据需求

很多数据需求从源头开始就是重复的，企业缺少全局的数据规划，数据工程团队只能以响应业务需求为第一要务，最终产生了一系列新的数据，而已有的数据利用率较低，并且使用多套指标体系，数据立方体相互矛盾，数据工程团队难以对其进行维护和复用。

（3）资产归属不清晰

企业的数据每天都在不断增长，而数据资产的管理体系跟不上，导致数据资产的归属不明确，数据工程团队在开发和维护数据资产的时候缺少标准。哪些数据应该从哪个部门去获取，哪个部门拥有对这些数据的审核、修改的权限，这些问题经常导致数据工程团队要花大量的时间去盘点、沟通。

（4）运维困难

数据的问题一旦出现，就很难被定位和修复。一个不准确的数据，其背后可能是十几年企业业务逻辑的变化，数据血缘难以梳理，数据工程团队缺少文档和知识的积累，对数据的运维非常困难。

（5）新技术鸿沟

数据技术日新月异，各种工具层出不穷。对数据工程团队来说，使用数据处理技术和工具是需要很高的学习成本的。不同的数据工程师，对数据处理技术和工具的选择往往都不一样，加工处理的过程和结果也就很难共享。建立一套经过验证的、适合企业数据架构和特点的、标准化的数据技术体系，并提供给数据工程团队使用，是数据工程团队很迫切的需求。

（6）低效沟通

数据工程团队负责最底层的数据工作，所有的数据需求最终都要由数据工程团队来实现，所以数据工程团队每天面对大量的需求提报、问题沟通。但是目前很多企业缺少有效的沟通工具，导致数据工程师们将大量的时间花在低效的沟通上，甚至可能出现鸡同鸭讲的情况，双方讲了半天，结果并不是在讨论同一个问题，或者并不是在同一个数据集的基础上进行沟通。

6.1.6 数据协同的 4 项原则

精益数据方法认为，企业实现数据协同要遵循如下 4 项原则。

1. 价值驱动

所有的协同动作都要以业务价值为目标，这是数据协同的基本原则。

从执行层面来说，协同的动作要适合具体的业务场景，例如获取其他部门的业务数据以及查看企业的数据资产情况等动作都要有对应的业务价值。

以业务场景为核心，靠价值驱动数据协同，一方面能够减少不产生业务价值的数据作业，另一方面也能保证多方为同一个目标努力这一协作基础。

2. 安全合规

数据是企业的核心资产，安全合规是一切数据工作的基本准则和底线。所以任何数据协同的操作都必须遵守国家法规和企业要求，保证企业和用户的数据安全，保护用户的隐私。

3. 开放共享

开放共享是协作的基础，在安全合规的前提下，数据的开放共享做得越好，数据用户之间不必要的协同动作就越少。

企业要通过数据标准和技术平台的构建，提升数据开放共享的程度，让用户快速、简单地发现所需要的数据，分享自己的数据和数据产品，从而降低数据集成和数据创新的复杂度，提升数据系统的效率。同时，所有的数据协同动作都要被记录，要能被审查和追溯。

4. 最小必要

建议不同用户之间的协同遵守最小必要原则，即在明确业务价值、充分开放共享数据的基础上，尽可能地减少不必要的协同动作。否则，一方面会带来数据浪费，产生数据质量的问题；另一方面会增加数据安全合规的风险。

单靠流程制度是无法实现数据协同的目标的，企业还需要构建数字化的协同平台来支撑和保障数据协同过程，这个协同平台就是前文提到的数据自服务门户。

6.2　数据自服务门户

6.2.1　数据自服务门户的定义和价值

数据自服务门户是为企业所有用户提供集成、统一的数据产品和服务的唯一入口，所有的数据用户能够在数据自服务门户中找到其需要的数据资产，并且在这个平台上进行数据的开发生产、协作分享等相关工作。

数据自服务门户将所有的数据应用、数据产品和用户活动数据等，通过一个统一的平台进行展示和连接，将原来分散、割裂的数据资产统一呈现，从而对齐进行集中管理，使其发挥价值。

数据自服务门户是数据中台的入口，数据中台的所有功能组件都是通过数据自服务门户来集成的，能够给用户提供一致性的使用体验。

对于企业来说，数据自服务门户的价值主要体现在以下 5 个方面，如图 6-9 所示。

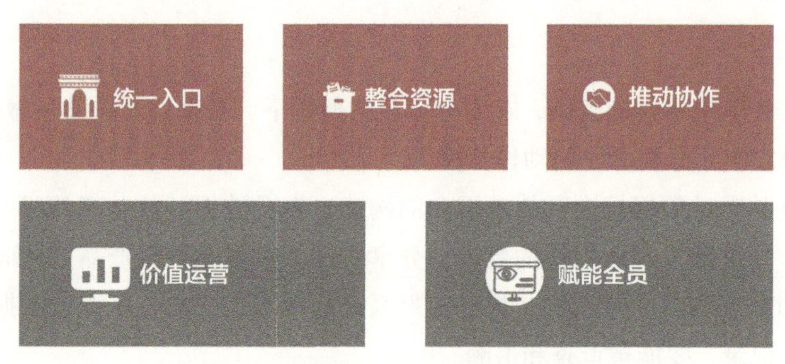

图 6-9　数据自服务门户的 5 个价值

1. 统一入口

将过去割裂、分散的数据资产都统一起来，通过一个入口提供给用户，避免用户多次登录，一站式解决所有问题。这是数据自服务门户的核心价值。

当前企业的数据用户是非常痛苦的，不知道自己的企业都有什么数据，这些数据都在哪里，哪些是能访问的，哪些是不能访问的，所有的一切都要通过开会、培训才能知道，而这一切信息都是滞后的。现在很多企业并不缺少数据，而是缺少数据共享、协作的机制。

数据自服务门户可以从根本上解决这个问题，通过一个入口、一个平台、一套体系、一个身份就能访问企业最新的、自己权限下所有能访问的数据和数据产品及数据相关的系统。

2. 整合资源

统一的入口让所有数据相关的产品、资源、工具、技术、项目都在一个平台上展示出来，并通过全局搜索，让用户能够更便捷地查找。通过数据自服务门户，企业能最简单地整合所有的数据相关的资产，提高协同效率。

3. 推动协作

过去企业的数据协同不完善，不是因为各部门没有需要，而是因为没有协作的条件。业务人员需要数据，却不知道从哪里获取，只能到处询问，好容易问到能提供数据的部门或人员，结果要看数据还需要审批，需要走流程，等走完一系列流程拿到数据以后，可能会发现数据不是自己想要的，折腾一圈，业务都耽误了。所以每个团队只要拿到了一份数据，一定会在本地保存一份，以作备用。可是该版本的数据在下次使用时往往已经滞后了。数据自服务门户让数据资产更容易共享、流转、交换、集成，让协同变得简单很多，极大程度地推动了企业的数据协作。

4. 价值运营

数据的价值随着数据被连接、集成和分享的次数而提高，必须要让数据流动起来，数据才能产生更多的价值。对数据自服务门户来讲，如何让企业的数据生产方、消费方更多地分享数据？利用数据自服务门户的各种工具来加工数据，交易数据产品，能否发挥数据的最大价值？要实现数据价值，需要很强的运营能力，设计价值度量体系，开展数据产品营销活动，让可信的数据集和数据产品能够被更多用户看到，引导用户去解决企业最有价值的业务问题等。

数据自服务门户是一个强运营型的平台，必须要由专业的运营团队来支撑。6.2.3 节会详细介绍企业数据自服务门户的运营策略。

5. 赋能全员

数据的开发和利用是一个比较专业的技能。在很多传统企业中，由于专业数据工作者的稀缺，很多数据需求只能排队，等待数据团队释放档期。数据自服务门户能够用简单易用的工具和流程，让不懂数据和技术的业务人员及管理人员快速掌握一些基础的数据分析技能，从而做到数据自服务，减轻数据工作者的压力，也提升了业务人员的数据意识和能力。

6.2.2 数据自服务门户的核心组件

数据自服务门户是一个开放性、可集成、可扩展的平台。通过技术协议，企业将所有的数据相关的应用和功能都集成在一个视窗里，让用户感觉不到数据应用和资产是散落在各地的，促进了企业级的数据协同和生产。数据自服务门户包括以下核心组件，如图 6-10 所示。

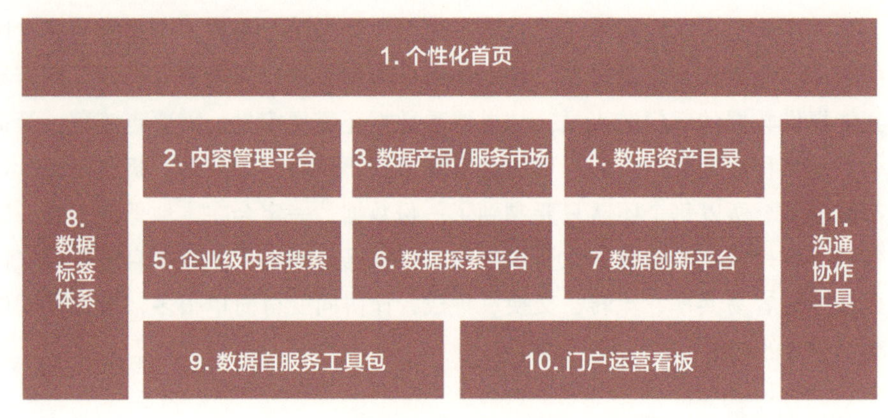

图 6-10　数据自服务门户的核心组件

1）个性化首页。数据自服务门户最重要的组件就是首页。首页设计上，应该让每个用户一登录就把自己常用的功能一览无余，要尽可能地避免用户一层层打开菜单。所以，个性化首页是非常重要的，它让每一个角色都可以定制自己专属的个人门户，自定义配置首页和管理模块，像定制手机桌面一样，让每个人的首页布局、功能、展示风格都不一样。比如，管理人员的首页一般把实时状态、待办事项、告警事件等模块放到醒目的地方，而数据工程师则把项目、热度最高的 10 个数据集这样的内容放到首页中间。

2）内容管理平台。数据自服务门户的内核其实是一个内容管理平台，企业可以定义各种栏目，然后将各个栏目交由不同的部门角色去管理，栏目的运营人员可以发布、管理自己的内容。

3）数据产品 / 服务市场。数据产品 / 服务市场是数据生产者和数据消费者进行交易的平台，每个用户既可以是数据的生产者，也可以是数据的消费者。用户可以上传自己的数据集，也可以搜索、查找其他用户发布的数据集和数据产品。数据产品 / 服务市场还支持撮合交易、订单管理、运营监控等类似于电商平台的功能。

4）数据资产目录。数据资产目录是数据自服务门户里最核心的功能，用户可以通过数据资产目录查看并管理自己可以浏览和访问的企业数据资产，包括各类数据产品和数据服务，还可以订阅数据资产的更新信息，获得及时的推送。数据资产目录可以是一个独立的系统，也可以通过单点登录和集成变成企业数据自服务门户的一个组件。

5）企业级内容搜索。数据自服务门户包括大量的文章、数据资产、用户评论等，要想提高用户的使用体验，必须使他能够快速找到自己想要的内容，所以高效的企业级内容搜索是必不可少的。

企业级内容搜索使用户能快速、全面地根据特定规则找到相关数据资产、服务、数据源、内容等所有信息。这是数据自服务门户里使用频率最高的一个组件。

6）数据探索平台。当用户需要某些数据服务或者数据产品的时候，就可以使用数据探索平台。数据探索平台提供了各种数据探查和浏览的工具集，让用户可以对数据有全面的了解。数据探索平台与数据资产目录需要紧密集成，并且探索的工具会随着新技术的出现不断增加。

7）数据创新平台。数据创新平台集成了完成提出想法、数据实验、模型验证、最小可行产品测试等事项的全链路功能，让业务人员、数据人员和技术人员可以基于数据一起围绕业务目标做各种创新试验。对大型企业来说，数据创新平台是持续创新和打造数据驱动文化的引擎。6.4节将重点介绍数据创新平台。

8）数据标签体系。在高效查找以及管理海量的数据资产上，数据标签体系是很实用的功能。对每一个数据产品、数据服务以及相关文章等内容都可以打上标签，常见的标签有作者、业务领域、时间等，还有用户自定义的标签，从而提高数据利用的便捷性和协作的效率。比如，原来在传统的报表系统里，业务人员对一张报表的数据有疑问的时候，只能通过组织结构去反馈，这种方式的效率是极其低下的。而有了作者的标签后，加上数据自服务门户内置的实时协作工具，他就可以直接和报表的作者对话交流，从而大幅度提高效率。

9）数据自服务工具包。数据自服务门户为不同的角色提供了对应的数据自服务工具包，包括各类专业的数据分析和挖掘工具，比如Tableau等。

业务人员可以使用在线的Excel表格或者所见即所得的编辑器，数据工程师使用ETL工具或者代码编辑器，数据科学家使用Jupyter或者MATLAB等，不同的角色都能够利用这些自服务工具包去“玩”数据，从而发现业务的价值。

企业数据自服务门户应该支持用户自己灵活地配置自己所熟悉的工具包。

10）门户运营看板。数据自服务门户本身就是一个数据产品，它的运行状态如何，当前有多少用户访问，以及这些用户在访问哪些数据产品和服务，停留了多久……这些运营数据都会呈现在门户运营看板上，不仅对运营人员有价值，对用户也非常有参考意义，用户可以设置查看自己关注的对象都浏览了哪些数据集，以及订阅自己需要的数据产品的实时更新状态等。

11）沟通协作工具。数据的开发是一个集体活动，数据自服务门户应该提供便捷的沟通协作工具，让不同地点的员工可以远程沟通、协同，主要包括大规模讨论的线上论坛，点对点沟通的即时通信软件，开发人员的协作编程工具等。

6.2.3 数据自服务门户的运营

数据自服务门户不是一个标准化的系统，它的核心目的是构建蓬勃的企业数据生态。所以运营是最重要的构建企业数据自服务门户的能力。只有数据自服务门户功能是不够的，运营团队还要围绕企业目标、业务价值，实时监测、管理和引导用户行为，通过各种运营策略和活动推动数据自服务门户的活跃度，让数据能够更快地流动起来，再根据用户的行为数据分析来优化功能和运营策略，形成运营闭环，如图 6-11 所示。

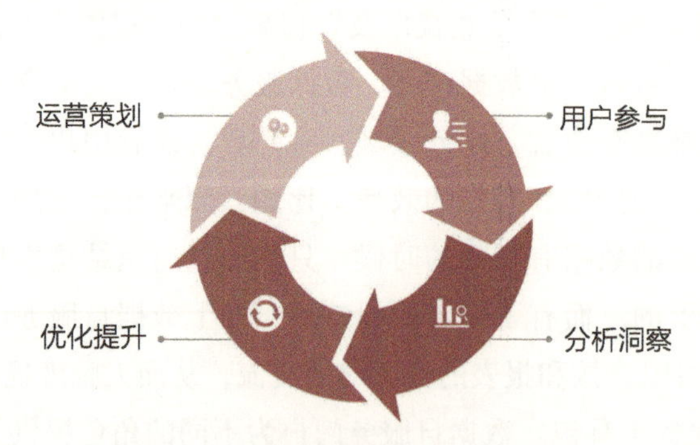

图 6-11　数据自服务门户运营的闭环

数据自服务门户的运营目标只有一个，那就是让更多的人更频繁地使用数据，生产数据，消费数据。只要更多的数据被利用和挖掘，产生业务价值是水到渠成的事情。

如图 6-11 所示，数据自服务门户的运营可以分成 4 个步骤：运营策划、用户参与、分析洞察和优化提升。

1）运营策划。设计运营策略，通过比赛、激励、积分等各种活动打造不同阶段的运营热点，如开展数据创新大赛，组织热门话题讨论等活动。一般来说，这些运营活动的设计都服务于某些特定的业务目的，需要运营部门跟业务部门紧密协作。

2）用户参与。通过各种激励措施、引流手段来引导用户参与活动，从而实时观察用户的行为。这些用户的行为数据将是分析洞察的原材料。

3）分析洞察。通过分析用户的搜索、查看、开发、交易等行为，来衡量当前活动的效果，并且对比运营目标，实时分析出差距，识别运营策略中可以优化的点。

4）优化提升。制定优化和改进措施，通过 A/B 测试的方法，以小部分用户作为试点，然后根据效果进行推广。

传统的企业数据系统，如数据仓库、大数据平台，都是作为技术工具来服务用户的，都是被动式服务。用户的需求提交后，数据团队通过项目的方式来跟进，立项，再开发系统并上线。等满足用户需求的系统交付使用后，数据团队就只负责维护系统的稳定。

数据自服务门户则完全不一样。数据自服务门户是一个强运营型的产品，而不是一个项目，数据团队需要建立专业的运营团队，主动采集用户的使用数据，分析用户行为，像运营业务系统一样来经营数据自服务门户。

6.3 案例：Netflix 大数据门户

Netflix 是领先的数据驱动的企业，所有的业务都是利用数据来做分析、判断和决策的。在它从线下租赁 DVD（Digtal Video Disc，数字通用光盘）的传统企业走向数字化企业的过程中，数据自服务门户起到了非常重要的作用，该平台构建了标准化、一窗式的企业级数据协同链路，实现了 Netflix 的数据民主化模式，让所有的用户，不论是否掌握一定数据技能，都可以简单且充分地利用数据，参与企业的数据生产。

6.3.1 Netflix 大数据门户的 4 项设计原则

Netflix 的数据自服务门户是将数据能力赋予所有员工，实现数据民主化的重要手段。每个业务人员都有对数据的想法和需求，但是并不是每个业务人员都有处理数据的技术能力；技术人员有工具、有方法、有能力去处理复杂的数据，但是技术人员缺乏对业务价值的判断，所以技术人员必须和业务人员协作，才能让数据发挥价值。

数据越多样，维度越多，价值越大，所以数据只有充分的融合、集成才能产生更多的业务场景。而如何让这些数据快速地融合、碰撞呢？靠传统的断点式数据处理、交换、整合的模式，是很难持续、很难规模化、自动化地处理海量数据的。所以如何让需要数据的人、提供数据的人以及拥有数据处理能力的人充分沟通和协作，使他们在同一个环境、同一套标准体系下高效生产数据？这就需要企业数据自服务门户，它是企业应用数据的基础能力平台。

最早，Netflix 有非常多数据工具和平台，从数据的获取、存储、加工、处理，到应用，每个部门甚至角色都有自己的一套工具体系。但是随着数据维度的大大增加和数据量的快速增长，多角色的协作需求更加凸显。

于是，Netflix 构建了一个企业级的平台，让企业的数据使用者能够通过一个统一的入口协作，方便地获取到他想要的数据和数据产品，清晰地提出自己的需求，然后与相关的业务、技术人员协作互动，最终让每个人都能用好数据，从数据中获得新的洞察、启发和决策依据。Netflix 将它命名为大数据门户（Big Data Portal）。

大数据门户一经推出，就获得了员工们的关注，从高层管理者到一线业务人员，每天会花费大量的时间在该平台上查看数据、交流和工作。该平台成了内部最受欢迎、员工访问最多的系统。

Netflix 的大数据门户获得成功，很重要的原因在于它的 4 项设计原则，如图 6-12 所示。

1. 把控制权还给用户

数据自服务门户本身并不生产数据，它是一个汇聚中心、一个交易中心、一个典型的平台型产品。这意味着如何吸引更多的数据需求方和数据供给方，是这个数据自服务门户能否成功的最重要因素。

图 6-12　Netflix 大数据门户的 4 项设计原则

Netflix 的大数据门户的产品团队最聪明的一点，就是让每一个用户都感觉自己是这个门户的主人，因为他基本上拥有了所有看得到的控制权。从门户的界面、栏目，到他的个人需求，比如关注哪些人的动向等，这一切都可以定制。门户有多达几百种客户化设置的选项，用户完全可以按照自己的意愿设置一个跟别人完全不同的大数据门户，打造自己的专属工作环境。这样一来，用户就会毫无保留地将自己的数据、产品、需求都在门户之中开放，用户用得越多，沉淀越多，对平台的粘性就越高。

把控制权还给用户，不要让用户感觉被利用，是打造一款聚合型产品的首要原则。

2. 上手即用的体验

Netflix 大数据门户的功能非常多，但是用户使用起来却非常流畅，完全不需要任何的培训。让用户获得上手即用的体验是一个平台型产品能够存活的根本。Netflix 大数据门户的整体设计非常简洁，不是按照产品功能罗列菜单，而是按照用户的使用习惯和需求来组织内容模块，如图 6-13 所示。

整个门户分成三大部分：上面是一级功能，包括查询、洞察、数据表、任务和分析这几个首要功能；中间是工作区；下面是按照标签浏览的选择项。在工作区，按照一般的使用习惯，用户首先看到的是最近浏览过的工作空间、报表，以便快速打开，然后是根据需要配置的工作区。

总结 Netflix 大数据门户提升用户体验的关键技巧，有以下 4 点，如图 6-14 所示。

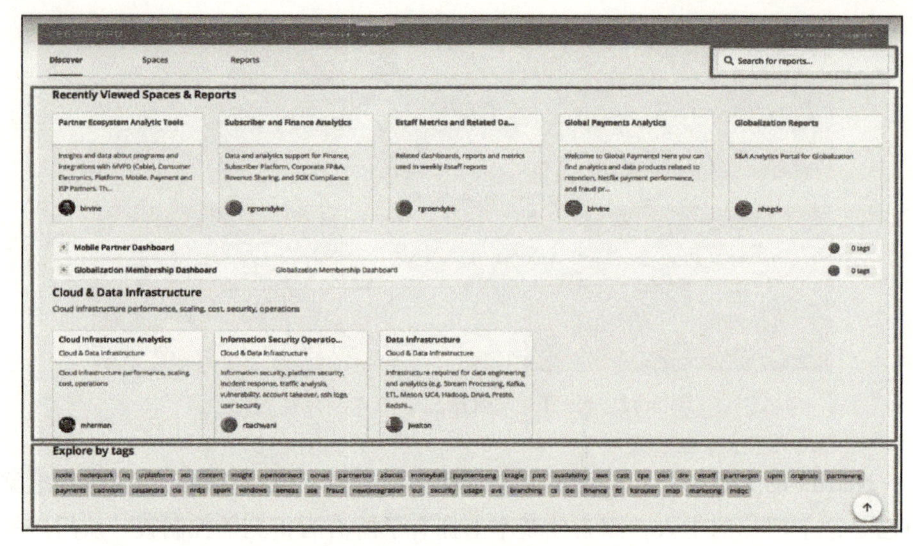

图 6-13 Netflix 大数据门户样例

图 6-14 Netflix 大数据门户提升用户体验的 4 点技巧

1）需求拉动。按照用户的使用需求来呈现功能，并不一股脑地将功能堆砌在首页，让用户一下子看到所有的功能，导致用户迷失。用户可以根据自己的需要和喜好一层层地打开大数据门户里的各种功能，通过使用去体会这些功能的价值。在这个需求拉动的探索过程中，用户逐渐沉浸其中，更能发现其他有价值的功能，这会让他不断地深度使用该平台，并且有很强的获得感。

2）少即是多。大数据小展示，尽可能地简化功能和结果的展示方式，让用户减少思考和选择，聚焦于关键的业务目标。很多产品希望通过功能罗列凸显专业性和强大性，而 Netflix 大数据门户则尽可能地把自己的功能控制在最简洁的状态，甚至通过分析用户的使用路径、访问链路不断地优化菜单，充分遵循了“少即是多”的设计理念。

3）预测行为。当用户在使用一个功能的时候，大数据门户有时会弹出一个小提示，推荐一些与当前功能相关的菜单，比如“访问了这些报表的用户都会查看下面的报表”。这样的行为预测，一方面能够方便用户操作，另一方面能够让用户有受到关注的感觉。数据证明，这样的非侵入式推荐能够大幅提升用户停留的时间。

4）一切可关联。大数据门户的功能都是相互关联的。用户通过一个菜单，经过一层层的关联、跳转，能够访问平台上大部分功能。这样的结构看上去很清晰自然，但是背后是设计人员精心的设计。

3. 以场景为中心

Netflix 大数据门户的体验卓越还体现在以场景为中心的产品设计上。不同角色的用户进来后，门户的界面是完全以这个角色的业务场景为中心组织的，如图 6-15 所示。

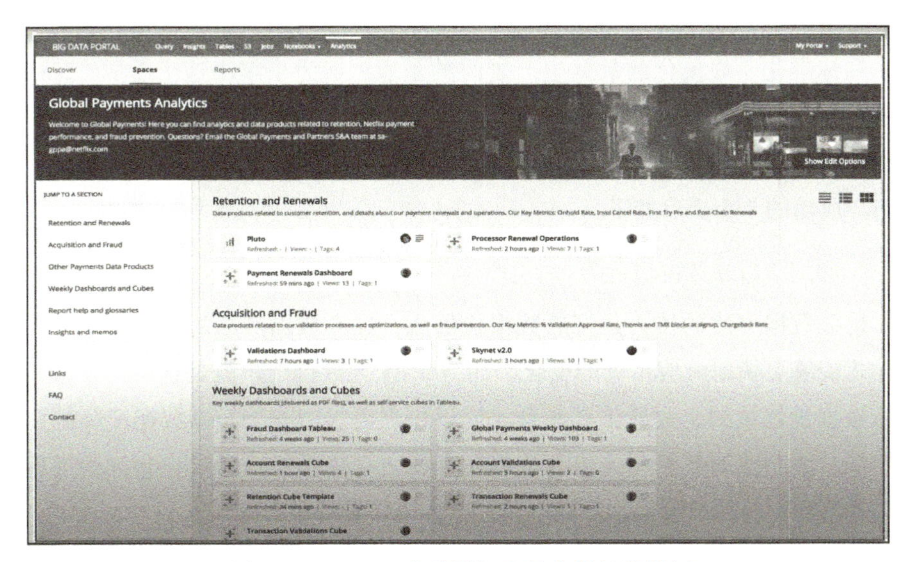

图 6-15　Netflix 大数据门户的支付场景样例

图 6-15 是一个全球支付分析的界面。界面左边是其他相关功能的链接，右

边的核心区非常清晰地将全球支付分析的3个主要业务场景罗列了出来，让用户一眼就可以找到自己想要的数据产品。同时每一个数据产品的下方还有关键的4个信息：这个产品最后一次刷新的时间，被多少人浏览过，被打上了什么标签，以及这个产品的所有人。用户可以根据这些关键信息，快速决定是否打开这个数据产品，大大提高了使用效率。

4. 融入社交要素

Netflix大数据门户虽然是非常专业的平台，但是整体设计并不严肃刻板，甚至融入了一定的社交要素。这样的设计让用户能够直接了解这些数据、报表以及其他各种产品是谁做出来的，他是什么岗位，有什么其他产出。同时，大数据门户提供了论坛、即时通信软件等沟通工具，能够让用户之间直接交流。这样的体验能够提高沟通效率，增强平台的用户粘性。

6.3.2 Netflix大数据门户成功的7个要点

Netflix是一个深度融合数据文化的企业，从CEO到一线员工都把数据当作日常决策、判断和工作的重要依据，所以各个部门对数据的需求是非常多的。在这种情况下，Netflix也面临和大部分企业一样的问题，那就是分散的数据需求，和标准化、规模化的数据生产之间的矛盾。而为了解决这个矛盾，Netflix采用的方法就是将大数据门户作为企业数据的统一的平台，然后通过这个平台收拢、汇总所有的数据需求，同时将大数据能力提供给每个团队。Netflix大数据门户成功的7个要点如下。

1. 端到端打通数据价值流

精益数据方法的核心是打通数据价值流，提高数据产品的迭代速度，只有这样才能够更快地响应市场的变化。而Netflix大数据门户就是这样一个端到端打通数据价值流的企业级工具平台。它以用户需求为核心，以数据产品的生产为主线，将企业的数据相关角色全部融合在一个体系里，通过一套标准的协作工具和自动化的加工流程，形成一站式数据生产和服务体系。

Netflix大数据门户关联了所有的数据加工、生产、消费、运营、管理的角色，构建了完整的用户蓝图，所有的数据用户都能在大数据门户中获取需要的数据和服务，如图6-16所示。

图 6-16 Netflix 大数据门户的用户蓝图

Netflix 大数据门户将服务对象分成 3 类：数据产品消费者，数据分析消费者，数据加工消费者。

数据产品消费者是指利用最终的数据产品进行工作的用户，包括决策层用户看报表，数据产品经理看产品数据，算法工程师利用数据集，软件工程师访问数据 API 等。这一类型的用户不会深度参与到数据产品的开发过程中，只是使用数据产品的功能。

数据分析消费者直接访问加工好的数据，从数据中发现价值，生产数据产品的用户群包括业务分析师、研究科学家、质量分析员、数据科学家和机器学习工程师等。

数据加工消费者根据数据分析消费者的需求对数据进行加工，包括数据工程师、数据分析师和数据可视化工程师。

Netflix 分析了不同的数据消费者对于大数据门户的功能需求，设计针对性的功能和体验，从而做到端到端打通数据价值流的协同。

2. 一窗式集成数据工作站

业务人员经常会有数据需求，比如销售人员希望在给客户定折扣的时候参考历史同类型客户的折扣值，或者分析这个客户未来购买潜力，但是很多时候他不知道在哪里能找到对应的报表或者原始数据。这是一个典型的场景。在现实世界里，一般来说是这样的：业务人员觉得这个想法很重要，把这个需求记录下来，发给数据团队。但是数据团队由于手上还有其他工作，所以该需求需要经过排期、评审，最后评审通过，才作为一个新功能加入现有的销售分析系统中。更差的情况可能是：业务人员需要这个数据，但是不知道要向哪位同事询问该数据，如果因此提出一个新的数据需求，又需要和数据部门沟通讨论该需求的真实性、价值度，并且，数据部门会将开发该需求的预算放在业务部门的 IT 预算里，而本来今年的预算就很紧张，主管可能并不高兴……这样一来，虽然这个想法有一定价值，但业务人员还是因为巨大的沟通、时间和财务成本放弃了提出需求。

大量的数据价值场景都在这样的过程中被忽略了。当我访谈企业业务需求部门时，他们总会表示出对数据部门的失望，数据质量差、提交需求的流程长导致开发速度滞后于需求预期。

如何方便地获取数据，了解企业的数据资产现状、数据源、数据工具和平台技术等的全貌，让业务人员更便捷、高效地找到解决问题的办法呢？

Netflix 大数据门户就是这样一个一窗式集成数据工作站，不同角色的用户进入这个大数据门户，第一眼看到的就是自己最常用的功能模块。这些模块是按照使用频次来排序的，并且还可以设置提醒，让用户在特定时间可以在首页最醒目的位置看到特定内容。

Netflix 大数据门户的入口是一个探索组件，会把近期被访问最多的报表和数据集罗列出来，这背后是根据当前用户的角色、权限、历史使用习惯进行个性化推荐的功能，如图 6-13 所示。门户首页同时提供了企业级数据搜索的入口，用户随时随地能够搜索企业全局的数据资产，比如报表、数据集等。

3. 全角色、全链路的在线协同

大数据门户简单易用的界面背后是非常精细的设计。Netflix 将所有的数据用户角色、使用习惯、常用功能做了全面的梳理，从而让各个角色在这个平台上都能够展开全链路的工作。

作为企业级数据协同平台，大数据门户在功能上全面覆盖价值场景，全面满足用户需求是非常重要的。只有这个用户的相关者都在这个平台上，才能形成网络效应，用户才能更多地在这个平台上工作。Netflix 大数据门户的运营团队有一项很重要的工作，就是分析各个角色在平台上的工作状态是否连续，是否需要持续地进行完善。

4. 沉浸式的个性化体验

沉浸式的个性化体验是 Netflix 大数据门户给不同角色的用户带来的最突出的感受。在清晰、简洁的界面上，用户能够方便地找到需要的功能、数据和各种资源，同时平台还会主动给予一些推荐和建议。有好奇心的用户还可以不断地在自己权限范围内浏览、查找、探索企业的各类数据资产，就像遨游在数据的海洋里，总有新的收获。能提供这样优秀的用户体验，产品不成功也难。

5. 数据资产集中管理

Netflix 有一条默认的规定，就是所有的数据和数据产品都必须实时更新到大数据门户上。所以用户不需要费劲地到处打电话、开会，去问数据在哪里，数据是什么样子，他要做的事情就是打开大数据门户搜索、浏览相应部门开放的数据资产目录。大数据门户是一切数据的权威出处。

对数据资产的集中管理是企业实现高效数据协同的基础，如果不能做到对数据资产的统一管理、集中展示，数据孤岛的问题就很难被彻底解决。

6. 可追溯、可监控的数据

Netflix 大数据门户里的每一个数据和数据产品，用户都能看到是由谁开发的，数据源是哪里，采用什么技术，一切都是透明的、可追溯的。同时，这些，数据被谁使用过，被查看过多少次，评价如何，被打上了什么标签等描述也都是显性的。这些信息能够让用户自己去判断这个数据的可信程度，这样的数据描述比任何通知或者机制都让人信服。

7. 可集成、多样化的工具箱

Netflix 大数据门户内置了多种数据分析、数据加工的工具，同时可以快速配置集成其他的第三方数据工具。这个可集成、多样化的工具箱，最大程度地提升了企业处理数据的能力，也赋予了用户更多的自主权。

6.4　数据创新

每个企业都希望从数据中获得新洞察，创造新机会，突破新模式，但是如何令数据创新成为一种常态机制和组织能力，而不是偶然地靠灵感和运气来实现呢？这需要企业在数据协同的基础上建立起体系化的数据创新机制和平台。

6.4.1 案例：数据驱动创新的字节跳动

根据媒体报道，今日头条、抖音及 TikTok 等产品的母公司字节跳动在 2021 年全年收入约为 580 亿美元（约合人民币 3677 亿元），同比增长 70%，即字节跳动每日收入 10.07 亿元人民币。而字节跳动成立于 2012 年，还是一个“年轻”的公司。

回顾字节跳动主要产品的发展历史，我们发现这是一家以数据为核心要素进行业务创新的公司，如图 6-17 所示。

2012	2016	2017	2019	2021
今日头条	Faceu 激萌	懂车帝 西瓜视频	剪映 互动百科（收购） 头条搜索	火山引擎 Pico（收购）
	抖音	悟空问答 火山小视频 TikTok	多闪 巨量引擎 幸福里	百科名医（收购） 黑帕云（收购） 飞书

图 6-17　字节跳动主要产品发展历程

图 6-17 展示了字节跳动的主要产品的拓展历史，字节跳动的底层商业逻辑是围绕用户流量，形成数据生产和数据消费的两个飞轮，驱动企业不断进入新的领域，如图 6-18 所示。

图 6-18　字节跳动的数据创新双飞轮

字节跳动通过对用户行为数据的深度分析，深度了解用户的兴趣爱好、关注点，以今日头条和抖音等产品为核心数据生产平台，聚合、产生数据（如文章、视频、信息等），再精准推送给对应的用户，形成信息流。同时，字节跳动通过对海量用户流量的调度、分配，产生爆款内容，进而打造现象级产品，以此促进数据的生产和消费。这样一来，数据生产和消费就像一辆车的两个轮子，不断快速滚动。

由于字节跳动掌握了大量的数据，这些数据涵盖了社会的方方面面，以及人们的衣、食、住、行和旅游等，所以字节跳动能够从宏观层面了解市场的动向，并由此选择要进入的领域，比如房地产、医疗等。确定领域后，字节跳动快速聚合这些数据和流量，开发出新的产品，最终形成以数据为核心生产要素、数据驱动的商业帝国。

这是一种全新的创新方式，企业不再只从战略层面进行预判，而是结合数据分析、A/B 测试等工具和方法，快速选择一批数据，开发出一个新产品，引导产品关联标签的用户来试用产品，查看效果，如果效果好，就扩大流量；如果效果没有达到预期，则对用户的行为数据做分析来调整策略。

为了加快这样的创新迭代的速度，字节跳动构建了强大的数据生产、加工的基础设施，以及高效的协同工具平台，也就是火山引擎和飞书。

从字节跳动的案例中可以看到，未来的创新一定是数据驱动的，谁能够掌握更多数据，并且对数据进行快速探索、利用，谁就能构建快速创新的能力。

6.4.2　数据创新的 8 个阶段

回顾历史上那些成功的数据产品，我们会发现，其中大部分产品都经历了以下 8 个阶段：想法概念、定位价值、试验试错、开发上线、价值验证、优化迭代、市场扩张、持续创新，如图 6-19 所示。

每个阶段的主要工作内容和需求痛点如下。

1. 想法概念

所有的创新都是从一个想法、一个概念出发的。这个阶段的发展方式有很多种，比如从一个小的痛点出发切入，或者从一个普遍的行业现状问题出发，重要的是找到真正的问题和需求。

在想法概念阶段，最缺的是好的环境和可信的数据。有价值的创新想法是需要碰撞、被鼓励、被识别的，如果没有一个好的环境让创新想法得以表达，让更多的人参与讨论和评价，那么大部分的好想法和关键问题都会消失。在创新想法形成的时候，缺少数据也是很大的痛点，如果没有可信的数据，那么很多想法都是没有根据的，更不可能从中洞察到真正的业务价值。

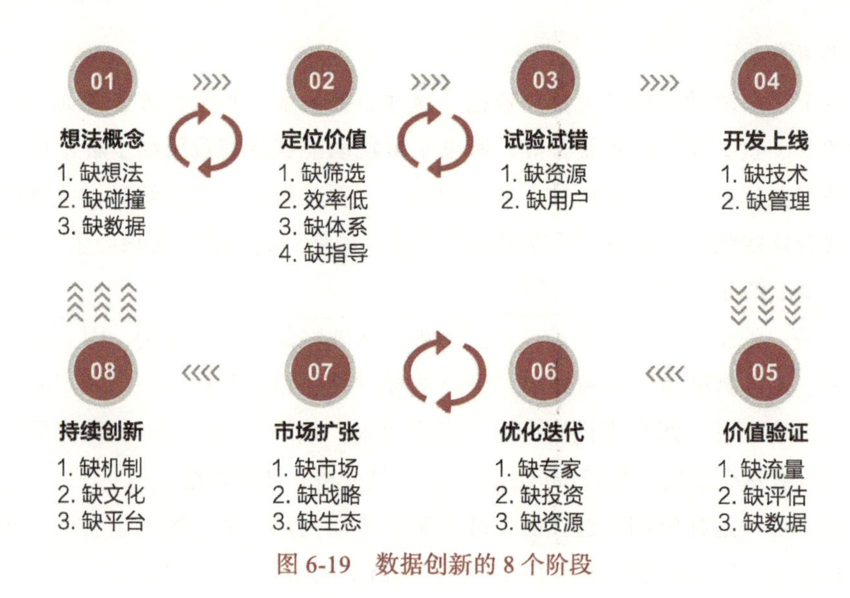

图 6-19 数据创新的 8 个阶段

2. 定位价值

当有了真正的问题和需求以后，就要对其进行定位、聚焦，找到真正的用户群，把用户的痛点转变成可以被企业接受的业务价值。这个阶段的重点是明确产品定位，也就是回答以下核心问题：创新是为了谁，解决什么问题。

如果有想法、有问题，但是没有好的筛选机制，没有高效率的组织形式，那么再好的想法都会被喋喋不休的争论和鸡同鸭讲的对话所消耗。所以这个阶段的数据创新最需要的是专业人士的指导以及专业的评价体系，从而筛选出真正可能有价值的产品创新点，并且需要合适的资源投入，给予产品团队专业的支持。

3. 试验试错

当就产品定位、用户群体有了明确方向后，就进入了试验试错阶段。通过开发原型进行 A/B 测试等方法，圈定小批量用户进行测试，获得用户反馈，然后不断修正产品的功能和开发节奏，最后形成最小可行产品的开发计划，进入开发阶段。

这个阶段往往缺资源和用户，重点在于如何获取对产品有帮助的专业建议、流量、线下网点等资源，以及找到愿意尝试并且给予反馈的早期种子用户。

4. 开发上线

设计→详细设计→用户故事→编程→小规模测试→开发→第一批功能上线，

这就是常规的开发上线的流程。这个阶段最重要的是速度，一定要尽早地把最小可行产品提供给第一批种子用户。

当获得了种子用户的正面反馈，也制定了更加合理的商业计划后，就进入了第一版产品的开发阶段。这个阶段最缺的往往是技术和管理，比如如何做出用户体验很好的产品设计，如何提高开发的效率，如何在高强度紧张的版本迭代中保证高质量等。

5. 价值验证

第一版本产品发布的同时，一定要建立反馈搜集和价值验证的体系，从而实时地获得尽量全面的用户反馈，没有反馈就无法验证价值。重要的是，第一个版本的产品要做价值验证，从而给后面的优化迭代提供客观的依据。

经过团队的努力，产品终于上线了，这个时候新的问题又来了：产品如何推广，流量在哪里，用户有没有看，有没有使用，使用的频次是多少，用户有没有分享，分享路径的转化率如何。

缺流量，缺评估，缺数据，这些是这个阶段的典型痛点。当然，如果产品足够成功，那么企业最大的痛点可能就是应对突如其来的用户暴增，那么产品后台的框架、程序、基础架构都要连夜升级了。

6. 优化迭代

当跨越了第一波用户价值的鸿沟后，产品就进入了持续优化迭代的阶段。在这个阶段要不断地增强产品的竞争力，快速推出新功能，快速试错，使产品从孵化走向稳定。这个阶段往往缺专家，缺投资，缺更多元化的资源。

当有了第一批种子用户以后，企业就要通过分析交易和用户行为等数据，以及用户运营来不断地优化产品，推出新的功能。

7. 市场扩张

随着产品不断优化，企业要不断地拓展市场，将产品推到新的区域、新的用户群，或者对老用户推出新的功能，覆盖他们更多的需求。这个阶段缺市场，缺战略，缺生态资源，产品在这个阶段从稳定跨向成熟。

8. 持续创新

当产品趋于成熟后，企业也逐渐增加实力，要打造持续创新的能力。具体来说，要建立持续的创新机制，从而不断地升级产品，扩大市场份额，提高收入。这个阶段典型的就是缺创新机制，缺创新文化，缺创新平台。

上述 8 个阶段是一个完美的创业旅程，但是在不同的阶段，数据产品的创新都有几乎难以逾越的困难和挑战，所以每一个成功的产品背后都有成千上万个失败的案例。

6.4.3 数据创新的 4 个难点

每个企业都希望拥有字节跳动这样的数据创新的能力，但是做起来却很难，主要体现在以下 4 个方面，如图 6-20 所示。

图 6-20　数据创新的 4 个难点

1. 缺少创新氛围

一个等级森严的企业是很难自下而上进行创新的，创新的氛围让员工敢于创新，核心是包容失败。

在机械的工作流程里，每个人只是按部就班地执行着上级的指令，一切以不出错为目标，这种情况下每个人的潜意识里都不会想要创新。每个员工都会面对很多工作上的问题，也会萌发很多好的解决思路，但是如果企业没有建立起创新的氛围，那么再多的好想法也不会“生根”，因为大家看不到创新的价值，不知道为什么要创新，只求做好本职工作。

打造企业的创新氛围是数据创新的必要基础，所以很多企业定期组织数据创新大赛，通过比赛的活动形式来激发员工的创新热情。

2. 缺乏创新机制

只有创新氛围是不够的，企业要建立起一定的创新机制，为员工创新提供组织、流程、激励等多方面的支持，才能让每一个员工看到创新的价值，认识到自己与创新的关系。

从前面创新的 8 个阶段可以看到，创新不是一蹴而就的事情。一个好的想法发展成一个有价值的产品，这一路上有非常多的挑战和困难，只靠个体是无法逾越这些挑战和困难的鸿沟的，企业如果要搞创新，就必须建立起对于这些困难和挑战的应对机制。

3. 难以获得数据

很多业务人员其实有非常多好想法，因为他们深刻理解市场，知道用户的痛点，但是很多时候好想法却无法落地，因为他们很可能获取不到支撑想法的数据，或者这个数据获取过程很艰难，导致业务人员在证明并实现想法的路上半途而废。所以，快速且正确获取需要的数据，为员工的数据创新提供了基础原材料的保障。

4. 缺少技术能力

有价值的数据创新一定是业务、技术和数据三方面的结合，缺一不可。很多时候业务部门有想法，有需求，但是缺少对最新的数字化技术的认识，还在用老方法和技术来处理问题，所以会认为老问题没有新解法。比如，废钢定级是一个非常烦琐并且不安全的工作，老方法就是将这项工作外包出去，降低风险，但是当业务人员知道原来人工智能技术可以识别图片并区分不同的形状，业务人员就能够快速想到应用这个技术来为废钢定级。

让有想法、有需求的业务人员快速地了解新技术能做什么，并且快速应用新技术，是数据创新的技术基础。

创新是企业发展的第一动力，但是创新也是企业最难获得的一种能力。通过前面的分析，我们知道企业打造创新氛围让好的想法源源不断地被提出来，准确地识别出其中有价值的创新点，提供资源支持，建立合适的团队，推动产品开发和上线，以及运营产品，使其获得成功，这个过程中每一个环节都有无数的鸿沟要跨越，最终成功是一个小概率事件。

在存量竞争的今天，企业只靠一个天才灵光一现，提出一个特别好的想法就能获得商业成功的可能性已经基本为零。企业需要使创新成为一个系统性、体系化的组织行为。谁能够获得更多的创新想法，更快地识别其中有价值的问题，快速整合资源做正确的资源投入和规划，并且快速上线产品或服务，谁就能够在当下的创新竞争中脱颖而出。

6.4.4 企业数据创新平台的定义和价值

在快速变化、高速不确定的现在，企业需要一个民主创新的平台，构建自下而上的创新土壤和机制，打造没有层级、没有职位的平等氛围，让所有人能够安全、开放、自由地对话，从而碰撞出更多的创意和价值点。同时，创新是一个团队行为，该平台需要提供协作的工具。而创新的目的是产生价值，所有的动作以价值为唯一度量标准，平台也要提供度量体系。

企业数据创新平台是服务于业务目标的、为了打造创新数据产品而搭建的数据协同平台。企业数据创新平台应该提供以下价值。

1）打造创新氛围。企业数据创新平台要通过运营社区、组织数据创新大赛等各种创新活动，来营造企业的数据创新氛围。合适的时候还可以将用户引入进来，让产品的使用者直接参与产品的创新过程，小米手机、蔚来汽车就是典型的与用户共创的案例。

2）落地创新机制。企业数据创新平台也是企业创新机制落地的承载体，企业将创新流程、审批制度以及各种激励措施通过数据创新平台打造成数字化流程。比如，好的创新建议或想法可以通过立项评审流程进入孵化阶段，企业在孵化阶段为该创新项目整合、注入合适的资源，产品团队开发上线创新产品，再根据市场反馈情况决定下一步的举措。企业通过数据创新平台建立标准化的创新管理机制，能够提高创新的效率。

3）汇聚数据资源。数据是企业数据创新平台的核心生产要素，企业数据创新平台要与企业数据资产目录紧密关联，建立方便的数据获取路径，同时让不同用户能基于同一个数据建立自己的数据沙箱和测试环境，使其能够快速地应用机器学习、数学建模等技术。

4）整合商业资源。为了解决产品在孵化初期的资金、技术、流量、人力等资源问题，成熟的企业数据创新平台还需要具备整合商业资源的能力，从而让创新者能够快速地对接需要的各种商业资源，加速创新产品的发展。

5）提供技术能力。数据创新平台要能够提供各种数字化技术、基础设施及资源，比如计算资源、存储资源、网络资源等，从而让各个创新团队，特别是数据科学类创新产品团队，可以快速地根据业务的发展申请技术资源。

6）管理创新项目。数据创新平台要提供端到端的项目管理能力，帮助企业从财务、资源、进度等维度掌控好每一个创新项目所投入的资源，衡量收益，满足企业的经营管理要求。

6.4.5 企业数据创新平台的用户

企业数据创新平台的用户是谁？分别为他们提供什么服务，解决什么问题呢？总的来说，创新平台的用户有以下 8 类，每一类都有不同的核心诉求。

1）企业领导者。企业领导者更多是从价值、文化的角度出发，全局地看待这个数据创新平台带来的影响和导向，而不是仅关注其中某一个或多个创新项目。当然，如果有明星项目，企业领导者也会予以充分关注和指导。

2）企业管理者。对于具体负责业务的管理者来说，这个平台对他们最大的价值是能提供对他们负责的项目有帮助的创意，使他们可以借此优化自己的业务，从创新中获得业务价值。企业管理者会从痛点和价值出发，参与到他们感兴趣的、利益相关的项目中。

3）创新交流者。创新交流者是这个平台的种子用户，也是数量最多的用户。他们是提供创新想法，有业务痛点，乐于表达和交流的普通用户。这个群体的特点是非常不稳定，想法不稳定，情绪不稳定，时间不稳定，所以无法保证他们能够持续对创新有热情。但是这类用户却是这个平台的最重要的基本盘用户，如果没有人对想法进行充分交流和讨论，那么这个平台也就失去了民主创新的价值。而这类用户的诉求可以归纳为“成就感”3 个字，所以需要平台运营者设计一系列的活动和方式来刺激这群用户获得成就感，从而让他们持续存留，并且保持活跃。

4）创新团队。当一个想法通过讨论、投票、评审真正成为可以投资的孵化项目的时候，负责将这个想法落地的团队就成了这个平台最重要的用户，他们需要在这个平台上实现自己的创业梦想。所以，这个团队所有的协作、开发、沟通的需求，都会是对这个平台的需求，而企业数据创新平台需要对一些核心知识产权进行管理和保护，所以也需要创新团队在可管控的范围内进行项目的开发、上线和运营。

5）众包资源。被投资的项目就会有各种需求，包括设计、开发、策划等方面。平台可以对接各类人员，即众包资源来减轻创新团队招聘人员的压力，这时这个平台又成了一个众包交易平台。

这些众包资源的核心诉求就是收益，他们希望能够获得更高回报率的项目任务，所以如何能够更高效地接单并且结算是众包资源所关心的问题。

6）专家资源。众包资源里有一类细分人群，这是高端专家资源。他们往往在自己的领域已经有了很多的沉淀和积累，对创新项目的诉求除了通过提供专家服务获得一些收益外，更多是找到他们适合的项目，他们期待在合适的时间点以合适的方式参与项目。对于这类用户，企业数据创新平台需要吸引他们参加。

7）投资者。数据创新平台的另外一个用户群体就是投资者，这里的投资者包括天使、风险等全链路投资的个体和机构，他们是除了项目团队外最大的获益者，所以他们对平台来说非常重要，如果没有高质量的投资者，那么该平台对创业者的吸引力也会大幅削减。对于企业级数据创新平台来说，这里的投资者可能更多的是企业的领导者和管理者。

8）平台运营团队。数据创新平台是一个强运营的系统，平台的运营团队也是平台本身的用户。用户喜欢什么类型的创新想法？什么样的项目最受投资者关注？市场的新趋势和热点是什么？这些都是平台运营团队需要关注的。通过分析和运营以及组织各类活动，他们能从全局视角让更多的创新想法蓬勃而生，整合更优质的资源为创新事业呐喊助力，最终创造一个生机勃勃的创新体系。

6.4.6 数据创新平台的 4 个关键成功因素

企业级数据创新平台的成功标准非常清晰，那就是能否孵化更多成功的创新项目。

软件只是它的显性呈现形式，企业级数据创新平台绝不只是一个软件，它通过这样一个开放性的软件平台的形式，构建了一整套机制、体系、流程和资源来支撑系统的运营。企业级数据创新平台要获得成功，需要具备以下 4 个关键成功因素，如图 6-21 所示。

图 6-21　企业级数据创新平台的 4 个关键成功因素

首先，要有一套科学的机制。这个机制包括数据创新平台与主业的关系，创新归根到底是一种思维活动，思维活动的主体是人，如何建立一套科学的机制调动人的主观能动性，并且持续地挖掘、刺激、优化、引导一个想法走向商业成功呢？这需要高层的重视，需要企业对创新的追求，需要管理者有触碰旧的格局的胆识，更需要科学的流程机制和度量体系，从而用最小的代价来促进创新。

其次，整个数据创新平台的体验要非常顺畅。要让每一个想法的提出者、讨论者、参与者，在不同的阶段都能够很容易地使用平台上所有的功能，从而让用户创新思考的过程非常顺滑。

再次，仅仅提供好的交流工具和平台是不够的，企业级数据创新平台的核心是产生业务价值，所以该平台还要能够在适当的时间点对接和整合合适的资源给创新项目。平台要能够提供充沛的资源，并且能够持续不断地引入新的资源，包括资金、流量、数据、专业人员、用户等。

最后，数据创新平台应定位成一个企业的创新基础设施。它不能用短期的效益来度量成果和价值，而是一种文化的打造。但是企业也要避免盲目投入，避免企业创新一直没有进展、看不到效果的情况。

所以，对数据创新平台，企业一定要采用敏捷的方式，持续迭代，控制投入，才能够使平台走得更远。

6.4.7　数据创新平台的典型功能架构

一个企业级数据创新平台典型的功能架构如图 6-22 所示。

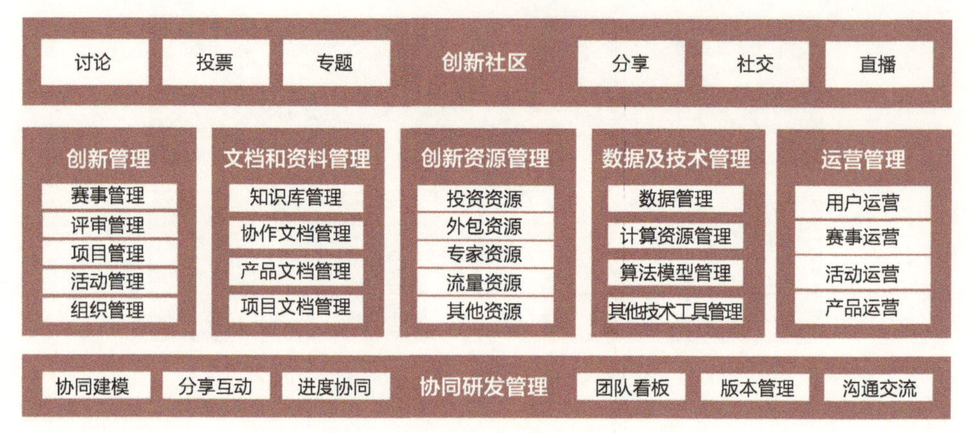

图 6-22 企业级数据创新平台

创新社区是数据创新平台的入口和基地，创新社区是营造创新氛围的园地，所有的用户能够在社区里通过发帖来讨论、投票及分享创意想法，还可以组织各种活动，如直播活动等。数据创新平台需要整合社交功能，让气氛活跃，让用户可以热烈地思考、激烈地共创、快乐地分享。

创新管理是落地企业数据创新机制的组件，一般来说包括赛事管理、活动管理、评审管理、项目管理和组织管理。

在整个数据创新的过程中，有很多的文档和信息需要留存，主要需要知识库类管理、协作文档管理、产品文档管理和项目文档管理等功能。

创新资源管理帮助创新团队整合和对接各个阶段所需要的商业资源，主要包括投资资源、外包资源、专家资源、流量资源和其他资源。

数据创新产品和项目需要数据和技术的支持，平台对此提供的功能包括数据管理、计算资源管理、算法模型管理和其他技术工具管理等，为创新团队提供方便、快速、开箱即用的数据集和各类数字化技术。

数据创新平台需要运营团队。运营管理组件帮助运营团队来组织和运营各类赛事活动，从而推动创新想法的产生和创新产品的快速发展，主要包括用户运营、赛事运营、活动运营和产品运营功能。

一般来说，协同研发管理组件提供数据协同建模、分享互动、进度协同、团队看板、版本管理和沟通交流等功能，能够连接不同地点的团队成员，使其高效协同。

7

第 7 章

精益数据中台

精益数据方法倡导企业通过“全局谋划，以用促建，快速迭代”的方式，构建以数据服务为核心的精益数据中台。

精益数据中台这个概念承载了企业对于新数据生产力的核心诉求，它是为企业提供业务价值的统一数据生产平台，承担着精益数据战略、数据协同创新、精益数据治理的落地实现任务，是精益数据产品的生产和运营平台。

7.1 全面了解数据中台

7.1.1 从企业软件发展史看中台的趋势

中台这个概念并不是从天而降的。中台的出现是企业软件发展的必然趋势，部分企业已经从信息化建设进入了数字化转型阶段，从局部支撑业务转变为全局优化业务。

回顾企业软件发展的历史，企业软件在不同的阶段解决不同的业务问题，这个过程是不断演进的。以典型的制造型企业来说，从 20 世纪 60 年代到今天，它应用的企业软件经历了 6 个阶段的发展，如图 7-1 所示。

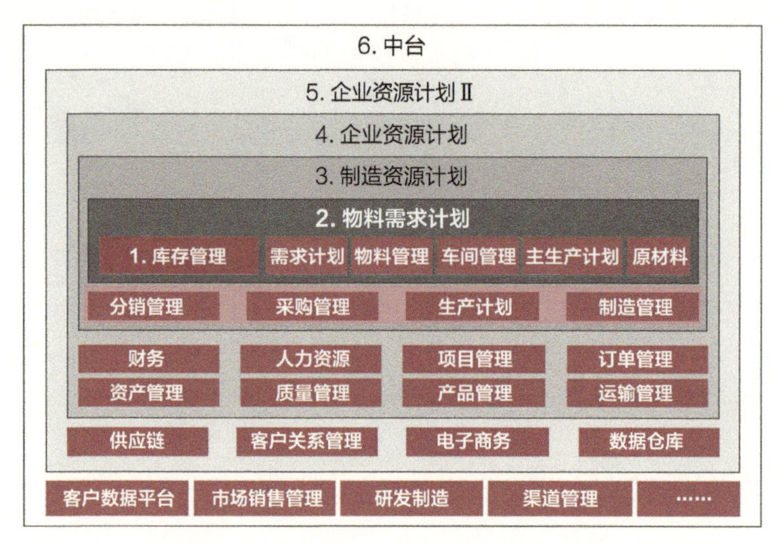

图 7-1　制造型企业软件发展的 6 个阶段

（1）库存管理

1960 年，规模化的工业生产模式已经成型，管理库存成了一个非常复杂而又重要的工作，需要考虑所有必需的组件、可用的库存和订单的交货时间等方面，涉及大量的手动计算。

在这种背景下，部分企业的物料库存开始由应用软件来管理，这类企业软件主要用来管理库存需求，设置目标，提供补货建议，监视物料使用情况，核对库存余额以及报告库存状态。

这时期的软件主要运行在主机，也就是我们所说的大型机上，使用的开发语言是 COBOL 和 Fortran，主要由库存管理人员使用。

（2）物料需求计划

在 20 世纪 70 年代，随着企业市场化的加强，企业与市场客户的连接越来越紧密，所以只管理现有库存已经不能满足前端生产和销售的需求。这个时候，物料需求计划软件（Material Requirement Planning，MRP）从库存管理领域延展到了主生产计划和物料采购领域，增加了需求计划、物料管理、车间管理和原材料等功能。

工作人员可以利用 MRP 安排生产的流程。MRP 根据产品的生产要求、生产系统的结构、当前库存水平和工序，制定原材料采购计划。

（3）制造资源计划

在 20 世纪 80 年代，MRP 的作用范围继续延展，涵盖车间管理和分销管理领域，形成了制造资源计划（Manufacture Resource Planning，MRP Ⅱ）。

MRP Ⅱ服务的对象是产品经理，帮助他们规划包括产品设计、备件购买、库存管理、销售成本和分销等环节的整个上游供应链。

（4）企业资源计划

到了 20 世纪 90 年代，仅仅实现制造链后端的需求计划小闭环已经不能够满足生产的需要，企业需要构建面向客户的整体价值链，将所有的应用系统集成起来，于是企业资源计划（Enterprise Resource Planning，ERP）出现了。

在某种意义上来说，MRP/MRP Ⅱ都是局部的业务系统，而 ERP 是第一个涵盖企业级价值链的业务应用。ERP 有助于改进企业内部整体绩效，融合了主要的业务产品计划，以及采购、物流控制、分销、履行和销售等活动，还集成了其他支持性活动，如财务和人力资源等方面的活动。

ERP 的用户对象从产品经理升级为企业的管理者。

（5）企业资源计划Ⅱ

2000 年以后，围绕着 ERP 产生了很多周边的应用系统，主要面向企业两端的生产活动，比如客户关系管理系统（CRM）和供应链管理系统（SCM）。各种软件系统对企业业务的支撑更加全面，已经涵盖了大部分的业务领域，我们将其称为企业资源计划Ⅱ（ERP Ⅱ）。

（6）中台

中台是为前台提供服务组织能力的平台，前台需要什么，中台就提供什么。在部分企业中，中台在 ERP Ⅱ的基础上增加了客户数据平台、渠道管理等功能，将企业的业务能力平台化、服务化，使一切业务数据化，然后给前台提供数据服务，这是中台与前面 5 类里程碑系统的本质区别。

ERP 和 ERP Ⅱ是支撑企业的标准化业务流程的软件形式，它们的用户是企业内部的管理和业务人员，而中台则要整合这些内部职能和能力，直接服务业务前台，为客户提供价值，所以中台所涵盖的业务能力比 ERP 更加全面，响应力更强。

回顾企业软件发展的 6 个关键阶段之后，我们再从 7 个维度来总结企业软件的发展趋势，如表 7-1 所示。

表 7-1　企业软件的发展趋势

	MRP	MRP Ⅱ	ERP	ERP Ⅱ	中台
应用范围	部门级	工厂 / 生产	企业内部	供应链上下游	生态 / 产业
技术架构	大型机	PC 服务器	客户端 - 服务器	浏览器	云计算
需求重点	成本	品质	生产速度	协同规划	客户价值
市场特征	相对稳定				快速变化
生产模式	少样大量	多样小量	多样大量	大量客户化	小批量客户化
支撑形式	点状支撑业务		数字化流程		业务服务化
本质	信息化				数字化

（1）应用范围

MRP 支撑部门级的业务需求，MRP Ⅱ则开始支撑企业级的生产流程。到了 ERP 阶段，软件已经能支撑企业的人、财、物等方面的大部分业务。而到了中台时代，软件能够帮助企业在产业生态里建立影响力，一切业务都已经数字化，中台提供的服务也开始直接参与到前台业务中。

这个发展历程是一个软件技术与业务融合并逐渐一体化的过程，软件技术正在一步步地将传统实体的线下业务形式转变为线上数据化形式，从而打造数字化业务。

（2）技术架构

MRP 时期，企业软件是很昂贵的，高昂的成本决定软件无法大规模支撑业务，只能应用在最需要的业务环节中。随着计算机技术的快速发展，开放式架构逐渐大行其道，企业软件的成本越来越低，新软件层出不穷。到了中台时期，云计算则是企业软件最主要的技术形式。

（3）需求重点

MRP 和 MRP Ⅱ时期，企业软件解决的主要是成本和效率的问题，并不关注客户的体验和需求，目标是提供生产成本更低、质量更好的产品来满足供给。ERP Ⅱ时期，企业开始关注供应链，通过软件来标准化业务流程，整合资源，以便更快地交付产品给用户。

中台时期，市场竞争激烈，用户主导权崛起，企业的业务视角也从关注内部走向赋能外部，即以客户为中心，为客户创造更多价值。

这是一个以企业为中心走向以客户为中心的发展历程。

（4）市场特征

从 ERP 到 ERP Ⅱ这 4 个阶段，互联网尚未高度发达，企业还处于相对稳定的市场环境中。而到了中台时期，万物互联，市场和客户需求高速变化，这种情况下企业的业务架构也从标准化、流程化走向了高响应模式，能够快速应对外部的不确定性。

（5）生产模式

MRP 阶段，企业产品模式是少样大量，产品品类少，标准化、规模化生产。逐渐地，到了 ERP 阶段，产品模式转变为多样大量。再到中台时期，产品生产实现小批量客户化柔性生产，这一切都是因为客户的需求越来越个性化，客户越来越在乎体验，所以企业的产品模式、生产模式也随之发生了变化。

中台需要提供更敏捷、更多样、更快速的服务，让业务前台能够“千人千面”地服务客户。

（6）支撑形式

从 MRP 到 MRP Ⅱ阶段，软件支撑业务的形式是点状、碎片化的，主要应用于企业的关键业务环节。从 ERP 到 ERP Ⅱ阶段，软件通过流程来支撑业务，这是业务数据化的过程，企业通过软件把线下传统业务搬到线上，形成业务数据。到了中台阶段，企业进入了一切数据业务化、服务化的阶段，通过数字化服务组件去重构前台新的业务形式。

（7）本质

从本质上讲，如 1.1.3 节所阐述的那样，企业软件的发展历程正是企业从信息化走向数字化的过程，信息化建设是企业的局部优化，为业务提供了技术支撑，而数字化转型是全局优化，使业务以数字化形式存在。

而中台就是业务数字化的承载形式，帮助企业从内部运营驱动转向客户价值驱动。在该时期，企业自身就是一个产品，整体地服务于客户，企业的每一个业务部门及其职能体系都要能够产生客户价值。

7.1.2　从分层架构理论看中台的本质

中台的概念是国内首创的，它与经典的分层架构理论有着本质上的一致性。通过分层架构理论探寻中台的本质，可以得到一个结论：中台是去伪存真，筛选并沉淀企业核心竞争力的能力平台。

1. 分层架构介绍

分层架构是 Gartner 公司提出的一种企业架构思想。该思想认为，企业的信息化系统或应用根据响应速度的不同可以分成 3 类——创新型系统、能力型系统和记录型系统，如图 7-2 所示。

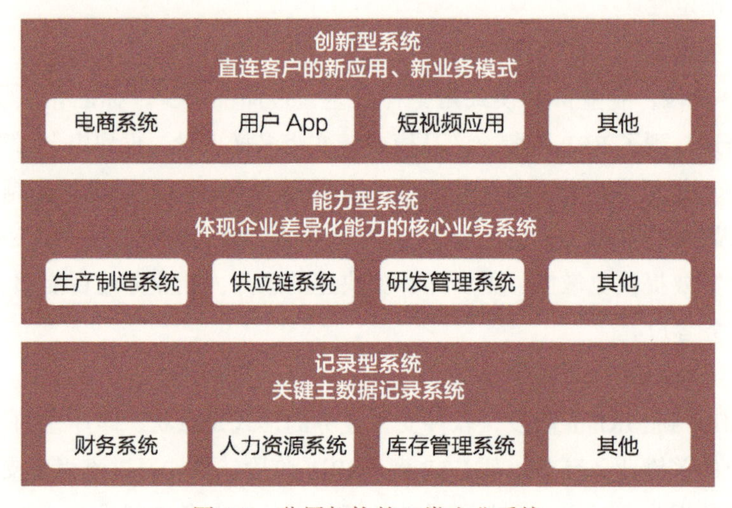

图 7-2　分层架构的 3 类企业系统

1）创新型系统。这是变化速度最快的一类系统，一般是直连客户的新应用、新业务模式。特点是快速变化，追求创新，能及时响应客户和市场需求，是企业在市场竞争中真正发挥作用的系统，能够帮助企业发挥创造力，以及探索新的商业模式。典型的创新型系统如直连客户的电商系统、用户 App 和短视频应用等。

2）能力型系统。企业架构的中间层通常是定制的 SaaS 应用或者是套装软件的一部分，有特定的流程和功能，这些流程和功能恰恰是令该企业与其他企业产生差异的地方，所以这一层是企业的核心能力层。典型的能力型系统如企业的生产制造系统、供应链系统、研发管理系统等。

3）记录型系统。企业架构的最底层是负责企业关键主数据采集及管理的记录型系统。系统上的这些数据不能出错，且保存周期较长、相对静态、变化很小。典型的记录型系统如财务系统、人力资源系统等。

基于这 3 个分类，分层架构理论认为企业应该对其系统或应用采用不同的建设和运营策略。下面以银行系统的分层架构为例说明，如表 7-2 所示。

表 7-2 银行分层架构示例

企业架构层次	系统 / 应用	建设和运营策略
创新型系统	某银行希望开发一个基于聊天场景的轻应用，由对话机器人审核小额贷款申请	• 使用最少的功能构建产品，验证解决方案是否可行 • 用一小部分用户样本进行测试 • 快速上线产品，迅速迭代 • 经过几个月的试验，根据效果决定是扩大产品推广范围还是放弃该计划
能力型系统	银行的自动贷款处理能力由一个定制的集成解决方案实现，该解决方案与多个外部 SaaS 服务集成，用于房地产估价、产权搜索、信用评分和在线 Web 表单提供等	• 系统通过一个大型项目，分多个阶段交付 • 系统预计使用寿命中等（3～4 年） • 变更请求由业务团队负责
记录型系统	银行的关键系统包括核心银行系统、贷款管理系统和文档存储库	• 这些系统由供应商提供并安装 • 预计使用寿命很长（7～10 年） • 对变更需求的控制非常严格，数据受到严格保护 • 系统必须接受相关监督机构的审计

2. 从分层架构看中台

全面地理解了分层架构后，再来看中台的思想，企业划分为前台、中台、后台的结构正好对应分层架构，如图 7-3 所示。

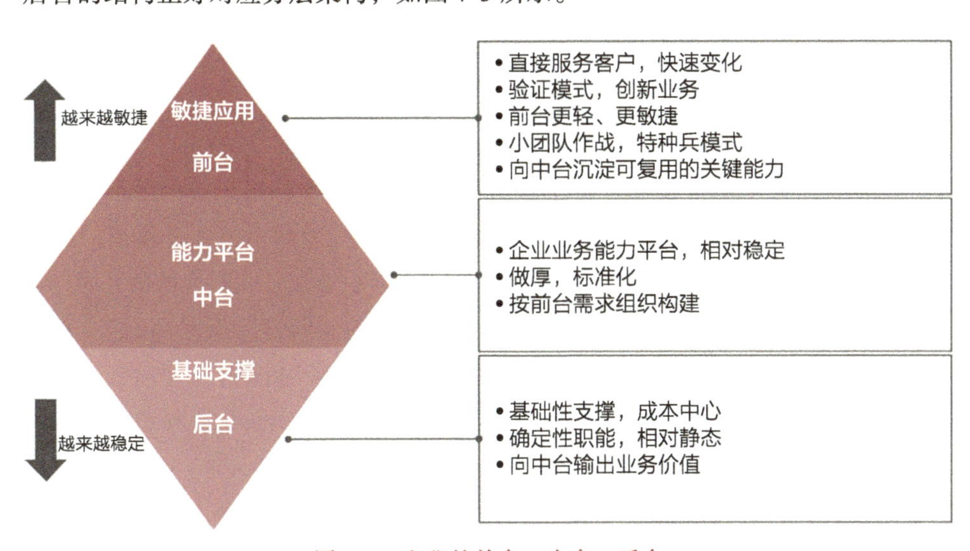

图 7-3 企业的前台、中台、后台

企业的业务可以分成3层，前台、中台和后台，不同的层次对应不同的系统，产生不同的价值。

如果把企业的业务看作一场战役，业务前台就是直接为市场和客户提供产品或服务的作战前线，前台要快速响应市场的变化，所以要具备高度的敏捷性。在面对多样化的客户的时候，前台会时刻面临不确定的需求，就要有快速创新的能力。前台的组织形式是围绕客户展开的小团队作战、特种兵模式，能够根据客户需求快速组合出作战策略，应对市场的变化。比如，前台可以通过一些轻量级的技术手段，如H5、小程序等，快速开发出以客户场景为中心的数据产品，然后定向地推给带有某一类标签的用户群，再根据用户的浏览、购买等行为的数据来度量这些产品的可行性，从中选择最优的产品来规模化复制。

前台的系统需要极度轻量，快速构建，快速上线，尽快调整。而传统的单体架构是很难做到这些的。企业需要把跟特定业务目标、用户需求紧耦合的部分拆解出来，放在前台，而把共性的组件模块沉淀到中台，提供可复用的能力。

业务中台就是承载了企业核心差异化能力的平台，相对稳定，能够为前台众多业务提供快速、高响应的组件和服务。

如果说前台是一线战场，那么中台就是弹药库，是立体作战的支援单位，能根据前台的调度向战场输送武器。中台需要做厚，做标准，做得更易用，减少前台业务人员的学习成本，并且提高可复用程度来降低成本。

企业有一些数据和流程是相对确定和稳定的，并且在一段时间内与客户和市场的关联并不紧密，比如传统的财务、人力资源管理以及内部风控等，它们是支撑企业内部管理的确定性职能，我们称之为后台职能，后台是成本中心。

但是随着市场竞争加剧，企业这些后台职能逐渐面临很大的市场压力。如何降低成本，提高后台的支撑效率，并且将那些可以直接贡献业务价值的后台职能拆解出来，放到中台供前台调用，也成了众多企业数字化转型的研究课题。

比如，所有的企业都遵循会计准则，将业务的经营情况反映到财务视角，出各种财报，这是一个各业务有共性需求的后台职能。原来财务管理系统更多服务于企业管理，但是部分领先企业能够通过数字化转型做到业务和财务一体化，将财务复杂的专业计算融入业务执行过程中，加快财务统计、核算的速度，能够让业务部门实时看到财务状况，这为业务部门做销售预测、制定销售计划提供了更精确的参考，有利于业务部门制定更有竞争力的策略。这就将后台职能转化为了前台作战能力。

总的来讲，从分层架构的理论来看企业的前、中、后台，我们会发现，前台要更敏捷、轻量化；中台要不断做厚，成为企业的核心能力平台；而后台则需要聚焦于更有确定性的职能，将一些可以贡献业务价值的职能放到中台供前台调用。

7.1.3　从业务中台到数据中台

中台的概念起于业务中台，逐渐扩展到数据中台，我们将一个零售企业的业务演进过程作为示例，来分析业务中台与数据中台的关系。

1. 某零售企业发展的 3 个阶段

该企业是一个典型的零售企业，其业务发展经历了 3 个阶段，如图 7-4 所示。

图 7-4　某零售企业发展的 3 个阶段

（1）单渠道阶段

在这个阶段，该企业主要在线下经营门店，用一套门店系统管理用户、商品、库存、促销等业务，系统架构如图 7-5 所示。

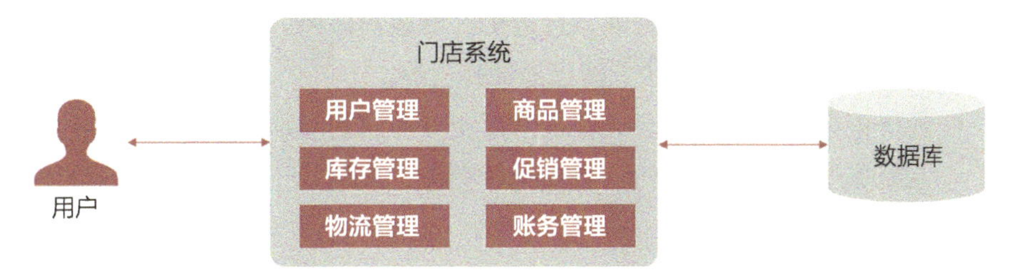

图 7-5　单渠道阶段的企业系统架构

（2）多渠道阶段

随着移动互联网的发展，该企业建立了自己的手机 App，用户能直接用手机 App 下单，门店系统与 App 并存，分别运行，如图 7-6 所示。

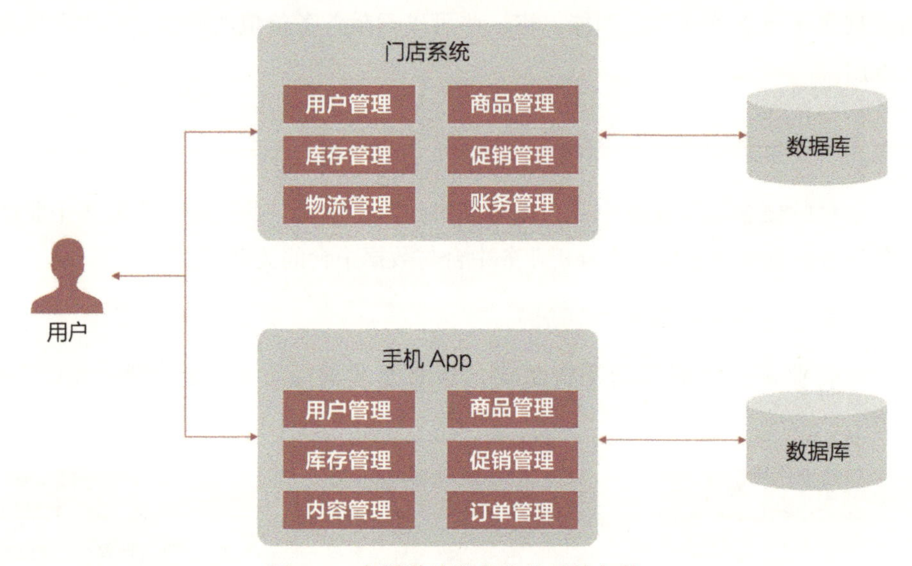

图 7-6 多渠道阶段的企业系统架构

这个时候，就出现了以下问题。

- 用户数据未打通，无法管理一个用户在两个渠道的交易。
- 对商品、库存等业务分散管理，管理者无法看清全局情况。

后来，该企业在第三方电商平台建立了自己的销售渠道。在这种情况下，企业构建了自己的双中台，进入了全渠道阶段。

（3）全渠道阶段

在现阶段的经营模式下，该企业希望有以下两方面的提升。

- 线上和线下，全渠道打通，打造更好的客户体验。如用户线上下单，线下门店提货；门店缺货，线上通知补送等。
- 基于全渠道的数据融合，实现全部业务的洞察和部分场景的智能化。如系统基于用户画像为门店提供配货参考；系统基于销量预测进行智能补货等。

为了实现上述目标，该企业构建了业务中台和数据中台，如图 7-7 所示。

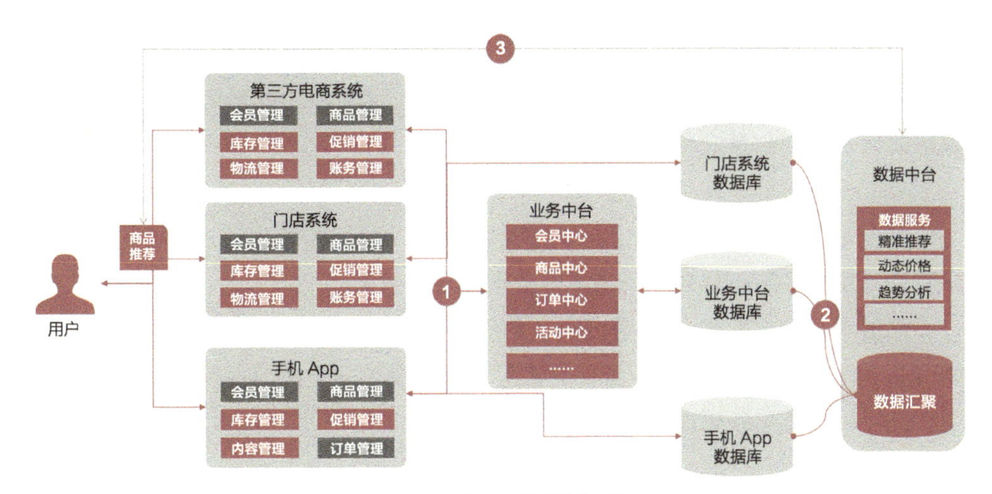

图 7-7 全渠道系统架构

企业通过业务中台来统一用户、商品、订单等业务的流程和标准，将这部分业务从前台收回中台，由中台统一提供相应的业务功能。企业同时构建了数据中台，让所有的数据都汇聚到数据中台。数据中台通过对数据进行建模、分析，形成数据服务，提供给前台的业务，比如实现商品推荐这一智能化场景。

2. 业务中台与数据中台的区别

从上述实际案例可以看出，业务中台和数据中台的服务对象、价值定位、工作模式都是不一样的，如表 7-3 所示。

表 7-3 业务中台与数据中台的区别

	业务中台	数据中台
服务对象	前台系统	前台系统、业务中台、业务用户
价值定位	提供可复用的、通用的业务服务	提供数据智能产品和服务
业务目标	业务标准化	业务智能化
服务形式	API	数据产品（API、智能算法、报表等）
工作模式	将业务系统共性的部分沉淀业务中台的服务	汇聚多方面数据，形成数据中台的智能服务
工作原理	抽象和复用	融合和智能
本质	业务数据化	数据业务化
典型服务	用户注册服务	商品推荐服务

（1）服务对象

首先是服务对象不同，业务中台只服务于前台系统。数据中台服务的对象包括前台系统、业务中台以及业务用户。

（2）价值定位

业务中台的核心价值是让业务流程更标准，开发效率更高。对同样的业务只需要开发及运维一套系统，而不需要重复建设系统。

数据中台的核心价值是融合企业的所有数据，通过分析和建模形成数据智能产品，以数据报表、API、智能算法等形式提供给业务用户、前台系统及业务中台去使用，让业务更智能化。

（3）业务目标

业务中台的目标是让业务流程更标准化，而数据中台的目标是让业务更智能。

（4）服务形式

业务中台主要通过API来提供服务，数据中台提供服务的形式包括API、报表、智能算法等。

（5）工作模式

业务中台是从多个业务系统中识别、抽象出共用的组件和模块，沿企业分层架构从上往下沉淀通用能力，让业务更标准。

数据中台是将多个业务系统的数据汇聚、融合，形成新的数据分析和洞察，提供给业务部门使用，是从下往上反哺业务系统，让业务系统收获更聪明的做法。

（6）工作原理

业务中台的工作原理就是抽象和复用，将业务系统中通用的部分抽象出来放到中台，一方面提升业务的标准化水平，另一方面能加快系统的开发效率。所以企业如果对同一类业务有且只有一个前台系统，那么从逻辑上来讲，是可以没有业务中台的。

数据中台的工作原理是融合和智能，将企业多个系统的数据进行融合打通，通过建模和分析，得出有价值的数据洞察，以数据智能服务的形式提供给业务系统、业务中台和业务用户使用。

（7）本质

业务中台的本质是业务数据化，只是原来各个业务系统分别对同一个业务流程进行开发并实现数据化，而业务中台将它们统一了。

数据中台的本质是数据业务化，将数据形成的洞察变成业务需要的、对业务有价值的服务，反向输出给业务系统，形成指导、参考等。

（8）典型服务

业务中台的服务以用户注册为典型。每个业务系统都有用户注册功能，业务中台统一实现用户注册功能，然后使其作为服务开放给所有业务系统使用，避免了重复开发，提高了开发效率。同时，由于所有的业务系统都用一个用户注册服务，对应同一套后台数据，业务更标准化了。

数据中台的服务以商品推荐为代表。通过对用户在多个系统的信息和数据的融合，结合第三方提供的用户画像，数据中台生成商品推荐的算法，提供给业务系统，从而对特定用户进行精准的商品推荐。

7.1.4　数据中台与数据仓库、数据湖的区别

数据中台、数据仓库、数据湖是 3 个完全不同的概念，它们的区别如表 7-4 所示。

表 7-4　数据中台、数据仓库、数据湖的区别

	数据中台	数据仓库	数据湖
定义	企业级数据能力建设和输出平台	面向特定主题的、集成的、相对稳定的、能反映历史变化的数据集合	存储企业原始数据的大型仓库，其中的数据可供存取、处理、分析及传输
价值定位	为用户提供数据智能服务	为决策提供数据作为辅助	为数据加工提供源数据
业务目标	提供企业数据生产、利用能力，让业务更智能	为决策提供依据	为开发人员提供全面、可信的数据
服务形式	API、报表、数据集等数据产品	报表	数据集
服务用户	企业所有数据用户	报表开发人员、决策人员	数据开发人员
数据类型	所有数据资产	以历史数据为主	原始数据
技术架构	多种技术综合实现，可以选择不同架构	以单体架构为主	以分布式架构为主

（1）定义

数据中台是一个概念，是企业级数据能力建设和输出的平台，并不是一个具体的技术架构或者一个软件，不同企业的数据中台，有着不同的建设路径和方法。

数据仓库是一类面向特定主题的、集成的、相对稳定的、能反映历史变化

的数据集合，它存储的数据以结构化数据为主，市场上有很多成熟的数据仓库套装软件。数据湖是存储企业原始数据的大型仓库，其中的数据可供存取、处理、分析和传输。数据仓库和数据湖是构建企业数据中台的一类组件。

（2）价值定位

数据中台对企业的价值主要是如下两方面。

第一，提升企业生产和利用数据的能力。数据中台提供全链路的数据采集、存取、生产、加工、探索、发布等能力，让企业具备更全面、更先进的数据生产、利用和数据产品开发的能力。

第二，提供数据产品和服务，让业务更智能。数据中台提供数据服务、数据产品，通过更准确、更优化的业务洞察来指挥、调度业务动作，让业务更智能。

数据仓库服务于某一个具体的业务主体，其价值是为业务人员和企业管理层提供以报表为主要形式的数据。数据湖是一个技术概念，是企业所有数据的集合。数据湖和数据仓库都可以是企业级数据中台的一部分。

（3）业务目标

数据中台的业务目标是让数据的生产、利用更高效，业务更智能。数据仓库的业务目标是辅助决策，提供更优质的数据。数据湖的业务目标是为开发人员提供更准确的数据。

（4）服务形式

数据中台的服务形式包括数据集、API、算法、报表等。数据仓库的服务形式以报表为主。数据湖的服务形式则以数据集为主。

（5）服务用户

数据中台的服务用户包括业务活动、前台系统，以及业务中台等方面涉及的企业的所有数据用户。数据仓库的用户则以报表开发人员和决策人员为主。数据湖的用户主要是数据开发人员。

（6）数据类型

数据中台汇聚了企业的所有数据资产，包括结构化、非结构化数据。数据仓库主要存储历史数据，以结构化数据为主。数据湖存储企业的所有原始数据。

（7）技术架构

数据中台没有一个通用的标准架构，不同的企业可以选择不同的架构模式来建设自己的数据中台。数据仓库在应用上基本以套装软件为主，采用单体架构模式。数据湖采用分布式、异构存储的架构模式。

7.1.5　影响数据中台建设方向的 6 个技术趋势

大部分企业还在用 20 世纪的技术管理现在的数据，但数据生产加工的新技术正在以前所未有的速度不断涌现，这些技术将带来以数据作为生产要素的新时代。如图 7-8 所示的技术趋势将直接影响数据中台的建设方向。

图 7-8　6 个技术趋势

1. 云原生推动存算分离

应用上云的大势不可阻挡，随之而来的是数据智能平台必然走向云原生。

云原生是一个新的技术概念，目前业界的定义尚未统一，但是总的来讲，云原生就是一种构建和运行应用程序的方法，让应用程序为了云的环境而设计，充分利用和发挥云计算的弹性和分布式优势。

未来所有的应用都将向云原生演进，云原生也改变了数据生产的底层逻辑，进而改变了数据生产模式，其中最重要的改变就是存算分离。

云原生让数据存储和应用计算分离成为可能，如图 7-9 所示。

图 7-9 中左侧是传统应用架构，分两层：上层表示成套的程序代码，需要 CPU 和内存去计算，在计算平台上运行；下层是数据存储，需要持久化。传统架构下存储和计算是紧耦合的，边界不清晰。这样的架构带来了以下 3 类问题。

- 计算和存储中只要有一个达到瓶颈，都会导致应用崩溃。为了避免这样的问题，需要提高算力和存储能力的上限，这样就会产生不少浪费。
- 计算和存储紧耦合模式下，应用扩展会带来大量数据的迁移，导致应用难以扩展。
- 当企业有很多应用的时候，必然会产生数据孤岛和重复数据等问题。

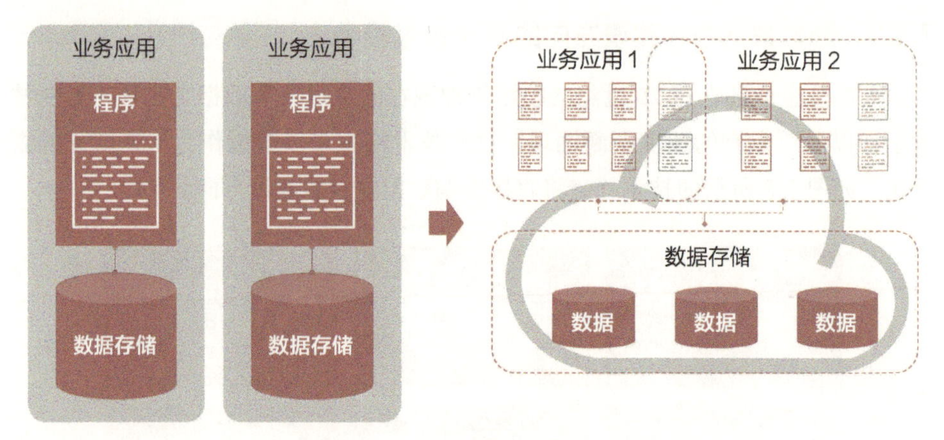

图 7-9　云原生推动存算分离

而云原生架构让存算分离成为可能。图 7-9 中右侧是云原生下的新架构。应用程序从一个整体的程序包分解成一个个微服务，部署在云计算平台上，各自独立运行。数据通过云上数据仓库或者云上数据湖这样的基础设施来存储，由微服务直接访问存取。

在这样的架构下，不论哪个环节出现了问题，都可以依托云计算平台的弹性和可扩展能力快速解决，并不影响其他模块。同时由于数据不再与某个应用紧耦合，数据独立于计算存在，就能实现企业级的数据持久化，多个应用可以访问一个数据存储，减少数据的重复性建设，从根本上解决数据孤岛的问题。

在云原生的架构加持下，未来的企业、应用和数据将分离。应用是快速变化迭代的，是一个个镜像的运行实例，而数据将持久存在，成为企业业务的数字化存在形式。

未来的数据中台一定是基于云原生架构的。

2. 一站式数据能力平台

企业的数据生产、加工和利用无处不在，数据已经成为所有岗位工作的基础生产要素。随之而来的是各种数据采集、加工、处理、分析、分发、利用的工具的蓬勃生长。

但是数据生产是一个团队活动，分散的、割裂的、架构混乱的数据生产技术和工具已经给企业的数据生产和管理带来了很大的问题，一站式数据能力平台将是未来数据中台的必然发展方向。以 Snowflake、Databricks 为代表的新型数据服务厂商都在推进一站式数据能力平台的战略，通过一个平台为企业提供端到端的数据能力。

一站式数据能力平台有如下四大价值。

1）用户全服务。数据平台要能够服务于所有的用户，而不仅仅是技术开发人员，例如 Netflix 的数据中台的服务对象就包括管理层和业务人员，未来企业所有的用户都会是数据的用户，所以数据中台要服务于所有的用户，成为企业的一站式数据能力平台。

2）链路全打通。数据从产生到利用，最后形成数据产品被消费，再产生新的数据，是一个闭环的链路。一站式数据能力平台能够覆盖数据全生命周期，打通全链路数据，减少人工线下的操作。

3）要素全协同。整个数据生产、利用的过程中有非常多的要素，包括人、应用、设备等。这个一站式数据能力平台要让所有的要素能够协同，从而减少浪费，提升生产和利用的效率。

4）功能全集成。一站式数据能力平台将所有生产、利用数据的功能、工具和技术都集成整合在一起，从而避免数据消费者在多环境下工作，带来一致的用户体验，提升用户工作状态的延续性，这也是数据中台必须具备的能力。

3. 人工智能成为主流数据生产力

数据的生产、加工、利用，已经是所有互联网公司主要的业务动作，而传统企业也正朝数据驱动的数字化企业转变。提升数据要素的生产、加工、利用的能力，也就是数据生产力，成了所有企业都希望达成的目标。企业数据生产力正从 3.0 阶段向 4.0 阶段发展，如图 7-10 所示。

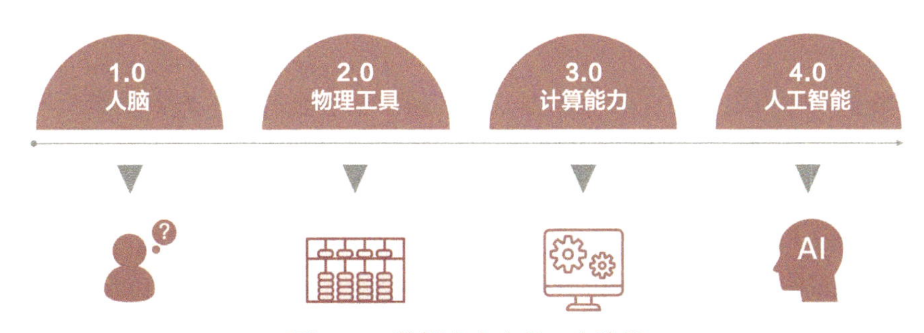

图 7-10 数据生产力的 4 个阶段

从 1.0 阶段到 2.0 阶段，人们对于数据的处理以人脑和辅助的物理工具（如算盘）为主。到了 3.0 阶段，软硬件成了帮助人们处理数据的主要工具，但是生产力以算力为主，工具无法自主思考。

随着 4.0 阶段来临，人工智能技术目前正逐渐成为主流的数据生产力，主要体现在 6 个方面，如下所示。

1）数据生产。在数据生产环节，通过机器学习训练数据模型，掌握数据生成的规律，然后自动化生成数据，典型的如语音生成、图像生成、视频生成等技术。

2）数据建模加工。机器学习已经成为主流的数据建模工具，在很多场景替代了以微分方程、概率论为主的数学建模的工作方式，例如通过机器学习来训练机器人下棋。

3）数据采集提取。通过机器学习来掌握数据的规律，然后从数据中自动提取那些符合条件的内容，生成摘要、简介。这种方式已经被广泛地应用到内容领域。

4）数据质量管理。原来人工做数据整理，梳理数据的问题，需要一条条地去匹配、核对，即使采用工具，也是效率很低的。可以利用人工智能技术来进行稽核，识别数据的问题，发现异常数据。

5）数据安全风控。人工智能在数据安全领域的应用是非常广泛的，在数据交换、集成、共享越来越充分的今天，很多企业都在利用机器学习模型来发现数据交互过程中的风险。

6）数据运营增长。就像 Netflix 一样，对用户数据进行分析，追踪浏览、观看数据，通过机器学习技术识别数据的趋势，找到新的增长点，人工智能技术已经广泛地应用于数据运营增长领域。

4. 数据智能工程化

数据智能要成为企业的生产力，就必须以工程化的技术来解决模型开发、部署、测试、上线、预测等全链路、全生命周期管理的问题。

数据智能工程化是数据和人工智能技术被大规模应用到企业生产经营的必备条件，否则数据和人工智能还只能停留在点状、局部场景上。

构建数据智能的工程化能力是一个体系化的工程，但是可以以如下 3 个关键能力作为抓手。

1）DataOps。DataOps 是一套实践、流程和技术，它将综合的、面向流程的理念与敏捷软件工程中的自动化方法相结合，提高数据的质量、生产速度和协作，促进数据分析领域的持续改进。企业通过构建 DataOps 体系提升数据生产和利用的持续交付、快速迭代、高效协同的能力。

2）MLOps。MLOps（Machine Learning Operations）是在机器学习过程中借鉴和利用敏捷思想的一种实践，MLOps 的流程和工具可以帮助机器学习团队构建自动化、可复用的工作流以及可复用的数据资产，来提高效率并加速机器学习算法的迭代。

3）AIOps。AIOps 是利用大数据、现代机器学习以及其他先进的分析技术，直接或间接地增强 IT 运维（监控、自动化和服务台）能力，让产品具有前瞻性、个性化以及动态的洞察力，从而更稳定、更高效地运行。

DataOps 和 AIOps 的构建能够提升企业数据智能应用的端到端能力，规模化发掘数据智能的业务价值。

5. 可用不可见的隐私计算

随着数据作为生产要素被大规模应用，数据隐私保护也成了备受关注的主题。各国政府纷纷出台数据保护的法律法规，充分体现了各国政府对于数据隐私保护的重视。在这种背景下，如何能够既保证数据操作安全合规，又充分地发挥数据的价值呢？基于该问题，隐私计算成为目前数据应用的一个重要趋势。

隐私计算指在保护数据本身不对外泄露的前提下实现数据分析计算的技术集合，达成数据的可用不可见，实现数据价值的转化和释放，使数据价值最大化。

隐私计算目前主要有多方安全计算、联邦学习、可信执行环境、多方中介计算等技术方向。

6. 混合型数据处理

3.1 节介绍了数据技术中很重要的两种处理形式——OLTP 和 OLAP，它们分别承担了业务系统数据处理和数据分析洞察的职责。但是由于外部环境的高度不确定性，市场和客户的变化越来越快，原来通过 OLAP 系统进行分析并将业务洞察反馈给业务系统的模式已经不能满足业务的需求，最典型的场景就是金融的信用卡应用，既要计算当前消费，又要分析历史交易统计剩余额度。

在这样的背景下，OLTP 和 OLAP 融合的数据处理架构——混合事务 / 分析处理（Hybrid Transaction/Analytical Processing，HTAP）开始被企业应用。

HTAP 融合了 OLTP 的实时数据处理能力和 OLAP 的历史数据分析能力。它能够对历史数据进行挖掘、分析，实时为业务交易决策提供洞察和建议。HTAP 的主要优势如图 7-11 所示。

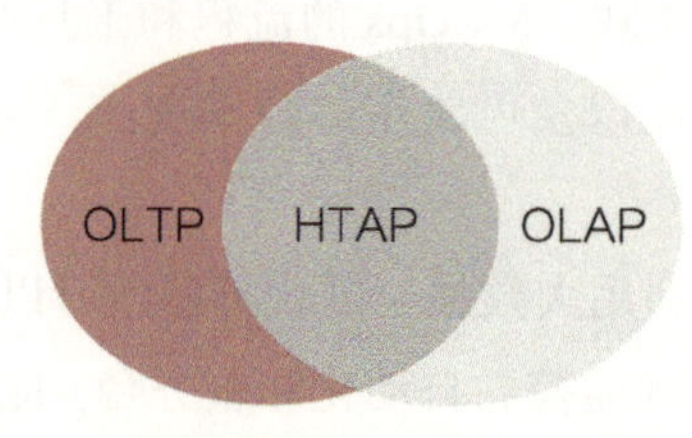

图 7-11　HTAP 兼有 OLTP 和 OLAP 的优势

HTAP 在 OLTP 单一数据系统上增加了 OLAP 的能力，主要的优势如下：

- 不需要把数据从操作型数据库导入决策类系统；
- 操作事务实时地对分析业务可见；
- 支持上钻下取等分析操作，时刻操作最新的数据；
- 降低对数据副本的要求。

7.2　深度剖析数据中台

7.2.1　什么是数据中台

1. 用户对数据中台的 5 点诉求

数据中台的概念火遍大江南北，有的厂商将数据仓库包装为数据中台，有的厂商将数据湖解读为数据中台。企业对数据中台这个概念的认可背后有什么动力和诉求？

关于数据中台，市场并没有一个统一的定义。数据中台究竟是什么，要提供哪些能力？作为行业里写出第一篇关于数据中台的 10 万 + 阅读量文章的作者，笔者认为这些问题应该通过用户的需求来确定。

2020 年，笔者发起了一个行业数据中台调研，收到 1700 多份有效问卷，分析总结了用户对数据中台的 5 点诉求，如图 7-12 所示。

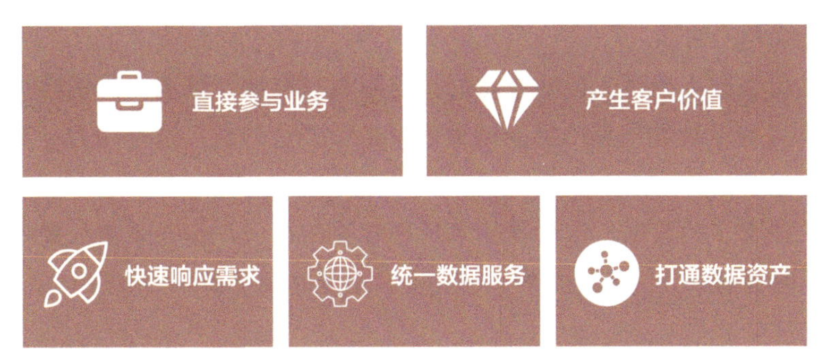

图 7-12 用户对数据中台的 5 点诉求

（1）直接参与业务

在调研结果中，这个诉求排名第一，有超过 70% 的用户都期待数据中台直接参与业务。究其原因，在数据中台出现和发展之前，数据在企业的利用模式主要是基于数据仓库，将数据加工成以报表为主的洞察类产品，然后由业务和管理人员来看这些报表，做出业务决策。而这个过程一来周期太长，二来受人为经验的干扰太大，导致数据的价值讲不清楚，无法明确销量的增加是由于数据洞察准确，还是偶然发生的。所以数据在企业里虽然越来越重要，但是并没有直接参与业务的经营。而数据中台的出现让这一切成为可能。企业可以通过实时数据 API 将数据洞察变成数据服务，直接指导和影响业务的决策，让数据中台参与到业务当中来。

（2）产生客户价值

过去的数据系统以存储和管理数据为核心目标，就像一个仓库的管理员，只要仓库里的货物不丢失、不坏就达成了目标，至于仓库里的货物是否卖得出去，就不再关心了。但是随着企业对数据的投资越来越大，业务对数据的依赖程度越来越深，企业对数据的期待不仅限于数据资源的管理，还包括让这些数据产生客户价值，甚至直接为企业带来收入。

（3）快速响应需求

数据中台出现之前的企业数据系统以数据仓库为代表，提供的主要是在线分析型服务，这类服务具有两个“不及时”的特点。

第一是服务不及时。为数据仓库的技术架构所限，业务部门对数据仓库的报表提出新的需求，数据团队至少需要一天的时间来修改模型，重新加载数据后才能上线相关功能。

第二是数据不及时。很多企业的销售报表只能统计到前一天的数据，无法把当天实时的销量数据和历史的销量数据进行整合分析。这是因为计算和存储技术能力有限。

在云计算、大数据、流计算技术日趋成熟的今天，企业希望数据能够更快地响应业务的需求，拥有更快的开发速度，更及时地更新。

（4）统一数据服务

企业缺少统一的数据服务已经是一个长期存在的问题。很多企业的数据分散在不同的业务部门，各自开发各自的数据产品。所以，业务部门在有需求的时候不知道如何找到最可信的数据。而 IT 部门的资源和能力有限，无法及时满足所有业务部门的数据需求，于是各个业务部门只好自己基于对需求的理解开发了很多新的数据产品和数据服务。这样一来，企业的数据更加复杂，一个指标可能有众多版本的数据，部门之间的数据无法互通，缺乏统一的数据服务，带来了非常显著的数据问题。

用户希望数据中台能够统一数据服务，把分散在各个业务系统、数据平台、数据应用里的数据服务进行重构、整合、去重，提供统一、唯一、可信的数据服务。

（5）打通数据资产

虽然每个企业的高层都对数据越来越重视，并且也在时常强调数据是整体的，要共享，要集成，但是最终执行起来却困难重重。一来，企业缺少统一的数据标准，或者说即使建立了统一的标准，也没有真正落地该标准。二来，数据都沉淀在各个业务系统里，而业务部门之间是有明确的职能分工的，一旦数据共享了，那么业务部门内部的情况也就一览无余了，这并不是很多业务部门希望看到的。各部门都希望别的部门的数据能够对自己开放，而自己的数据却选择性开放，因为数据是业务情况最真实的呈现。所以，很多企业的每个业务部门都有自己的数据应用，数据仓库又是按业务领域构建的，这样一来，企业的数据仓库就有好几套，加上公司级的数据平台、集团级的大数据平台，企业的数据资产层层叠叠，已经成了数据“千层饼”。这不仅造成了存储空间的巨大浪费，更给数据的分析利用带来了巨大的挑战。

企业希望数据中台能够结束现在的数据乱象，将所有的数据资产打通，构建企业唯一的数据资产体系，开发统一的数据服务，快速提供给业务。

2. 数据中台的定义

基于上述诉求，精益数据方法认为，数据中台是为业务提供价值服务的统一数据生产平台，如图 7-13 所示。

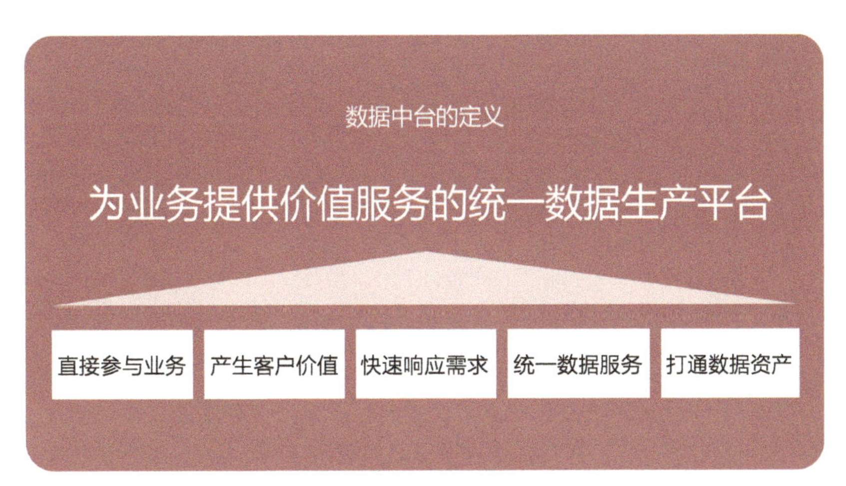

图 7-13　数据中台的定义

这个定义清晰地指明了数据中台的 4 个核心要素，缺一不可。

1）业务。数据中台一定要以业务为核心，从业务目标出发，而不是从数据或者技术出发。数据中台一定要解决业务问题，而不是技术部门的自娱自乐。

2）价值服务。数据中台一定要提供有价值的服务，这里的价值要能够度量，让业务用户有获得感。

3）统一。每个组织有且只能有一个统一的企业级数据中台，这个数据中台能够汇聚所有的数据资产，统一数据生产标准，沉淀和运营所有的数据产品，是企业数据资产的唯一管理和生产平台。

4）数据生产平台。数据中台的核心是数据的汇聚、加工、生产，将企业的数据加工成解决业务问题、带来业务价值的数据产品。

3. 数据中台诉求分解

针对数据中台的定义，将用户对数据中台的诉求进行分解，就能够得到数据中台的能力构成，如图 7-14 所示。

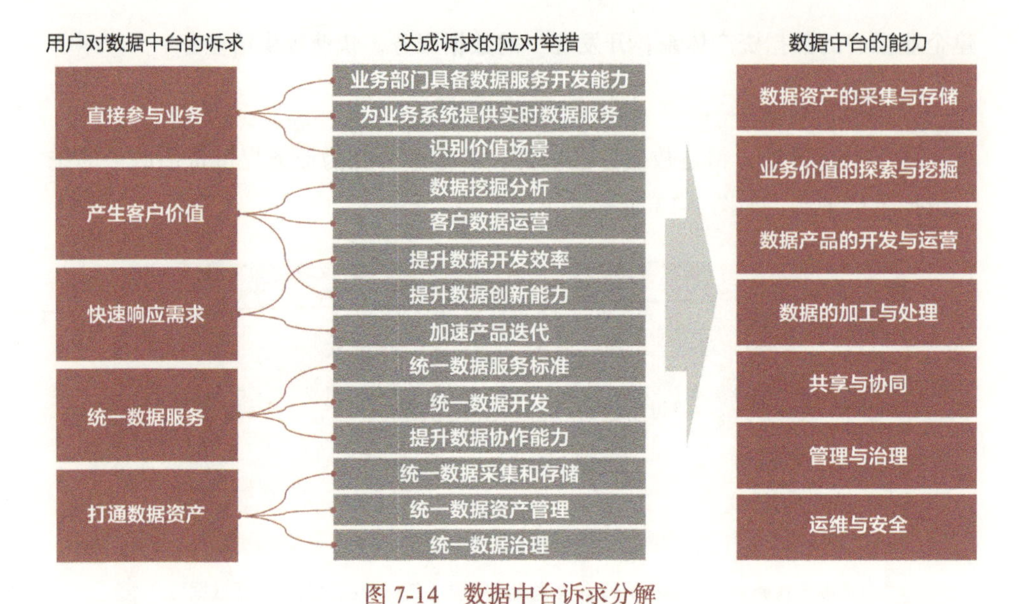

图 7-14 数据中台诉求分解

通过对数据中台诉求的分解，期望可以得出达成这些重要应对举措。

1）如何直接参与业务。数据服务要直接参与业务的决策，需要做到两方面的改进：一方面，让业务部门自己具备一定的数据服务开发的能力，这样业务部门能够提升利用数据的积极性；另一方面，为业务系统提供实时的数据服务，不仅是报表和洞察。直接参与业务的重要基础工作是识别业务价值场景。

2）如何产生客户价值。让数据产生更多的客户价值，需要对用户相关的数据进行更深度的挖掘和分析，加强客户数据的运营，同时提升数据创新的能力，探索出更多的客户价值。

3）如何快速响应需求。快速响应业务的需求，主要的应对举措有提升数据开发的效率，加快产品的迭代速度。

4）如何统一数据服务。统一数据服务需要统一数据服务的标准，统一数据开发的流程规范提升数据协作的能力。

5）如何打通数据资产。打通数据资产需要构建统一的数据资产管理体系、统一的数据治理体系、统一的数据采集和存储方案，并且打造统一的协同平台，让大家在一个体系里进行数据生产。

数据中台贯穿了企业的所有数据生产环节，成为一站式数据生产平台，这正好与数据中台的 6 个技术趋势不谋而合。

4. 数据中台的两类能力

将上述重要的举措按照数据生产的顺序，可以归纳成数据中台 7 个能力，分别是数据资产的采集与存储、业务价值的探索与挖掘、数据产品的开发与运营、数据的加工与处理，共享与协同、管理与治理、运维与安全。这 7 个能力可以分成两类，一类是核心能力，另一类是支撑能力，如图 7-15 所示。

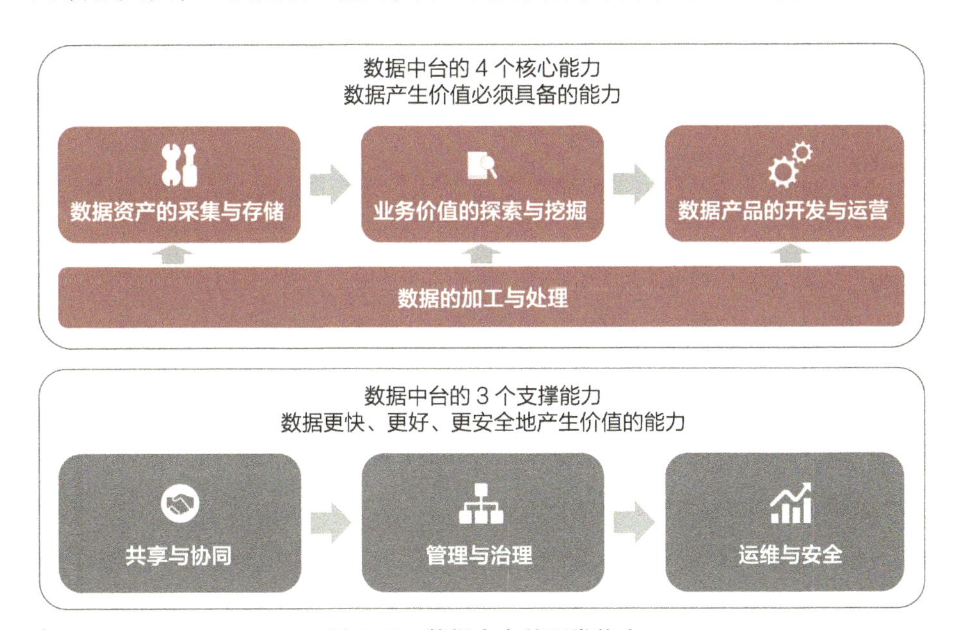

图 7-15 数据中台的两类能力

数据中台的核心能力是指直接支撑数据产生价值的必备能力，也就是直接处理数据，从源数据发展成数据产品，企业的数据中台必须能够端到端支持这个过程中的全部链路及业务动作，这部分能力是数据中台必须具备的能力，数据中台缺少一个相应组件，就无法完成从数据到价值的闭环。

在核心价值产出的功能之外，为了让业务效率更高，用户体验更好，数据产生价值更快、更安全，数据中台同时要提供一些支撑的能力。这部分能力不是直接对数据进行加工处理、开发数据产品的，而是为了让数据价值链的各个环节、各个角色的沟通协作，以及数据的质量和数据产品的生产更加高效的。

下面详细阐述 4 个核心能力和 3 个支撑能力。

7.2.2 数据中台的 4 个核心能力

数据中台主要有 4 个核心能力，如图 7-16 所示。

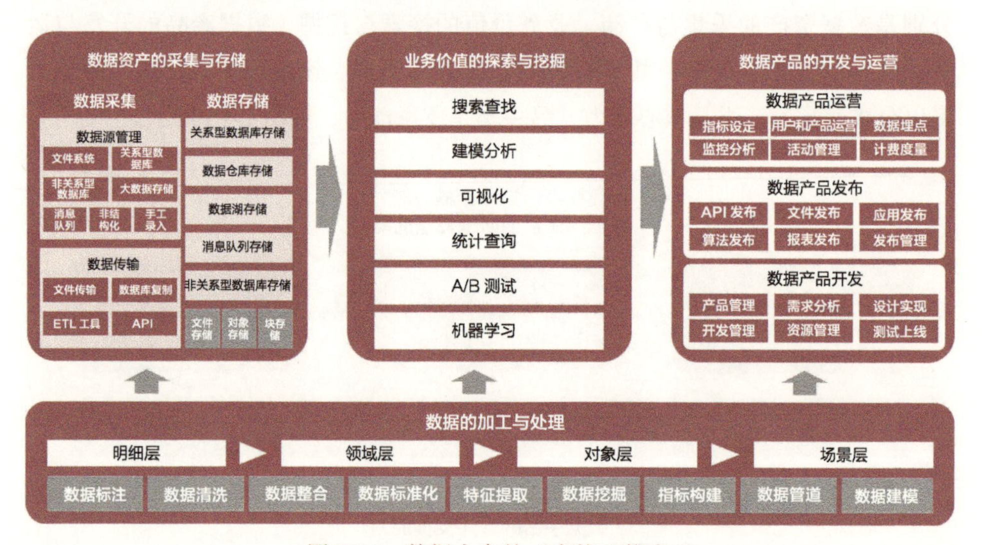

图 7-16 数据中台的 4 个核心能力

1. 数据资产的采集与存储

从各种系统和渠道获取源数据，对其进行存储和加工，形成可被利用的原材料，这是数据中台最基础的核心能力。随着数据技术的发展，数据获取和存储的手段、工具越来越多，如何构建适合自己业务需求的数据资产采集与存储能力也成了企业构建数据中台首先需要考虑的问题。

（1）数据采集

数据采集功能包括数据源管理和数据传输。

1）数据源管理。数据中台需要支持市场上主流的源数据接入，从而能够用快速便捷的方式接入企业的各种数据源，主要数据源类型如下。

- 文件系统：以文件形式存储的数据源，比如 CSV 文件、静态 JSON 文件等。
- 关系型数据库：MySQL、SQL Server、Oracle、SAP HANA、Db2 等。
- 非关系型数据库：Hadoop、MPP 数据库、图数据库等。
- 大数据存储：Vertia、Hive、HBase、Hologres 等。
- 非结构化存储：以对象存储（OSS）为代表的块存储形式。
- 消息队列：以 MQ、Kafka 为代表的消息队列也可能是数据中台的数据源，从而可以实时地从消息队列中获取数据。

- 手工录入：数据中台同样要支持手工录入数据的数据源，例如可以直接在界面上配置数据结构，然后提报数据。

2）数据传输。数据中台需要采用合适的手段从数据源中获取数据，也就是进行数据采集或者集成，然后将源数据按照一定的规则、顺序，传输到数据中台的存储当中。数据传输的方法有以下几种。

- 文件传输：通过 FTP、共享文件夹等方式，来定时或一次性从文件系统中获取数据。
- 数据库复制：对于关系型数据库之间的传输，可以通过复制表或者日志传输的方式实现。
- ETL 工具：通过 DataX、Sqoop、Kettle 等 ETL 工具实现异构数据存储之间的数据抽取。
- API：通过接口获取数据。

数据传输可以分成增量、全量及实时 3 种类型。

- 增量数据传输：每次获取源数据发生变化的部分，可以根据时间戳、状态、标签等来做增量策略。
- 全量数据传输：每次获取源数据的全部数据。
- 实时数据传输：从源数据中获得实时产生的数据。

根据数据源的类型，数据采集可以分成单机式以及分布式。

如今云计算技术广泛应用，企业同时要考虑私有云、公共云和混合云的数据采集，要能够支持主流的云计算产品接口和协议。

企业应该根据自己的业务场景需求来确定数据获取的方式、方法和策略。

（2）数据存储

配置好数据源，在获取数据的同时，要为数据传输的目标设计数据存储的格式、模型，这就是数据中台的存储能力。

数据中台的存储能力没有固定的标准，对应于不同企业的不同转型阶段，可以进行不同的定制化，但是要能够满足数据开发的需求。精益数据体系建议做好数据存储的顶层设计，但是要根据上层业务应用的需要来分步、分阶段构建。

企业级数据中台应该支持主流的 3 类不同层次的数据存储技术。

1）块存储。块存储又名 SAN，对用户端暴露出来的是“盘”或者“逻辑盘”，不能被多个客户端同时共享或访问，常用的访问协议包括 FC、iSCSI、NBD、RBD 等，典型应用场景是存储结构化数据（数据库），以及作为虚拟机或者容器的后端持久化存储。

2）文件存储。在文件系统层对外提供服务，系统只用访问文件系统一级就可以，各个系统都可以根据接口去访问，典型的实现如 FTP、NFS 服务器。优点是造价低、方便文件共享，但是读写速率低，传输速率慢。典型应用场景是日志存储。

3）对象存储。对象存储系统是将数据当作对象进行管理的存储体系，对象存储中的数据可以被多客户端共享，但是不能被修改，也无法随机访问对象数据的内容。标准的访问协议有 S3 和 Swift。对象存储的典型应用场景是存储那些不经常修改但是会被多次访问的数据，例如互联网 App、归档备份以及音视频分享。

数据中台要能支持这 3 类数据存储技术，能够对接主流的数据存储方式，包括数据湖存储、数据仓库存储、关系型数据库存储、消息队列存储、非关系型数据库存储。

2. 业务价值的探索与挖掘

构建好数据原材料后，下一步就是让用户来探索和挖掘数据，从中发现数据的业务价值。在这个数据生产环节，不同的用户角色对数据中台有不同的功能需求，如图 7-17 所示。

图 7-17　不同角色对数据中台的功能需求

（1）业务用户

数据中台要提供易用、多样的数据探索挖掘工具给不懂技术的业务用户，包括管理人员、业务人员、运营人员。此类用户需要的功能如下。

1）可视化。数据中台一定要提供丰富、易用的可视化工具，帮助业务用户来浏览、查看、探索数据。数据中台如果没有可视化功能，就无法让业务人员更准确、深入地了解这些数据背后的业务逻辑。并且建议数据中台针对不同的业务角色，提供与该角色相关的数据可视化图样。

2）搜索查找。如何从海量的数据和数据产品中快速查找并定位到用户需要的数据和数据产品？搜索查找的功能是非常重要的。数据中台要能够按照数据类型、数据格式、数据领域、数据所有者、数据标签、数据内容等多种方式来进行查找。一个强大的数据搜索引擎是企业数据探索和挖掘的必备功能。

3）统计查询。统计查询功能是业务用户定位到数据以后的最常用的功能，需要支持常用的统计查询方法，比如对比分析、分组分析、结构分析、漏斗分析、矩阵分析等。

对于不同岗位的业务用户，要根据他的工作岗位、常见的分析场景，设计和提供有针对性的数据探索挖掘的方法。不建议对每个角色提供所有方法和工具，这样的方法或工具太多的话，用户往往会不知道怎么用。

（2）数据分析师

为满足以数据分析师为代表的专业的数据工作者的需求，数据中台除了要满足业务用户的全部功能需求，还要提供更专业、灵活度更高的建模分析的功能，包括样本抽取、数据建模、模型评估、目标回归等。

（3）数据科学家

作为工作内容最复杂的数据探索和挖掘的用户，数据科学家所需的功能是最深度和全面的。数据科学家使用的数据中台要具备数据科学领域的主要功能，包括数据科学类工具，比如 MATLAB，以及可编程的数据挖掘工具，如常用的 Jupyter Notebook、Pandas 等。

3. 数据产品的开发与运营

通过数据的探索和挖掘识别出有价值的用户场景后，数据中台需要打造持续的数据产品开发和运营能力，主要包括如图 7-18 所示的 3 类能力，分别是数据产品开发、数据产品发布、数据产品运营能力。

数据产品运营		
指标设定	用户和产品运营	数据埋点
监控分析	活动管理	计费度量

数据产品发布		
API 发布	文件发布	应用发布
算法发布	报表发布	发布管理

数据产品开发		
产品管理	需求分析	设计实现
开发管理	资源管理	测试上线

图 7-18 数据产品的开发和运营

数据中台要提供端到端的数据产品，构建其开发流水线所需要的所有功能。产品从定位、需求分析，到上线，将数据存储加工、探索挖掘的功能都整合在一起，形成持续开发、持续集成的体系，主要包括如下 6 个关键环节。

1）产品管理。所有的数据产品在构建之初都要在数据中台的数据资产目录中注册，也就是录入该数据产品的业务元数据，主要包括产品 ID、产品名称、产品类型、产品价值描述、产品提供方等信息。这样在数据资产目录中，所有的数据资产都可以被用户查询和搜索到。

2）需求分析。为了实现一站式数据生产，数据中台要将产品需求分析的工具集成进来，从而让整个需求分析的过程电子化、数据化，避免产品和文档脱离，也便于后续的持续迭代。

3）设计实现。数据中台应该提供设计工具，让技术架构师、业务分析师、数据工程师能够在同一个平台上工作，对整个数据产品的设计实现过程进行统一管理。

4）开发管理。数据产品的开发是一个团队工作，需要协同管理，所以数据中台要提供端到端的数据产品开发管理的功能，包括版本管理、环境管理、进度管理、任务管理等。

5）资源管理。资源包括每一个数据产品所需要的基础资源、环境配置资源等，数据中台要能方便地对资源进行统一调配、增减。

6）测试上线。数据产品的测试比纯软件应用更复杂，有更大的不确定性，数据中台要提供多种测试能力，包括 Web 测试、接口测试、数据测试、代码测试等。

数据产品经过测试后，就要被发布到数据产品 / 服务目录里，呈现在企业数据自服务门户上。数据中台要支持多种数据产品发布方式，包括 API 发布、数据文件发布、应用发布、算法发布和报表发布等。

数据中台要提供统一的数据产品运营的功能，主要包括指标设定、用户和产品运营、计费度量、数据埋点、监控分析、活动管理。

1）指标设定。运营的核心是达成业务目标。运营首先要做的就是将业务目标设计成可以度量业务发展、清晰地反映业务情况的运营指标，然后通过这些运营指标来监控和反馈业务的真实情况。数据中台应该向用户提供设定和管理数据产品的运营指标的功能，从而让产品一上线就可以基于运营指标来采集运营数据。

2）数据埋点。确定了运营指标后，数据中台就要集成一些数据埋点工具来采集和计算这些指标，从而做到实时的监控。

3）用户和产品运营。数据中台是面向企业内部用户的，如何让用户更多、更有效地使用数据中台，获得更好的用户体验呢？这就需要用户运营的相关功能。用户运营是数据中台最重要的功能。要像对待外部消费者一样，对内部用户的行为路径做分析，发现不同角色的用户的停留时间、使用习惯等，并且通过对这些数据进行分析，来优化相应的功能。例如，当发现某业务用户上线时间明显缩短的时候要对他予以关注，判断他是否在使用过程中碰到了问题；要通过协同工具让用户方便地反馈使用过程中的体验和对功能的建议。要把数据中台当作一个企业内部的消费级产品一样来主动运营，而不是被动地等待问题暴露。数据中台里的数据产品和服务是非常多的，对这些产品和服务进行差异化的分层运营是推动数据中台在内部被更广泛地使用的必要工作。例如识别出最有价值、最频繁被使用、近期最热门的数据产品和服务，将它们置于数据服务市场最醒目的地方；发现那些长期不被使用或不被调用的产品和服务，予以改进等。没有服务和产品的运营，数据中台最后会沉淀一堆不被人使用、没有价值的数据产品，浪费资源，并且降低用户体验。

4）计费度量。数据服务的计费度量是基础的运营功能，要让用户能够方便地管理自己的订阅，并且能够很清晰地看到自己的消费。（即使大部分企业内部的数据产品和服务是免费的，但是依然要留出接口，用于未来可能的计费。）同时，让数据产品的运营人员能够全面管理、观察、掌控产品的被使用情况。

5）监控分析。数据中台要像电商平台一样有统计分析功能，以便运营团队量化地看到资源的消耗情况、产品与服务调用情况、用户的使用情况等数据，这样运营团队才能根据这些数据来分析和掌握数据中台的运营情况，制定对应的策略。

6）活动管理。数据产品的运营团队也需要经常性地举办一些活动，以便更好地推广和销售数据产品，数据中台的运营能力也包括对活动的管理。

4. 数据的加工与处理

上述三个核心能力的实现都需要数据加工和处理能力的支持，所以数据的加工和处理由相对独立的一部分功能组件负责。它的目的是把从四面八方采集来的源数据按照业务需求通过各种方法进行处理，形成可以被业务直接、反复使用的数据物料。数据加工和处理是为了实现以下 3 个目标。

1）标准化。建立企业统一的数据标准，然后通过数据加工，让采集来的数据遵循这些标准，便于后面的数据交换共享和协作。

2）组件化。从各系统采集来的数据是零散的、杂乱的，需要通过加工形成一个个数据模型或者组件以被调用，这样才能实现数据的复用，提高数据生产和利用的效率。

3）业务化。业务化也叫场景化，将不同系统中有共同业务含义、业务属性的数据汇聚在一起，形成面向场景的数据集合，从而直接供给前台业务使用。

对齐 3 个目标后，精益数据方法将数据中台的数据加工和处理过程分成 4 个层次，如图 7-19 所示。

1）明细层。明细层是从源系统数据里抽取全量数据，对其加工、清洗等处理后形成的数据集，这一层数据要尽可能保持与源系统的一致性、及时性。

2）领域层。领域层是在明细层基础上按共同的业务领域等分析维度重新组合的数据集。比如从手机 App、第三方电商、门店系统中把关于电商的订单数据和用户数据抽取出来，形成一个面向电商领域的数据集，供下一步数据加工使用。

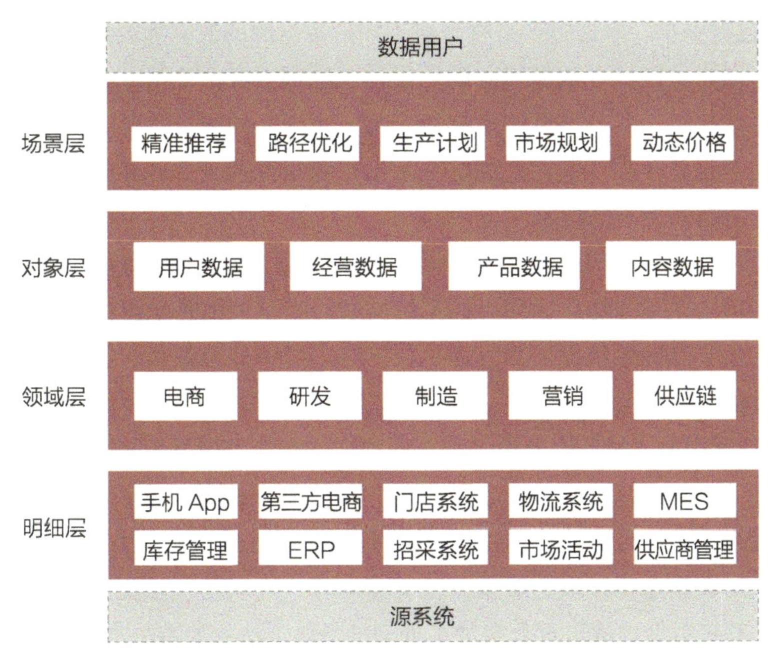

图 7-19　数据中台数据加工和处理的 4 个层次

3）对象层。对象层在领域层基础上对数据进一步汇总、归类、加工。它是一系列业务主体、角色、标签的数据的组合，比如用户数据、产品数据等。

4）场景层。场景层直接向业务应用提供针对性的数据服务，可以对应一个或多个业务应用，比如精准推荐、路径优化等。

数据加工和处理的方法有很多种，常用的主要包括如下几种。

1）数据标注。在机器学习技术成熟后，数据标注是非常重要的数据加工和处理方法，主要是对未经处理的初级数据，包括语音、图片、文本、视频等进行加工处理并转换为机器可识别信息的过程。比如，在现在非常热门的自动驾驶领域，数据标注就是必不可缺的工作，工作人员需要对所有通过拍照搜集上来的图片进行人工标注，比如照片中是一辆车、一个道路，还是一个红绿灯，标注好后，将这些数据放到机器学习模型里。

2）数据清洗。数据清洗是指从数据中发现并纠正错误，包括检查数据一致性，处理无效值和缺失数据等。数据清洗的目的是对数据进行重新审查和校验，删除重复信息，纠正存在的错误，从而保证数据的一致性。比如对用户的身份证信息进行字段长度的校验，对订单的编码进行位数的校验等。

3）数据整合。数据整合是将来自不同的数据源的数据加载到同一个新的数据源，为用户提供统一数据视图的数据加工处理方法。比如，在销售系统里有用户的订单信息，在物流系统里有用户每一个商品的配送信息，将一个用户的多个相关数据整合在一起，形成统一的用户数据视图。业务部门可以一站式查询，而不用跨多个系统取数。

4）数据标准化。为了能够更准确、更高效地分析数据，数据标准化也是数据加工处理的常用方法。比如不同系统对货币有不同的衡量单位，有的系统以亿元为单位，有的系统以百万元为单位，为了统一处理数据，就要对这些系统的货币单位进行统一。

5）特征提取。特征提取通常指从图像或文本等数据里利用算法提取业务关注的部分，比如从一堆照片里提取出有同一类特征的照片。

6）数据挖掘。数据挖掘是常用的数据加工处理的方法，就是通过常用的算法、模型对数据进行抽取、转换、分析等处理，从中提取对业务有价值的信息和数据。利用数据挖掘进行数据加工处理的具体方法主要有分类、回归、聚类、关联分析等。

7）指标构建。利用各种工具将数据加工成指标也是常用的数据加工与处理的方法，通常来说有4种构建指标的模型——OSM、AARRR、UJM和MECE模型。

8）数据管道。数据管道是通过数据分析和加工让数据从一种形式转换成另一种形式，或者从一个位置移动到另一个位置的加工处理方法，好比通过一条传送带高效、准确地将数据传送到其他地方。例如，数据管道可帮助数据从源系统“流”到数据仓库或者数据湖中。现在通常使用的数据管道有批处理数据管道和流式数据管道，还有流批一体的数据管道。

9）数据建模。数据建模是常用的数据加工处理方法，指通过工具或者程序将散乱的数据加工成一个能解决一类业务问题的数据模型。

7.2.3 数据中台的3个支撑能力

一个工厂即使有核心的业务加工生产能力，为了让生产更加标准、协作更顺畅、产品销量更好，也需要有一定的管理能力。数据的生产加工也是如此。所以数据中台除了要有4个核心能力以外，还需要配套3个支撑能力。这些能力是贯穿 4 个核心能力的，主要用于解决不同企业数据生产的特定的问题，如图 7-20 所示。

图 7-20　数据中台的 3 个支撑能力

1. 共享与协同

作为企业级一站式数据能力平台，数据中台要以数据自服务门户的形式让所有的用户进行协作，共享与协同的功能是高效协作的基础，主要包括如下功能。

1）数据及服务共享。让数据供应方方便地共享自己的数据产品及数据服务，让数据消费方快速地查找、连接、获取自己所需要的数据产品和服务。

2）组织与团队管理。管理在数据中台上工作的用户及其所在的组织与团队，包括团队的结构设置，对人员、角色的管理等方面。

3）工作进度管理。当多角色、多用户共同完成一个项目或者任务的时候，各方可以看到和管理进度。这是协同的必要功能，进度管理界面类似甘特图等形式。

4）协同工作台。在不同的工作环节，数据中台要具有必要的实时协作功能，例如同时编辑一个数据产品文档，协同建模等。

5）提醒与通知。通过任务提醒与通知，团队间能更有计划地协作。

6）沟通与通信。数据中台要支持适当的即时通信工具，从而让用户之间进行安全、高效的沟通，提升协同效率。

2. 管理与治理

数据中台承载着开发、建设、管理企业数据资产的职能，需要包括以下方面。

1）元数据管理。元数据管理是所有数据资产管理的基础，数据中台要提供元数据的结构管理、验证、存储、审核、监控等功能，从而为主动式的数据治理和数据资产管理奠定扎实的基础。

2）数据资产管理。企业的数据资产类别多样，包括数据集、文件、数据API、报表和数据应用等。数据中台要有全面的数据资产管理能力，并且要以元数据为中心，让数据资产的管理变得更自动化和智能。

3）数据标准管理。数据标准是数据质量的必要保证，数据中台要具有制定、应用数据标准和监控执行过程的能力，让数据标准真正落地到数据的生产和利用过程中。

4）数据质量管理。数据中台要有扫描数据、监测数据异常、生成数据质量报表等功能，从而保证数据质量问题能被及时地发现和预警，提高企业的数据质量。

5）项目与任务管理。数据的项目和处理任务都运行在数据中台上，数据中台要提供可视化的全生命周期管理工具，让相关人员清晰地了解各项目、任务的运行情况。

6）数据血缘管理。数据中台要提供数据血缘管理的功能，实现数据的可追溯性，提高数据的可信度。

7）数据集成管理。数据集成管理包括对数据源配置信息、数据接入方式的管理，数据中台通过数据集成管理来确保数据加工过程的可视化和灵活性。

8）数据资源管理。通过数据资产目录这样的工具来分类、分级地统筹和管理企业的数据资产。

3. 运维与安全

数据中台是一个强运营的平台型产品，其交付上线是构建工作的起点而不是终点，企业要建立专业的数据中台运营与运维团队来保障数据中台的稳定运行和业务增长。该团队有以下主要工作。

1）平台运营。数据中台是企业级一站式数据生产平台，让企业所有的数据用户上平台、用平台不是靠一些规定和标准就能实现的，要通过运营来提升企业内部数据用户的使用体验，让他们能够方便、快捷地从数据中台上获取自己需要的数据产品和服务。平台运营团队要制定对应的运营策略，通过埋点来采集用户的行为数据，建立运营监控和数据分析体系，及时发现用户的需求，让平台在企业内部获得更多的认可，并使所有的数据生产和消费方都将数据中台作为唯一、统一的数据生产工具。只有这样，数据中台才能发挥最大的价值。

2）系统监控。要从硬件、资源、产品和服务等多个维度监控系统的健康度，保证数据中台的稳定、健康运行。

3）日志与审计。数据是企业的核心资产，所有的用户操作都要有日志，并且要有定期运行的审计脚本来保障数据的安全合规。

4）多租户管理。数据中台是典型的多租户系统，业务部门就是租户。各业务部门在数据中台上发布自己的数据产品和服务以及管理自己的数据集，所以保证多租户的数据隔离、数据安全可控是基础的工作。

5）资源管理。数据中台要有弹性扩展的能力，要能够灵活、动态地根据运行的情况进行资源调度。

6）任务调度与管理。数据中台承载着非常多的数据任务，比如 ETL、数据管道等处理任务，这些数据任务之间有复杂的调度关系，系统要提供多种任务调度功能满足其需求。

7）基础设施运维。数据中台要提供全面的基础设施运维的能力，对算力、存储、网络等基础设施资源进行监控预警，保证底座的稳定。

8）身份与权限管理。数据中台要构建全面的、分级的鉴权体系，包括用户身份管理、权限管理、访问认证等方面，从而保证所有数据及功能都在认证和权限范围内。

9）安全管理。数据中台要提供分层、分级的数据安全管理功能，在数据的采集、存储、使用、传输、分析和销毁的全过程中保障数据安全，主要包括异常监测、威胁检测、漏洞管理等。

以上 3 个支撑能力来自常见的企业需求，不同的企业需要根据自己的数据生产和利用的阶段、业务的痛点需求来构建自己的支撑能力。

7.2.4　数据中台成熟度评估模型

根据企业的数据中台的功能满足度，精益数据方法制定了企业数据中台成熟度评估模型，帮助企业度量自己的数据能力，如图 7-21 所示。

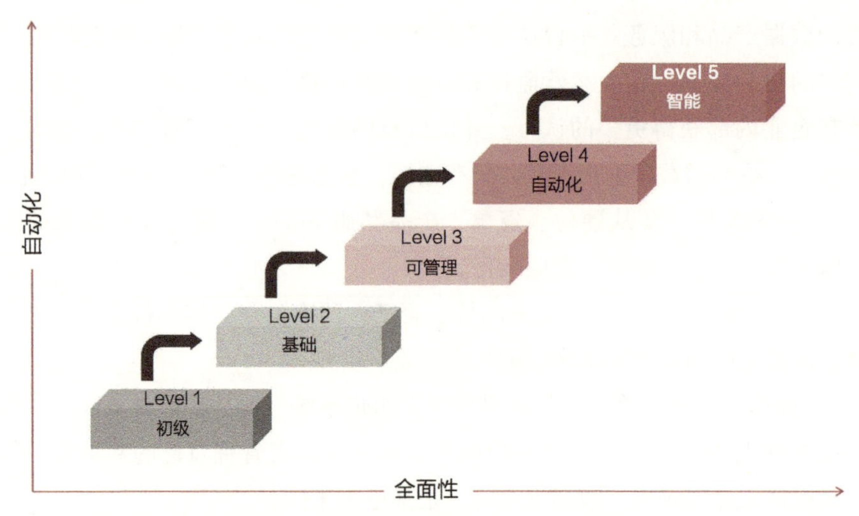

图 7-21　数据中台成熟度评估模型

企业的数据中台成熟度分为如下 5 个级别。

1. 初级

此时，数据中台建立了初级的数据采集与存储、数据加工与处理、数据探索与挖掘的能力，有了部分数据产品构建能力。具体评估指标见表 7-5。

表 7-5　数据中台成熟度：初级

数据资产的采集与存储	具有初级的数据资产采集与存储能力，能接入数据库、数据仓库、文件系统等数据源
业务价值的探索与挖掘	具有初级的业务价值探索与挖掘能力，为业务用户提供数据挖掘功能，如可视化、商业智能、报表、统计查询等
数据产品的开发与运营	无
数据的加工与处理	企业的数据加工与处理能力分散在各个系统中，并没有形成统一的数据中台服务
共享与协同	无
管理与治理	依托数据仓库建立了初级的数据资源管理与数据治理能力
运维与安全	有初级的数据中台运维能力

2. 基础

此时数据中台具备了基础的数据生产能力，在管理域建立了初步的协同、管理和运维能力，如表 7-6 所示。

表 7-6　数据中台成熟度：基础

数据资产的采集与存储	具有主流的数据资产采集与存储能力，提供数据库、数据仓库、文件存储、消息队列、分布式存储等工具或架构
业务价值的探索与挖掘	具有基础的业务价值的探索与挖掘能力，比如可视化能力，并且能为数据分析师和业务用户提供数据挖掘功能，包括商业智能、报表、统计查询等功能
数据产品的开发与运营	● 整合数据产品构建每个环节的能力 ● 能够主动发布报表、文件和 API 等 ● 建立了基础的数据产品运营能力，能够设定指标，进行数据埋点，对产品的运营情况进行监控分析
数据的加工与处理	具有基础的数据加工能力，如数据可视化、指标构建、统计查询、数据标准化、数据整合、数据清洗等；建立了统一的明细层、领域层数据
共享与协同	建立了数据自服务门户，将主要的数据资产纳入门户管理，用户能够在数据自服务门户中查找并获取需要的数据
管理与治理	建立了数据治理体系，并且在企业里推行
运维与安全	有基础的数据中台运维能力，能保证系统的稳定

3. 可管理

此时数据中台具备全面的数据生产能力，有体系化的数据资产管理和数据治理能力，建立了全链路的数据共享与协同能力，如表 7-7 所示。

表 7-7　数据中台成熟度：可管理

数据资产的采集与存储	建立了全面的数据资产采集与存储能力
业务价值的探索与挖掘	具备高级的数据探索和挖掘能力，为数据科学家提供了以机器学习技术为主的业务价值挖掘功能
数据产品的开发与运营	具备全面的数据产品开发、发布和运营能力，能够通过运营功能实时观察数据产品的用户使用情况，并通过落实运营策略获得增长
数据的加工与处理	具有全面的数据加工处理能力，如指标构建、数据标准化、数据整合、数据清洗等；建立了统一的明细层、领域层、场景层数据
共享与协同	通过企业数据自服务门户在企业内部实现了数据的共享与协同
管理与治理	建立了企业级统一的数据标准，并通过数据资产目录等工具管控数据资源
运维与安全	有全面的数据中台运维能力，保证所有系统的可用性

4. 自动化

在可管理的基础上，数据中台的所有的管理和治理体系都通过系统、工具和平台变成自动化流程，建立端到端的数据价值链，从而实现部分主动管理，如表 7-8 所示。

表 7-8　数据中台成熟度：自动化

数据资产的采集与存储	建立了全面的数据资产采集与存储能力
业务价值的探索与挖掘	具有全面的数据探索和挖掘能力；将数据探索和挖掘能力整合到企业数据自服务门户，实现一站式数据挖掘和探索
数据产品的开发与运营	企业数据自服务门户集成了数据产品开发和发布的全链路功能，提供一站式数据产品开发能力
数据的加工与处理	具有全面的数据加工能力，如指标构建、数据标准化、数据整合、数据清洗、机器学习等；全面集成所有的数据加工处理链路，完全线上化
共享与协同	通过企业数据自服务门户将数据探索和挖掘的能力提供给数据团队；建立了企业级数据创新平台，让大部分用户能够实现协同创新
管理与治理	建立了企业级数据资产目录，自动化管理企业所有的数据资产，能够自动地生成和采集数据资产的元数据信息，并根据元数据对数据资产进行主动监控和管理
运维与安全	有全面的数据中台运维能力，保证所有系统的可用性

5. 智能

此时数据中台将人工智能技术充分应用到端到端的数据生产，具备智能化能力，如表 7-9 所示。

表 7-9　数据中台成熟度：智能

数据资产的采集与存储	建立了全面的数据资产采集与存储能力
业务价值的探索与挖掘	具有全面的数据探索和挖掘能力；将数据探索和挖掘的能力整合到企业数据自服务门户，实现一站式数据挖掘和探索；具有智能化数据分析能力，能够主动为用户提供建议和推荐
数据产品的开发与运营	在一站式数据产品开发能力基础上，通过机器学习和人工智能技术实现产品开发和发布的智能化；具有快速反馈、迭代的运营能力
数据的加工与处理	具有全面的数据加工能力，如指标构建、数据标准化、数据整合、数据清洗、机器学习等；建立了统一的明细层、领域层、对象层和场景层数据体系；全面集成所有的数据加工处理链路，全线上化
共享与协同	通过企业数据自服务门户将数据探索和挖掘的能力提供给企业全员，所有用户能够在一个平台上无缝协作；建立了企业级数据创新平台，让所有用户参与协同创新
管理与治理	建立了智能化元数据管理体系，通过数据血缘、数据资产目录等工具全面、智能地管理企业的数据资产
运维与安全	具有全面的数据中台智能化运维能力，保证所有系统的可用性和业务效果，主动预测风险，主动调整运维策略

7.3 精益方法打造数据中台

7.3.1 打造数据中台的 6 个挑战

数据中台提供了企业一站式数据生产的能力，目标是产生业务价值。这个过程一定不是一蹴而就的，而是根据业务的发展逐步构建的。企业在构建数据中台的过程中往往会面对 6 个挑战。

1. 认知挑战

认知挑战是数据中台建设的第一个挑战，不同的企业对数据中台有不同的理解，比如有的企业认为数据中台和数据仓库没什么区别，只是一个新的名词而已；有的企业认为数据中台就是机器学习平台，不同的认知导致建设目标不一致。

所以，首先要就“数据中台是什么”在企业层全面达成统一认知。解决认知挑战不是一次性完成的工作，而是一个知行合一的过程，既要通过培训宣贯等形式让大家理解，又要通过一系列的项目展示落地效果，让大家接受。数据中台的建设看上去是一个技术问题，本质是一个认知问题。如果大家既不愿意把自己部门的数据进行共享，也不愿意去相信和使用别的部门的数据，那么数据中台本身建设得再完善也没有意义。

2. 价值挑战

数据中台的价值是什么，为什么要建设数据中台，用数据仓库、报表不行吗？数据中台支持的业务场景在哪里？这些是数据中台建设过程中企业提出最多的问题。价值挑战是数据中台的建设者们对自己的灵魂拷问：数据中台的第一批业务场景在哪里？

在过去的信息化系统建设过程中，业务部门和技术部门的职责很清晰，业务部门提需求，技术部门去实现，业务部门不会问技术部门要价值，只会要功能、催进度。而数据中台则不一样，如果业务人员不懂技术，技术人员不懂业务，如何找到有业务价值的数据利用场景呢？所以，在数据中台建设之初，企业最重要的是找到价值场景。

3. 组织挑战

数据中台的建设由谁主导？建设团队如何构成？建设完成以后由谁来运维

和运营？这些问题是数据中台建设的组织挑战。不同的企业应对该挑战的方法可能不一样。精益数据方法认为，企业数据中台的建设一定是由负责整体数字化转型的部门来主导的。因为数据中台是企业数字化能力的承载形式，如果主导部门只考虑业务，则会局限于短期业务价值，忽略数据中台长期的技术规划和可扩展性；如果主导部门只考虑技术，则会偏重功能和架构，忽略业务价值这一目标。所以哪个部门负责企业整体的数字化转型，那么就由哪个部门来牵头数据中台的建设。

在数据中台建设好以后，一定不是只保证系统功能稳定、不宕机就可以的。数据中台是一个需要运营的系统，需要持续地做场景探索、数据治理，以及对数据产品进行运营推广，所以一定要有一个数据中台的运营团队。

4. 数据挑战

数据是数据中台建设的一大挑战，很多企业认为自己的数据质量太差，不具备建设数据中台的条件，没有价值。这样的观点是非常片面的。数据中台的其中一个作用就是对数据进行全面的汇聚和治理。数据每时每刻都在产生，企业只靠传统的数据治理手段是无法高效治理数据的，必须实现动态治理，边生产边优化。

数据要素和传统生产要素有一个很大的区别，即数据要素是动态的，随时都在产生，而传统生产要素不是。举个例子，如果一堆实物原材料有问题，通常的做法是把这批原材料单独拿出来处理好，再应用到生产上。而数据这种生产要素则不一样，数据是动态的，而且数据的问题很多时候在业务中才会呈现出来。有的企业在面对数据质量的问题时会创建一个独立的项目组，然后把有问题的数据抽取出来，在线下对数据一个个地核对，将数据纠正后再重新填回数据库。这不能从根本上解决问题，有的时候还会带来数据不一致的问题。

数据中台的建设就是要让那些有问题的数据尽快地通过数据可视化、数据加工处理、数据的利用暴露出来，然后在整个链路中定位问题发生的根本原因，从根本上解决问题。

所以，数据中台的建设并不依赖企业数据质量的好坏。数据质量差的企业，应该更快地将数据中台建立起来，以此推动上层数据应用，然后发现数据的问题。

5. 技术挑战

数据中台的建设归根到底是技术的落地工作。现在市场上的数据技术层出不穷，但是企业已经经历了多年的信息化建设，有很多遗留系统。如何选择既先进又适合企业现有技术架构和团队能力的技术方向及技术栈，是建设数据中台的一大技术挑战。技术选型既要满足前端业务的千变万化，具有灵活性，又要匹配企业当前的技术架构、技术能力。

6. 方法挑战

数据中台的建设和传统的 ERP 建设或者纯技术的数据平台的建设有很大的不同，它既不是纯技术型系统，又不是纯业务型系统，所以它的建设既不能完全跟随业务的需求，也不能脱离业务的需求而单纯从技术角度思考。数据中台的建设是采用一个成熟的软件还是基于开源软件自主研发？是一次性梳理并开发所有的需求，还是跟着业务的发展逐步演进？这些问题涉及建设团队对建设路线的选择、建设节奏的把握，是数据中台建设过程中的挑战之一。

7.3.2　精益数据方法打造数据中台的 3 个原则

为了应对数据中台构建的挑战，精益数据方法提出了 3 个原则，如图 7-22 所示。

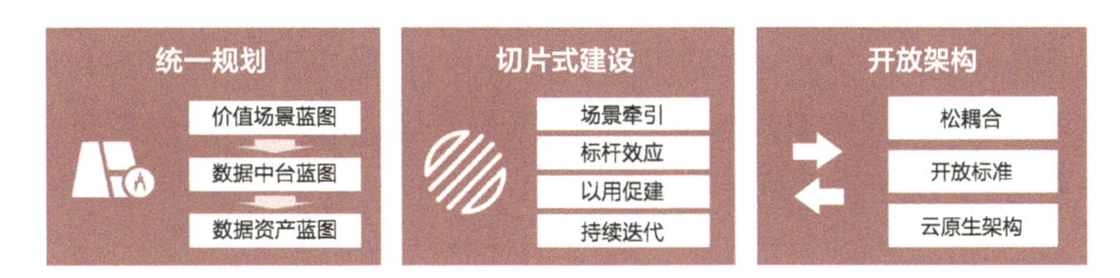

图 7-22　数据中台构建的 3 个原则

1. 统一规划

数据中台是企业的一站式云上数据工厂，是一个能力平台，承载着企业全部的数据能力，应该符合企业的业务战略和目标。不同类型企业的数据中台的特性、架构一定会有差异，数据中台的建设很难照搬其他企业的整体设计，所以企业自身一定要有顶层的规划设计。

数据中台介于业务场景蓝图和数据资产蓝图之间，对上承载着业务场景的实现，对下支撑着数据资产的管理和数据治理，如图 7-23 所示。

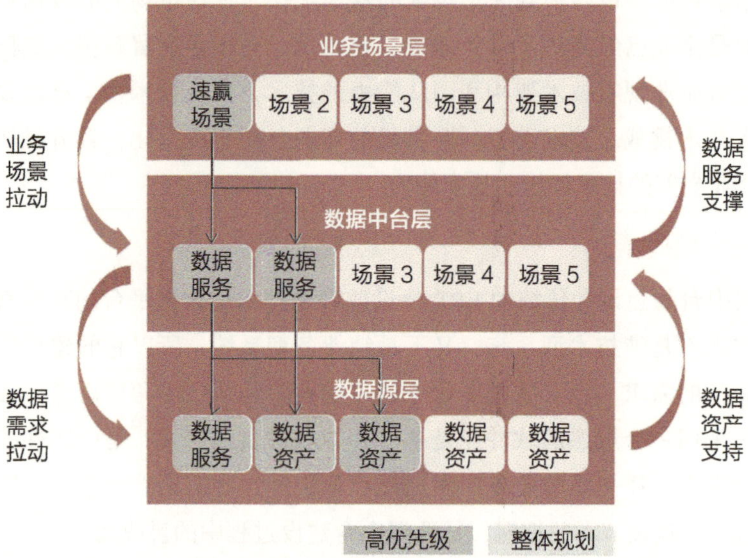

图 7-23　数据中台的统一规划

业务场景蓝图是通过精益数据战略梳理出的达成业务目标需要的所有场景的清单，这个清单将牵引出所有业务部门对数据中台提供的数据服务的需求。

数据资产蓝图是通过精益数据战略梳理出的服务于业务目标的所有数据资产的远期规划，指导应用系统的构建，确定业务数据化的框架，然后通过数据中台对数据资产进行汇聚和整合。

2. 切片式建设

建设数据中台，要在顶层规划的基础上，以业务场景牵引，进行切片式建设，如图 7-24 所示。

图 7-24 中左边是业务目标、业务场景、数据中台的 3 层体系，数据中台的切片式建设方法是先将这 3 层的总体规划设计出来，再进行建设。但不是根据规划从下往上建设，而是根据业务的节奏，从速赢业务场景开始，从上往下进行的。例如，右边有两个业务场景需要数据中台来支撑，其中场景一要优先实现，这种情况下，数据中台就要分两个阶段优先建设场景一，先完成其中第一阶段所需要的功能。

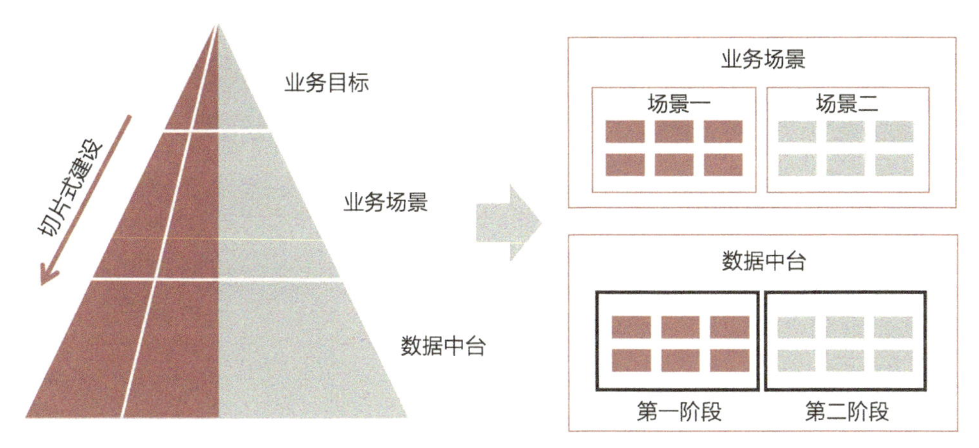

图 7-24　切片式建设数据中台

切片式建设的方法在保证遵循总体规划的基础上，提高了建设效率，避免功能建设了却找不到使用场景的风险。

3. 开放架构

作为企业级数据能力平台，数据中台的技术选型要选择开放的架构，尽量避免封闭的架构。数据中台不是一个软件，而是一系列软件和技术的逻辑组合，要尽可能选择业界通用的技术栈和协议，才能保证系统的可扩展性和可升级性。

建设开放架构的数据中台要遵循以下架构准则。

1）标准化的技术路线。数据中台是一个体系，而不是一个单体的应用，它是根据企业的数据生产需求，利用各种软件、开源技术构建而成的演进式架构平台。建设团队在构建之初就要选择统一的、标准化的技术路线。

2）模块服务化设计。数据中台本身功能的设计要遵循模块服务化的设计，减少和其他功能模块的依赖，做到功能模块可独立构建和发布，从而提升整个数据中台系统的健壮性和容错性。

3）可扩展性设计。模块与模块之间要尽可能以 API 的方式通信，从而提升整个数据中台系统的可扩展性。

7.3.3　精益数据方法打造数据中台的 6 个阶段

数据中台的建设是业务驱动而不是技术驱动的，以场景驱动而不是以能力驱动。精益数据方法设计了打造数据中台的 6 个阶段，如图 7-25 所示。

1. 定义业务目标	2. 探索业务场景蓝图	3. 分解场景数据需求	4. 规划数据中台蓝图	5. 制定路线，启动建设	6. 上线迭代优化
1.1 达成什么目标	2.1 共创业务场景	3.1 梳理场景的数据服务需求	4.1 梳理企业数据资产现状	5.1 数据生产能力差距分析	6.1 最小可行版本的数据中台上线
1.2 需要解决什么业务问题	2.2 绘制业务场景蓝图	3.2 对需求进行优先级排序	4.2 梳理企业数据技术现状	5.2 制定数据中台建设路线	6.2 数据服务上线
1.3 是不是有价值的问题		3.3 制定速赢场景的数据服务需求	4.3 规划数据中台愿景蓝图	5.3 数据中台通用基础架构构建	6.3 运营优化

图 7-25　精益数据方法打造数据中台的 6 个阶段

1. 定义业务目标

定位问题比解决问题更重要，很多时候我们没有搞清楚到底要解决什么问题，解决这些问题对业务有什么价值，就快速地进入解决方案的细节当中。数据中台的构建也是一样，首先要定义清楚，数据中台建设的业务目标是什么，要达成什么业务目标。

某大型企业花了一年的时间，投资不菲，建设了一个比较全面的数据中台，构建了业界领先的产品，功能很全。建设之初，项目组踌躇满志，但是等中台上线了，项目团队却慢慢感觉到了压力，因为数据中台投入的各种设备、存储的费用每天都在产生，但是适用的业务场景却不多。领导每次开会都会追问数据中台到底带来了哪些价值，而回答“提升数据资产管理能力”“加快数据开发效率”无法真正体现业务价值，不具体、不显性。所以，数据中台团队开始到处交流沟通，“拿着锤子找钉子”，寻找各种业务场景。

这样的情况在很多企业的 IT 能力型项目上都能看到，究其根本就是在一开始的时候没有定义清楚业务目标，没有把数据中台和业务价值对齐。

精益数据方法建议，在数据中台立项之初，一定要回答清楚如下 3 个问题。

- 建设数据中台要达成什么目标？
- 需要解决什么业务问题？
- 这些问题是不是有价值的？

数据中台建设要从业务目标出发，从业务问题出发，不能只从技术和数据的角度出发。

举个例子，一家车企要建设数据中台，首先要达到的目标是提升 10% 的销量，这个目标的达成可以通过两个机会点来实现：扩大销售线索，提升线索转化率。分解这两个机会点，整理达成目标的过程中需要解决哪些问题，如图 7-26 所示。

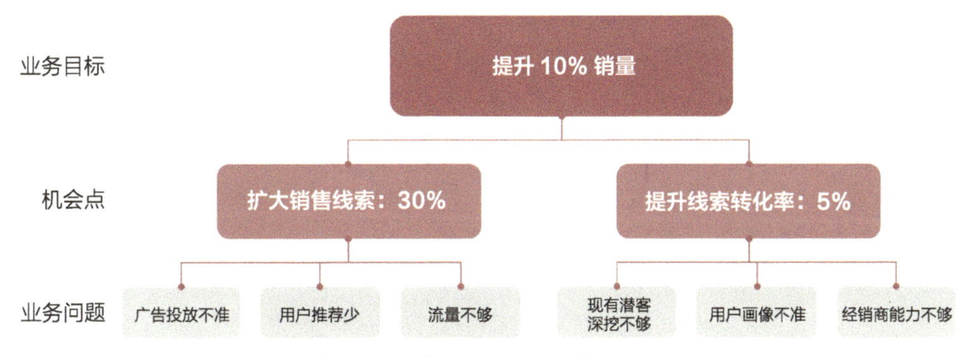

图 7-26　数据中台建设目标定义

这样就能够具体、系统地定义业务目标，并且把业务目标分解成需要具体解决的业务问题，再看看这些业务问题是否可以借助数据来解决。

在上面例子中有多个业务问题是可以利用数据来优化的，比如，通过整合外部数据更准确地洞察用户，从而提升广告投放的精准度；构建更全面、更准确的用户画像，从而深度挖掘、分析潜在客户线索；帮助经销商获取更精细的市场和销售数据，帮他们优化对客话术，提升转化率。这样一来，就能够在建设之初把数据中台对业务目标产生的价值予以验证，先从方向上确认数据中台的正确性。

有的技术部门为了让数据中台能够快点上线，不去直接面对这些业务问题，而是从企业的长期战略、能力构建层面去讲价值。这也是一种策略，但是不能给企业高层和业务部门带来一种“数据中台是万能的”的错觉。

每个企业在不同的阶段面临的业务问题是不一样的，有的业务问题不一定是当前阶段通过数据中台能够解决的。在数据中台构建之初，要对数据中台的定位有清晰的认知，并规划出数据中台短、中、长期能够解决的业务问题，一个好的开始是数据中台建设的基础。

2. 探索业务场景蓝图

当业务目标和业务问题都对齐了，也明确了数据中台的价值后，就需要深入探索构建一个什么样的数据中台，需要汇聚哪些数据，数据中台应该具备哪些能力和服务，而这一切都应该来自业务需求。

但是数据中台是企业的统一数据生产平台，承担着企业的所有数据产品和数据服务的端到端的开发和供给。数据中台面对的业务需求庞大复杂，它最终的蓝图架构应该是怎样的，应该分几个阶段开始建设，从哪里开始，这些都是每个企业建设数据中台时必须思考的问题。

精益数据方法建议从企业的业务场景蓝图开始，以场景为牵引，梳理出数据中台的需求全景。业务场景蓝图是服务于业务目标、解决所有业务问题的场景的集合。还是以前面的汽车企业为例，根据提升销量的业务目标，层层分解，最终可以获得如图 7-27 所示的业务场景蓝图。

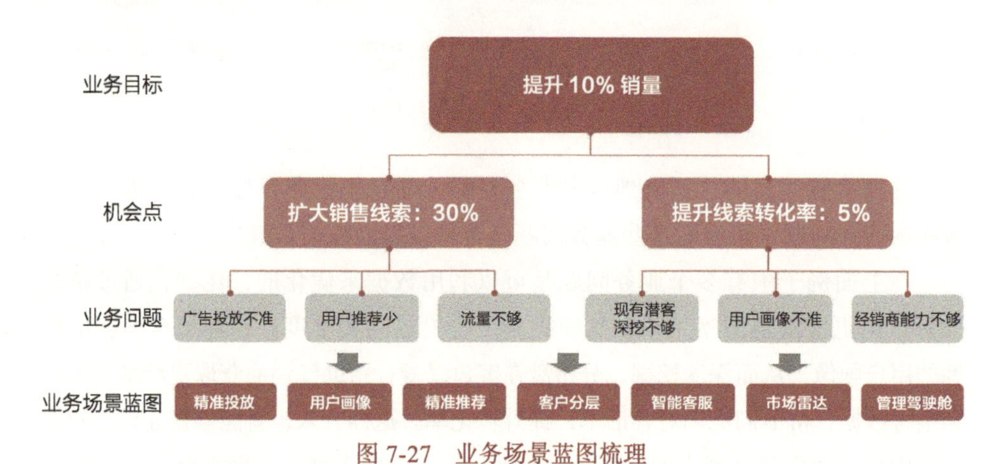

图 7-27　业务场景蓝图梳理

在这个例子里，通过精益数据共创工作坊这样的形式，业务和技术部门可以共创出围绕业务目标的所有价值场景，同时梳理出所需要的数据资产和数据技术，具体共创方法参见第 10 章。

3. 分解场景数据需求

业务场景蓝图从业务出发，罗列能够达成业务目标的所有可能的业务举措，这是数据中台实现业务价值的需求源头。很多时候，由于资源的限制，业务部门不可能同步启动这么多业务场景的建设，需要按照紧迫度排列优先级，对应的数据中台功能也按照切片式的方法来建设。梳理和排列场景的优先级主要通过如下 3 项工作来实现。

（1）梳理场景的数据服务需求

业务场景对数据中台的服务需求有两类：一类是需要融合多个系统的数据

服务，不论这类服务未来是否能够复用；另一类是不需要融合多个系统的数据的服务，但是此类服务会被多个场景调用，是可复用的服务。

例如，对于精准推荐这个业务场景，通常的业务流程如图 7-28 所示。

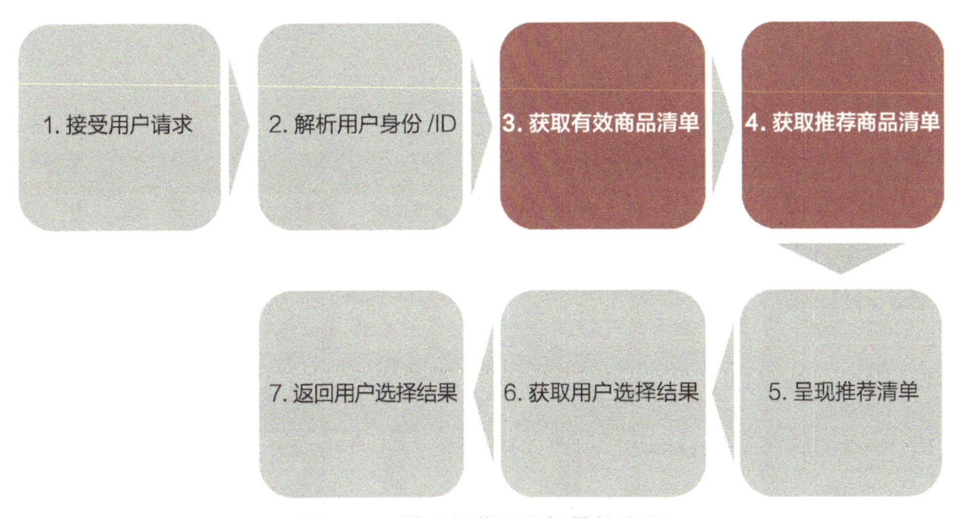

图 7-28　精准推荐业务场景的流程

其中获取有效商品清单、获取推荐商品清单这两个服务是需要数据中台提供的，其他的服务是应用内的服务。将这两个数据服务需求列入数据中台的需求清单里，以此类推，可以梳理出所有的业务场景所需要的数据服务。

（2）对需求进行优先级排序

将所有的业务场景对数据中台的服务需求都梳理出来后，根据场景建设的优先级，对所有的数据服务需求进行排序，从而获得数据服务的建设顺序。

（3）制定速赢场景的数据服务需求

速赢场景的数据服务需求一定是被最先满足的，需要将此类数据服务的需求作为数据中台建设的第一批需求，根据此数据服务清单来规划数据中台所需要的能力。比如，对于根据用户 ID 来获取推荐商品清单的需求，需要在数据中台中建立推荐系统，包括特征选取、模型训练优化和推荐服务。

4. 规划数据中台蓝图

数据中台蓝图包括业务、数据服务、数据和技术 4 张蓝图，这些蓝图明确了数据中台的发展路线，是建设数据中台之前必须考虑清楚的内容。

（1）业务蓝图

业务蓝图指的不是业务应用、业务系统的需求蓝图，而是数据中台最终的功能蓝图，包括数据中台门户、数据资产目录、数据创新平台等功能。不同的企业对数据中台的需求会有所差异，业务蓝图用来指导企业勾勒出自己所需要的数据中台的所有组件。

典型的企业数据中台的业务蓝图如图 7-29 所示。

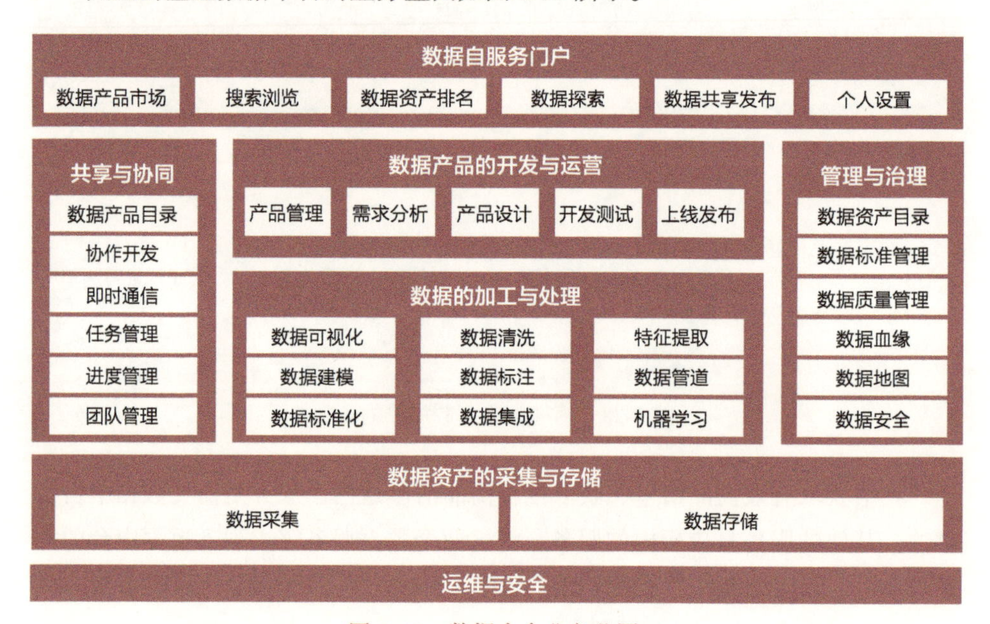

图 7-29　数据中台业务蓝图

（2）数据服务蓝图

数据服务蓝图是基于业务场景蓝图所梳理出的、数据中台承载的所有数据服务的最终清单，并区分业务领域和服务类型，从而引出为了构建这些数据服务，数据中台需要哪些数据资产和技术。

数据服务蓝图分成两层，上层是直接服务于某一个业务场景的数据服务，下层是通用的数据服务层，如图 7-30 所示。

数据服务与业务紧密相关，是场景驱动的，不确定性较高。数据服务规划以探索为主，快速响应。构建数据服务蓝图需要先梳理出所有的业务系统需要的服务，再将其中需要数据中台提供的服务梳理出来，看这些服务放到数据中台的哪一层。至于什么样的服务需要数据中台提供，可以参考如下两个原则。

场景数据服务
物流优化服务
产品推荐服务
用户标签服务
销售日报表服务
通用数据服务
用户数据服务
用户基本信息获取
用户订单信息获取
用户行为数据获取
产品数据服务
产品主数据获取
产品销量数据获取
产品标签获取
营销数据服务
销量大盘数据获取
市场活动数据获取
销售时点数据获取

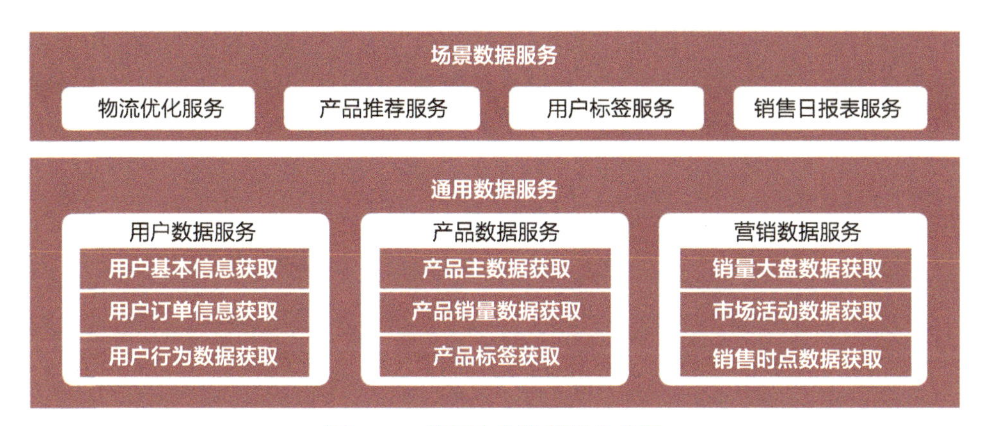

图 7-30　数据中台数据服务蓝图

1）靠业务系统本身的数据不能满足，需要融合其他系统数据的服务。比如前台的门店系统需要智能补货，就需要整合供应链系统的数据，智能补货的数据服务就是放在数据中台上的。

2）算法模型类服务。有一定通用性的算法模型服务也是由数据中台提供的，比如推荐算法等。

（3）数据蓝图

构建数据中台的数据蓝图，需要根据数据服务蓝图，在数据资产蓝图中识别出数据中台需要采集和存储哪些数据资产，以及这些数据资产与价值场景、数据服务之间的关系。数据蓝图的实现与展示一般放在数据资产目录中，如图 7-31 所示。

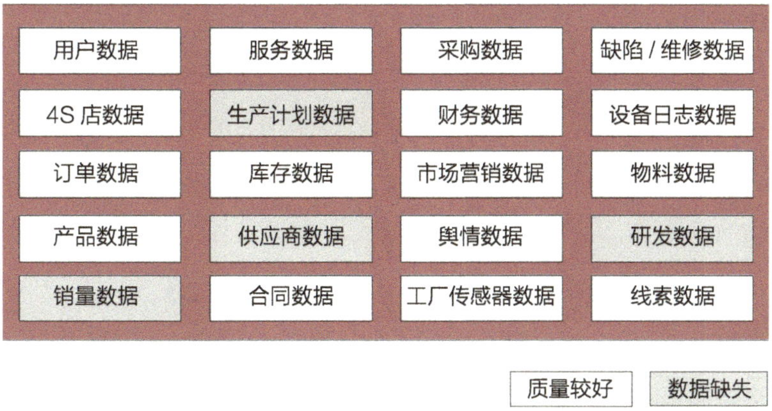

用户数据
服务数据
采购数据
缺陷 / 维修数据
4S 店数据
生产计划数据
财务数据
设备日志数据
订单数据
库存数据
市场营销数据
物料数据
产品数据
供应商数据
舆情数据
研发数据
销量数据
合同数据
工厂传感器数据
线索数据
质量较好
数据缺失

图 7-31　数据蓝图第一层示例

图 7-31 是数据蓝图的第一层的示例，展现了逻辑模型。数据蓝图整体是一个树状结构，往下关联到物理模型和数据源出处等，从而将企业的所有数据资产都有序地组织、管理并存储起来，如图 7-32 所示。

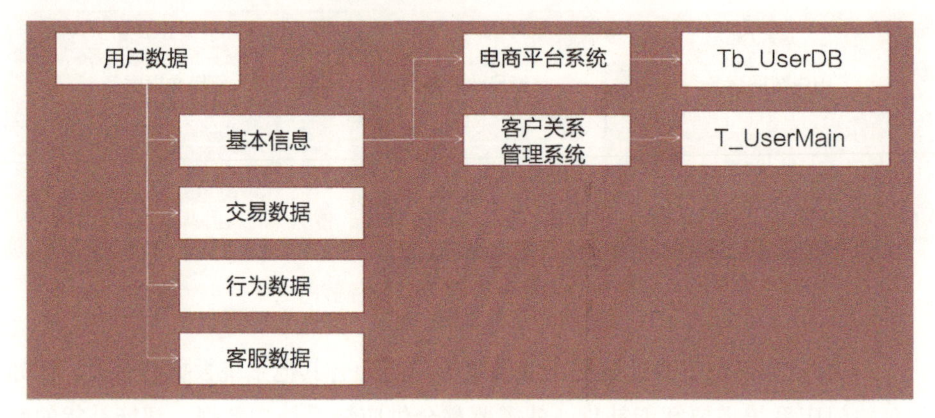

图 7-32 数据蓝图树状结构示例

（4）技术蓝图

数据处理和利用的技术越来越复杂，选择合适的技术体系是技术蓝图的目的。技术蓝图展示了实现数据中台所需要的技术架构、技术选型，如图 7-33 所示。

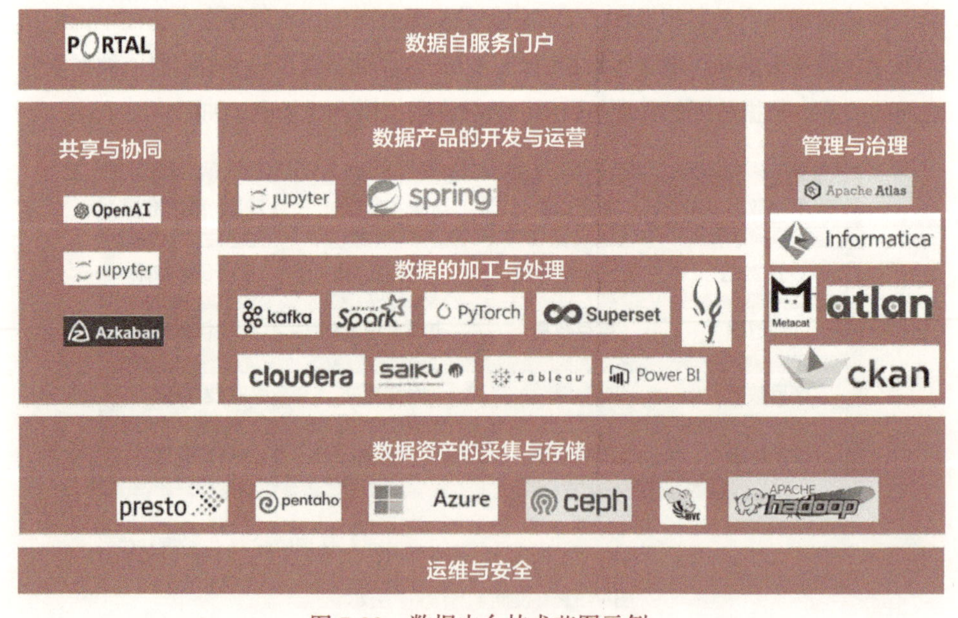

图 7-33 数据中台技术蓝图示例

有了这 4 张蓝图，企业就能够理解数据中台的全貌，从而制定演进路线，启动建设。

5. 制定路线，启动建设

制定路线，启动建设，需要对比技术蓝图和数据蓝图，分析其中差距，并且设计出服务于速赢场景的最小可行版本的数据中台。该过程可以分成如下几步。

（1）数据生产能力差距分析

对企业的数据技术现状、数据资产现状等进行调研，梳理出现有的系统、功能、组件与数据中台的数据蓝图和技术蓝图之间的差距，并识别其中哪些是可以复用的，哪些是需要重新建设的，哪些数据是需要重新采集的等。

对这些差距进行分析，设计实施方案，比如需要采购哪些新的数据组件，需要客户开发哪些组件，以及需要集成哪些系统来满足这些差距，将这些动作变成一个个数据中台建设举措。

（2）制定数据中台建设路线

将梳理出的数据中台建设举措归类、排序，形成数据中台的建设路线，如图 7-34 所示。

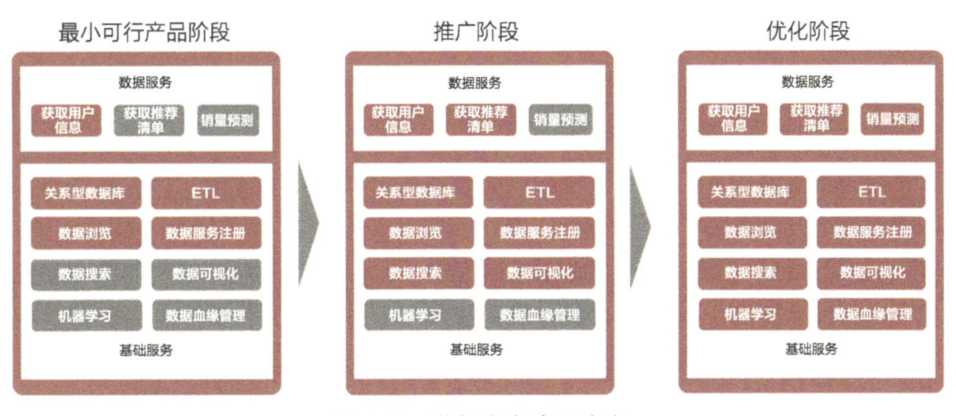

图 7-34　数据中台建设路线

在该示例中，将数据中台的建设分成了 3 个阶段。

第一个阶段是最小可行产品阶段，数据服务层需要支持业务场景的获取用户信息的需求，基础服务层需要构建关系型数据库存储、ETL、数据浏览和数据服务注册的功能。

第二个阶段是推广阶段，数据服务层增加了获取推荐清单的需求，基础服务层增加了数据搜索和数据可视化的需求。

第三个阶段是优化阶段，数据服务层增加了销量预测的数据服务需求，基础服务层增加了机器学习和数据血缘管理的需求。

虽然分 3 个阶段，但是在建设之初，数据中台所需要的所有的数据服务和基础服务都是已经规划好的，这样能够保证全面性，也能够集中资源满足业务层的需求，还能够在过程中灵活调整。

（3）数据中台通用基础架构构建

数据中台除了数据资产的建设、数据产品和服务的开发之外，最底层是通用基础架构搭建，包括数据资产的采集与存储、业务价值的探索与挖掘、数据的加工与处理、管理与治理、共享与协同、运维与安全。这部分工作是相对确定的工作，是所有企业级数据中台都必须具备的。

从建设顺序上，精益数据方法建议先构建核心能力，第一时间实现对数据的开发利用，再逐步构建支撑能力，分成 3 个阶段。

1）数据中台首先要满足数据产品生产的需求，核心能力就是要汇聚企业的所有数据，构建数据资产的采集与存储、数据的加工与处理能力，这是优先级最高的。

首先从分散、割裂的数据生产转型到统一的数据生产。同时，要建立基础的运维与安全的能力，并且构建一部分数据产品的开发与运营的能力。对其他业务价值的探索与创新、共享与协同、管理与治理能力的构建，在资源投入有限的情况下可以放到第二个阶段。

2）建设好数据应用必要的通用基础能力后，就可以对业务价值的探索与挖掘等支撑能力进行完善了。业务价值的探索与创新是让业务和技术人员能够在数据中台上分析、挖掘、探索数据价值的核心能力，建议重点建设。同时，部分完成共享与协同的能力，可以提升数据产生业务价值的能力。这一阶段要将数据资产管理与数据治理的工作基本建设完成。

3）在数据中台的核心能力全部构建好，运维和安全有了保障以后，要提升全链路的数据共享与协同能力以及数据资产管理与数据治理的能力。

这 3 个阶段的建设要与数据中台支撑的业务应用的构建同步进行，以用促建，让每一个模块都能够有对应的业务价值呈现。

6. 上线迭代优化

数据中台要先于数据应用上线，从而让所有的数据开发、数据产品都基于数据中台实现，再对数据中台进行迭代优化。上线和迭代过程包括如下三方面工作内容。

（1）最小可行版本的数据中台上线

数据应用的开发有最小可行版本，数据中台也有最小可行版本，就是完成在当前阶段最重要的、上层应用最需要的功能。比如，业务前台需要数据 API，数据中台即使不能够做到全自动发布，也要通过手工构建来为前台提供这个数据 API。先满足业务需求，再逐渐提高平台的自动化、智能化程度。精益数据方法认为，数据中台的构建要避免陷入"提前建设大量短期业务并不需要的能力"的困境，要从不确定中寻找前端业务的确定性需求，对其进行快速建设，对于不确定性较高的需求，要谋定而后动。

（2）数据服务上线

把前台业务应用需要的数据服务构建好，通过数据中台提供，并且将数据服务注册到数据服务目录中，这样就从源头建立起了数据服务的全生命周期管理体系。

（3）运营优化

数据中台也是需要运营的，要建立数据中台的运营团队来监控、分析数据中台的使用情况，以便及时发现数据处理链异常、数据风险，持续优化数据中台的功能，推动数据中台在企业的应用。

8

第 8 章

数据驱动的组织文化

战略无论多么有效，如果没有企业文化的有效支撑，最终可能只是一纸空文。

企业数字化转型最大的挑战来自“昨天的惯性”。这种惯性呈现在企业文化、组织结构、流程制度等众多方面，就像空气一样，无时无刻不在影响着每个人。而成功的数字化转型就是要通过一个个数字化场景和项目的建设过程来改变这个组织的个体，从而最终建立数据驱动的组织和文化。

数字化转型不是一个项目，而是一个持续的过程。企业要获得数字化转型的成功，真正走向精益数字化企业，需要打造与大环境匹配、与时代趋势同频的数据驱动的企业文化，以及与之配套的数据团队能力。

精益数据方法认为，打造数据驱动的组织文化是精益数字化企业的根基。

8.1 认识数据驱动的组织文化

独立研究咨询公司 Forrester 的调研表明，建立了数据驱动文化的企业，其增长速度比那些没有充分利用数据、“拍脑袋做决定”的公司的要快整整 8 倍。数据的分析和应用对于企业来说已经不仅仅是投入，还是能带来巨大利润的新的生产力。在数字化转型过程中，业务和技术的转型体现在企业的本质变化上，是通过这些动作、体系、流程最终形成数据驱动的企业文化。数据驱动的文化是肥沃的土壤和湿润的空气，能让企业数字化能力生根，发芽，融入企业业务中，带来企业的成功转型。

8.1.1　数字化时代组织形式的 4 个变化趋势

数字化时代企业的外部环境发生了巨大的变化，信息透明，客户为王，市场快速变化。在这种情况下，作为环境的一部分，企业的组织形式要适应新变化，企业与员工的关系也需要随之发生调整，具体可以归纳为如下 4 个变化趋势。

1. 从附属到合作

首先，企业和员工的关系从原来的强从属关系变成以合作为核心的伙伴关系。特别是在数字化时代，传统的体力密集型工种逐渐被机械设备和机器人所取代，知识型工作者最重要的优势是主观能动性，而平等、自由、开放的环境能够激发员工的主观能动性。数据类的工作是高创造性的知识密集型工种，需要员工有很强的专业能力和自驱能力。企业管理者要认识到，新时代下要建立起平等、开放的企业文化，才能吸引到更优秀、更有能力的人才。

2. 从管控到赋能

传统的企业对员工的怀疑和不信任充分体现在厚厚的规章制度和行为准则里，然后通过打卡、签到、周报、日报等各种从流程到动作的检查点来监控员工的工作状态，从而保证对员工的全方位、刚性的管控。在数字化时代，这样的方式还管用吗？

在数字化时代，企业需要的不是听话的员工，而是能够创造价值的员工。管控只能让员工机械、僵化地执行每一个业务动作，却无法保证每一个业务动作的质量。并且，即便员工每一步都做到，业务也不一定能获得成功，因为现在的业务成功更需要员工的能力和创新。

企业对于员工的管理模式在发生巨大的变化。企业应该制定正确的目标，让员工理解，然后不断地培养员工的能力，让他们去达成这个目标。企业管理员工的一项重要工作就是赋能，员工的能力越来越强，企业才能够不断提升生产力。

3. 从胜任力到创造力

很多先进的数字化企业已经改变了以往的为每个岗位制定职责、打造胜任力模型的做法，改为培养员工的创造力，给员工提供更多的知识和工具，让员工自己去面对高速变化的外部市场并制定解决方案。

有的企业喊出“让前线呼唤炮火”，倡导一切工作围绕客户的需求来进行。但是客户需要什么呢？这并没有写在员工手册上，也没有清晰地罗列在企业培训里，而是需要员工自己在实践中去摸索、发现、创造。

4. 从专业化分工到全链路协作

专业化分工是企业多年来发展的方向，它让流水线作业成为主流，让规模化生产成为可能。到了数字化时代，外部环境的高度不确定性让以专业化分工为主的生产模式面临巨大的挑战，分工导致的内部的组织壁垒越来越高，使得每一个环节看上去都完成了，但是最终的结果却距离预期越来越远。

在数字化时代，企业的组织模式正从泾渭分明的专业化分工走向全链路协同，所有的参与者对齐最终的目标，实时共享信息，每一个参与者都要对最终的结果产出直接的价值，最终实现目标。

以上 4 个变化趋势正是打造数据驱动的组织文化的宏观背景和底层逻辑，数据驱动的组织文化是企业数字化转型的最终模式。

8.1.2 数据驱动的组织文化的 8 个体现

通过分析世界领先的数据驱动的企业，我们总结了这些企业在文化方面的一些共性。这些共性主要体现在 8 个方面，如图 8-1 所示。

图 8-1 数据驱动的组织文化的 8 个体现

1. 高层重视

Netflix 能够成为过去 20 年全球业务增长最快的企业（从 2002 年上市至 2020 年，股价从 1 美元左右涨到 540 美元），数据驱动的组织文化和决策体系是核心因素，而 Netflix 打造数据驱动的组织文化的原动力来自企业高层对数据的充分重视和自身的行为表率。

Netflix 联合创始人、首任首席执行官马克 · 兰道夫表示，创造力是提出想法，但数据是评估某项工作是否奏效的关键，数据一直是 Netflix 成功的关键部分。Netflix 一直都非常重视数据的利用，在 2006 年，Netflix 就积累了 50 万用户对数万部影片的上亿条评价数据，并且设立了行业内第一个推荐算法大赛。Netflix 在转型成流媒体服务商后，更加重视对数据领域的投资和研究。Netflix 所有的员工都拥抱数据，在工作中充分发挥数据分析的价值，从而做出更有创新性、更明智的选择。

打造数据驱动的企业文化，第一条就是从高层开始重视数据，尊重数据，充分地利用数据做决策。我们看当下的很多企业也在努力地做数字化转型，但是关键挑战是其高层是否能够以身作则。

尊重数据背后的本质是企业高层放下自己的权力，打造平等自由、鼓励创新的氛围。数据驱动决策意味着没有特权，没有人为的刚性的规则，一切以客观的数据作为决策的参考。说起来很容易，但是实现这一点首先需要企业的高层“自我削权”，鼓励所有人尊重数据，用数据说话。

2. 决策仲裁

对于企业来讲，决策能力是非常核心的能力，很多时候选择大于努力。在战争时期，我军的优秀将领就充分搜集敌军的各类行军作战数据，根据这些数据推测出对方的真实情况和意图，从而制定更有针对性的作战策略。在数字化时代的今天，数据更是先进企业决策的重要仲裁者。

马克 · 兰道夫表示，Netflix 的员工经常有很多的创新想法，但是他们会通过数据对其进行测试和分析，借助数据进行最终决策。“数据让我们能够意识到没有人会锁定好的想法。”他说，“事实上，真正的解决方案可能来自任何人。一旦你意识到这一点，真正的仲裁者就是数据。它让事情变得如此简单，并使一切民主化。这成了我们核心的数据文化，让数据作为核心的决策依据。”

3. 核心资产

对数据而言，从资源到资产的定位转变是一个艰难的变革过程。

现代企业采用的数据管理模式都是类似人力和财务的资源管理的模式。这种管理模式强调数据的标准化、安全性以及一致性，目标是让数据本身的质量更高。这是在主数据管理时代的情况和目标，但是到了大部分业务已经数字化的今天，按照这种模式一刀切地管理所有数据，不论成本效率还是技术支撑都存在很大局限。

领先的企业已经将数据作为核心资产，分级、分类进行管理，数据质量不再是最终的目标，而是实现业务价值的手段。企业应该从资产增值的维度来统筹设计数据管理的策略。资源管理的核心是管理资源本身，而资产管理的核心是利用资产产生业务价值，这是两者的本质区别。

4. 沟通手段

彼得·德鲁克有句名言，“没有度量就没有管理”。数据不仅是决策的依据，更是企业管理过程中的沟通和协作工具。

我们常常在讨论、交流的时候遇到这种情况：看上去双方都充分表达了意图，并且似乎也都理解了对方的想法，但是最后发现其实大家并没有对齐思路。这很大程度上是因为沟通内容没有量化准确，双方并没有形成统一的标准，对同一个概念的理解不一致。

而在具有数据文化的企业中，这种情况则会比较少出现。比如，有的企业遵循“有数据讲数据，没数据不发言”的沟通原则，这样就能够从一开始就让所有的员工认识到必须每时每刻关注、积累和利用数据。

5. 数据创新

Netflix、Google 等数据驱动的企业，为了打造利用数据创新的氛围，会定期举办类似数据创新大赛和数据马拉松这样的活动，来鼓励所有人从数据中发现新创意。

这样的活动能够使企业获得三方面的收益。

第一，充分显性地表达企业对数据的态度，从而鼓励所有人都拥抱数据。

第二，通过活动产生对业务有帮助的想法。就像 Netflix 通过数据算法大赛，最终的确获得了 10% 的推荐准确度的提升。

第三，识别和培养数据人才。这样的数据创新大赛最大的收益是能够从中识别数据人才。

现在，数据创新大赛已经成了 Netflix 常规性的活动，所以也就出现了 Kaggle 这样的机器学习和数据分析的平台。

6. 工具技能

数据是一种意识，更是一种能力。员工只有数据的思维，不掌握一定的技能，那就只能纸上谈兵。Netflix 不仅将利用数据来做决策作为核心，还提供各种条件培养每一个员工的数据能力。Netflix 是数据民主化理念的典型拥护和实践者，它为每一个员工提供与之匹配、容易熟练掌握的数据分析的工具，从 MATLAB 到 Tableau，从 Jupyter Notebook 到 Excel，从而让数据能力成为每一个员工都可以掌握和利用的基础能力。

一个数据驱动的组织会努力为所有人提供合适的访问和利用数据的工具，培养大家的数据素养和能力。

7. 真实可信

企业是有分工的、有部门的，但是数据是真实业务的映射，数据与数据之间的关联关系是无法隔断的，所以如果一个数据不真实，会引起一连串的问题。很多企业在数据管理上采用各部门管一部分的方式，每个部门只关注自己负责业务的数据，不关注其他部门和业务领域的数据。

在数据驱动的组织中，每一个人都将数据的真实可信作为自己的职责，不论自己部门的数据还是其他部门的，因为他们很清楚地知道，数据本质上是没有墙的，一个数据产生问题，带来的一定是各部门一系列的问题，所以一旦发现数据问题，每个人都会第一时间去分析和处理。

8. 培训赋能

个体的能力塑造了企业的能力。领先的企业都建立了自己的数字化人才培养体系，并且把数据能力作为人才培养体系的核心方面。

建设数据驱动的企业，需要每一个个体都能够掌握数据思维，理解数据在企业转型过程中的作用和典型场景，从而能够在面对各种问题的时候，更好地发挥数字化技术和数据要素的作用，用创新思维解决问题。

8.1.3 打造数据驱动的组织文化的 5 个关键步骤

打造数据驱动的组织文化有 5 个关键步骤，如图 8-2 所示。

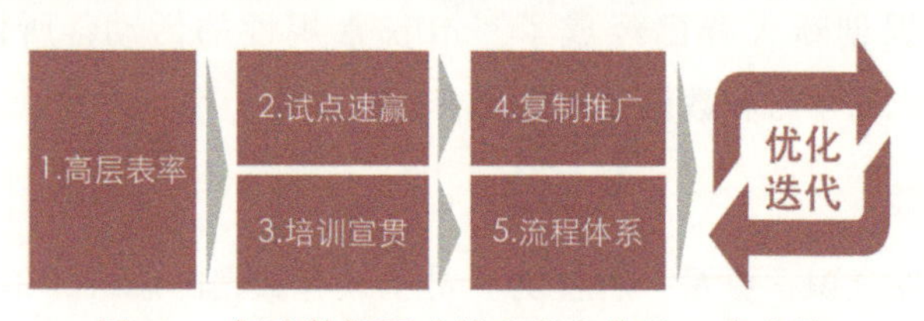

图 8-2 打造数据驱动的企业文化的 5 个步骤

1. 高层表率

数据驱动的文化倡导企业将业务事实建模成量化数据，然后根据量化数据来进行业务的交流、讨论和决策。这种文化能够削弱其他不合理的决策依据的作用，比如权力、利益、关系等，减少了管理者的一言堂、主观臆断等情况。这对企业整体是有价值的，但是对管理层来说是一个约束和限制。所以如果要打造数据驱动的组织文化，首先要从高层做起，从管理层做起。高层要通过尊重数据、利用数据的行为来做表率，以行为向全员证明数字化转型的决心。

2. 试点速赢

高层表率能够给企业全员以显性的信号，让大家知道企业数字化转型的决心。但是，最终大家会不会跟随和采取行动，则取决于是否看到实际的业务效果。所以，在高层表率的基础上，企业要快速建立试点项目和举措，让数据给业务带来价值，给用户带来获得感。有了试点项目的成功，各部门及其人员会直观地体会到数据的价值，然后快速采取行动，争取机会参与进来。

试点项目的选择一定要“小、痛、快”。首先是小，试点项目不能求大而全，范围越大，需要兼顾的对象就越多，就越难以达成一致，要聚焦，再聚焦。其次是痛，找到用户真正的痛点，识别准确的场景，给用户带来全新的体验。最后是快，使用户能够尽快看到效果，从而给企业全员以信心。

3. 培训宣贯

试点项目的作用是打样板、立标杆，与此同时要结合培训宣贯，通过数字化转型的理念培训、创新大赛、共创工作坊、易拉宝、宣传册等形式，把数字化转型的必然趋势、数据的价值、行业的领先实践等信息全面地输出给企业全员，打造数字化转型的氛围，增强大家的数字化认知，提升数字化素养。只有理念统一了，后面的转型动作才能一致。数据驱动的文化氛围就是通过这样润物细无声、每时每刻的输出来营造的。

但是，数字化转型的培训宣贯要结合新的理念，不能仅做单向的输出，要打造共创互动的氛围。让被培训者意识到培训的价值，否则培训就变成了负担，流于形式了。为此，精益数据方法独创了提供沉浸式体验、融趣味性和专业性于一体的卡牌式精益数据共创工作坊的培训方法，详见第 10 章。

4. 复制推广

试点项目成功以后，就要根据数据战略复制推广，规模化推进数据在所有业务领域的应用。这个过程中最重要的是量化、透明、反馈。数字化转型本身就是一个需要运营的工作，要将每个项目的目标、关键节点建模、量化，然后公示出来，让相关者看到进展，发现风险，并给予反馈。

不能因为担心出问题而封闭信息，这样做只会让流言和坏消息传播得更快，要利用数据来使工作流程透明化，完善反馈机制。

5. 流程体系

数据驱动的文化，既不能只停留在规则和意识的层面，也不能仅用于自我约束，这样无法保证规模化和标准化。要逐渐建立起数据驱动的流程体系，用行动去改变思想，让数据成为业务流程、组织体系的重要参与要素。

最后，再通过数据指标、监测反馈来实现流程体系的迭代优化。

8.2　数据人才体系构建

8.2.1　数据团队能力全景图

数据驱动的企业需要什么样的数据能力？需要构建什么样的数据团队来打造这样的能力？精益数据方法总结了典型的数据团队的能力全景图，如图 8-3 所示。

1. 数据战略能力

首先是要有数据战略能力，数据团队能够根据企业的业务愿景和目标，结合企业的发展阶段、业务技术现状，制定出适合企业发展的数据战略规划，打造业务场景蓝图、数据资产蓝图和数字化技术蓝图，并且梳理出转型路线。

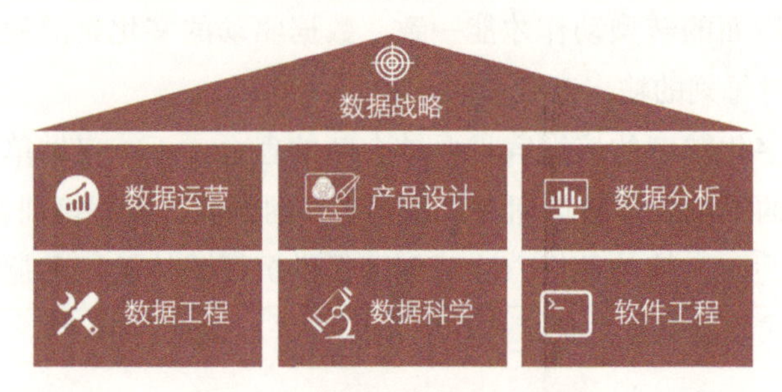

图 8-3　数据团队能力全景图

企业的数据战略能力主要由五大部分构成。

第一是业务战略的解码能力，数据战略必须服务于企业的业务战略，所以数据团队的首要能力是能够理解和解读业务战略，然后制定与业务战略对齐的数据战略。

第二是数据资产的管理能力，包括数据资产规划、数据生态的构建、数据治理体系等。

第三是业务价值场景的探索、挖掘、识别能力，能够描绘出让数据发挥价值的业务场景蓝图。

第四是数据架构能力，选择适合企业的技术栈和工具体系，搭建企业的数据技术架构。

第五是组织文化建设能力，打造企业的数据人才培养体系、能力模型以及数据驱动的企业文化。

2. 数据运营能力

在数字化的企业中，所有的业务和产品都会以数据的形式存在，并且会产生新的能返回企业的数据。数据驱动的企业要拥有卓越的数据运营能力，能对业务数据进行分析挖掘，并且基于数据制定和优化运营策略，采取业务动作，提升企业的敏捷性。

数据运营和运维是两个概念，运营是让业务获得增长，运维是让系统稳定、不出故障。数据运营是指通过数据来让产品和服务持续地产生价值，并不断优化产品和服务的能力，包括用户运营、产品运营、渠道运营、活动运营、内容运营等。数据运营不仅服务于营销，还支持客户服务，有利于提升客户满意度等。

3. 产品设计能力

从项目制到产品制的转变体现了一个企业的敏捷程度。能否深度洞察市场和用户的需求，设计出用户需要的产品，不断地优化迭代，提升用户体验，是企业数据资产对外呈现价值的核心能力。数据团队要有数据产品经理、产品设计人员，他们往往具有很强的市场和用户意识，能够打造出有竞争力、能产生业务价值的数据产品，而不是一个仅能提供数据资源的产品。

4. 数据分析能力

数据分析能力是利用统计分析、人工智能等技术和工具对数据进行分析，提取有用信息，帮助业务洞察，形成可靠结论的能力。数据分析包括描述性分析、探索性分析、验证性分析、预测性分析等多种形式。企业需要构建强大的数据分析能力，来实现看现状、看根因、看风险、看未来的“4 看”效果。

5. 数据科学能力

数据科学能力特指利用人工智能技术对数据进行挖掘、建模，最终输出算法模型的能力。数据分析更多处理结构化数据，而数据科学面向的数据范围更加宽泛，通常与多种类型的数据，大部分是非结构化数据打交道。在数字化时代，企业要重点建设以人工智能技术为核心的数据科学能力。

6. 数据工程能力

数据工程能力包括两类，一类是处理数据的能力，另一类是构建数据平台和工具的能力。前者主要处理关系型数据、构建数据处理链、构建数据立方体等数据生产工作，后者主要利用软件工程技术来构建大数据平台，实现 DataOps。前者需要对数据模型、SQL 语言等非常熟悉，而后者需要对处理数据的技术和工具非常熟悉。

7. 软件工程能力

软件工程能力是当今数据工程师的基础能力。过去的数据从业人员以熟练使用 SQL 为主要工作技能。而现在，随着非关系型数据库、流计算、实时计算、消息队列等多种数据工具和技术的发展，软件工程能力成了数据工程师的基本技能。

8.2.2 企业典型的数据岗位全景图

数据团队的能力是由不同的岗位构成的，企业典型的数据岗位可以用如图 8-4 所示的全景图来描述。

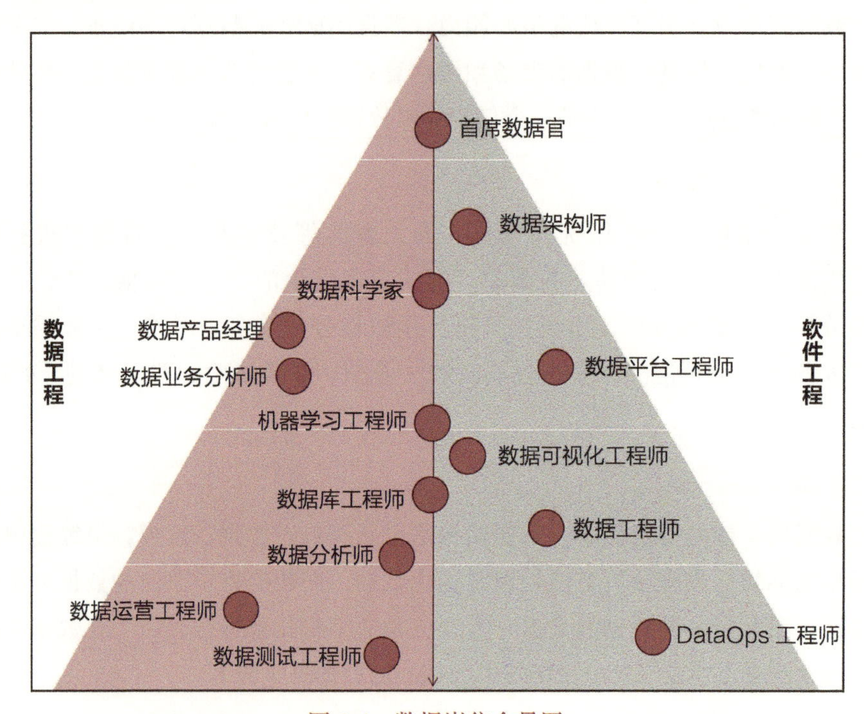

图 8-4 数据岗位全景图

按照生产资料、产出物的不同，可以将数据岗位分成两类。一类是数据工程，侧重对数据的开发和利用，最终的产出物也以数据为主。另一类是软件工程，侧重以生产数据为目标的软件开发，主要工作是软件编程，产出物以架构和代码为主。图 8-4 中，从上往下贯穿了战略层和执行层，越偏向执行层，企业的数据岗位需求越多，岗位人员也越多。下面分别简要介绍各个层次的岗位。

（1）首席数据官

Gartner 在 2015 年就预测，在 2017 年将有 50% 的公司设置首席数据官的岗位。到 2022 年的今天，我们发现在国内很多企业已经开始设置首席数据官了，这充分说明了国内外企业对数据的重视。

首席数据官管理企业所有数据相关的工作，从而使企业从数据中获得最大的业务价值和竞争力。简而言之，首席数据官就是从数据中创造业务价值的高级管理人员。

不同于传统的技术管理者，首席数据官首先是一个业务负责人，他要对数据产品产生的业务价值负责。数据的管理、团队的设置、人员的培养、技术平台和应用的构建等其他工作内容都服务于这个核心目标。

（2）数据科学家

数据科学家是利用业务、技术和数据来帮助业务部门解决复杂问题的专家。数据科学家是一个综合性非常强的角色，既需要具备非常强的业务理解、数据分析、技术实践能力，又需要有很深的研究背景和工作资历。数据科学家是数据团队的技术领袖。

数据科学家是一个技能交叉的综合性岗位，需要同时具备业务领域、软件和数据、数学和统计的综合技能，如图 8-5 所示。

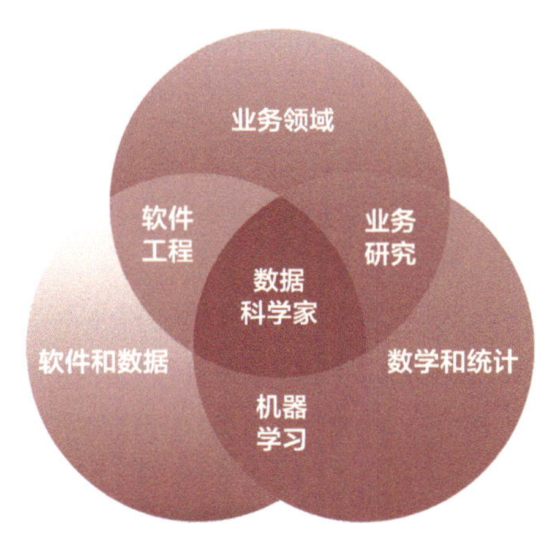

图 8-5　数据科学家的能力模型

（3）数据架构师

数据架构师是确认和评估企业对于数据生产和利用的需求，给出开发规范，搭建系统的核心构架，并澄清技术细节、扫清主要难点的资深技术人员。数据架构师是企业数据能力构建的中坚力量，是根据目标和需求设计数据系统的顶层架构，并且对技术方向和选型起到决定性作用的角色。

（4）数据产品经理

数据产品经理是充分利用数据来解决某一类问题，或者为某一类用户提供服务的产品负责人。从能力模型上讲，数据产品经理具有数据认知、数据分析能力。这个角色是传统数据团队非常缺少、需要快速补充的。数据产品经理要有非常强的同理心和敏锐的用户洞察力，从而能够从数据中发现用户的痛点、需求，再利用数据去设计并开发对用户有价值的产品。

（5）数据业务分析师

在数据团队要有懂数据的业务分析师，也就是数据业务分析师，简单说就是具备数据素养和技能的业务分析师。

（6）数据运营工程师

数据运营工程师负责在数据平台和数据产品上线后利用数据洞察业务的状况，制定对应的用户运营、产品运营、内容运营的策略，采取相应的行动让业务达成既定目标。

（7）数据库工程师

数据库工程师特指对关系型数据库进行管理、维护和开发的工程师，类似于数据库管理员，数据库工程师的主要技能是掌握 SQL 语言和主流数据库软件工具。

（8）数据分析师

数据分析师可以将原始数据通过处理和分析转化为辅助业务决策的信息或产品。

（9）数据平台工程师

数据平台工程师指构建数据工具和平台的软件工程师。和数据工程师不同的地方在于，数据平台工程师的工作输出物是数据平台本身，所以技能上更偏构建，主要的工作是实现数据平台或工具，提供数据处理功能或生产数据产品。

（10）数据可视化工程师

数据可视化工程师是近年来数据岗位细分产生的一个方向。数据可视化工程师会根据业务的需要，将数据分析的结果以可视化的方式设计并实现出来，是一个综合性的角色，他的最终目标是利用数据讲好业务故事。数据可视化工程师需要关注仪表盘、报表的可扩展性、美观性和功能性，需要具备一定的设计、数据工程、软件工程能力，以及精通各种行业工具。

（11）DataOps 工程师

DataOps 工程师和传统的运维工程师不一样。DataOps 工程师的核心工作是从企业整体的角度出发，设计、开发和维护数据管道，从而更有效地支持企业的数据开发和生产。

（12）数据工程师

数据工程师是具备数据处理、建模能力，熟悉常用的数据库及数据处理工具的软件工程师。数据工程师的核心工作是从源系统中获取数据，并将其加工成业务需要的结果。数据工程师区别于数据平台工程师的核心是后者的成果是数据平台本身，而前者的成果是数据。

（13）机器学习工程师

机器学习工程师是最近几年机器学习技术逐渐成熟后出现的新岗位，机器学习工程师首先确定要解决的问题，然后对数据进行探索，利用机器学习算法训练数据，生成算法模型，解决业务问题。

（14）数据测试工程师

数据测试工程师又称数据质量分析工程师。该角色会执行数据测试，与数据库开发人员合作，优化数据收集和存储过程，并准备数据测试报告，提高数据的准确性和完整性，提升数据产品质量。

8.2.3　数据团队的 12 个实践原则

数据团队越来越重要，他们参与的业务也越来越深入。但是责任越大，对团队能力的要求越高。精益数据方法研究了 Netflix 等多个企业的数据团队的成功案例，总结了数据团队工作的 12 个实践原则，如图 8-6 所示。

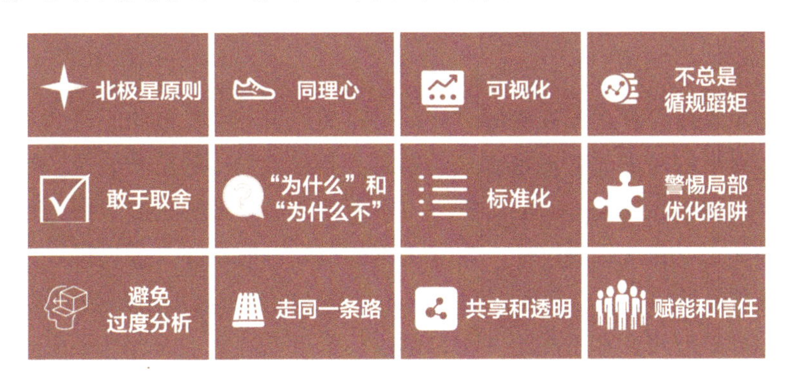

图 8-6　数据团队工作的 12 个实践原则

1. 北极星原则

正确定位问题永远比提出解决方案重要，数据团队的工作一定要对齐企业的最重要的关键指标，即北极星指标。只有符合指标的数据才能带来价值，所以数据团队在接收需求、对需求进行优先级排序的时候，要跳出数据的视角，尽量靠近业务的北极星指标。

2. 同理心

一定要站在用户的视角思考问题，数据工作者要客观地认识到，大部分业务用户是不懂数据的，所以数据工作者认为的最简单的名词、方法，用户都不一定了解。用户也会问出很多让数据工作者不理解的问题，甚至不支持数据工作者提出的专业建议。在这种情况下，数据工作者一定要有很强的同理心，从用户所处的环境、角色、职责、目标和具体的情况出发来思考，而不是居高临下，只考虑技术和专业。数据归根到底是要解决用户的问题，如果不能理解用户，那一切都是没有价值的。

3. 可视化

现在企业所面临的数据口径不一致等很多问题经常是部门没有找到正确的数据、采用了错误的数据导致的。Netflix 拿到数据的第一件事情就是尽可能地把它可视化，并且对不同的用户会基于不同的业务视角，采用不同的、有针对性的方式和工具，让用户在使用数据前先充分理解和认知数据。

所以数据团队一定要具备多样的可视化工具和技术，将数据描述清楚，才能促进数据更高效地生产和利用。

4. “为什么”和“为什么不”

数据人员在面对业务人员的时候，很容易处于一种乙方的心理角色，面对业务人员提出的需求或者实现方式的要求，会尽可能地顺从和满足。精益数据方法认为，在对齐业务价值的基础上，本着平等协作的原则，数据工作者要多问几个为什么：为什么要这样，为什么不能那样？给业务人员提供一些从专业的数据视角出发的建议，深度挖掘业务人员提出的需求背后的东西。只有这样，才能够尽可能地找到本质问题并予以解决。这也就解释了为什么很多情况下数据人员感觉业务人员的需求总在变化。如果在第一次对齐需求的时候就能够多问几个为什么，就可以减少后续重复返工。

5. 标准化

快速变化的业务需求、多样化且层出不穷的数据源、复杂的技术架构，使得数据工作越来越复杂。为了尽可能降低复杂度，数据工作的过程要尽量标准化。制定统一的标准，规定统一的协议接口，采用标准化的工作方法，能够大幅度降低企业数据生态的复杂度，从而提高沟通协作的效率，降低风险。

6. 不总是循规蹈矩

流程标准化是为了生产规模化，提升效率。但是在特定问题的解决上，精益数据方法提倡要有所创新、有所突破，不能总是循规蹈矩。一切以业务价值为最终目标，当解决问题与流程标准出现冲突的时候，要以解决问题为第一要务。

7. 敢于取舍

业务团队肯定希望数据团队打造一个完美的产品，所有的问题、痛点都能被解决。但是现实往往是，在资源有限的情况下，鱼与熊掌不可兼得。比如算法的优化周期和按时交付上线的时间限制，以及数据样本量与训练时间就是天然的冲突。要以北极星指标为核心，以业务价值为目标，敢于取舍。如果什么都要，那么最后可能什么都做不好。

8. 警惕局部优化陷阱

数据工作，特别是数据科学方向的工作，受制于数据源、业务理解、算力等因素，很多时候产生的结果是数据人员难以掌控、难以解释的。这时候的数据处理是一个没有最佳实践和标准答案的过程，在这种情况下，数据人员很容易陷入局部优化的陷阱。

局部优化陷阱指的是你在所掌握的数据和算法认知的基础上，做出了你认为最好的选择，但其对应的结果并不是全局最优的，而只是局部最优的。最危险的是，你自己没有意识到该结果的局限性。

局部优化陷阱产生的原因有很多，最重要的原因是数据人员不具备全局视角，以及没有自我怀疑的习惯。数据工作者要建立业务思维能力，尽可能跳出自我，从全局性的业务视角看自己的工作。对此，具体可以问自己这几个问题。

- 我的工作是否解决了这个环节所有的问题？
- 目前的结果是否对齐了最终的目标？
- 数据和算法是否还有缺漏的部分？
- 我还能做哪些工作来优化当前的结果？

只有时刻保持警惕，不断跳出自我的认知，才能取得更好的工作质量。

9. 避免过度分析

数据分析、数据加工、数据处理等都是手段，而不是目的。数据工作最终的目的只有一个，就是按照业务的需求解决业务的问题，实现价值。对于非研究型的数据工作者来说，要时刻提醒自己避免过度分析，减少对不产生业务价值的事项的投入。

避免过度分析就是减少浪费，可以从以下几个方面来提醒自己。

- 业务的要求是什么，满足这些要求的最短路径和方法是什么？
- 在当前的数据采集、分析、加工的过程中，有没有与最终结果无关的环节可以简化？
- 如果在现在基础上继续优化，投入产出比是否会大幅降低？

10. 走同一条路

由于数据要素易加工的特性，同样的数据可以采用不同的方法去处理。但是作为数据团队的一员，数据人员要尽可能复用以前的方法和路径，减少重复造轮子，避免引入新的问题。有的时候，技术人员热衷于展示技术的独特性，这在一些创新需求中是被鼓励的，但是对一些确定性强、有最佳实践的工作来说，要管理自己造轮子的冲动，与团队走在同一条技术路线上，这样才能够实现流程标准化，减少数据孤岛，提升效率。

11. 共享和透明

企业有组织结构，有部门，有分工和职责，但是数据是天然连接的，一个数据的背后有无数个数据在支撑和验证，所以在数据上造假是不可能的事情。在这样的背景下，数据团队的工作要在数据安全合规的基础上尽可能地透明，从而减少不必要的沟通、协调和其他工作。数据维度越多、集成越多，其价值越凸显，所以企业内部的数据共享做得越充分，数据的挖掘利用就越容易，也就更容易产生业务价值。

12. 赋能和信任

数据类的工作是需要高度创造性、洞察性的工作。个体的主观能动性、工作意愿直接影响工作的状态和结果。所以就像精益数据宣言所提倡的，企业要充分信任团队并且赋能团队，而不是用命令与控制来管理团队。

企业管理者要相信每个成员在当时的情况下已经做到最好，减少质疑，多鼓励和赋能，让每个成员都保持最好的情绪和状态，这样才能够事半功倍，激发每个人的潜力，创造更大的价值。

8.3　案例：Netflix 的数据文化

8.3.1　Netflix 数据文化的体现

1.“我们要去赢这 100 万美元”

“我们要去赢这 100 万美元！”普林斯顿大学计算机系大四的学生 Lester 在宿舍里歇斯底里地大叫。

2006 年 10 月，一个提供影视服务的公司对外发布了一个公开竞赛的消息，竞赛的内容是参赛者利用这个公司提供的数据集，实现比该公司现在所使用的推荐系统高 10% 以上的推荐准确度，而奖金是 100 万美元。当这个消息出来的时候，很多人都震惊了，因为这个奖金在当时实在是非常有吸引力。这就是 Netflix 的数据算法大赛 Prize 的开始。

Netflix 提供数万部影片、50 万用户的上亿条评价数据作为训练数据集，所有参赛者只要能够实现超过原本推荐算法 10% 的推荐准确率，就能获得大奖。这个活动充分地体现了 Netflix 对于数据的重视，也让 Netflix 获得了全球众多数据科学家的青睐。

2.“给我看你的数据”

Netflix 的决策方式和流程不完全靠人的直觉与经验，而是利用数据快速假设，快速试验。Netflix 整个管理团队都有技术背景，数据试验是 Netflix 的一种文化。

一位 *Outside Insight* 杂志记者对 Netflix 做了深入调研后，感慨道：“Netflix 的每一个决策，小到封面的调色，大到个性化的市场战略，以及对原创内容的决策，所有的一切都是数据驱动的”。Netflix 的数据分析专家 Blake Irvine 在一次大会上用“无处不在”来形容数据在 Netflix 的企业位置。

Blake Irvine 提到：自从 Reed 创立 Netflix 以来，很多管理人员都来自高科技公司，A/B 测试这样的思想贯穿员工的所有决策和行为。员工基于数据进行交流、分享，利用数据管理招聘和其他各项事务，Netflix 是一家从上至下数据驱动的公司。

Netflix 整个企业的业务，包括对外的市场推广和内部的管理经营，都是由一个个数据产品支撑和组成的，都采用数据驱动的决策逻辑。数据驱动业务主要分成以下 5 步。

（1）业务数据化

数据驱动的源头是数据的采集，没有全方位采集数据，就无法充分利用数据，更无从谈起数据驱动。Netflix 强调一切业务动作、决策、行为必须数据化。

Netflix 从业务构建之初就充分认识到数据的价值，早在做传统 DVD 租赁服务的时候就构建起了基于数据的用户推荐系统，后来转型流媒体生产发行业务时，Netflix 每时每刻都在采集各种数据，例如用户的收看历史、查询、观看时长等数据，以及打开、快进、暂停、退出等行为数据。同时，Netflix 也通过其他渠道搜集数据，例如通过第三方获得互联网浏览数据等。所以 Netflix 在 2017 年就存储了 150PB 以上的结构化数据，平均每天写入 300T 的数据。这些数据就像一座金山一样，不同的业务部门通过各种方式挖掘生产，不断地从中获得有价值的信息。随着用户量的不断增加，Netflix 的存储数据量呈指数级增长，而这些数据让 Netflix 比竞争对手更加了解用户，形成了牢固的竞争力壁垒。

（2）数据可视化

Netflix 有一个广为人知的数据价值观，即不能可视化的数据就没有价值，所以 Netflix 自主构建了非常多的数据可视化工具，将不同种类、不同特性、不同领域的数据用合适的可视化方式呈现出来。借助这些可视化工具，Netflix 做到了全员都是数据分析师。

（3）提出问题假设

当所有数据都可视化以后，参考这些数据，员工就可以提出各种新的假设和问题，比如提出一种新的营销方法，改进用户体验的排序策略等。Netflix 内部的文化非常扁平，每个人都可以基于客观的数据事实提出自己的想法，这样一来，自下而上的创新思路就非常多。有了更多的问题和假设，就有了更多的产品需求，就加速了 Netflix 的创新频率。

（4）测试

想法多了，思路多了，带来的不仅是创新，还有更多的工作量。如果不能很好地处理这些想法和思路，可能企业的效率不仅不会提升，还会下降。但是这对 Netflix 来说不是问题，Netflix 构建了端到端的数据协同体系，每个角色都可以方便地在一套同源、权威的数据体系上构建沙箱，做各种测试和实验，来验证自己的想法。

（5）数据驱动决策

在 Netflix，所有的讨论争执最终都通过数据来决策。如果有人认为这部影片的海报设计不符合某个地区的某类人群的喜好，他就可以提出自己的想法，然后快速圈出具有对应标签的多个用户群，向他们定向推送该海报，再以用户的浏览、点击、停留、转化的实时数据来佐证自己的想法。

这就是 Netflix 的数据驱动的决策逻辑，底层其实是基于现象和事实来决策。每个企业都希望拥有数据驱动决策的能力，但是这是由 Netflix 整个企业的底层文化、沟通方式所决定的。其他的企业即便在技术上具备这样的能力，也很难达到这样的效果。

8.3.2 Netflix 数据文化的 4 个底层特质

在一次公开的数据峰会上，Netflix 的产品数据分析经理 Nathan Towery 介绍了 Netflix 数据文化，重点讲了 4 个底层特质：协作和透明，避免控制，高度对齐和松散耦合，自由和责任。

1. 协作和透明

公开、广泛、有意识地共享信息，可以让每个人在工作的时候快捷方便地找到自己想要的数据。

在 Netflix 内部的大数据门户上，员工充分而广泛地分享着所有的信息，包括数据和数据产品，几乎所有的文档都完全开放，供大家阅读和评论，所有员工拥有一致的信息背景。这样，每个员工在需要数据的时候，不需要凭自己的经验和人脉在线下到处询问，直接在大数据门户里搜索对应的标签、关键词等就能够快速找到对应的数据。

同时，所有的数据都有清晰、全面的元数据描述，从而让这些数据更容易被理解，也让查看数据的员工能够找到数据的管理者或数据产品的团队。这样的机制和文化让企业内部的协作效率大幅提升。

2. 避免控制

数据的生产是一个知识创造性的工作，需要很强的创新能力，所以 Netflix 的数据团队遵循“避免控制”的重要原则。Netflix 尊重团队每一个成员的自我选择和独立判断，避免指令式、控制式的管理模式。这样，每一个人都能够充分地发挥自己的想象力和创造力去围绕目标工作，而不是去落实别人的指令，这样的文化能够最大化地激发每一个人的创造力，这也正是数据创新的良好土壤。

这和精益数据宣言提倡的价值观“开放与信任高于命令与管控”完全一致。控制式的管理模式奏效的前提是有最佳实践可以完全照搬，这样团队只需要分解动作并机械地执行，无须任何的创新想法。但是需求的复杂性和频繁变化、数据的不可预知性，都导致没有人能够设计一套完美的、精细到执行环节的指令。数据团队的管理者需要在方向和目标对齐的情况下充分授权，信任团队的能力，结合团队看板等可视化工具让成员的工作过程透明化，降低风险。

强控制的文化会导致团队成员的主观能动性和责任心大幅下降，既然管理者追求一切都在掌控之中，一切都遵循指令，那么团队成员也不愿意主动背负责任，碰到问题的第一反应是查看指令，而不会思考如何解决问题。

3. 高度对齐和松散耦合

Netflix 的团队非常相信敏捷回顾的最高指导原则。(如不了解敏捷回顾，推荐阅读 Norman Kerth 关于项目回顾的著作 *Project Retrospectives: A Handbook for Team Reviews*。“无论我们发现了什么，考虑到当时的已知情况、个人的技术水平和能力、可用的资源，以及手上的状况，我们理解并坚信每个人对自己的工作都已全力以赴。”这是一种对团队高度信任的表现。

所以，Netflix 在团队协作当中采用高度对齐、松散耦合的工作方式。首先是高度对齐。在工作开始前，团队充分对齐目标，明确职责、工作内容、度量标准及约束条件，然后各自遵循对齐的目标、标准、内容和约束条件来工作。只要具体的工作方式、方法是遵守标准的，那么成员就有着充分的自由，这就是松散耦合。

这样的工作模式体现了 Netflix 的充分互信的文化，因为所有的决策和讨论都是基于数据的，而数据是很难造假的，所以大家充分相信彼此。以数据为沟通的桥梁，这样的协同是非常高效的。

4. 自由和责任

Netflix 的数据文化为员工提供了充分自由，尊重每一个人充分表达的权利。与此同时，自由和责任是共存的。每一个人可以选择自己认为正确的方法、技术来工作，但是自己必须要对结果负责。

Netflix 能够给予技术人员这样的自由，是有如下三方面体系在保驾护航，从而降低潜在的风险。

（1）数据和技术的标准化

Netflix 构建了强大、多样化的数据中台技术工具和自动化的数据生产体系，通过工具和这些体系，将技术标准、数据标准都固化到系统里，使技术人员的工作建立在标准化的基础上。

（2）全链路的协同平台

Netflix 的大数据门户是一个全链路的在线数据生产平台，所有的人都在一个平台上工作，能实时地看到团队的工作进展、面临的问题、取得的成果。在这种情况下，传统的管理已经没有意义，只要目标是正确的，过程就会在一个充分协同、安全可控的平台上快速被推进。

（3）数据化的过程管理

所有的数据需求的变化、数据产品的新进展、项目的进度、用户的浏览访问情况，都已经数据化了，任何的异常、风险都可以被后台的风控系统识别。即使发生了问题，所有的过程都可以被追溯，这给了 Netflix 充分的安全保障。

8.3.3　Netflix 数据驱动的组织结构

Netflix 是一个数据驱动的组织，所以很难像传统公司那样把数据团队与其他业务团队清晰地分割开来，因为业务团队每时每刻都在利用数据的能力。

总的来说，Netflix 的数据团队与业务团队深度融合、结构一致。Netflix 一共有 6 个业务团队：App 团队、内容团队、会员团队、制作团队、市场团队和平台团队，如图 8-7 所示。

（1）App 团队

这个产品团队的工作围绕 Netflix App 本身展开。Netflix App 整合了内容、会员、市场、客户服务等多个领域的业务和功能，相应的数据分析团队和 App

团队一起提供整体的数据分析服务，比如整个 App 的访问量分析、用户路径分析、各个组件的流量分析等。

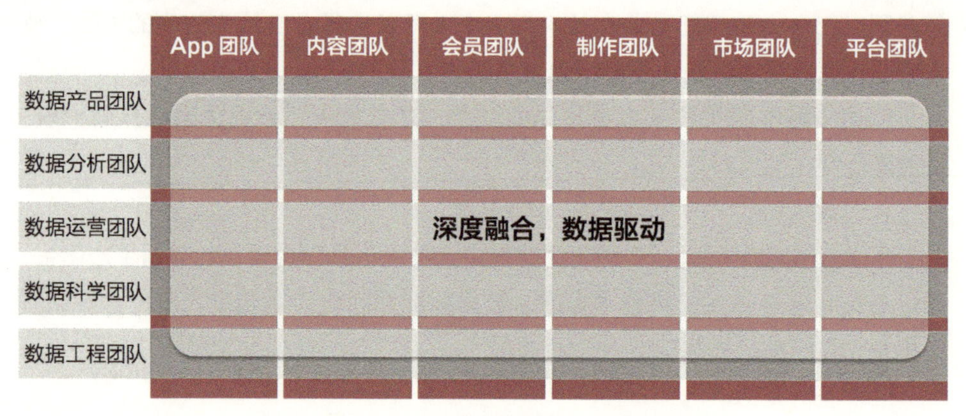

图 8-7　Netflix 数据团队和业务团队的结构

（2）内容团队

对内容的深度分析能够帮助 Netflix 全方位了解内容生产的信息，从而规划更好的内容，生产更有吸引力的内容。其分析维度如按内容类型分析，按内容标签分析，按原创地点分析，按内容风格分析，按演员分析等。

（3）会员团队

Netflix 应该是世界上最重视会员数据分析的公司之一，时刻都在对会员的一切数据做采集和分析，包括设备信息、浏览信息、行动信息等。然后根据这些会员的数据描绘用户画像，从而制定与之相匹配的推荐策略，更好地服务会员。这也解释了为什么 Netflix 的会员数量在过去的 10 年内增长了 4 倍以上。

（4）制作团队

Netflix 的制作团队是产生内容的引擎，而数据团队帮助制作团队端到端地制作更好的内容。可以借助数据的力量来分析投资人、观众等对不同题材的关注程度，抓取一个阶段内的爆款话题以及不同的演员、导演的口碑和热度，从而让选题更精准，产生更加吸引会员的内容。

（5）市场团队

市场团队的主要作用是拓新，即获取更多的新会员，同时也负责提升品牌的知名度和市场影响力。数据分析团队利用会员的评论数据、观看行为数据，结合外部数据，帮助市场团队制定对应的广告投放策略以及采取拓新手段。

（6）平台团队

平台团队是独立于上述业务数据分析团队的，如果说业务数据分析团队负责拿着兵器跟业务团队一起在一线战场上拼杀，那么平台团队就负责提供弹药支持。所有的业务想法及数据分析的行为都需要借助平台提供的数据、工具和技术手段来实现。

在 Netflix，数据团队已经深度参与到了业务当中，成为业务的直接生产力，这是成功构建数据驱动的企业文化的表现。

第 9 章 精益数字化转型

世界已经进入数字化时代，企业的业务面临着高度不确定的外部环境，需要通过数字化转型构建快速响应、快速连接、快速创新、快速反馈的能力。数字化不仅是业务的支撑，还是业务的存在形式，业务的快速变化让传统的数字化转型方法面临挑战。

在动态的环境中，根据企业的需求，精益数据方法发展出精益数字化转型的方法，融合传统的自上而下、层层分解的方法，以及自下而上、敏捷迭代、探索共创的方法，以价值场景为线索，由数据驱动。

精益数字化转型方法通过探索规划、设计构建、运营优化 3 个阶段，打造精益数字化企业的 6 个能力。

9.1 精益数据方法驱动的数字化转型

9.1.1 企业数字化转型的挑战与原则

1. 4 个挑战

有很多企业还是将数字化转型看成技术层面的工作，看成业务的锦上添花，质疑其价值。在这种现状下，企业数字化转型的实施面临 4 个挑战。

（1）认知不清晰

认知不清晰是企业数字化转型的一大挑战。比如，不少企业认为数字化转型是技术部门的事情，与业务无关；一些部门认为数字化转型就是搭建系统等。

企业上下对数字化转型的认知不清晰、思想不统一，企业数字化转型过程中会出现内部目标不一致、数字化战略无法落地的情况。

（2）目标不明确

企业首先需要确认数字化转型的目标是什么，明确的目标是数字化转型成功的基础。很多时候，企业把数字化转型本身当作目标，这就陷入了巨大的误区。数字化转型的目标是帮助企业在数字化时代达成业务目标，所以企业一定要把业务问题、业务战略与数字化转型紧密结合在一起，而不能另起炉灶，单独设置一个数字化转型目标。

（3）组织不健全

谁来承担数字化转型的组织工作呢？这是很多企业在推进数字化转型时面临的问题。有些企业让技术部门主导数字化转型的相关工作，导致业务部门参与度不高，只能被动提需求；有些企业由业务部门主导，技术部门被动响应需求。这两种方式都会带来很多问题。精益数据方法认为，数字化转型一定是业务部门和技术部门共创的工作，要以各部门一把手为核心，建立深度协同的数字化转型办公室，来推动和组织数字化转型的工作。

（4）方法不精益

有很多企业非常重视数字化，投资巨大，但是做了很多项目，建设了很多数字化平台，业务效果却一般，用户的获得感不足，数字化转型团队面临投入产出比的问题。如何让数字化转型跟业务转型同频共振，成了转型企业所思考的问题。

2. 4 个原则

对于上述挑战，精益数据方法认为，在高度不确定的内外环境下，企业的数字化转型应该遵循以下 4 个原则。

（1）建立数字化转型就是业务转型的基本认知

首先要建立数字化转型的正确认知。数字化转型就是企业在数字经济时代里新的市场环境下进行自身转型。其中，数字化是业务新的存在形式，而不是独立于业务之外的某项工作。企业不能把数字化转型当作纯技术层面的事情，不能认为这就是建系统、上软件。

（2）以终局思维模式设定数字化转型的目标

数字化转型是企业在数字化时代重构业务的过程，是一个长期的任务。在实施数字化转型之前，我们首先要思考清楚在新的时代、新的市场环境中，企业最终的目标是什么，把终局想清楚。然后，用“以终为始”的思维，站在未来看当下，设定企业数字化转型的目标，并使该目标服务于企业的终极目标。之后，分析达成目标的过程中会遇到什么问题，对这些问题，现有的数据和技术能够发挥哪些作用，找到解决问题的办法，最终推进数字化转型的落地。

（3）快速建立一把手挂帅的数字化转型团队

数字化转型的企业一定要建立起一把手挂帅的数字化转型团队，即数字化转型委员会或者办公室。该团队的建立将核心业务部门和技术部门纳入一个体系里，双方共同承担任务，推动数字化转型的进程。

现在很多企业的业务流程通过各种系统实现了线上化，但是这些系统只是把原来的流程和规则搬到了线上，并没有支撑起新的数字化业务。例如，原来没有建设智慧高速，需要路巡团队每天巡检道路，有清晰的任务流程和标准。但是现在建设了智慧高速，可以通过人脸识别等数字化技术和相关的基础设施实时监控路况，采集交通信息。那么，原来路巡团队就不再承担巡检工作了，对应的系统里的派工、签到、审核的功能可能就不需要了。在这个例子中，业务流程因为数字化发生了本质的变化，员工的工作内容也发生了变化。这个时候就需要用新的数字化业务和手段来构建新的流程。

对旧业务进行数字化改造，那么旧的流程、组织、绩效体系都要随之改变，而这一切必须是业务和技术部门一起推动的，所以搭建一个由一把手牵头的业务技术一体的数字化转型办公室是企业数字化转型的起点。

（4）以精益数据方法推动企业数字化转型

面对快速变化、高度不确定的市场环境，企业需要提高响应速度。而传统的信息化建设的方法是：首先做一个半年以上的规划，全面、细致地梳理企业所有的业务和流程；然后形成详细的业务流程文档，基于此去做系统设计，产出方案或设计图；最后按图施工，实施一年。这样的做法已经无法满足快速响应的要求。很多企业已经具备了相对成熟的、以业务流程为核心的系统，如果再按照这个方式去建设，投入大，周期长，不确定性高。

为了应对企业数字化转型的挑战，我们根据精益数据方法提出了精益数字化转型的概念。

精益数字化转型是一种结合企业架构思想和精益思想的高效数字化转型方法。它以价值场景为抓手，以客户为中心，采用轻咨询和规划先行的方式，帮助企业找到确定的业务价值点，先快速落地验证策略，然后小步快跑，创新迭代，并在“奔跑”当中快速调整策略。

精益数字化转型帮助企业建立 6 个能力，如图 9-1 所示。

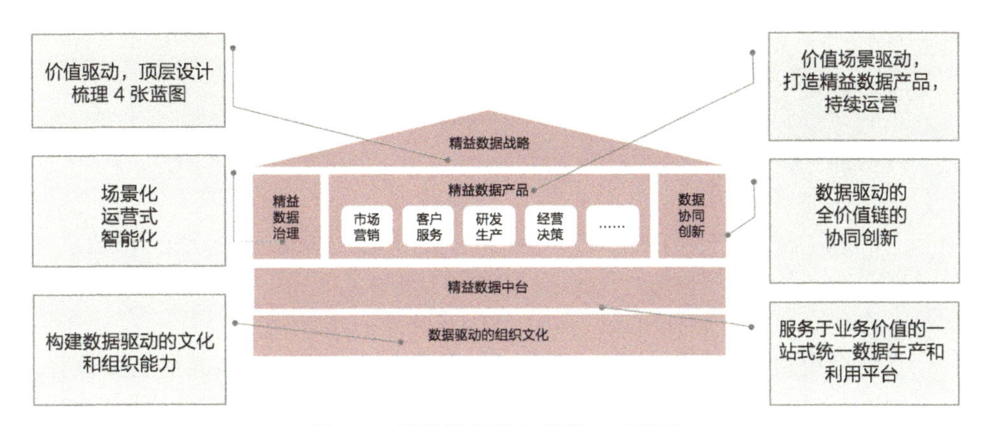

图 9-1　精益数字化企业的 6 个能力

9.1.2　精益数字化转型的花瓣模型

企业数字化转型的过程就是业务场景、数字化技术与数据资产融合的过程，业务通过数字化技术转化成数据，数据反过来驱动业务的进行，三者关系呈花瓣形，如图 9-2 所示。

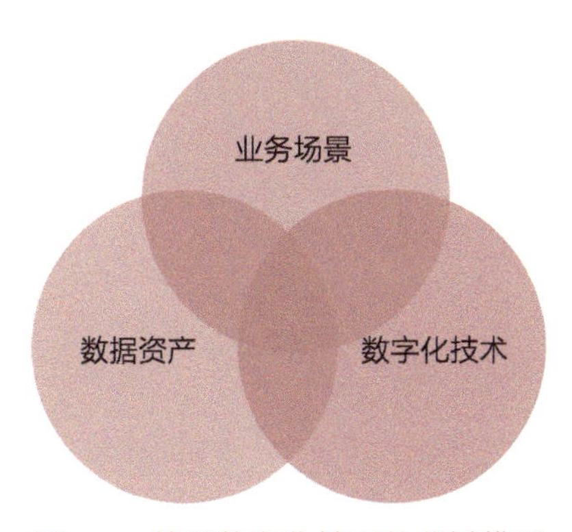

图 9-2　精益数字化转型的花瓣模型

图 9-2 中的 3 个圆形分别代表业务场景、数据资产和数字化技术。企业的数字化转型就是不断地让这 3 个圆形融合，使其成为一个圆形，让有价值场景的业务需求都能够通过数据和技术实现，所有的数据资产和数字化技术都能找到对应的业务场景，如图 9-3 所示。

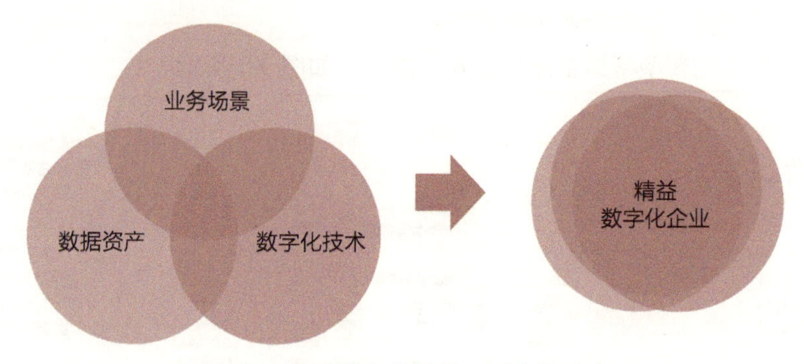

图 9-3　精益数字化转型三要素的融合

在花瓣模型中，业务场景、数据资产和数字化技术的 3 个圆形交叉重叠，形成了 7 个区域，如图 9-4 所示。这 7 个区域分别代表不同的数字化转型需求，匹配以不同的数字化转型策略和动作。从中可以识别出业务场景的优先级，制定出实施策略。

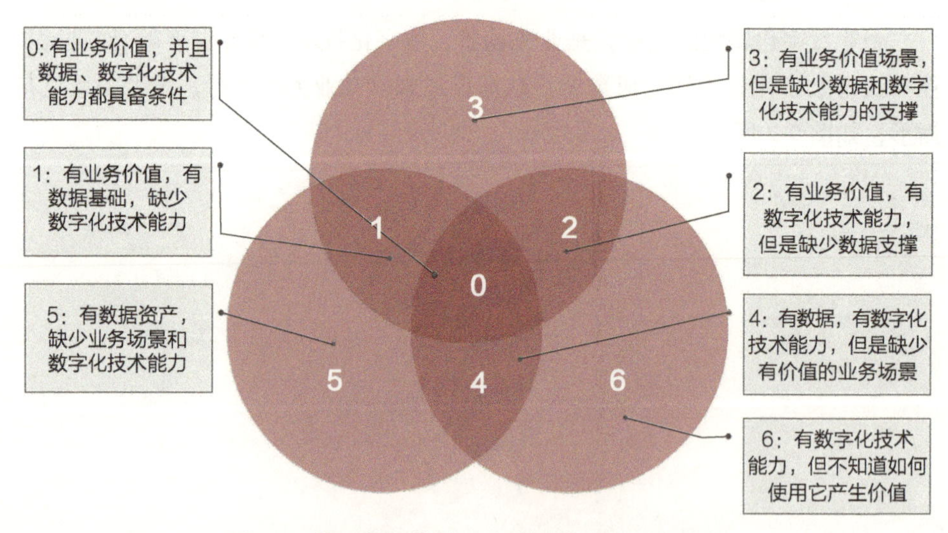

图 9-4　精益数字化转型的花瓣模型的 7 个区域

区域 0：最中心的区域，是那些有业务价值的场景，同时企业又有数据和技术能够支撑这些场景的实现，该区域的需求一般来说最具可行性条件，可以作为第一批建设的需求的备选。

区域 1：该区域的需求有业务价值场景，有数据支撑，但是目前没有技术能力去实现。比如我们有用户数据，有用户画像的需求，但是目前没有技术平台能够整合用户数据从而形成用户画像。这一类需求就需要企业构建技术能力来实现，但是一般来说，技术能力的构建相对数据的沉淀和获取是简单一些的，所以区域 1 的需求的可行性也比较高。

区域 2：该区域的需求有业务价值场景，也有技术能力支撑，但是目前不具备数据基础。比如，我们有用户数据平台的技术能力，也有用户画像的需求，但是目前没有采集到充分可用的用户数据，这种情况下就需要去构建触点，采集数据，再去实现这个需求。

区域 3：该区域的需求只有业务价值场景，但是目前既没有数据基础，也没有技术能力。对企业数字化转型来讲，业务价值是第一位的，一般情况下所有有价值的业务需求都要被纳入高优先级建设，这就是精益数据方法强调的业务价值第一。所以我们依然把这个区域的需求优先级纳入第一梯队。企业对于这种有价值的业务需求就需要快速采集数据以及建设技术平台，从而达到实现需求的条件，快速启动。

区域 4：该区域的需求没有对应的业务价值场景，企业已经沉淀了一些数据，也有对应的数字化技术能力，但是这些数据不知道如何发挥价值。这样的情况是很典型的，例如在电商企业中，用户在网站上的点击、停留时长等数据在几年以前是不被重视和采集的，因为没有应用场景，但是随着数据处理能力的提升，现在这些用户行为数据成了企业分析用户习惯、预测用户行为的关键数据。

区域 5：在该区域，企业采集了对应的数据，但是这些数据既找不到高价值的业务场景，也没有对应的技术手段去开发利用。比如，有的企业通过物联网采集到大量的状态时序数据，但是找不到利用这些数据的场景，并且也缺少技术来处理。在这种情况下，首先要通过业务与技术团队的共创来探索价值场景，然后评估数据存储的成本和潜在的收益之间的关系，判断它们是不是稀缺数据，会不会对未来业务有所帮助。根据精益思想，如果成本过高，且短期看不到价值，可以采用压缩、汇总等方式降低数据存储成本。

区域6：在该区域，企业超前建设了数字化技术能力和工具平台，但是没有业务场景和数据来发挥作用。比较典型的是企业安装了套装软件，软件中的部分技术短期内用不到。这种情况从精益思想来看也是一种浪费，尤其技术的更新迭代是比较快的，所以建议企业在构建技术能力时要适度超前，但是不能盲目投资。

9.1.3 精益数字化转型与传统数字化转型

精益数据方法的底层逻辑是自上而下的企业架构思想与自下而上、围绕客户价值和场景出发的精益思想的结合，也就是说，精益数字化转型方法是传统数字化转型方法和精益敏捷思想的融合，其关系如图9-5所示。

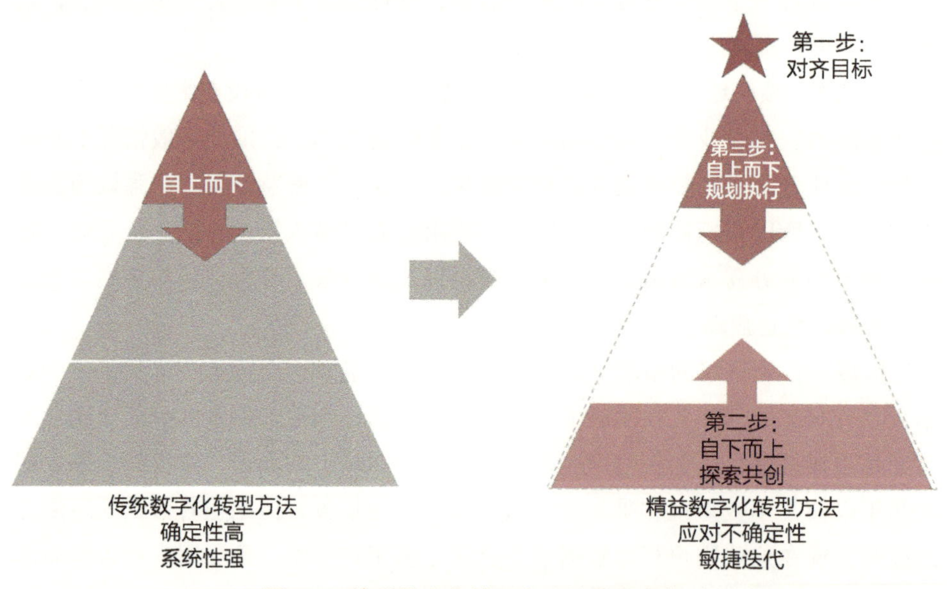

图9-5 精益数字化转型方法的底层逻辑

图9-5中，左侧是传统的自上而下的转型方法，这种方法就像盖房子之前要先绘制设计图纸，层层分解设计，图纸上要把最后用什么型号的钉子都标记清楚。但是不论前期设计得多么精细，这些都是基于对市场和客户的假设来设计的，还没有真的把产品流程在现实中运作起来。因为在过去信息化时代，业务确定性较高，所以企业投入的时间和资源浪费的概率不大。

但是现在企业发展业务就像在亚马孙雨林里盖房子，面临很多不确定性，如果采用完全自上而下的规划设计，也许会在规划落地一半时发现需求变化了，前面的工作就要推倒重来，产生大量资源和时间上的浪费。

所以精益数据方法提供了图 9-5 右侧的精益数字化转型路径。先明确业务目标，对齐目标，然后自下而上探索，共创出相对确定性高的、能助力实现目标的所有价值场景。这个过程就像先把雨林中的地基探索一圈，识别问题和风险，找到盖房子的边界，再沿着这个边界做自上而下的规划，层层落地。这样就既能够快速识别不确定性的需求边界，又能够对具有最大可能的确定性的需求做规划分解，指导实施。

两种方法在具体的实现路径上的区别如图 9-6 所示。

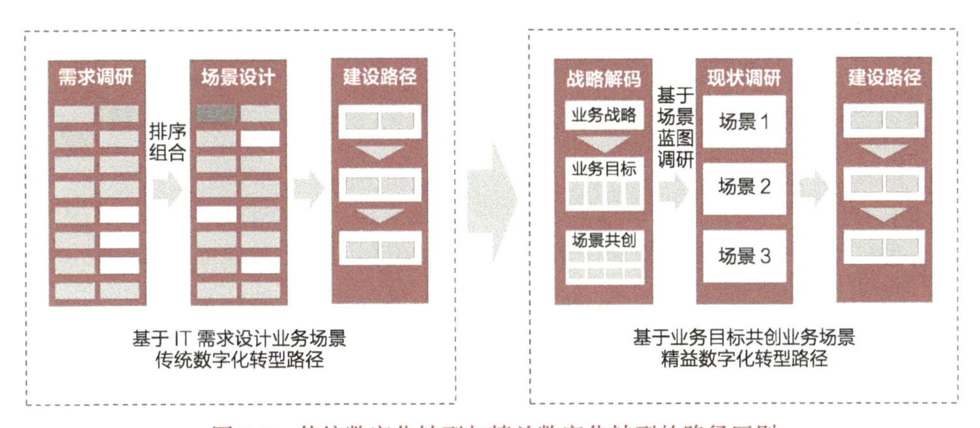

图 9-6　传统数字化转型与精益数字化转型的路径区别

传统的数字化转型实施时一般都是先做全面的、深入的信息化系统梳理，调研业务的痛点需求，然后根据所有的痛点需求梳理出数字化系统建设的路径。

精益数字化转型强调场景优先原则认为企业的数字化转型的主要矛盾是业务问题，要从业务目标出发，直接解码出业务需求。

传统数字化转型路径是基于 IT 需求来设计业务场景的，一般来说分 3 个阶段：首先是需求调研，让业务部门提出 IT 需求，这个阶段往往涉及非常多的表格；然后对这些需求进行排列组合，根据需求来设计场景；最后形成建设路径。

这样的过程看上去很清晰，以用户需求为出发点，但是真的执行的时候会出现以下问题。

（1）IT 系统的痛点需求不完全等于价值场景

各个业务部门会根据自己的情况提出非常多的需求，有的需求并不是真正的业务需求，而是对系统痛点的解决方案。面对着这么多痛点清晰的需求，数字化转型部门需要排列组合出建设性强的业务场景，形成项目。做出决策需要考虑的因素是非常复杂的，往往会考虑到业务部门的角色、重要性，该需求是不是很容易解决等，是一个从下往上进行的决策逻辑。负责转型工作的人员一旦深入其中，往往会忘了最初的目标是什么，陷入烦琐的具体问题中，提出的方法虽然看上去是正确的，但并不能真正解决问题。

精益数据方法认为，数字化转型要做的事情就是根据企业的业务战略分解出业务目标和价值痛点，这与信息化系统的痛点需求有关系，但没有绝对的因果关系。对于有些工作，即使业务部门没有提出对信息化系统的需求，只要是对企业目标有价值的，也是要做的；对于有些工作，即使业务部门提出了对应需求，但是如果从企业业务目标的角度来看，优先级不高，那么就不一定要做。

（2）没有对齐目标的调研会造成浪费

传统的数字化转型从需求调研开始，所以前期的调研访谈通常很全面，收集了很多的信息，但是在最终落地的时候，大部分的需求往往是无法在第一个阶段就实现的。这样一来，一方面造成了工作的浪费，另一方面也让那些需求没被满足的部门产生消极情绪。

所以，精益数字化转型提倡不直接做深度、全面的调研，而是先对齐业务战略，然后共创价值场景，再对价值场景清单进行优先级排序，根据优先级顺序对需求做现状调研。这样能够减少浪费，并且能够给后续的工作做好铺垫。

精益数字化转型从业务本质出发，对齐业务战略，通过精益数据共创工作坊等形式，直接探索分解业务目标，共创出价值场景，然后带着确定性的价值场景开展有针对性的、最低成本的调研和分析。

9.2 精益数字化转型的实施方法

精益数字化转型以业务目标为转型目标，以价值场景为主线，以数据资产为要素，其实施过程可以分成 3 个阶段，如图 9-7 所示。

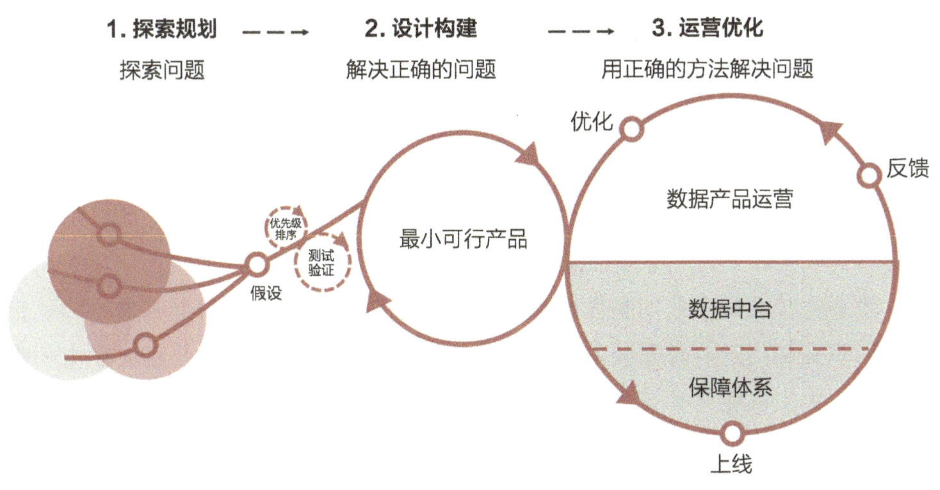

图 9-7　精益数字化转型的 3 个阶段

9.2.1　探索规划

企业数字化转型是一个系统性的工程，需要咨询规划先行，探索规划阶段就是通过轻咨询的方式构建精益数据战略能力。

精益数据战略是利用轻咨询方法，对齐业务目标，探索价值场景，最后产出数字化转型的顶层规划。精益数据战略的实施主要分成 4 个步骤，建议周期为 4 周到 8 周，如图 9-8 所示。

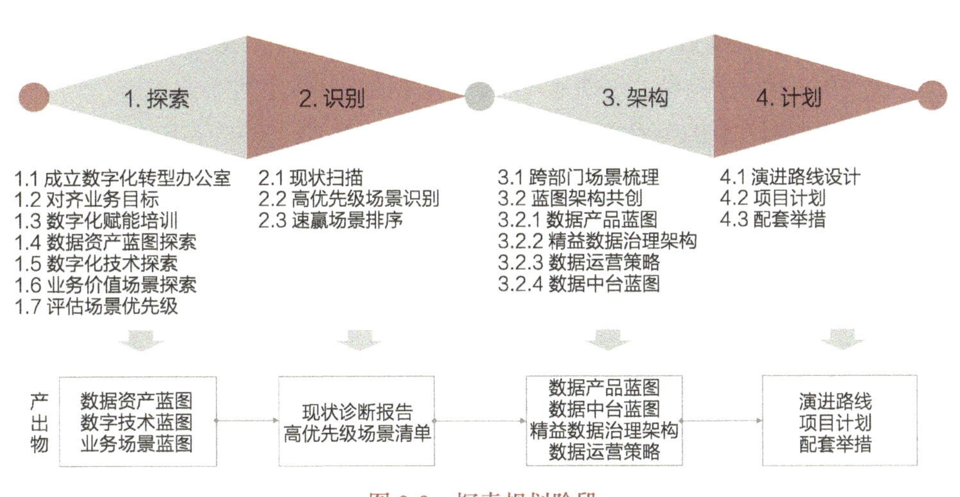

图 9-8　探索规划阶段

1. 探索

探索是精益数字化转型的起点，先对齐企业的业务目标，然后自下而上全面探索，通过业务与技术团队的共创，结合企业的数据资产盘点，制定数据资产蓝图、数字技术蓝图和业务场景蓝图，这 3 张蓝图将作为数字化转型的顶层纲要指导后续的设计。探索步骤主要包括如下工作。

（1）成立数字化转型办公室

数字化转型是企业的整体转型，是一项系统性的工作。一个有领导力、推动力的牵头部门是非常重要的，一般来说企业的数字化转型办公室应该由一把手挂帅，由主要业务和技术部门领导组成，统筹负责确定企业数字化转型的战略，协调资源，推动战略落地。

（2）对齐业务目标

数字化转型本身不是目的，是服务于企业业务战略的手段。所以，在探索规划阶段之初，必须让所有核心成员对业务目标达成一致认知。目标明确、力出一孔是后续工作的基础。

（3）数字化赋能培训

统一数字化认知是数字化转型的第一大挑战，进行数字化赋能培训，让所有人能够了解数字化转型的本质，数字化转型与企业业务发展的关系以及与每个人的关系。同时要进行多种数据智能技术的培训，让大家了解数字化技术能够解决哪些问题。有了对数字化的认知和对技术的理解，员工才能更好地将数字化转型与业务关联起来，这为后续的共创探索奠定基础。数字化赋能培训不是一次性的工作，要持续、定期地开展，让数据驱动的文化在企业扎根。

（4）数据资产蓝图探索

数据资产蓝图探索会把企业业务相关的数据资产都梳理出来，而不仅是企业已经采集和存储的数据。面向未来构建数据资产蓝图，可以从起点就规划好这些数据未来在哪里产生，数据之间具有什么关系，从而从开始阶段就降低数据孤岛产生的风险。

（5）数字化技术探索

数字化技术层出不穷，但其中哪些是企业所需要的、与企业的业务目标相关的核心技术？通过数字化技术探索，可以梳理出企业面向业务、面向未来的数字化技术蓝图，从而给数据中台和技术团队能力的建设划出一个范围。

（6）业务价值场景探索

业务、数据与技术团队通过共创，对齐业务目标，自下而上头脑风暴出所有有价值的业务场景，这是探索规划中最重要的环节和产出物。这个时候不要考虑技术和数据是否具备，以及数据质量如何，纯粹从业务目标和业务价值的角度出发，以业务价值为核心，规划出企业的业务场景蓝图。

定义问题永远比解决问题重要，但是很多时候大家会把问题和解决方案混在一起考虑，在识别业务需求的时候很容易直接深入到是否能实现、怎么实现的细节，而忽视了真正有价值的问题。

（7）评估场景优先级

在探索出业务场景蓝图后就需要对所有的价值场景进行排序，从而梳理出在前阶段价值最高、优先级最高的场景。

2. 识别

在探索出业务场景蓝图后，就进入识别步骤。

首先对现状进行扫描，然后对业务场景蓝图里的高优先级的业务场景进行进一步剖析，结合企业数据、技术现状、实施复杂度、投入产出比等，识别出业务价值凸显、紧迫度高、可行性高的速赢业务场景，也就是第一批建设的项目。这一步的主要产出物是现状诊断报告和高价值场景清单。主要包括如下工作。

（1）现状扫描

通过共创的方式，对企业的数据产品、工具、技术、系统、数字化转型利益干系人、安全合规现状等进行高阶扫描，识别出关键问题和要求，为后面的场景识别和架构设计做准备。

（2）高优先级场景识别

通过现状扫描对企业整体的数据资产、数字化技术、系统等情况有了全面的了解后就进入高优先级价值场景识别的环节。这个环节是对业务场景蓝图进行识别，过滤其中可行性不高、尚不具备建设条件的场景，识别出建设基础好的速赢场景清单。

（3）速赢场景排序

最后就要对识别出的有建设条件的速赢场景进行优先级排序，得出速赢场景的第一次排序清单，并保证所有业务、技术部门都对此达成一致，为后面的架构设计和规划做准备。

3. 架构

带着前面两步的产出物，进入数字化转型的系统架构设计步骤。这里的架构包括两个层面的工作，一个是数据中台的整体架构设计，另一个是速赢场景所对应的数据产品的架构设计。同时，根据架构设计来产出数据治理架构和数据运营策略。

这一步骤的主要产出物是数据中台蓝图、数据产品蓝图、精益数据治理架构和数据运营策略，主要工作内容如下。

（1）跨部门场景梳理

在前面梳理的场景中，一部分是以某个部门为核心的场景，还有一部分是跨多个部门的业务场景。在进行架构设计之前，要对这部分跨部门的场景进行梳理，让多个部门的相关人员坐在一起，对场景的目标、解决的问题、业务现状、系统现状有一个大概的盘点，使所有人更加准确、清晰地理解该业务场景，为后面的蓝图架构共创做好准备。

（2）蓝图架构共创

接下来进入蓝图架构共创设计环节，这个环节主要产出以下内容。

1）数据产品蓝图。将速赢场景清单进行重组、打包，形成数据产品蓝图。业务场景与数据产品的关系如图 9-9 所示。对痛点需求进行汇聚和归类，形成有业务价值、用户体验好的多个业务场景，数据产品团队通过分析用户旅程，考虑企业的商业模式，将业务场景进行重组，形成一个或多个数据产品和服务，再对数据产品和服务进行抽象和提炼，形成对数据中台的需求。数据产品蓝图可以参考精益数据产品画布，详见第 4 章。

2）精益数据治理架构。梳理出企业的数据资产蓝图、数据资产现状，又有了数据产品蓝图，数据的问题和与目标之间的差距就相对清晰了，这个环节就要设计精益数据治理架构，包括数据治理的目标、流程、对象，以及对于数据资产目录的需求。

3）数据运营策略。数据产品需要运营的支撑，所以当数据产品蓝图出来后，就要对数据运营策略进行规划了，企业需要什么样的运营策略，建立什么样的运营能力，支撑哪些运营指标等。数据运营策略一方面支撑数据产品的业务增长，一方面对数据中台提出功能需求。

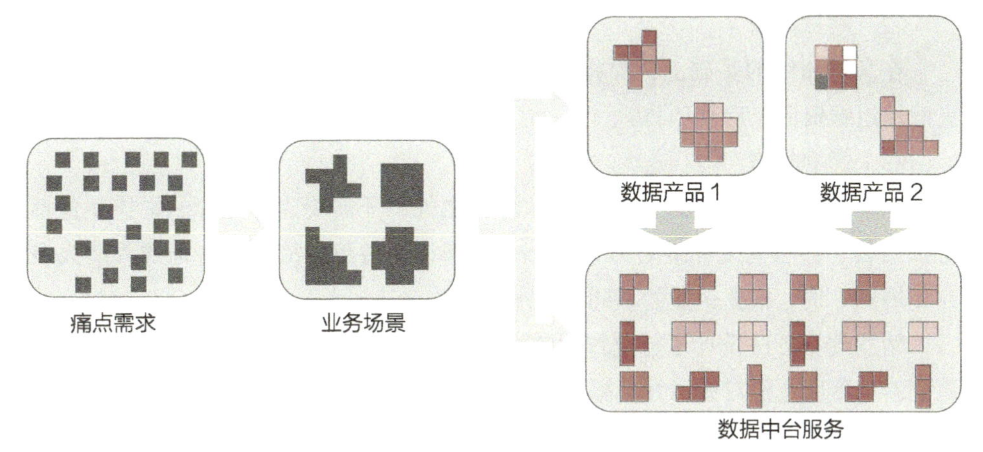

图 9-9　业务场景与数据产品的关系

4）数据中台蓝图。数据资产蓝图对数据中台提出了采集与存储、管理与治理的需求，数据产品蓝图对数据中台提出了数据产品开发与运营的需求，数字技术蓝图对数据中台提出了技术能力需求。基于以上 3 个蓝图，就能够勾勒出数据中台的高阶架构蓝图，从而指导后面的设计和构建。

4. 计划

最后一步是数字化转型计划，主要产出物包括数字化转型演进路线、实施计划和配套举措三部分，主要工作内容如下。

（1）演进路线设计

当数据产品蓝图、数据中台蓝图都设计出来后，就要制定数字化转型的演进路线。演进路线包括以下几个重点要素。

1）最终目标：确定数字化转型在该阶段的最终目标是什么，指导原则是什么，这是制定演进路线的根本。

2）发展路径和关键里程碑：将整个数字化转型过程分成几个阶段，确定每个阶段的核心目标是什么，在这么多阶段过程中有哪一些关键的时间节点和成果。

3）重点工作清单：整个转型过程中有哪些重点工作，可以从数据产品、数据中台、数据资产几个层面来阐述。

（2）项目计划

在演进路线的基础上，要将数字化转型的重点工作分解成项目卡片，从而更好地组织资源，启动项目。

（3）配套举措

数字化转型除了实现业务和技术转型之外，还需要建立配套的举措，包括组织结构、流程制度和绩效体系等。一般来说精益数据战略轻咨询的周期大概在 4 周到 8 周，根据企业的不同情况可以调整。

精益数据方法设计了行业首创的卡牌式精益数据共创工作坊，能够更高效、更创新地帮助企业对齐目标、探索价值、规划路线，详见第 10 章。

9.2.2 设计构建

第一阶段的精益数据战略，通过轻咨询的方式，结合精益数据共创工作坊，产生了五大关键高阶成果：转型目标、业务场景蓝图、数据资产蓝图、数字化技术蓝图和演进路线。这为设计构建阶段的工作奠定了扎实的基础，最重要的是识别出了重要的问题，但是这些都是规划性的内容，也就是基于一定的假设产生的。接下来进入设计构建阶段，这个阶段的主要目标就是对这些假设进行针对性的调研分析，设计验证，快速上线最小可行产品，从而用最小成本验证前面探索的成果的可行性和效果。设计构建阶段的主要工作分成 4 个部分，如图 9-10 所示。

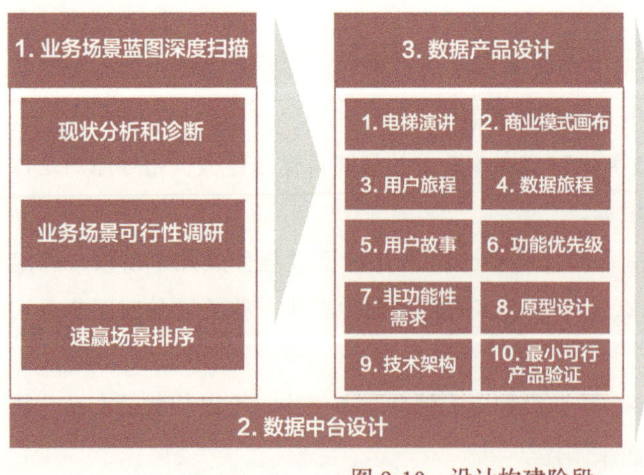

图 9-10 设计构建阶段

1. 业务场景蓝图深度扫描

首先对探索规划阶段达成一致的业务场景蓝图进行调研、诊断和识别，对价值场景进行优先级排序，从而进一步确定这些场景是否能够满足需求，还有哪些需要补充，以及建设顺序是否需要调整，如图 9-11 所示。

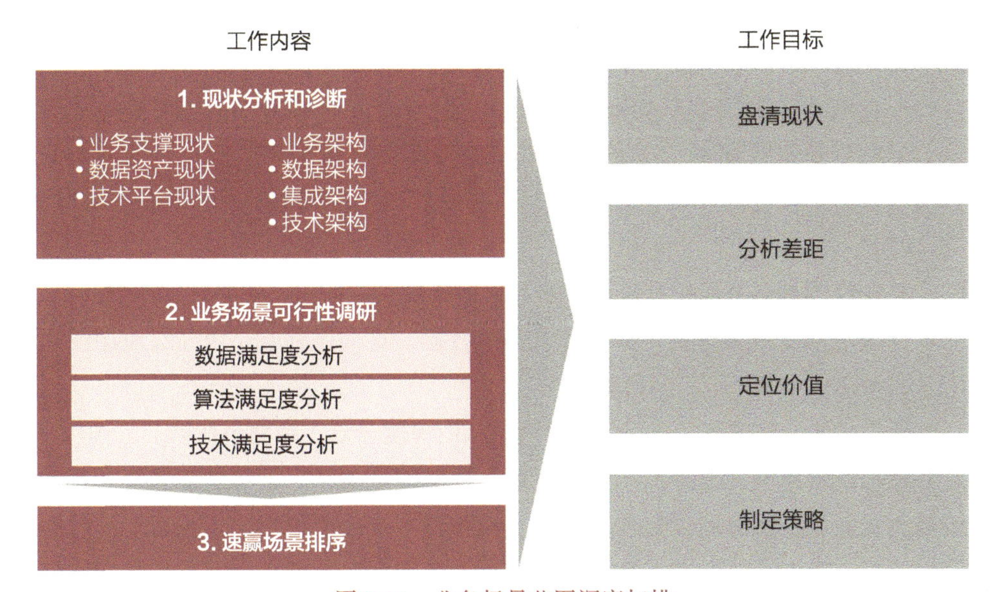

图 9-11　业务场景蓝图深度扫描

（1）现状分析和诊断

在探索规划的准备阶段已经进行了一次高阶的现状调研。高阶现状调研包括企业的业务现状、信息化现状，主要是为了全面扫描出业务系统的分布情况、运行情况和系统的基础信息。

精益数据共创工作坊产出了相关业务和技术部门达成一致的业务价值点，以及价值点对应的价值场景清单和速赢项目清单，这些成果就是设计构建阶段的输入，要针对这些业务场景来进行有针对性的深度调研和诊断，从而形成可以指导实施工作的项目设计方案，主要工作如下。

第一，业务现状调研要从业务目标和度量、业务流程、组织结构、岗位职责、信息化支撑、业务痛点、业务数据化等多个角度深入调研和分析。

- 业务目标是否清晰，是否设置了与目标一致的考核评价度量体系。
- 是否有清晰的业务流程，业务流程的节点、规则是否清晰。

- 是否设置了明确的组织结构支撑业务流程的落地和目标的达成，部门之间是否有职责不清、职能重叠或空白的问题。
- 岗位职责是否设置合理，是否有管理层级过多、管理角色错位等问题。
- 当前的业务流程中哪些环节有信息化系统支撑，哪些环节是线下操作的，整体运转的效率如何，每个节点处理的时长、失败率如何。
- 通过调研和现场走查，深入发现当前业务流程环节的痛点。
- 在完成以上的现状调研后，需要利用价值流的方式，把当前的业务现状以价值流图的方式梳理出来，并且计算出每个环节所花费的最短时间、平均时间和最长时间，从而进行整体的业务诊断，识别瓶颈点和优化点。
- 在价值流图上识别现阶段的业务数据化的关键节点，哪些环节产生数据，哪些环节修改数据，哪些环节利用数据，这些过程都是由什么应用或系统承接的。

第二，基于上述信息进行数据资产现状的深度盘点，主要包括以下工作。

首先是业务系统数据资产扫描。查看数据设计文档来了解当前系统的数据结构和表设计，然后通过数据库扫描工具和脚本全面了解当前业务系统的数据生产情况，特别是核心业务数据的情况，主要维度有数据存储情况、数据增量情况、数据标准、数据质量、数据技术信息（如数据存储类型、数据字段长度、数据规范等），这些维度的信息将用于元数据的整理。

然后是数据资产目录录入。精益数据治理强调运营式、主动式的数据治理，数据治理不是独立的事情，要融入数据产品构建的过程中。所以对每个业务系统的数据资产扫描完成后，都要将当前的数据资产挂接和录入数据资产目录系统里，这样以后的项目就可以重复使用，并且也可以基于这些信息制定数据治理的策略和动作。

技术平台现状调研包括基础设施和应用平台两方面，主要工作如下。

对于基础设施现状调研，主要查看现有的计算、网络、存储的系统支撑情况，判断系统是否还能够承接更多的应用和数据处理。

对于应用平台现状调研，包括查看集成平台、数据基础应用平台的现状，如是否具备大数据平台、数据仓库、消息队列、实时流处理等支撑能力。

技术平台现状调研是为了提前了解技术层面的支撑能力，为后面业务场景的技术满足度分析做准备。通过对业务、数据和技术的深度扫描，产出这些优先级较高的场景范围内的四大现状架构。

首先，应用架构描述当前要构建的所有场景的业务应用，以及每个应用里的主要功能模块。

其次，数据架构全面描述当前业务场景相关数据的全生命周期过程，包括数据产生的系统，数据的集成、交换、利用的价值流图。

再次，集成架构在业务架构的基础上描述出应用系统之间的集成关系、集成技术协议、集成手段。

最后，技术架构从技术层面描述各应用系统的架构，包括开发架构、生产架构、部署架构，是后面数据产品开发技术选型和数据中台技术集成的依据。

（2）业务场景可行性调研

上一步全面地梳理了所有业务场景相关的业务支撑现状、数据资产现状和技术平台现状，接下来就要逐个探索业务场景，分析现状是否能够满足业务场景的构建需求。

1）数据满足度分析。在前面的环节，深入地梳理了当前数据资产情况，做了数据扫描，这些信息能够帮助数据团队识别实现目标业务场景所需要的数据是否能够获得，当前数据资产是否有缺漏。如果数据项有缺漏，就要同步进行现有业务系统改造，来补充采集数据项；如果数据的格式、质量、准确度与目标有差距，就要启动对当前业务系统的数据治理工作。

2）算法满足度分析。如果目标业务场景中有人工智能算法的需求，就要在这个环节进行算法满足度的分析，要进行概念验证（POC）工作，尽可能采用真实的数据，通过预建模评估算法结果的准确度是否能够达到业务的目标。对于多个场景共用的数据服务，建议在数据中台设计环节统一验证。

3）技术满足度分析。技术满足度分析是从技术能力支撑、性能支撑的角度来分析当前的技术架构是否满足目标业务场景的构建需求。

（3）速赢场景排序

速赢场景是指价值高、紧迫度高、周期短的业务场景，速赢场景就像数字化转型中的灯塔、标杆，能够快速呈现效果，给予企业全员以信心，打消大家对数字化转型的顾虑，所以速赢场景的选择是非常重要的。

速赢场景是从业务场景蓝图中排序产生的，排序的方法可以遵循以下原则。

1）价值高：该场景能够解决明确的问题，带来确定性的业务价值，让用户有很强的获得感。比如落地这个场景能够提升多少业务运行效率。速赢场景的价值要尽可能量化。

2）紧迫度高：在业务价值的基础上，考虑场景初建的紧迫度，价值高且紧急的场景要重点考虑。

3）周期短：速赢场景的建设周期一定不能过长，要能够快速体现变化和效果。

2. 数据中台设计

业务场景蓝图深度扫描结束后，接下来的工作就可以分配给两个团队：一个是数据产品的设计构建团队，启动数据产品的设计构建；另一个是数据中台团队。

精益数字化转型方法认为，数据中台的建设是相对确定的，不论该数据中台承载着什么样的数据场景，数据中台的基础核心能力都是必须要建设的，所以数据中台的建设可以先于数据产品的建设，这样可以加速数据产品的上线。

经过前面对业务场景蓝图的深度扫描，已经梳理出业务支撑现状、数据资产现状、技术能力现状，下面基于这些信息启动数据中台的设计，如图 9-12 所示。

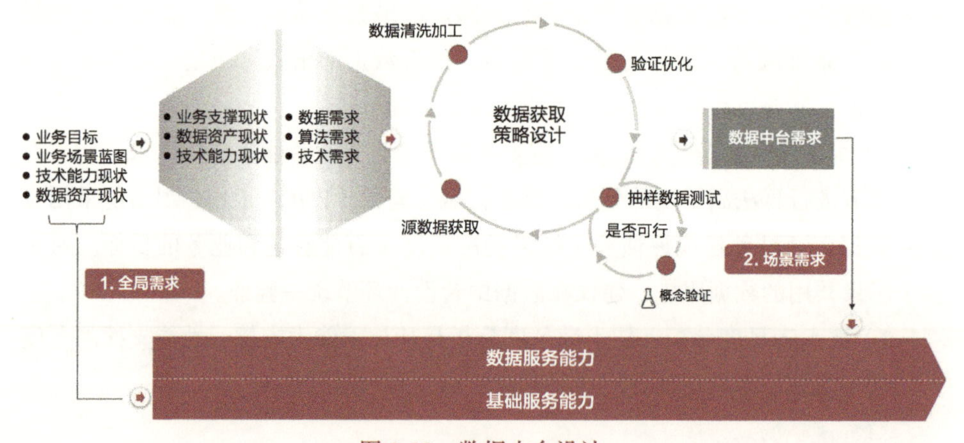

图 9-12 数据中台设计

数据中台团队的建设需求来自两个方面。第一是探索规划阶段识别出来的全局需求。这部分需求指导数据中台的基础能力建设和总体架构规划，如图 9-12 所示的“全局需求”部分。第二是速赢场景对数据中台的需求，如图 9-12 所示

“场景需求”部分。

多个场景都可能会用到数据算法服务，要将这部分服务放到数据中台设计的环节统一分析设计，从而让数据产品团队专注于客户价值的创造。数据中台的构建方法详见第 7 章。

3. 数据产品设计

数据产品的设计根据不同的产品类别会有差异，本节重点介绍可以直接产生业务价值的数据增强类产品设计的关键步骤，如图 9-13 所示。

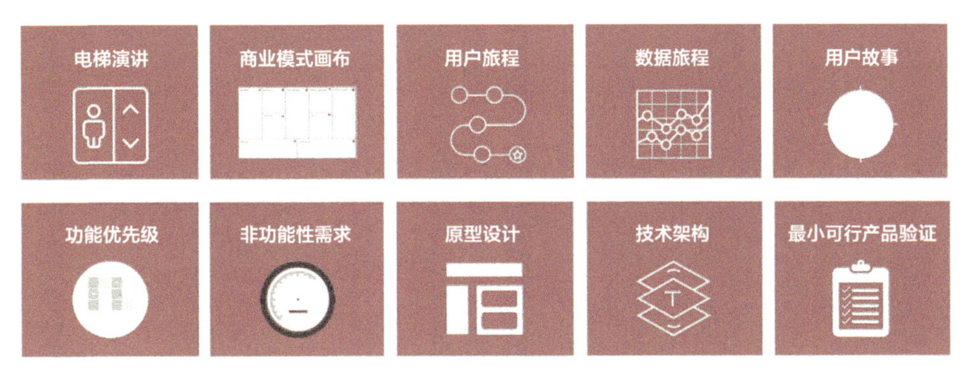

图 9-13　数据产品设计

（1）电梯演讲

我们在识别和定义一个数据产品的时候，往往会带着很多主观臆想，把众多可能的、不可能的产品价值和收益都堆积在自己的创意上，而忽视了用户的客观想法和需求。

电梯演讲是一种很好的工具，帮助产品经理从客户视角定义自己的产品。假设你是某个产品的负责人，你希望获得投资者的认可，使其能够投资你的产品。正巧你在电梯里和这位投资者相遇了，你能否在这短短几分钟的时间里将你的产品的核心价值和收益给他讲清楚，从而获得他的支持？

产品经理需要根据最本质的逻辑、第一性原理把产品最重要的几个因素定义清楚。看上去这是一个很简单的事情，每一个产品的设计者在提出创意的时候都会认为自己思考得足够清晰了，但实际往往不是这样。当你需要用最简单的语言、最直接的方式表达清楚一个产品的时候，你大概率会发现，似乎这个功能也有用，那个需求客户也需要，这样就说明这个产品没有差异化。

电梯演讲的内容一般由如下 4 部分关键信息构成。

- 用户：这个产品的用户是谁，他们有什么特点。
- 产品：产品类型是什么，产品的名字是什么。
- 价值：这个产品解决了用户什么痛点，给用户带来了什么收益。
- 差异化：这个产品和其他同类产品的区别是什么。

电梯演讲的核心是极简原则，内容越简单、越清晰越好，当你需要用特别多的文字和话语才能描述清楚以上关键信息的时候，就说明你对产品还没有定义清晰，需要继续思考。图 9-14 是典型的电梯演讲的内容模板。

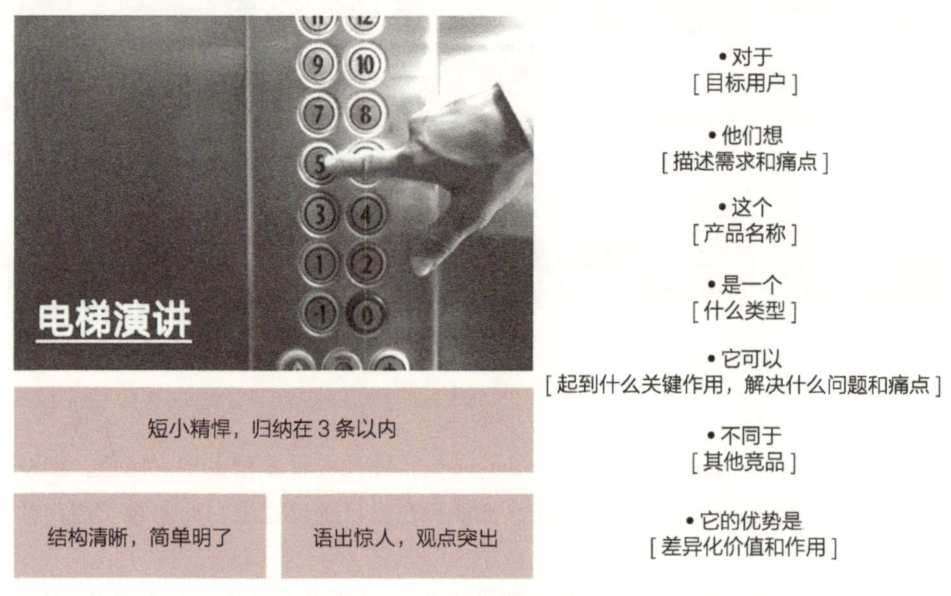

图 9-14 电梯演讲的内容模板

电梯演讲一般作为数据产品启动阶段的第一个环节，让大家在一个互动的环境里充分地对齐对产品的理解。好的电梯演讲有以下 3 个特点。

- 短小精悍：每一个部分的观点不要超过 3 条，超过了就不容易令听众记住。
- 结构清晰：结构清晰，重点突出，简单明了。
- 语出惊人：要提炼出核心观点，并且该观点能够让听众很容易记住。

（2）商业模式画布

利用电梯演讲，我们可以将一个模糊的创意描绘成一个似乎可行的产品。

接下来，我们需要梳理出这个产品的商业模式，从而分析产品是否真正可行，能否在商业上获得收益。这个时候，我们可以利用商业模式画布这个工具，如图 9-15 所示。

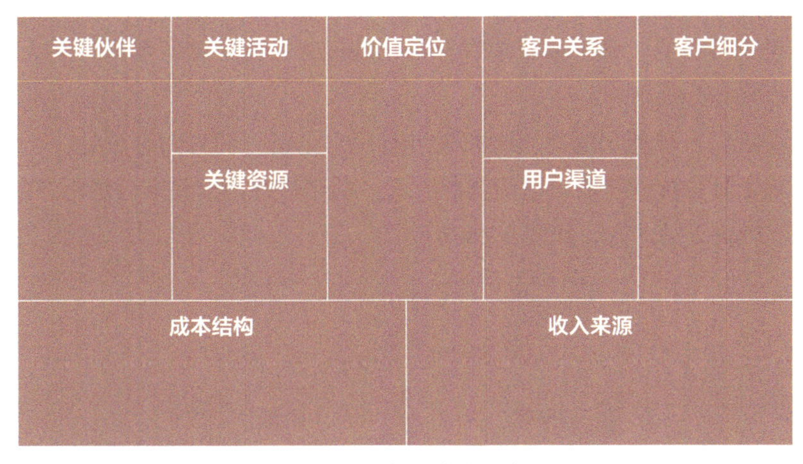

图 9-15　商业模式画布

商业模式画布由 9 个方格组成，每一个方格都代表着成千上万种可能的方案，你要做的就是找到最佳的那一个。这些方格对应的内容如下。

- 客户细分：你的目标用户是什么类型，你的产品想要接触和服务的不同人群或组织都是谁，比如中高水平收入的年轻女性客户。
- 价值定位：为特定细分客户创造价值的系列产品和服务是什么，比如满足用户高质量自拍的需求则需要一款便携、高成像性能的手机。
- 客户关系：你的产品或服务与细分客户创造了什么关系，比如合理价格、客户导向、持续连接等关系。
- 用户渠道：即分销路径及商铺有哪些，你的产品是如何触达其细分客户并传递其价值的，比如以线下渠道为主，结合线上渠道的分销路径。
- 关键活动：为确保商业模式可行必须要做哪些关键业务活动，比如自主研发设计、营销活动、增值服务等。
- 关键资源：实现该商业模式所必须具备的关键资源有哪些，比如 IT 平台、实体门店、经销商、生产线、粉丝等。
- 关键伙伴：关键合作伙伴和生态伙伴有哪些，比如经销商、电商平台等。

- 成本构成：主要的成本是什么，比如营销费用、研发费用、生产成本。
- 收入来源：主要的收入是什么，比如销售收入、广告收入等。

（3）用户旅程

通过商业模式画布对产品可行性进行了验证以后，就确定了这个产品从商业上来说是可行的。接下来就要进行细化的设计，按照精益数据方法，首先要以价值为核心分析用户。

这里我们一般使用同理心画布来进行用户分析。同理心画布是一个互动式的可视化工具，帮助我们以结构化的方式，从用户视角出发来分析用户的需求，理解他们做决策的方式，如图 9-16 所示。

图 9-16　同理心画布

同理心画布从输入、输出和感受 3 个维度来尽可能全面地理解用户，帮助我们深度理解产品是否对用户有价值，应该如何设计才能够真正满足用户的需求，这些需求不仅是产品功能上的，还包括用户感受和心理上的。

- 输入：用户听到的、看到的内容。
- 输出：用户语言表达、行动、观点等。
- 感受：用户的痛点、需求和思考、感受。

同理心画布的价值在于一开始就把“用户”这个干巴巴的、凭空设想出来的细分群体具体化、形象化，我们在此基础上再进行用户画像和用户旅程设计的时候就会更加符合实际。

大部分的时候，我们对于用户的定义都是很模糊的，比如，用户是企业的管理人员或者是生产线上的操作员。这样一句简单的话，只描述了这类用户模糊的特征，并不代表这类用户真正的样子，比如，他们对计算机软件是否熟悉，对新事物是否有较高的接受度，是否有耐心去理解报表里的业务逻辑。这一切都是这些活生生的用户的重要信息，而我们在做软件类产品设计的时候把这些信息都抛弃掉了，我们把用户“物化”成了一个功能性需求的接受者，而忽视了他们作为人的一面，这就是 *Design Thinking* 这本书里特别强调用户画像的原因。

一般来讲，用户画像是对某一类个体的基础信息、行为特征、情绪特点等关键信息的抽象，用户画像的精细化程度体现了产品团队对用户细分群体特点的掌握程度，真正体现了产品团队是否真的理解用户。用户画像的模板包含基础信息、个人履历、需求和痛点、个人特点以及对技术的接受程度等。如图 9-17 所示。

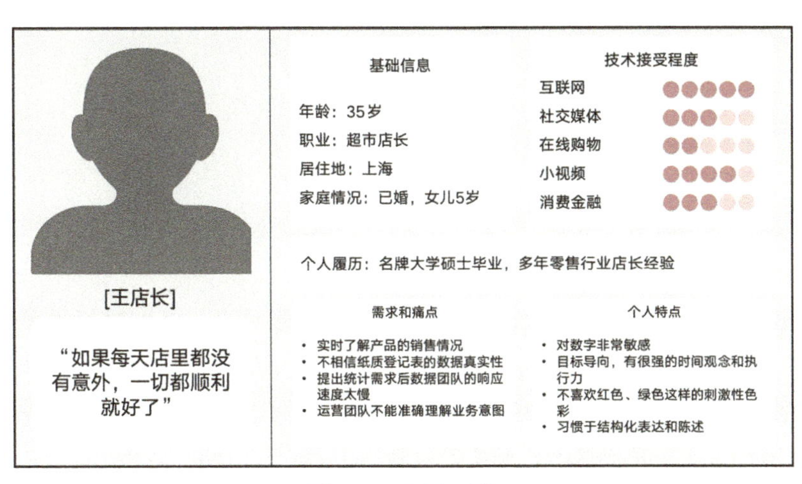

图 9-17　用户画像

同理心画布、用户画像都是辅助产品团队分析用户的工具，用户分析的最重要的产物是用户旅程，这是用户为了实现一个目标而进行的端到端的闭环过程，而产品就是要满足用户在整个旅程中的所有需求，并且使其获得满意的体验。

用户旅程是一般软件产品非常重要的产出物，而对于数据智能产品，尤其是报表类、决策类产品而言，用户旅程有一些特殊性，因为一个报表似乎没有所谓的用户旅程。

这其实是数据智能产品设计的误区，我们要站在用户的视角去挖掘需求，而不是站在产品的视角来找用户的痛点。比如，对于一个品牌的门店店长而言，他的用户旅程应该涵盖他所有的工作场景，将他从上班开始到下班结束的整个过程中所需要的数据决策、支撑都体现出来。图 9-20 就是一个典型的数据报表系统的用户旅程。

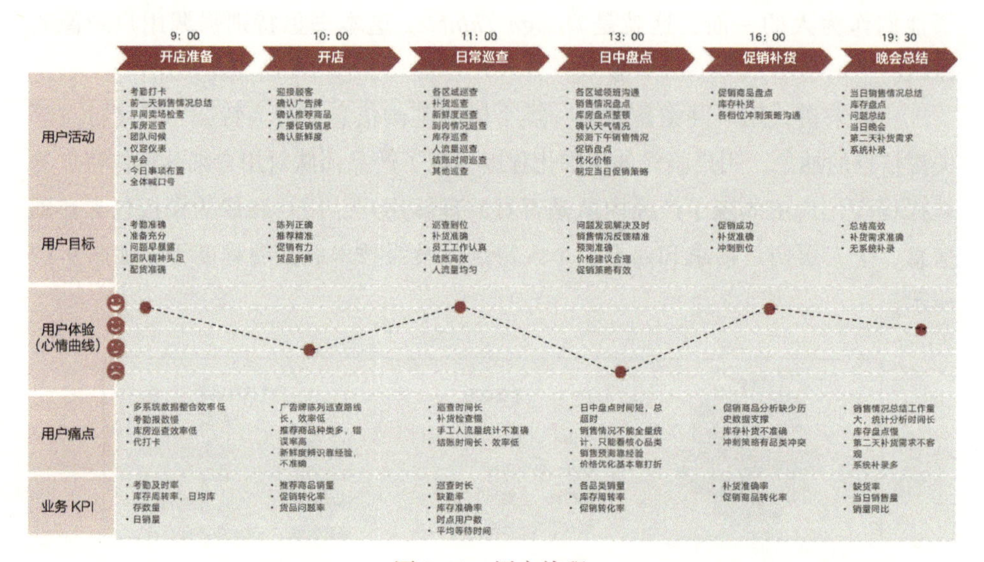

图 9-18　用户旅程

在图 9-18 中，横向是店长这个角色一天的主要任务，按照时间排序从左到右排列，纵向分别是每一个工作任务对应的用户活动、用户目标、用户体验、用户痛点以及业务 KPI。这些维度的含义如下。

- 用户活动：完成这个任务需要采取的主要业务活动。
- 用户目标：这个业务活动所对应的关键业务目标。
- 用户体验：在完成这个工作任务的过程中，用户的体验和心情如何，一般用特别开心、开心、一般和糟糕来形容。
- 用户痛点：在完成这个工作任务的过程中，该用户的痛点需求是哪些。
- 业务 KPI：度量这个工作任务进度或效果的关键业务 KPI 是哪些。

数据产品与一般产品的差异化主要是业务 KPI，要尽量把这个环节的业务度量体系罗列出来，从而更加准确地描述业务的状态，也为后续的数据产品设计做好信息准备。

通过用户旅程的描述，我们对这个角色的主要业务活动就有了相对清晰的理解，当我们把多个用户角色都识别出来，并且把他们的用户旅程都清晰地梳理出来以后，这个业务的主线功能基本就出来了。

（4）数据旅程

数据增强类产品需要充分地利用数据的价值，在用户旅程的基础上，进一步结合 9.3.2 节阐述的数据现状，梳理出该场景的数据旅程，如图 9-19 所示。

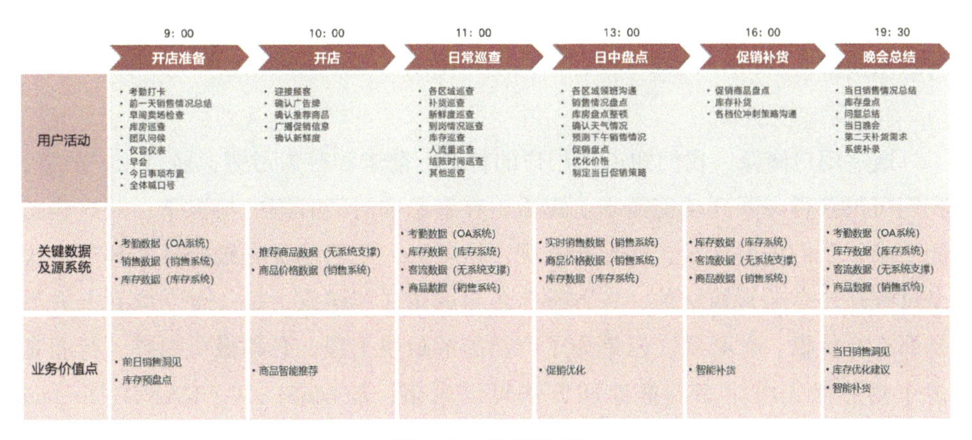

图 9-19　数据旅程

（5）用户故事

在进入功能设计前，需要将用户旅程分解成用户故事，再进行进一步的设计。

当站在用户视角描述一个用户需求时，我们往往用用户故事卡来呈现一个用户故事。用户故事是最终开发任务交付的最小单元，每一个用户故事都会分配给一个开发工程师去完成。用户故事卡如图 9-20 所示。

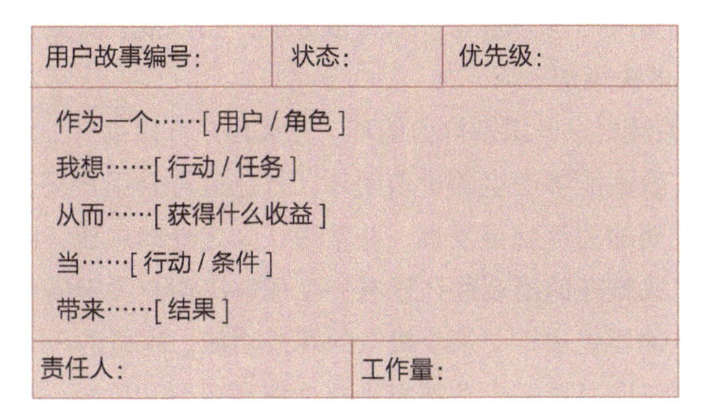

图 9-20　用户故事卡

用户故事是一种非正式的、站在用户视角描述软件功能的方式，用户故事能将复杂的、模糊的需求拆解成一个个独立的、清晰的、可以被开发人员理解的最小任务单元。

为了更有层次地管理开发工作，精益数据方法利用敏捷的方式管理产品的开发和迭代，利用版本、史诗和用户故事来组织工作内容，并将其分解成可以实现的任务，在实现的过程中优先考虑客户的反馈，并在项目的原始计划中进行动态调整。

(6) 功能优先级

通过用户画像，我们知道了用户的特点、需求和行为习惯；通过用户故事，我们可以获得一系列功能需求。那么，在资源和时间有限的情况下，对这些功能需求，我们先做什么、后做什么呢？这就进入了功能优先级排序的环节。这个过程往往是非常纠结的，各方都有各自的想法和建议，每一个功能看上去都是那么有价值、有必要，但是为了产品能够最快上线，必须做出抉择。行业有多个功能优先级排序的框架和方法可以采用，如MoSCoW、KANO、Impact Matrix、CD3和RICE等，精益数据方法针对数据增强类产品的特点，首创FOCUS功能优先级排序方法。FOCUS的排序方法分为以下3步。

1）用户分层。一类数据往往对应多个用户，比如同样的企业经营管理数据会提供给企业高层、中层管理人员和一线执行层去使用，但是不同用户的需求是不一样的。数据增强类产品的开发团队往往会陷入一个误区，那就是一开始就希望全面服务于众多用户，但是最终导致每个用户的获得感都有限。避免这种情况的第一步就是将用户分层，识别出不同用户的画像和需求，进行用户价值排序，关注哪类用户能为企业带来更多价值，比如报表类数据产品最重要的用户一定是企业的决策层。

2）聚焦最关键用户，识别价值闭环。完成用户分层以后，就要聚焦最关键用户，识别现有数据能够产生的价值闭环，打造最符合用户兴奋点的功能。数据增强类产品成功的关键就是发现一些常规认知之外的东西，能够让用户眼前一亮。一系列格式整齐的报表往往没有一个能解决用户关键问题的报表令人印象深刻，所以必须要聚焦于“杀手级”的场景功能。这里的一个经验就是做到闭环，闭环指用户能通过一个功能解决一个痛点问题。比如，现在很多企业报表是按照职能维度来呈现的，比如按日期、按区域、按品类的销量报表等，但是并不能让用户一眼就明白这些报表能够解决什么业务问题，还需要用户自己在报表里查找关键数据，最后自己做一个综合分析。

精益数据方法提倡的价值闭环功能是指针对用户业务痛点做功能设计和排序，比如“想知道哪里销量增长最慢”“想知道如何提升库存周转率”，把复杂留给系统，把简单留给用户。从用户功能中选择形成业务价值闭环的部分，设为高优先级。

3）优先使用维度丰富的数据要素。精益数据方法强调从用户获得感和数据成熟度两方面来进行优先级排序。数据产品的一个特点是，数据数量的优先级低于数据的维度丰富程度。比如，10 万条用户姓名数据与 1 万条用户姓名、销量、住址构成的综合数据相比，一定是后者更有价值，因为后者能够组合出更全面的业务场景蓝图。所以要优先使用那些维度丰富的数据，以此为基础设计的功能的可扩展性和可复用性较高。

（7）非功能性需求

在分析完业务需求后，要对数据产品的非功能性需求进行分析，主要包括 6 种非功能性需求。

1）性能和可扩展性。产品对用户的请求返回结果的速度有多快？随着工作负载的增加，这种性能会有多大变化？

性能定义了软件系统或其特定部分在特定工作负载下响应特定用户操作的速度。该指标解释了在当前用户总数的情况下，用户在目标操作发生（页面呈现、事务处理等）之前必须等待多少时间。性能要求可以描述用户不可见的后台进程，例如备份。精益数据方法更关注以用户为中心，用户能够感知的功能的性能。

2）兼容性。在现在用户有众多终端的情况下，要考虑数据产品的兼容性，也就是保证用户在多个不同的环境中使用数据产品的体验。兼容性还包括该产品与用户的应用环境中的其他应用是否兼容，是否会出现冲突导致应用系统崩溃。对于报表类产品，经常要考虑在移动端和 PC 端的兼容性。

3）可靠性。可靠性指产品无故障运行的可能性，也指系统的健壮性。比如产品是否有一定的容错性？是否能够在出现问题的时候为用户提供一致的服务体验？对于数据产品来说，在上线之前进行真实数据的测试是提高可靠性的有效手段，避免异常数据的出现导致产品崩溃或不可用。

4）安全性。要确保产品内部的数据受到保护，避免恶意软件的攻击或者未经授权的访问。对于数据产品来说，安全性是非常核心的基础需求，要在上线之前进行全面的数据安全性测试。

5）多语言。如果一个数据产品的用户对象分布在多个国家或地区，就要考虑多语言的需求，从语言到格式都适应用户习惯，实现产品的本土化。

6）易用性。易用性就是产品使用的容易程度。易用性很难有一个通用的标准，但是可以从可学习性、使用效率、误操作可能性和设计体验上来考虑。

（8）原型设计

当对主要的需求达成一致后，团队需要对产品的具体形式进行细化，这个时候就需要对主干流程、核心功能进行具象化的原型设计，并且通过功能原型获得用户的反馈，从而识别出功能开发的优先级，避免资源的浪费。

原型是最直接、最生动地与用户沟通交流的方式，在投入大规模的资源对产品进行交付开发之前，一定要先经过原型构建的阶段。原型设计一般来讲分成3种类型：低保真、中保真和高保真。

1）低保真原型。低保真原型多用于较快地设计产品概况的场景，只表现系统的重点功能和基本交互过程。低保真原型通过视觉效果来表达系统的设计意图，但是不考虑界面元素的配色、各功能的跳转关系以及动画效果，所以制作成本比较低、速度快，修改起来也比较方便。

2）中保真原型。中保真的产品原型添加了更多的细节，比如相对真实的文案、左右界面边距、互动流程等，对于软件的交互进行了更细致的设计，更接近最终的产品，能够更全面地诠释系统的设计。

3）高保真原型。高保真原型可以视为产品的演示系统（Demo），除了没有真实的数据外，基本可以模拟系统的所有功能，可以看作一个高仿产品。高保真原型能够更加详细地展现产品的功能、交互以及其他细节，所以高保真原型基本用于交互测试。不过高保真原型需要编程的支持，相对来说成本和实现复杂度较高。

（9）技术架构

在交付最小可行产品之前，技术架构选型是非常重要的，技术架构选型有以下几个原则。

1）需求满足原则：首先要满足当前产品的业务需求，使产品能够稳定、高效地支持业务的发展。

2）前瞻性原则：在满足需求的基础上，要对齐最终的产品规划，为未来的扩展和优化留出技术及储备空间。

3）团队能力优先原则：为了尽快地交付产品，要选择与现有团队能力一致的技术路线。

（10）最小可行产品验证

最小可行产品即我们常说的 MVP，是企业为了避免生产出客户并不需要的产品而形成的开发策略。企业为了应对市场和客户需求的不确定性，快速地构建符合产品预期功能的最小功能集合，然后通过客户的反馈来完善产品。最小可行产品功能的切分是以用户为核心，而不是以产品的架构模块为核心，如图 9-21 所示。

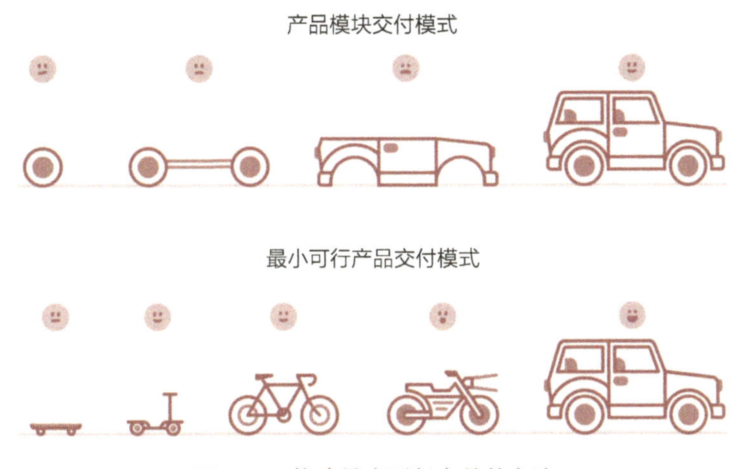

图 9-21 构建最小可行产品的方法

在图 9-21 中，上方是典型的按产品模块划分交付阶段的模式，在这样的模式下产品从启动到交付用户使用要经历 4 个阶段，是传统的瀑布式交付方法。下方是最小可行产品交付模式。举个例子，产品经理发现用户最核心的诉求是找到一种比步行更快的移动方式，但是不确定用户对成本、体验的诉求，所以他先快速地设计并交付了一个满足用户最核心需求的最小可行产品——滑板，提高用户的移动速度，再根据用户的反馈升级产品。

对于最小可行产品交付模式，要注意以下两个原则。

1）要交付可用产品。最小可行产品的核心是可用，不能交付功能不完整的产品。交付物一定是一个能够满足客户最小需求的、有价值、有功能的组合。比如，滑板上不能没有轮子。

2）要有整体规划。交付最小可行产品并不意味着没有整体规划，先要通过探索规划来保证产品的整体架构具有可扩展性，从而满足快速迭代的需求。比如，从滑板到自行车是一个演进的过程，要减少推倒重来、重新构建的情况。

经过以上构建模式完成最小可行产品的设计，就可以进入产品的实施交付阶段了。

4. 最小可行产品交付上线

完成最小可行产品模式验证之后，该产品就进入了交付上线的阶段。此时不仅要交付数据产品，还要推动建设数据中台的最小可行版本。最小可行版本的数据产品能够体现业务价值，服务客户；最小可行版本的数据中台能够支持多个数据产品，拉动需求，减少浪费，因此能够快速呈现出自身的建设价值。

9.2.3 运营优化

数据产品和数据中台上线以后，就进入了运营优化的阶段。

1. 运营优化的 3 个核心

对于企业的数字化转型来讲，进入第三阶段才是数字化业务流程投入使用的开始，前面两个阶段的工作是构建能力和产品。但是这些产品和能力是否真的符合企业的情况，是否能够被客户和市场接受，是否能够提升企业的效益呢？这都是需要在第三阶段去实现和验证的。

精益数据方法认为，运营优化阶段越早开始越好，企业越早投入运营，就能够越快地从市场和用户中获得反馈和验证，尽早纠正问题。数字化转型的规划和构建阶段都是以成本为中心，这两个阶段投入越大，成本越高。现在环境的不确定性越来越高、变化越来越快，前两个阶段花费的时间越长，产品面临外部变化的风险就越高。

运营优化的对象有如下 3 个。

1）数据产品。在数据产品上线以后，企业要成立运营团队，通过运营指标体系来监测、分析实时的用户和业务数据，从而发现用户的问题。运营团队通过策划各类活动与用户互动，获取更多的信息，来发现和获取更多的用户需求，不断对产品进行优化改进。

2）数据中台。精益数字化转型强调体系平台层的建设要适度超前，但是不要一次建到底，避免很多能力建设好了、场景和应用却一直没有跟上的情况。分布式、服务化的技术架构已经让体系平台层的扩展相对标准和容易，所以过度的建设会导致浪费，并且会带来技术落伍的风险。

在数据中台的第一个版本上线以后，企业要建立运营团队，根据上层数据应用的需求来建设新模块，同时设置运营指标，采集、监控数据中台本身的用户使用反馈和数据，根据这些数据和反馈来优化数据中台的功能，持续迭代。

3）保障体系。在数据产品和数据中台不断地运营、演进的时候，对应的保障体系，包括资源投入、组织结构、岗位职责、绩效体系，也需要不断地优化和完善，从而匹配对应的产品和中台建设。

2. 数据产品的运营优化

数据产品提供了一个企业与用户之间的数据通道，用户在使用企业产品的同时会产生很多数据，数据产品将这些数据采集并传递回来，企业再对这些数据进行分析，发现用户使用产品过程中的问题和新的需求，从而不断地优化和扩展产品。

数据产品的运营分以下几个阶段。

（1）规划设计

清晰、聚焦、可度量的数据运营规划是成功的基础，规划设计的目的是在产品上线以后能够指导运营团队的工作，主要包括如下两方面内容。

1）运营对象分析。首先要熟悉运营对象，也就是用户，了解产品给用户带来的价值是什么，在此基础上分析用户的特征。用户数据主要包括如下 3 类：用户特征数据，性别、年龄、学历、收入、兴趣爱好、同类产品使用经历等；用户行为数据，新增、活跃、留存、分享、付费、跳转等；用户态度数据，推荐、分享、满意度等。只有在一开始就全面了解运营对象，才能够制定出更清晰、准确的运营规划。

2）运营策略制定。运营策略包括运营的目标和达成这个目标的路径方法。首先确定运营的目标。这个过程中重要的是不能贪心，一定要聚焦于当前阶段的核心问题。数据运营是以数据作为决策依据的，所以一开始必须制定清晰的业务目标，并且将其分解成为可度量的核心运营指标，又叫北极星指标。比如把提升产品的用户体验作为数据运营的目标，那么这个目标的量化指标就是日活跃用户数、用户使用时间、用户流失数量等。运营指标要契合当前阶段的业务目标，不同阶段的业务目标是不一样的，核心指标也不同。比如在产品上线初期，大部分运营活动是为了促进用户增长；而到了成熟期，运营目标逐渐转向成本优化。确定了运营指标以后，要围绕这些运营指标去采集对应的运营数据，以及明确这些数据的计算逻辑。这里的计算逻辑是将一个目标拆解成子目标，从而更精细地做运营优化和提升。比如，用户停留时间可以拆解成用户在不同模块的活跃使用时间，根据这个数据，就能够清楚地知道用户对哪些功能比较感兴趣，对哪些功能则很快跳过或没有使用。构建出这样一张由运营目标拆解出来的运营数据地图后，就能清晰地知道达成目标的路径方法了。

（2）埋点实施

在运营数据地图的基础上进行埋点，以便从系统里采集到这些运营数据。埋点是指在数据产品的特定流程中，通过技术手段采集一些需要的数据，比如采集页面的跳转数据等。埋点通常先由产品经理、产品运营人员或者数据分析师，基于产品迭代、运营和数据分析等方面的业务需求，提出数据统计和分析需求。例如产品上线后，了解渠道投放效果，或者获取用户某个功能的使用情况、用户访问时长、访问路径等信息，或者统计运营活动带来的注册用户、用户次日及 7 日留存、购买转化等数据，都可以通过埋点实现。数据分析师可能需要将产品的相关数据制作报表或进行数据挖掘。

埋点实施的方法有两种：第一种是利用商业埋点工具来进行数据采集；第二种是二次开发，主要用于非常个性化的需求。

（3）采集建模

当数据通过埋点等手段实时产生之后，产品运营工作就进入了采集建模的阶段。在这个阶段对埋点生成的数据进行建模，从而实时计算出运营指标。一般来说数据中台的产品运营模型包括以下几类。

1）事件模型。事件指用户在数据产品上的交互动作，即什么人，在什么位置，通过什么方式，做了什么动作。事件模型主要用于分析用户在数据产品上的行为，比如用户打开 App、注册、登录、浏览、退出等行为。通过对这些行为数据的采集，能够获得触发用户数、触发次数、触发时长等基础数据指标，再根据这些指标来构建关键业务指标，进一步得出相关的业务结论。比如采集上海市的用户和南京市的用户使用产品的时长，计算时长差距是多少，按职业、年龄的分布是怎样的，从而分析两市用户的活跃度。

2）属性模型。属性包括自定义或者产品预置的属性。对实体属性进行建模分析，能够快速查看以属性为维度的数据，比如通过用户的性别、年龄属性的占比来获得产品的用户性别、年龄分布。数据产品的运营平台要内置一些常用的属性的数据采集方式，比如用户的性别、年龄、所在地、兴趣等，并且内置一些快速分析属性的方式，包括去重、最大值、最小值、均值、方差等。

3）会话模型。会话即一定的时间段内在数据产品的各个触点上发生的一系列用户行为的集合，比如一次会话可以包含多个页面浏览、页面跳转等交互事件。会话是具备时间属性的，包含多个常用的访问质量的指标，包括访问次数、人均访问次数、总访问时长、单次访问时长、跳出次数、跳转次数等。通过会话模型，能够发现产品的每个模块的用户行为的具体特点，比如用户对哪些页面最感兴趣，哪些访问路径是用户最习惯使用的。通过会话模型能够识别数据产品最受欢迎的模块，识别用户不常用的功能等。

4）留存模型。留存模型指分析用户在使用数据产品一段时间后是继续使用还是流失掉了。留存模型通常能够度量数据产品的用户健康度 / 忠诚度。企业通过深入了解用户的留存和流失的数据，能够发现影响产品可持续增长的关键因素，洞察客户流失的关键问题，指导市场决策、产品改进和提升用户价值等。

（4）监测预警

建立对运营指标的监测预警机制，使系统自动观察各个指标的变化，一旦达到设定的阈值就触发对应的业务预警，让业务运营人员在第一时间了解情况。

监测预警的流程一般如图 9-22 所示。

1）创建预警指标。一般来说是设置特定指标的阈值，比如销量、价格、同一用户下单次数、下单间隔等。预警指标不宜太复杂，尽可能简单，减少计算量，从而降低实时监测给业务系统带来的影响。

2）实时数据监测。设置好预警指标后，就实时抓取数据来进行监测，可以结合可视化大屏来实时显示。

3）触发预警。当业务的实时数据达到了指标阈值的时候，就会触发预警。

这个时候业务系统有两种处理方式：一种是继续进行，但是记录所有的动作，以备后续追溯处理，适用于低风险的指标预警；另一种是直接暂停和中断业务流程，直到该预警处理完毕。

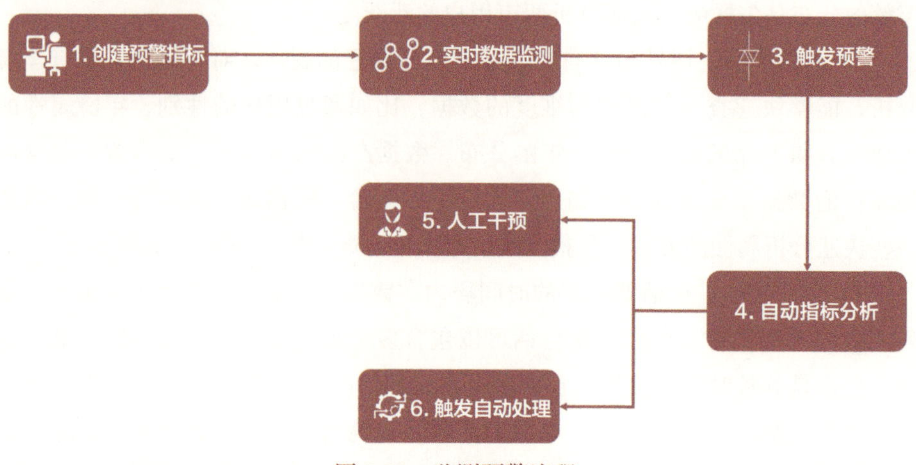

图 9-22 监测预警流程

4）自动指标分析。触发预警后，要通过流计算等技术来快速对指标进行分析，看看预警背后的原因是什么，对业务的影响是什么，严重性如何，可能会带来什么后果。比如某用户 1s 内发起了 100 个订单申请，这样的现象明显不符合正常用户行为，系统可能就要立刻中断交易。如果情况比较复杂，需要综合更多数据来分析判断，则转入人工干预处理。

数据产品的特性决定业务的实时性非常高，所以传统的人工运营的模式是无法跟上大量用户需求的，监测预警的功能是必需的。

（5）分析优化

对齐运营指标，对数据进行采集建模，分析现状与目标的差距，然后制定优化的策略。数据产品的分析优化一般可以采用以下方法。

1）归因分析。为什么用户参与当前活动的热情不足？为什么用户会流失？可以通过归因分析来发现问题背后的原因，从而采取相应的动作。

2）热力分析。热力分析常用于从一堆复杂、零散的数据中直观、快速地发现关键规律和信息。比如通过对地图上的用户行为数据进行分析，来发现哪些区域的用户活跃度最高，哪些区域的用户活跃度最低。再比如通过热力图来分析用户在数据产品不同模块、界面的停留及使用的时长，停留时间越长，区域颜色越亮，这样能够快速发现哪些模块、界面是最容易被用户忽视的。

3）分布分析。分布分析能够从散乱、无规律的数据中发现不同维度的分布情况。比如分析订单的金额分布、用户的年龄分布、用户购买的时间分布等。分布分析能够帮助产品运营人员探索和发现一些潜在的规律，从而探寻现象背后的本质和根因。

4）间隔分析。间隔分析用于统计用户从一个事件到另一个事件的时间间隔，比如用户从登录到产生交易行为的时长，用户从浏览首页到将商品加入购物车的时长。通过间隔分析，产品运营人员能发现两个事件之间转化的规律，比如利用用户登录产品的时间间隔来评估用户活跃度，利用用户从浏览到下单的时间间隔来评估商品的受欢迎程度等。

5）路径分析。路径分析是评估和改进数据产品设计的重要分析方法。路径指用户在数据产品使用过程中的行为轨迹，比如先看了哪个报表，然后看了什么报表，最后在哪里退出了系统，这个用户使用链路反映了用户的需求和意图。通过路径分析，数据产品团队能了解哪些功能是有相关性的，比如哪些报表总是被用户连续使用，是否需要将其合并成一个报表。这样可以从用户行为而不是设计角度来重构产品。

6）漏斗分析。漏斗分析是通过用户的行为路径来分析转化的特定模型。比如分析用户搜索商品、浏览商品、下单、付款的整个链路过程中，各环节转化率分别是多少，有多少用户在哪个环节流失。通过漏斗分析，数据产品经理能够识别哪些事件是影响转化的关键因素，哪些环节是需要改善的。

（6）洞见行为

精益数据方法认为，所有的数据分析都是服务于业务动作的，数据分析并不是目的，给业务人员提供报表也不是目的，能够直接给业务人员以洞见和行动建议才是最有价值的。所以精益数据方法提倡如下两个原则。

1）大数据，小展示。数据团队不能以生产了多少报表、创建了多少模型为最终价值度量指标，这些都是手段，并不是目的。很多企业的问题恰恰是报表太多，业务人员不知道用哪个；报表太复杂，上面层层叠叠的维度和指标，让业务人员无法抓到重点。所以精益数据方法提倡数据团队把简单交给用户，把复杂留给自己，后台处理过程要尽量细致，但是给用户的展示界面越简洁、越聚焦越好，直接给用户以最凸显的价值，让用户一眼就能看到关键点。

2）行动建议优于图表。数据分析能够直接驱动系统做出业务动作，这是数据最大、最直接的价值。比如，当发现某产品销量没有达到预期时，经过分析，有客户标签匹配这类产品的画像，触发营销动作。直接给业务人员提供行动建议优于提供一堆图表和数据。比如经过分析发现销量没有达到预期，该结果的强相关因素是产品退货率高，继续分析，退货的原因是产品有缺陷。在这种情况下，能够直接给数据产品运营人员的建议是关注产品的出厂质检。

3. 数据中台的运营优化

数据中台的本质是提供业务价值的统一数据生产平台。对于一个企业来讲，数据平台就像一个大市场，上面有数据生产方、数据产品加工方、数据消费方，一个部门可能同时兼有这 3 个身份。数据中台就是要让企业的业务数据化，然后让数据业务化，形成一个快速迭代的闭环，生产越来越多的数据，提供更多的数据服务给业务部门，并驱动业务。

在这个过程中，有众多角色在数据中台上协作。数据中台是一个以数据要素为原材料，以数据产品为核心的数据研、产、供、销、服的平台。和一般的能力平台不同的是，数据中台不仅是数据能力的输出方，还是企业统一的数据资产运营平台。所以，必须要建立数据中台的运营能力，才能够让企业的数据生态生机勃勃地发展。

数据中台的运营融合了多种业务平台的运营模式，包括电商平台、社区平台、技术社群等，可以把数据中台的运营分为用户运营、产品运营和社区运营三大组成部分。

（1）用户运营

数据中台作为一个内部的统一数据生产平台，企业要让每一个员工都知道这个平台、访问这个平台，哪怕这个员工本身不是做数据、做技术的，也让他来看看，发现一些新的数据知识、新的数据产品、数据集。数据中台也是打造企业数据驱动文化的承载体，要打造数据中台在企业内部的影响力。所以数据中台的用户运营非常重要，主要包括如下工作。

1）获取用户。让企业全员都知道数据中台及其能够提供的服务和价值，从而让更多的员工来注册、访问。很多企业数据中台的用户账号创建需经过层层审批，这是必要的，因为涉及数据安全，但是数据安全建设的目的不是让更少的人访问，而是在有保障的基础上让更多的人使用。所以精益数据方法认为，数据中台应该是全员系统，应该提供一些安全、保密级别较低的内容开放给企业全员，培养全员的数据素养。

2）关注用户活跃度。数据中台作为企业内部系统，可能不需要像很多商业平台那样关注用户的存留，但是要特别关注用户的活跃度。如果业务部门很长时间不登录，就要深入分析原因。要按部门、按职责、按角色等维度来及时掌握业务部门的使用活跃度，从数据中发现数据中台的问题，从而提供更好的服务。

3）提升用户体验。要通过路径分析、热力分析等方法来发现现有数据中台设计上的问题，从而洞察用户的潜在需求。很多时候企业内部系统的用户在有问题时不会那么尖锐地提出问题，往往思路都是“你不行，我自己搞”，所以平台级系统很容易被架空，成为一个摆设，各种其他应用泛滥。一定要通过用户运营来主动发现数据中台用户的问题和需求，提升用户体验。

（2）产品运营

数据中台如何能够让用户乐于使用、勤于使用，除了提升平台本身的用户体验外，最核心的是提供有价值的数据产品。数据中台需要很强的产品运营，就是让好的数据产品通过数据中台生产、发布，能够更广泛地让所有用户主动发现和使用。

数据中台的产品运营通常采用如下方式。

1）数据资产排名：按照数据资产的完备度、被使用数量等维度来排名，让用户能快速找到自己需要的数据资产。

2）最受欢迎的数据产品排名：根据用户使用数量或者在目标用户群中使用用户的百分比，排出最受欢迎的数据产品清单。

3）精准推送：根据用户的岗位角色，推送用户感兴趣或对他可能有帮助的数据集或者数据产品。

4）产品归类画像：在数据资产目录里对数据产品进行归类，打上标签，形成产品画像，用更简洁、更高效的方式让用户快速了解数据产品。

（3）社区运营

数据中台是一个生态，也是一个社区。要想让企业的数据中台蓬勃发展，就要聚集更多的用户，并使其有更高的活跃度，所以社区运营对数据中台是非常重要的。在数据中台这个生态里，数据团队是平台的建设和运营方，各个业务部门是平台的租户和用户，这些部门将数据共享提供给平台，同时自己又是平台的数据的消费者和生产者，数据的价值就体现了这些部门的业务的价值。未来所有的企业中，数据将被当作资产来度量价值，所以业务部门不能仅仅关注货币收益，还要看数据产生的价值。让业务部门的数据被更好地使用，产生新的价值，这就是企业数据生态的核心构成。

数据中台的社区运营可以通过如下活动和形式来进行。

1）数据创新大赛：数据创新大赛是经典的活动，企业可以通过数据创新大赛提升大家利用数据的积极性，同时发现好的想法和人才，很多企业定期举办。

2）专题和兴趣小组：数据中台里一定要有论坛等形式的讨论社区，让所有人发表自己的看法，求助和交流，企业可以组织各种专题和兴趣小组，通过人的连接来打通数据的孤岛。

3）精益数据共创工作坊：精益数据方法首创了桌游式卡牌共创工作坊，可以让业务和技术部门共创价值场景，是一种非常好、非常高效的业务价值探索规划的活动，详细介绍见第 10 章。

一定不要把数据中台当作一个纯技术性平台或者工具。数据能否流动起来、发挥最大的价值，数据中台的运营至关重要。

4. 保障体系的运营优化

数字化转型是一个系统、艰巨、长期的工作，一定要有配套的保障体系，主要包括如下方面。

（1）组织保障

企业从上到下都要建立对应的数字化组织机构，负责承担和落地数字化转型的关键工作，把数字化转型作为企业的战略工作来抓。特别是对数据中台的建设工作而言，如果企业要想打造唯一、统一的数据生产平台，必须要授权有力的组织，否则无法推动数据的汇聚、集成和共享。

数字化部门与传统信息化部门的组织设置有明显的区别，如图 9-23 所示。

企业信息化部门一般是与业务部门平行的，内部设置基础设施维护、应用软件开发、应用软件运维、数据管理治理等部门，负责根据业务部门的需求来完成信息化建设。

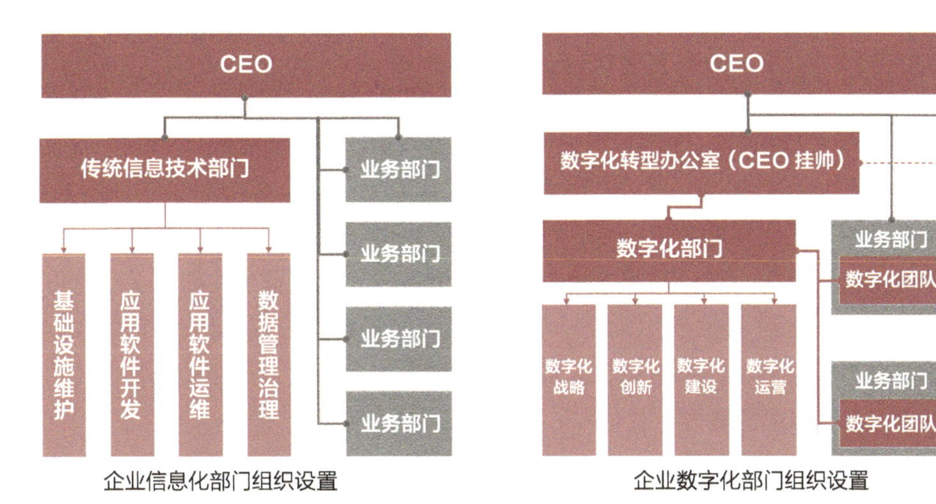

图 9-23　数字化部门的典型组织设置

数字化是业务的数字存在形式，数字化转型办公室由企业一把手挂帅，核心业务部门领导参与，统领整个企业数字化转型的进程。数字化部门的内部结构一般包括数字化战略、数字化创新、数字化建设和数字化运营。每个业务部门都需要建立数字化团队，数字化团队由数字化部门统筹管理。

数字化部门的结构能够让业务与技术融为一体，从上到下推动数字化转型的扎实落地。

企业数字化转型是一个数字化能力逐渐从技术部门向业务部门迁移的过程，当所有的业务部门都在统一的技术标准、架构、规划下建立自己的数字化能力，并在企业统一的数字化平台上开展业务的时候，企业的数字化转型就进入了成熟阶段。

（2）资源保障

数字化转型是企业自身为了适应数字化时代外部环境的不确定性而进行的整体转型。数字化转型是企业的战略性工作，需要充足的资源保障，包括资金、人力等各种资源。

精益数据方法认为，过去的信息化建设是相对确定的过程，所以让很多资源一次性到位，加快建设速度。但是在数字化时代，变化太快，为了避免资源的浪费，企业要建立相对灵活的资源管理和配置机制，然后根据业务的情况分步注入资源。这需要相对灵活、敏捷的机制保障。

（3）机制保障

制度、流程和绩效体系是数字化转型的三大机制保障，缺一不可。从上至下制定数字化转型的制度、流程，并且配套以绩效体系，才能够让相关方力出一孔。

（4）能力保障

企业的数字化道路能走多远，最终的决定因素是数字化能力，所以能力保障是基础。在早期，很多传统企业可能需要借助外力开展数字化转型工作，但是随着数字化进程的推进，企业一定要逐步建立起自己的数字化能力和团队。这里的能力包括业务团队对数字化的理解和应用能力，也包括建立企业自己的数字化技术、数据的能力。

9.3 案例：大型多元化集团的精益数字化转型

9.3.1 集团的转型挑战和应对策略

该企业是一个多业态的现代服务集团，涉及航空货运、物流、零售、机场、跨境电商等多种形态的业务。经过过去几年的发展，该集团收购了众多国内外产业链上下游相关资产，希望整合集团的优势资源，打造全产业链版图，提供创新产品和服务，增强盈利能力。

愿景虽好，但是形势严峻，该集团的业务目标面临以下转型挑战。

1）资产庞大。经过过去的投资和并购，该集团拥有超过 200 家子公司，超过 5 种业态，业务遍及全国，庞大的资产规模导致集团对其实物资产无法全部管理清楚，要想实现业务打通、产品创新是非常困难的。

2）组织流程复杂。业态不同，所以很多子公司的组织结构、业务流程都不一样，只梳理组织结构和业务流程就是一项短期内不可能完成的工作。每个子公司有其自成体系的流程，虽然集团成立了总部层面的运营部，但是其作用更多是汇总各个板块的报表，对流程层面尚无暇顾及。

3）管理水平参差不齐。不同子公司的业务发展的阶段也不一样，有的业务成熟，管理模式相对精细化；有的业务还处于孵化期。管理模式不一样，管理水平参差不齐，所以，集团从管理层面也很难建立统一的标准。

4）信息化基础薄弱。不同子公司的信息化基础都不一样。但是总体来看，整个集团除了物流、电商板块，其他的业务板块的信息化基础都比较薄弱。

5）时间紧迫。考虑到外部市场的竞争非常激烈，该集团希望在一年时间里完成核心资产的整合重组，并且能够孵化出贯穿全产业链的新产品，统一集团服务，打造新的品牌。这个时间是非常紧张的，用传统的数字化转型方式可能只刚刚做完咨询规划。

9.3.2　精益数字化转型的 3 个阶段

经过充分讨论，该企业采用了精益数据方法，以数据为核心抓手，采用双向驱动的方式来制定整体数字化转型的策略，如图 9-24 所示。

图 9-24　双向驱动

1）倒逼现有业务优化整合。梳理出现有的核心业务指标，通过数据穿透现象，发现问题，比如口径不一致、账目对不齐，成本过高、效率过低等，然后抓住这些问题，进行复盘追溯，就能够找出现有业务的薄弱之处，从而倒逼现有业务优化整合。

2）探索创造新业务模式。以核心数据资产为牵引，包括用户数据、订单数据、商品数据、支付数据，发现不同业务板块之间的联系，探索创新模式。比如，哪些用户既是 A 板块的用户，又是 B 板块的用户，是否可以为这部分用户打造一个联合产品。

对齐了业务战略目标以后，该集团启动了精益数字化转型，如图 9-25 所示。

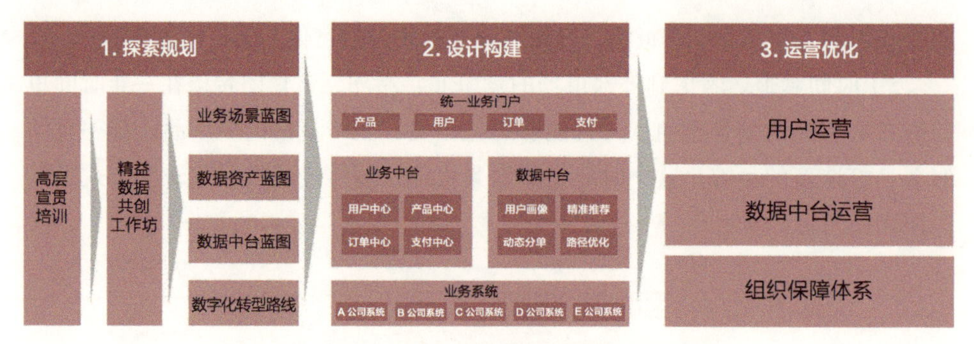

图 9-25　某多元化集团精益数字化转型的 3 个阶段

1. 探索规划

该集团的数字化转型由一把手亲自挂帅，成立了集团数字化转型办公室，利用精益数据战略轻咨询的方法制定总体转型路径。

数字化转型首先要求集团上下思想意识统一，没有统一的目标、统一的认知、统一的决心，是做不好数字化转型的，尤其对这个体量巨大、业务复杂的集团来说。所以在数字化转型启动的前期需要进行充分的准备工作，包括成立数字化转型委员会，展开多场研讨会，与董事长、总经理对齐高层愿景和目标。

在统一的愿景目标基础上，组织全集团所有公司的高层进行数字化培训宣贯，整个培训现场超 200 人，培训内容包括如下 3 部分。

1）企业数字化转型趋势解读：解读数字化转型的趋势，研习行业数字化转型先进经验，建立数字化认知。

2）集团业务战略解码：对齐集团业务战略，解码业务战略与数字化转型的关系，强调数字化转型的必要性和重要性。

3）集团数字化转型整体策略：宣贯集团数字化转型的整体策略，以数据为中心，打造双中台，拉通集团资源，打造新产品，推动整体组织变革。

通过这个为期 3 天的高层培训宣贯会，所有企业的高层都认识到了数字化转型的必要性、重要性，增强了信心和决心。同时，通过精益数据共创工作坊的形式，大家变得相互熟悉，了解了其他板块的业务情况，为后续的业务整合、集成打好了组织基础。

培训宣贯以后，启动了转型的第二个重点工作，就是精益数据战略轻咨询。这个工作以精益数据共创工作坊为开端，花了 6 周的时间，内容安排如图 9-26 所示。

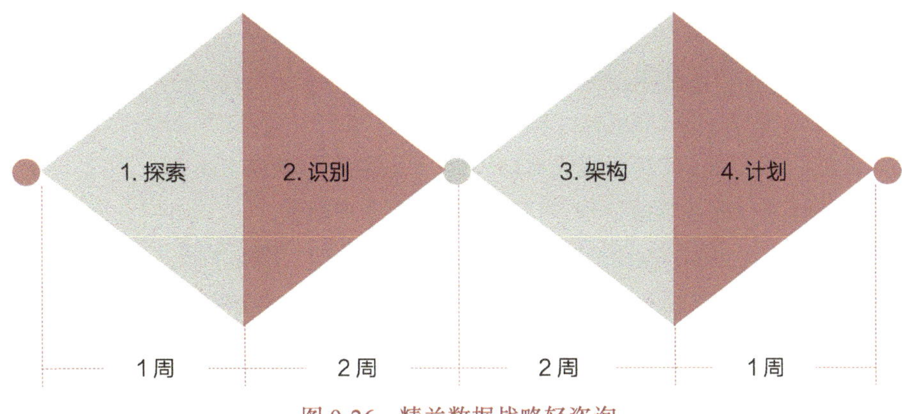

图 9-26　精益数据战略轻咨询

通过轻咨询共创的具体内容如下：

- 分解业务目标到业务价值点。
- 共创企业数据资产蓝图。
- 盘点现有的数据资产现状。
- 探索、对齐业务价值场景。
- 设计双中台业务架构。
- 识别并排序速赢阶段的业务场景。
- 制定速赢阶段的项目群计划。

整个过程采用协同共创的方式，利用精益数据共创工作坊，快速地将宏大的业务目标、繁杂的业务流程收敛到用户、订单和支付数据的整合及集成上。在设计了几个相对确定的业务场景后，工作就进入了转型实施阶段。

2. 设计构建

整个转型实施阶段分成 3 个层次的工作。

（1）数据智能场景的探索和构建

将业务场景进行聚合、抽象，设计成数据智能产品，用最小的代价进行测试验证，开发出最小可行产品，针对部分标签用户快速在前台业务门户上线，再通过用户的行为数据和反馈进行迭代优化。

（2）双中台建设

基于数据中台的构建思路，利用最小必要原则来支撑前台的数据智能产品。

双中台的核心组件采用微服务架构，统一设计，同步建设，分布式部署，通过服务协议来保证各模块组件的协同，提升开发效率。

（3）运营保障和持续优化

最底层是运营保障和持续优化的工作，包括如下内容。

- 持续进行精益数据治理，围绕数据场景治理数据。
- 打造企业级数据创新平台，持续探索数据价值，孵化数据产品。
- 建设数据资产蓝图，基于数据资产目录采集、存储数据。
- 保障组织、流程、体系、人才等方面的支撑。

3. 运营优化

整个项目团队加在一起超百人，分布在多个城市，通过统一的基础设施和精益数据的协同方法构建了集团数字化运营部，以用户运营和数据中台运营为核心，在半年左右就上线了双中台的最小可行版本，并验证了第一个打通多业态的数据产品。

9.3.3 双中台赋能业务

该集团的数字化转型之所以能很快见到效果，是因为业务解码准确。通过业务解码快速明确数字化转型的目标是整合多业态的优势资源、提升效率、创新产品，而这恰恰是中台架构能够赋予该集团的核心能力。

该集团利用业务中台重构了原来独立、分散的业务体系，打造了统一的中台体系，利用数据中台构建了多种数据服务，优化了原有业务，如图 9-27 所示。

在图 9-27 中，在转型之前，不同公司的业务是独立的，每个用户分别访问和购买不同公司的产品和服务，即使这些产品和服务是同类型的。这样带来 3 个核心的问题。

1）用户体验差：同一个用户在同一个集团的账号、消费、订单等数据都是不互通的，用户需要重复注册、重复登录，无法实现一站式采购，用户体验很差。

2）业务效能低：拉新、复购是非常重要的提升企业盈利能力的手段，但是在业务转型前，很多用户是“沉睡”的，企业没有把集团内部的用户充分利用起来，业务效能低下。

3）管理复杂：由于公司多、组织结构复杂，集团无法实现精细化的管理，无法清晰地了解整体的业务情况，就无法制定有效的管理和运营策略。

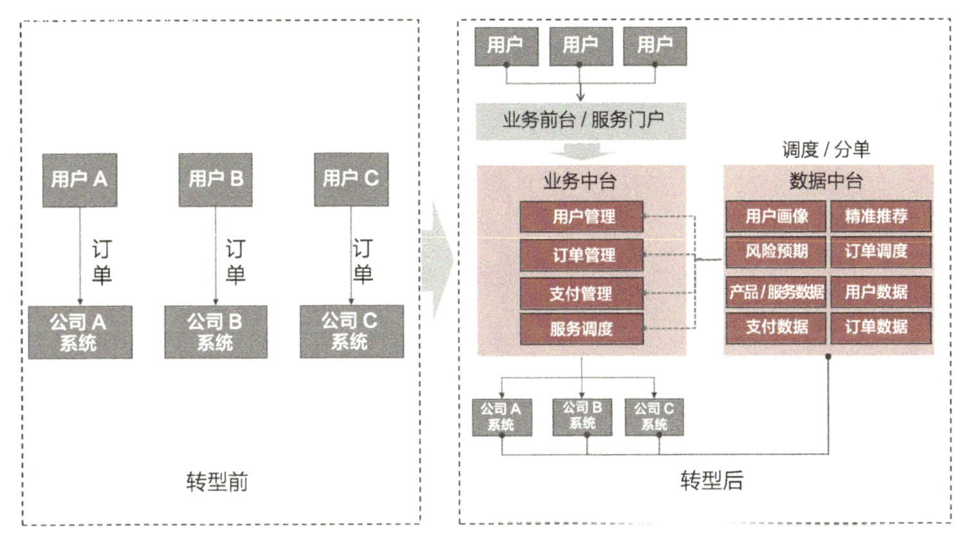

图 9-27　双中台推动的数字化转型

对此，该集团主要进行了如下几个转型动作。

1）集团层面构建了轻量级的业务前台。建设一个服务门户，然后将集团的所有核心产品都放到这个服务门户里，所有用户通过这一个门户来访问。这个服务门户就是一个“应用商店”，统一了用户入口，同时打造了统一的品牌。

2）构建集团层面的业务和数据中台。梳理、抽象原有的同类型的业务流程，将通用的、共性的部分统一到业务中台来实现，比如用户注册、用户登录、生成订单、生成支付等，其他个性化的业务处理依然被拆分出来下发到各公司的业务系统中完成。这样集团能够统一用户、统一订单、统一支付，将所有的核心数据都沉淀到数据中台，第一时间掌握全面的业务情况，便于管理。

数据中台沉淀了所有的数据，经过数据创新平台进行探索挖掘，分析出对业务有价值的洞见和建议，形成数据服务，反馈给业务系统来优化业务。比如，对用户下单，原来系统会指定某个公司提供的产品，但是经过数据中台的分析，系统可以根据用户的发货地址、历史购买信息等来分析哪一个公司的产品能给用户带来更好的体验，进而实现订单的动态调度。

通过这样的双中台建设，将共性的、核心的业务抽象到中台来实现，原来独立的、分散的各公司业务系统变成了业务处理的后台，减轻了业务系统的压力，让各公司专注于自己擅长的、特色的服务。

第10章 精益数据共创工作坊

在企业利用数据进行数字化转型的众多挑战中，有3个是普遍存在和难以突破的。

第一，大家对数字化越来越重视，所以往往会出现企业将数字化转型当作一项独立的工作来抓的问题。但是这样做却是舍本逐末。数字化转型是数字化时代的企业转型，数字化只是工具和手段，而不是目的。所以，千万不要从技术视角或者从数字化视角来思考问题，要回到数字化转型的初心，也就是从企业转型的最终目标来看要解决哪些业务问题，只有对齐了业务目标，识别了要解决的问题，才能厘清数字化转型应该做什么。

第二，最难的是找到有价值的业务场景，否则大量数据无法发挥作用。这个挑战存在的根本原因是不同岗位的工作人员具备的思维体系不同。懂业务的工作人员往往不了解技术和数据，而懂数据的工作人员又不具备业务思维。

第三，很难让不同部门、不同岗位的角色对数字化转型的建设路径和项目清单达成一致。如果员工的目标不一、思想对不齐，最终转型动作就无法切实地执行下去。

那么如何跨越这3个挑战呢？精益数据方法通过实践总结了业界首个桌游式精益数据共创工作坊，能够很好地应对这3个挑战。

精益数据共创工作坊基于精益数据方法，充分利用游戏思维和组合式创新的底层逻辑，让业务人员和技术人员能够在深度融入、开放自由的氛围中掌握数据思维和数字化技术，借助精益数据共创卡牌，共同探索出价值场景清单，最终制定出数字化转型的项目清单和实施路线，从而实现轻量级的精益数据战略规划。

这是精益数据方法独创的发散探索业务场景，是让业务人员和技术人员能共创出数字化转型路线的一套工具方法。这套工具方法在众多企业中已经实践成功，获得了充分的认可，本章会深度剖析精益数据共创工作坊的方法和过程。

10.1 认识精益数据共创工作坊

精益数据共创工作坊通过 3 个阶段形成企业的数据战略、数据产品和数据中台的顶层设计，指导企业整体的数字化转型实施路线，设计出最小可行产品，并构建与之匹配的数据中台体系，帮助企业快速启动数字化转型。

10.1.1 传统调研方法的 6 个问题和应对启示

1. 传统调研方法的 6 个问题

数字化转型中一个很重要的环节就是调研。调研是为了全面、真实地了解现状，从而能够在此基础上进行分析和设计。但是，传统调研方法发展到现在，普遍存在 6 个问题。为了解决这些问题，企业提出了对应的诉求，如图 10-1 所示。

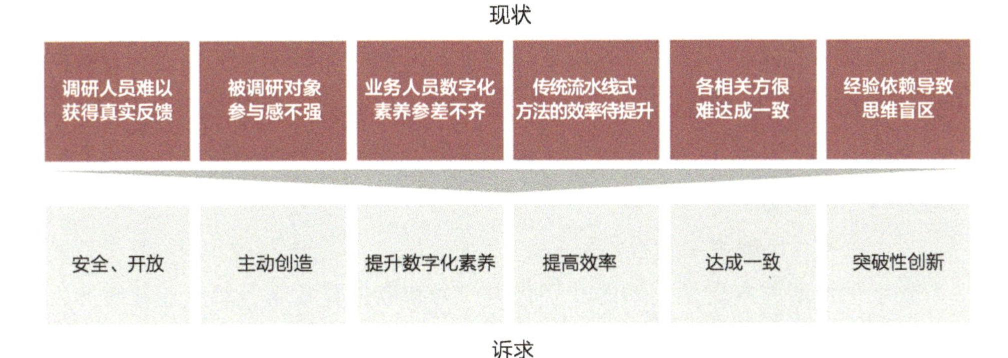

图 10-1 传统调研方法的问题与企业诉求

（1）调研人员难以获得真实反馈

传统的调研以问答方式为主，调研双方缺少直接的互动。当调研人员带着笔记本与被调研对象面对面坐下的瞬间，潜意识中的沟通壁垒和对立格局已经形成。站在被调研对象的角度来看，调研人员是代表企业的，因此被调研对象在回答问题的时候，必然会站在自己的角度权衡利弊，把对自己有利的内容和方案表达出来，而对不想去改变的或者认为没有意义的现象和内容，被调研对象往往会略过。所以说，这种问答往往得到的是片面的结果。

这是传统调研方法无法规避的。虽然后来也出现了座谈会等形式，但是总的来讲，只要把作为主导方的调研人员和作为参与方的被调研对象以问答或接近问答的方式安排在一起，就会给被调研对象带来不安全的感受，使他无法全面打开自己，回答真实的信息。

因此企业产生了第一个诉求：如何让被调研对象有一个安全、开放的环境？

（2）被调研对象参与感不强

信息化建设的工作逻辑是最佳实践经验或者是企业高层意图的执行。以ERP实施为例，通过一套ERP软件为企业的业务人员提供业务流程的标准模板，目的是标准化业务，底层逻辑是行业最佳实践的标准化落地和复制。

在这种情况下，被调研对象往往会认为自己是配合方，调研人员才是推动企业数字化转型的角色，自己提供的所有内容都是对调研人员的输入和支持，并由对方来分析和判断是否采用。所以被调研对象认为自己在企业数字化转型上所能改变的东西很少，参与感不强，调研人员也很难调动起他们的主观能动性和创造力。当然，在信息化建设阶段这并不是最重要的。

而数字化转型面对的是高度不确定的市场和客户需求，需要的不仅是标准流程，还是价值场景。对此，掌握第一手信息的核心业务人员，也就是被调研对象，是最有发言权的人。

于是企业产生了第二个诉求：如何提高被调研对象的参与度，激发他们的创造力和主观能动性？

（3）业务人员数字化素养参差不齐

数字化转型的本质是用新的数字化生产力和数据要素来升级企业传统的工作方式。而大部分业务人员还是在用过去的方法工作，他们对数字化的认知不全面、不深刻，很难对数字化转型的场景和价值产生共鸣，转型过程中的技术方案对他们来说是无稽之谈。举个例子，不知道无人机这种技术的人当听到可以在天上洒农药的方案时会认为你在胡说八道。

企业数字化转型的中坚力量应该是业务人员，他们是业务的执行者和转型的受益者，如果他们的数字化素养较低，就会成为数字化转型的阻力而不是推动力。在这种情况下，转型的推动方不论多么努力，都会错失很多创新的机会。

企业对应产生了第三个诉求：如何快速提升业务人员的数字化素养？

（4）传统流水线式方法的效率待提升

传统调研方法的第一步是制定调研计划，基本上对每一个部门都要展开一场调研访谈，而且为了掌握深度信息，调研要满足一定的颗粒度。在一个典型的企业调研计划中，每一组调研的顾问至少要有 3 类角色，即主谈人一名，业务专家若干，记录人一名。调研计划表示例如图 10-2 所示。

	被访谈人	访谈内容	D1	D2	D3	D4	D5
高层访谈	董事长	对齐愿景	顾问一组		顾问一组		
	总经理	沟通期望		顾问一组		顾问一组	
业务一部	总经理	业务目标现状	顾问二组		顾问二组		
	副总经理	信息化支撑等		顾问二组		顾问二组	
业务二部	总经理	业务目标现状	顾问一组		顾问一组		
	副总经理	信息化支撑等		顾问一组		顾问一组	
职能一部 职能二部	总经理	业务目标现状	顾问一组		顾问一组		
	副总经理	信息化支撑等		顾问一组		顾问一组	
技术部门	总经理	业务目标现状	顾问二组		顾问二组		
	副总经理	信息化支撑等		顾问二组		顾问二组	
座谈会	初次对焦	业务目标现状	全体				全体
	二次对焦	信息化支撑等					

图 10-2 典型调研计划表示例

可以看到这种调研方式有如下两个特点。

1）调研过程中资源和时间投入比较多。按照一个制造型企业的总部的标准配置，有市场营销、研发生产、供应链、客户服务等部门，每个部门平均两场访谈，每个部门企业侧至少有 4 个人参与访谈，而负责调研的顾问侧至少有 3 个人，而且整个过程中还会发生等待和各种无关话题穿插的问题，占用的资源和时间非常多。

2）有不少共性的调研环节。每一个业务部门在业务目标、信息化支撑等方面的沟通话题有重复，调研人员搜集了很多不同口径的信息后，需要对采集的信息进行归一、整理、去重，会发现对同一个话题的回答有很多不一致的地方，又要补充调研。

总而言之，可以看到整体的调研效率有待提高。那么企业产生了第四个诉求：能否够对传统的调研方法进行优化，提高效率？

（5）各相关方很难达成一致

从上述对调研方式的总结可以看到，过去的传统调研方法都是排出调研计划，然后按照计划对相关人员进行逐个访谈，再整理调研记录，总结现状和需求。这样得到的结果缺少全局性、整体上的发现。各业务部门有自己的分工和关注点，所以对同一件事情或者同一个现象的理解和认知往往不一致。比如，物流部门关注送达及时率，而采购部门关注采购成本，客户服务部门关注客户体验，财务部门关注盈利和成本。传统调研主要对业务部门进行独立的访谈，交叉访谈并不多，虽然会涉及一些跨部门的座谈会和研讨会，但交叉融合的部分不够深入。而数字化转型与信息化建设的核心转变之一就是从局部支撑到全局优化，所以企业此时往往不能打通全链路。这种情况下，往往会出现各业务部门的转型目标、需求痛点不一致乃至冲突的情况，而到了最后规划实施路径的时候，时间和资源有限，如何去排优先级呢？

很多数字化转型项目在出蓝图的时候，业务部门碍于形式都会点头同意，但是到了项目真正落地的时候，各部门都会盘算自己的利益，甚至因此阳奉阴违，相互推诿。这就是因为调研时各相关部门把调研访谈当成了一种形式，而没有表达自己真实的想法和需求。

所以企业产生了第五个诉求：如何让所有相关方对实施路径达成真正一致？

（6）经验依赖导致思维盲区

过去的信息化建设更多是对传统业务流程的优化，很少有突破性创新。其中很重要的原因是过去的成功经验和失败教训导致很多工作人员在脑海中圈出了一个不可能区域，也就是经验依赖导致的思维盲区。在这种情况下，他们的思维体系里有一条隐形的红线，凡是越过这条红线的想法和建议，大脑会自动忽视和否认。但是在数字化转型时期，行业边界已经被打破，过去的经验已经不足以支撑有胆识的企业产生创新。

于是企业产生了第六个诉求：如何突破思维盲区做出突破性创新？

传统的问答式、流水线式、经验型的调研方法已经延续了几十年，带来了上述种种问题。面对企业在新时期的诉求，数字化转型带来了新的变革，是让企业更创新、更敏捷、更高效的方法。

2. 卡牌式桌游对数字化转型的启示

近几年桌游风行，各种主题的桌游馆在大街小巷吸引了不少的消费者，而从桌游衍生的剧本杀游戏目前也正火爆得不得了。

当我和一些朋友们交流，问起为什么他们那么喜欢桌游的时候，他们的回答惊人地一致：沉浸式体验、有获得感和趣味性。在玩游戏的时候，他们全身心地沉浸到游戏所创造的环境中，并且在过程中通过不断解决问题获得成就感。桌游是一项群体性活动，能让参与者同时体验到协作的快乐和在竞争中获胜的成就感。

让我们用曾经最火爆的《三国杀》游戏作为例子，来详细剖析一下桌游是如何创造沉浸式体验和获得感的。

《三国杀》是一个以三国时期为背景的卡牌式桌游，核心道具是一套卡牌，卡牌构建了参与者的身份和每个身份的独特技能。玩家可以随机抽取基本牌、锦囊牌、装备牌、武将牌，结合不同卡牌来进行斗争，最终根据游戏规则取得胜负。

这个游戏把所有玩家放置到一个共同的虚拟背景中，创造了一种竞争格局。同时每一个阵营又有多个玩家，所以又创造了一种协作格局。整个过程让每一个玩家都充分进入预设的故事场景里，每个玩家都有自己的小目标，但是同一个阵营又有共同的大目标，玩家很多时候要为了共同的胜利而牺牲自己的小目标。

我们发现，卡牌式桌游的特点正好能帮助我们解决前面说的 6 个问题，如图 10-3 所示。

图 10-3　卡牌式桌游的特点

- 认知统一：打造共同的游戏背景和游戏规则，为玩家构建一个统一的认知。
- 规则清晰：用卡牌作为标准化工具，让玩家遵守行动的规则。
- 平等开放：通过游戏规则保证玩家的平等和游戏的开放，比如每个人发言的时候其他人不能打断，创造一个充分表达的平等环境。
- 协作竞争：分组，分角色，制定积分和输赢规则，构建出竞争和协作共存的格局。
- 趣味沉浸：有一定的故事性和趣味性，让玩家能够忘记平日的利益关系，从而非常安全地表达自我的观点，沉浸在游戏中。
- 组合创新：角色、装备、技能、武器等各种卡牌可以形成各种组合，玩家需要通过随机抽到的卡牌组合获得最强大的战斗力，这种模式逼着玩家穷其思考来创新。

除了游戏行业以外，游戏化已经成了其他行业的一个趋势。游戏化是指利用游戏机制和体验设计来吸引和激励人们实现其目标。换言之，游戏化通过在非游戏环境中引入游戏元素，引导用户实现特定目标。

卡牌式桌游在模式和形式上的特点，恰恰能够针对性地解决传统调研方法的6个问题。例如，《三国杀》里有各种功能卡牌，数字化转型一样需要各种数字化技术、工具及方法，可以设计一系列数智技术卡、转型工具卡、商业模式卡等，让每个参与者随机拥有，大家通过组合手上的技术和工具，创造业务价值。

借助卡牌，传统的调研访谈和座谈就变成了趣味性更强的、沉浸式的体验活动，每一个人手上拿着数据资产卡、数智技术卡、转型工具卡，像打牌一样，寻找自己的卡牌与别人的卡牌的组合价值，去解决大家的痛点和需求，最终谁的积分最多，谁就成为胜利者。参与者一方面通过这个游戏解决自己的业务问题，另外一方面可以用自己的专业知识解决别人的问题，获得成就感。并且，参与者能从中获得游戏的快乐，对调研的参与感也提升了。

精益数据共创工作坊是数字化转型领域里首创的卡牌式共创工作坊，通过一套卡牌和活动规则，将传统的数字化转型的调研、分析、规划的过程融入一个有明确目标、有一定趣味的转型故事里，已经被众多企业实践并取得了出色效果，成功指导了企业的数字化转型。

10.1.2　精益数据共创工作坊简介

1. 工作坊的定义

精益数据共创工作坊是一种以精益数据方法论为指导思想，以一套精益数据共创卡牌为道具的数字化转型调研规划的团体活动。

精益数据共创工作坊提供了体系化的数字化转型工具集，有一套标准的动作和行动指南，参与者一步步走下来就能够得到转型目标、业务场景和转型路线。同时，该工作坊根据组织的规模、阶段、目标、受众群体的不同可以进行定制，从而满足对应组织的需求。

总的来说，精益数据共创工作坊要实现 4 个统一：统一目标，统一场景，统一路线，统一行动。

2. 活动展开的四大原则

精益数据共创工作坊是一个团体活动，在过程中所有人需要遵守四大原则。

原则一：平等。工作坊中的所有参与者都是平等的，所有人都没有特权，都必须遵循工作坊的活动规则，尊重其他人的发言和观点。

原则二：信任。所有人都彼此信任，相信每一个人都会为了实现最终的业务愿景付出最大的努力，每一个人的发言都可信。

原则三：协作。参加工作坊的过程中所有人都愿意并且乐于协作，相信只有协作才能打造有价值的创新的业务场景。

原则四：开放。工作坊的环境是安全的，每一个人都可以没有顾忌地将自己的观点表达出来，大家可以就不同的观点进行开放性的讨论。

这四大原则是精益数据共创工作坊成功的核心原则，在每一场工作坊的开始阶段，可以设计一个破冰环节来让大家就这 4 个原则达成一致，用仪式感为后面的共创打下坚实的基础。

3. 参与者的价值收益

企业不同岗位的参与者都会从精益数据共创工作坊中得到对应的收获和价值。

（1）CEO 和高级管理层

- 体系化地了解数字化转型的本质理念。
- 借鉴和学习世界先进企业数字化转型实践和经验教训。

- 将企业业务战略分解为数字化战略并与核心骨干统一思想。
- 深度了解一线的业务痛点和挑战，更好地制定业务策略。
- 通过共创的形式一层层推动数字化转型落地，并形成可度量的过程指标。

（2）部门级管理层

- 体系化地了解数字化转型的本质理念。
- 借鉴和学习世界先进企业数字化转型实践和经验教训。
- 站在企业全局价值流的角度，思考如何实现与其他部门的高效协作。
- 系统化地了解数字化技术和典型应用场景。
- 梳理数字化技术对于本部门业务的价值场景。
- 形成数字化项目清单和行动计划。
- 让部门成员在共创过程中获得赋能，从而建立数字化理念和统一思想。

（3）业务人员

- 体系化地了解数字化转型的本质理念。
- 跳出局部业务，了解企业业务全貌。
- 借鉴和学习世界先进企业数字化转型实践和经验教训。
- 系统化地了解数字化技术和典型应用场景。
- 梳理数字化技术在相关业务中的价值场景。
- 基于工作中的业务痛点和需求，与技术人员共创解决方案。

（4）技术人员

- 借鉴和学习世界先进企业的数字化转型实践和经验教训。
- 站在企业全局价值流的角度，思考如何实现与其他部门的高效协作。
- 系统化地了解数字化技术是如何应用到典型场景并产生价值的。
- 全面了解业务部门对于数字化技术的底层需求和痛点问题，与业务人员更好地沟通协作。

区别于传统的咨询项目，精益数据共创工作坊基于设计思维中以用户为中心的理念，采用精益数据共创卡牌作为关键工具，通过类似桌游的强互动的游戏形式，打造沉浸式体验，能够在较短的时间内让参与者进行高密度、高强度、无死角的头脑风暴，从而发散产生所有的可能性场景。

4. 工作坊的三大特点

相比于传统的调研规划过程，精益数据共创工作坊有如下三大特点。

（1）开放共创，全面激发参与人员协作

精益数据方法强调到用户中去，以价值为核心。精益数据共创工作坊就是以此为指导，利用卡牌设计了一套能让团队充分互动和共创的活动规则。将企业的核心人员打散并交叉分组进行共创，各组之间有潜在的竞争关系，打造平等、信任、协作和开放的氛围，激励所有人充分思考，充分协作，发挥主观能动性，深度参与企业数字化转型的顶层设计。

精益数据方法相信，好的方案不是复制最佳实践，而是通过深度的思考、激烈的讨论、全面的梳理产生的，数字化转型已经从抄作业走向了共创的模式。

（2）组合创新，全排列、无盲区创新业务场景

很多人认为创新是指发明和创造，是一种从无到有的创造性过程，是百分之百原创。其实这是对创新的误解，创新并非一定要创造全新的事物，也可以是一个把不同要素重新组合起来形成新事物的过程。比如，我们日常所使用的汉字也就几千个，这几千个汉字可以看成几千个不同的要素，有些人把它们重新组合，不需要创造任何一个新的汉字，却写出了流芳百世的文学巨著。这种将基本要素重新组合形成新系统的过程，就是组合式创新。

组合式创新的概念来自“创新理论之父”约瑟夫·熊彼特。他在《经济发展理论》一书中指出，所谓创新就是建立一种新的生产函数，把一种从来没有的、关于生产要素和生产条件的新组合引入生产体系，以实现对生产要素或生产条件的重新组合。

约瑟夫·熊彼特又进一步阐明了这种新组合涵盖的 5 个方面：生产一种新产品，采用一种新的生产方法，开辟一个新的市场，获得一种新原料或半成品的新供应来源，实现一种新的企业组织形式。换言之，在约瑟夫·熊彼特看来，任何经济结构都可以拆解为产品、技术、市场、资源和组织这 5 个基本要素。将这些旧要素进行重新组合，便可实现组合式创新。

精益数据共创工作坊充分利用了组合式创新理论。在活动规则中，每个组的参与者要全面、无死角地将所有的数据资产卡、数智技术卡、痛点价值卡、转型目标卡进行全排列组合，从而强制性地避免他们陷入经验主义和思维盲区，不漏掉任何一个价值创造点。

（3）紧凑高效，培训赋能、业务共创一气呵成

整个精益数据共创工作坊的节奏非常紧凑，从培训赋能、理念宣贯到业务

共创、路线规划一气呵成，所有的转型相关方齐聚一堂进行输出。在整个过程中，平时交集不多的各业务职能部门能够充分协同、当面交流。与传统调研规划方法相比，工作坊的整体效率有了质的提升。

5. 工作坊的四大篇章

整个工作坊分成准备篇、引导篇、共创篇、规划篇。根据工作坊要解决的业务领域的范围，活动周期一般可以设计成一到两个星期。在这个过程中，输入的是企业数字化转型的愿景，输出的是企业的 4 张蓝图和落地项目及配套举措清单，如图 10-4 所示。

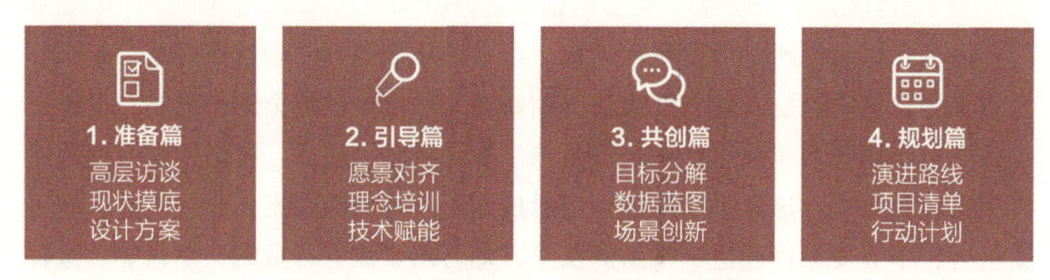

图 10-4 精益数据共创工作坊的四大篇章

（1）准备篇

一切美好都是精心准备的结果。

精益数据共创工作坊有标准并且统一的方法和流程，但是不同企业的数字化转型诉求和路径却是完全不一样的。所以在实施工作坊之前，要做好充分的准备和设计，对标准流程进行进一步的定制，从而适应企业的转型现状和目标。

前期准备包括与企业高层统一数字化转型目标，调研企业的业务战略，了解业务高阶现状，掌握企业的信息化基础、数据概况，以及与企业的组织方一起设计工作坊流程等。其中，组织方除了参与，还要提前确认本次工作坊的参与者，之后进行分组，定制培训内容，优化议程环节，设计激励方式等。

准备的过程是非常有意思的。在过往的项目中，参与前期准备的企业组织者都反馈从中得到了非常大的收获。在配合准备的过程中，企业组织者往往会迅速转变认知。他们可能原来以为这就是一个培训，只需花一点时间把人组织起来，把现场搭建起来即可。结果他们在准备过程中逐渐通过工作坊顾问理解了精益数据方法，知道了这些环节的设计目的和机制，由此更加主动地提出自己的问题和需求，从被动配合变成了主动主导。这个过程充分体现了“共创”

两个字的生命力。数字化转型不仅是技术部门或者是业务部门的事情，一定是数字化技术加业务共创共建的结果。

在准备阶段，一般要设计出工作坊的全链路要素，并且最终做沙盘演练，从而保证工作坊不论面对什么样的意外情况都能够按计划顺利进行，达到预期的效果。

准备环节一般会包括如下内容：

- 企业高层访谈调研
- 业务现状高阶访谈调研
- 信息化支撑现状调研
- 信息化能力高阶调研
- 共创工作坊策划设计
- 培训材料准备

（2）引导篇

引导篇是为了让所有的参与者了解工作坊的业务目标，同时通过预先设计好的培训课程让大家掌握数字化转型的基础知识、数据智能技术的典型场景、行业相关案例等。当然如果是一个大型企业的工作坊，引导环节同时起到了破冰的效果。

引导篇非常重要，如果不能在准备篇的阶段充分设计好引导篇的内容，组织好培训宣贯，那么共创篇和规划篇的产出往往很难落地。所以，磨刀不误砍柴工，一个扎实的引导篇是共创篇成功的必备基础。

标准的引导环节包括以下几部分内容：

- 数字化转型愿景宣贯
- 数字化转型理念培训
- 数字化转型技术场景培训
- 共创破冰仪式

引导篇让所有的参与者进入当前企业数字化转型的环境，带着共同的认知、背景和目标投入到共创环节，为共创篇打下认知基础、知识基础和协作基础。

（3）共创篇

共创篇是真正的重头戏，是充分发挥每一个参与者的业务经验、创新想法、价值判断的过程。一般来讲，在共创篇，我们将参与者分成多个小组，然后以小组为单位开展数字化转型共创活动。在这个环节，我们提倡互动式协作、开放式思考，以卡牌为抓手来激发所有人在面对共同的目标和痛点问题时的大脑机能，从而经过发散、收敛、再发散、再收敛的过程，形成业务、数据与技术的融合，先全面、无死角地发散并探索出对目标有价值的业务场景蓝图，再将其收敛成可执行、高优先级的价值场景清单。

共创环节一般包括如下内容：

- 数字化转型目标共创
- 企业数据资产蓝图共创
- 企业数字化技术蓝图共创
- 数字化转型价值场景共创
- 痛点价值及转型资源共创

（4）规划篇

经过所有人共创协作，产出数据资产蓝图、数字化技术蓝图、价值场景清单，工作坊进入了最后的收敛环节，把所有参与者达成一致的创新想法、业务价值与现状、成本、可行性等结合起来，形成可以执行的数字化转型路线和行动计划，具体包括时间计划、资源计划、项目清单和行动计划，并且关联到具体的责任人和相关的数据资产、数字化技术能力，一步步分解成看得见的具体项目清单和配套举措。这个过程是所有业务人员、技术人员和企业管理者共创的，他们经过激烈的争论、全面的探讨得出规划方案，使最终方案具有很强的契约性。

规划环节一般包括如下内容：

- 数字化转型路线设计
- 价值场景排序归类
- 数字化转型项目清单梳理
- 配套举措共创
- 共创工作坊结坊汇报

6. 精益数据共创卡牌

精益数据共创卡牌是精益数据共创工作坊的核心道具，包括以下 10 种卡牌：转型愿景卡、转型目标卡、痛点价值卡、数据资产卡、数智技术卡、价值场景卡、转型工具卡、资源保障卡、转型项目卡、配套举措卡，如图 10-5 所示。

图 10-5　精益数据共创卡牌

每一种卡牌的内容如表 10-1 所示。

表 10-1　精益数据共创卡牌的内容

编号	卡牌名称	卡牌内容
1	转型愿景卡	描述企业的业务愿景
2	转型目标卡	描述企业为了实现业务愿景在此阶段要达到的目标
3	痛点价值卡	为了实现业务目标，需要解决的业务痛点和实现的业务价值
4	数据资产卡	描述某一类数据资产
5	数智技术卡	描述某一类数字与智能技术
6	价值场景卡	描述对实现业务愿景有帮助的价值业务场景
7	转型工具卡	为了达成业务愿景的某一种工具
8	资源保障卡	数字化转型需要的资源和保障手段
9	转型项目卡	数字化转型项目描述
10	配套举措卡	数字化转型需要的配套举措

附录中有卡牌的样例，读者可以裁剪使用，也可以关注作者公众号（kaige-ldm2022）获取卡牌电子版或者单独购买卡牌精装版。

10.2 精益数据共创工作坊：准备篇和引导篇

精益数据共创工作坊必须要进行精心准备和设计，要有坊前准备和引导环节，才能保证效果。下面分别介绍准备篇和引导篇的重点事项。

10.2.1 企业高层访谈调研

在进行数字化共创工作坊之前，先要理解企业的业务背景、业务战略，对齐业务目标。所以，第一件事情就是要对企业高层进行调研，一般采用访谈的形式。这是一切成功的基础，也是进行后续工作的必备前提条件。一般来讲，这个环节主要分成 3 个步骤，输出 3 个成果，如图 10-6 所示。

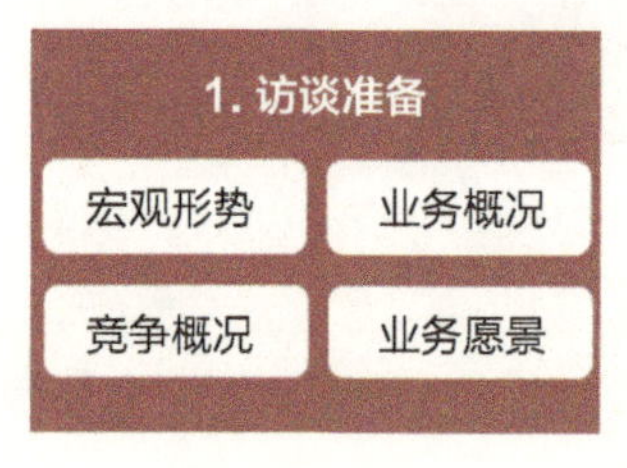

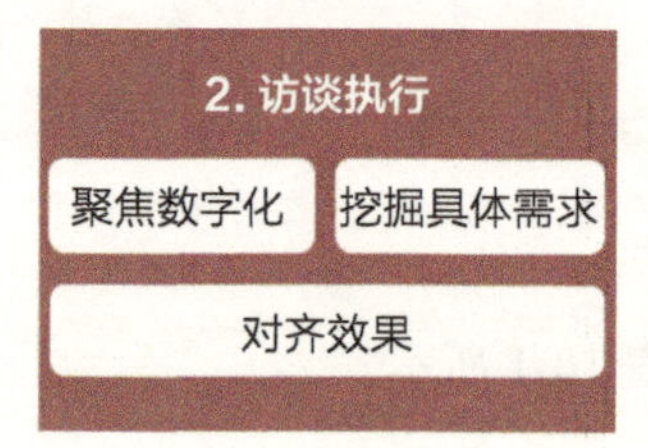

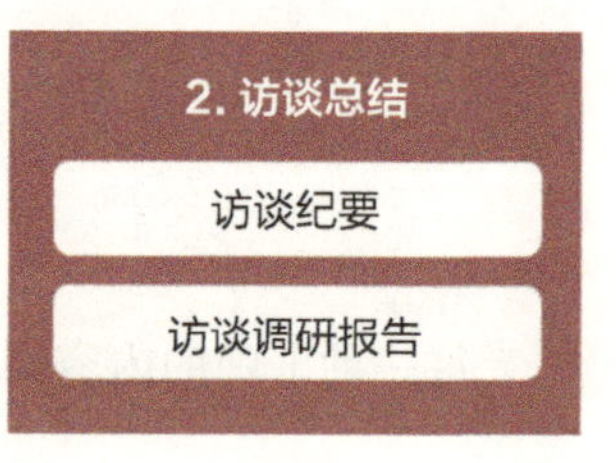

图 10-6 企业高层访谈三步法

1. 访谈准备

前面讲过，每一个企业对数字化转型的需求都是不一样的，信息化基础也是不一样的，所以不同企业数字化转型的目的和路径也是有差异的。

我们在进行企业高层访谈调研前要做一些准备工作，主要包括如下内容。

（1）企业宏观形势调研

对该企业所在行业的宏观政策、行业格局进行研究，从而理解该企业所在的宏观环境是呈上升的发展趋势还是呈下降的趋势等，这些信息能够帮助我们在进行高层访谈前有一定的同理心和代入感，能够更好地理解对方的诉求和痛点，理解企业业务策略制定背后的根因。

（2）企业主要业务情况研究

在理解了企业所处的宏观环境以后，我们就要对这个企业进行业务情况上的研究，研究信息可以来自企业财报、官网以及一些官方发布的主干流程文档。这个环节能够让我们了解这个企业的核心业务，知道这个企业的运营情况。基于这些信息，我们能够做出初步的预设，比如这个企业的数字化转型应该聚焦于哪些痛点和领域，从而为调研计划和提纲提供参考。

（3）企业市场竞争分析

企业目前处于竞争激烈的存量市场，对于每一个企业高层来讲，精确掌握市场的竞争信息是非常重要的，这些信息能够辅助他们进行业务决策。在初步了解企业的业务情况后，我们需要进行粗颗粒度的市场竞争情况的分析，从而理解企业目前所处的竞争格局，以及竞争者带来了哪些威胁和挑战，这些都是数字化转型要解决的重要问题。

（4）企业业务愿景解读

在理解了企业所处的宏观环境、业务基础情况、市场竞争情况后，就需要对企业的业务愿景和目标进行解读和分析，从而理解企业目前的核心矛盾是什么，要解决的问题是什么。这一步对于我们设计访谈调研的问题非常重要。一个企业的业务范围、职能体系非常庞大，数字化转型工作很难从一开始就全面铺开，所以我们需要寻找合适的切入点，找到能最快产生价值的业务场景。

2. 访谈执行

经过前面的准备步骤，原来那个模糊的企业名称就逐渐清晰，变成了一个有背景、有目标、有业务方向的实体，在这个基础上，我们就可以围绕调研问题进行访谈调研了。一个成功的访谈调研需要做到以下 3 个方面的工作。

1）聚焦于数字化转型的目标。访谈调研的时间非常有限，所以我们一定要以终为始，聚焦于数字化转型的目标和愿景，不能被与主题无关的话题带偏，在调研访谈过程中一定要时刻关注对话的内容是否与目标相关。

2）挖掘出参与访谈的企业高层对数字化转型的具体期待。建议开场话题比较宽泛，但是最终一定要收敛到相对具体的需求和痛点，只有这样才能够基于这些信息设计出可以落地的工作坊的后续环节。

3）充分对齐工作坊的期待效果和侧重点。精益数据共创工作坊是一个共创的过程，不是单方面的培训宣贯，各方都要充分表达观点，但是由于工作坊的时间有限，无法解决所有的问题，所以在高层访谈调研的时候一定要介绍清楚工作坊的方法、原理和思路，从而与对方对齐工作坊的期待效果和侧重点，避免对方期待过高而无法实现的风险。

3. 访谈总结

访谈调研的过程就是积累原始素材的过程，一定要保证素材的真实、准确，要与被调研对象充分对齐访谈纪要，这里面每一个观点都是通往最终结果的不可或缺的台阶，缺少了这个环节的支撑，最终的结论是经不起推敲的。

当访谈调研结束后，我们要快速归纳、总结、提炼成调研报告，这些报告要与客户的企业高层充分沟通清楚，达成一致，为后续的工作打下扎实的基础。

高层访谈调研的时间基本上控制在半天左右，不需要非常深入，主要是为了获得企业高层对企业业务愿景和战略提供的信息，以及他们对数字化转型的期待，从而将这些信息作为设计工作坊的输入。

10.2.2 业务现状高阶访谈调研

通过前面的高层访谈调研，明确了数字化转型的目标和愿景，对齐了业务战略后，就要以这些信息为背景进行业务现状的高阶访谈调研，进一步梳理业务需求和痛点，一步步聚焦核心问题。这个过程主要分成如下 3 个步骤。

1. 确定共创的业务和组织范围

首先要确定精益数据共创工作坊所涉及的业务范围和组织范围。业务范围指的是业务领域，比如是聚焦市场销售，还是包括研发生产等。组织范围指的是哪些企业的组织单元要参与这个工作坊，比如对于制造型集团来说，哪些工厂要参加；对于多元化集团来说，哪些子公司要参加。确定了业务范围和组织范围，才能够梳理出需要调研的组织单元和对象。

定义好问题，才能够更清晰、准确地找到问题的解决方案，确定业务范围和组织范围就是定义问题的重要部分。

2. 搜集相关业务高阶文档

在明确了业务范围和组织范围以后，就需要搜集相关的业务高阶文档，这里的文档不需要特别细致，主要是用来让顾问方了解业务的基本情况、核心业务流程、主要业务环节和角色。主要的文档可以包括如下内容：业务概况、业务流程全景图、一级业务流程、主体业务活动，以及对应的组织结构、岗位职责。

这些信息用来梳理业务的端到端价值流，以便我们识别出全局范围的约束条件和痛点，更准确地定位问题。

3. 初步调研业务高阶需求

研究文档，对工作坊的范围内的业务有一定的了解后，需要通过调研问卷、实地走访和定向访谈的形式，对重要的业务进行高阶调研，搜集高阶需求痛点。这些高阶需求是业务痛点和问题从下向上的呈现，与高层访谈调研形成互补，我们因此能够梳理出整体的业务高阶需求，这个过程中一定会出现不一致甚至相互冲突、矛盾的说法，先将这些说法记录下来，作为共创阶段需要重点关注的问题。

10.2.3 信息化支撑现状调研

完成对业务的现状信息的调研后，需要进一步了解相关的信息化现状。信息化现状调研的主要目的是梳理出对业务的支撑覆盖范围以及已经沉淀和利用的数据资产情况，从而在精益数据共创工作坊的环节中基于现状做差距分析和路径规划。这个工作主要以文档搜集、系统走查和用户调研 3 种方式进行，一般分成以下 4 步。

1. 基于业务和组织范围调研信息化现状

首先，在工作坊涉及的业务范围和组织范围内，客观采集信息化现状的相关信息。这个步骤一般利用表格和文档的方式进行，主要目的是全面掌握企业对软件系统的使用情况，包括已经投运的系统，在建或者即将建设的系统。需要搜集的主要信息是系统的名称、归属部门、主要功能模块、技术架构、用户角色、历史运维信息、基础架构信息、主要存储和管理的数据资产、安全等级等。

通过搜集和梳理，就能够从时间、业务领域、组织结构、技术架构 4 个维度全面地勾勒出企业的信息化现状。

2. 初步梳理现有应用架构、技术架构

对上述信息进行抽象、加工，梳理出现有应用架构和技术架构。应用架构就是现有应用之间、应用与组织结构之间的关系，技术架构指这些应用都采用了什么软件技术，比如是套装软件还是自定义开发的，底层的开发框架是什么，网络、存储、计算的资源是怎样分布的。

有了这些信息，就能够为工作坊后面的差距分析和设计环节提供输入，帮助架构师更好地制定符合现状的改进措施和目标架构。

3. 初步梳理现有的数据资产情况

在全局性地了解数据在各个应用系统的分布和利用情况之后，数据架构师和数据工程师要通过工具来探查、梳理企业的现有数据资产情况，主要包括如下 3 个方面。

（1）各业务系统的数据产生和存储现状

数据是所有业务流程运转情况的最本质的体现，所以业务系统产生和存储了多少数据是企业现有数据资产的底盘，通过对现有系统数据的探查和分析，就能够知道这个系统的业务依赖性、重要性。

这个工作主要采集和梳理的内容包括：应用系统的数据库逻辑模型、物理表结构、数据存储现状（各表数据量、数据完整度、数据增量情况等）等。

通过这些梳理，我们能够对各个业务系统将要产生的数据、已经存储的数据有一个量化的评估，从而对现有数据资产的质量情况有了更清晰的度量，为工作坊后面的场景共创、数据资产蓝图梳理、差距分析等提供客观的依据。

（2）系统间数据的流转和利用现状

分析完各个系统自身的数据情况后，就需要对跨系统的数据调用、数据流进行信息采集和分析，从而梳理出企业整体的数据流。将数据流和业务价值流进行对比和分析，判断这些数据流是否高效、合理，是否有浪费。

（3）数据仓库等数据应用现状

如果企业已经构建了数据利用体系，比如数据仓库、数据湖、商业智能系统等，那么需要将这些数据产品的技术现状进行梳理，包括数据立方体、数据集、数据管道等。同时，要对数据产品的利用现状进行勘察和梳理，主要是报表清单、历史调用频率、用户角色等。通过梳理，能够清楚地发现哪些数据产品在用，哪些已经不用了，这能够为精益数据共创工作坊的数据产品规划环节提供参考。

4. 初步梳理现有的数据基础设施情况

梳理了数据应用现状以后，需要往下挖掘一层，对企业现有的数据基础设施进行调研，参考数据中台的 7 个能力，完成数据能力评估。

主要调研内容如下。

- 数据资产的采集与存储：企业的数据获取、存储和开发都由哪些平台和工具支撑，是否形成了统一的数据存储和加工的工具链和技术平台。

- 业务价值的探索与挖掘：是否有工具和平台来支撑业务人员方便、快捷地对数据进行探索和挖掘，从中发现业务价值场景。
- 数据产品的开发和运营：是否形成了以 DataOps 为基础的数据产品的全链路构建发布体系，从而做到持续集成和迭代发布。
- 共享和协同：是否构建了统一的数据自服务门户，是否能够让数据消费者和数据提供者方便安全地共享数据，是否能够支持端到端的全链路数据协同。
- 管理与治理：是否构建了数据治理体系，有什么样的数据治理平台和工具在支撑数据治理体系的自动化运营。
- 运维与运营：是否有对应的工具和平台进行运维，保证数据的安全，并且实时监控掌握数据资产的利用情况；是否有数据的运营平台来支撑业务人员更好地利用数据和数据产品。

10.2.4 信息化能力高阶调研

企业数字化转型中很重要一项工作就是构建自己的数字化能力。数字化能力既包括建设系统和应用等技术设施，也包括打造自己的数字化技术团队。数字化转型成功的企业都有一个共同的特点，那就是构建了适合自己业务战略的技术团队。

在精益数据共创工作坊开始之前的准备阶段，要对企业的信息化能力进行一个高阶调研。调研可以分为 3 个步骤。

1. 搜集 IT 部门设置信息

搜集企业的 IT 部门的组织结构、团队职责、管理制度，特别是预算、立项和采购这 3 方面信息，从而了解企业对 IT 部门的业务目标、定位、授权情况。IT 部门的组织结构信息搜集主要包括如下方面。

- IT 部门的人员编制情况。
- 部门划分和部门职责，比如部门划分是否与业务有对应关系，是否有独立的数据团队。
- IT 项目的管理模式是全部项目制还是结合运营模式，以及项目管理制度。
- IT 部门的预算管理、立项机制和采购模式。

2. 技术团队现状调研

了解了 IT 部门的设置，下一步就要深入技术团队内部去调研在建项目、运维项目和系统建设保障情况，从而掌握 IT 部门对业务的支撑状态，是完全支撑、部分支撑，还是有所落后。主要搜集以下信息。

- 每个团队的参与支持项目情况。
- 历史运维过程中的事故、风险，以及处理情况。
- 技术团队的绩效考核体系，该体系是否与业务目标一致、是否科学。
- 技术团队对与业务团队协作、工作分配方式的反馈。

3. 技术团队能力评估

IT 部门的技术能力最底层是技术人员的个人能力。技术团队成员是否掌握了企业数字化转型所需要的技术，有哪些技能需要补充和建设，这是技术团队能力评估的重点工作。技术团队能力评估主要搜集以下信息。

- 技术团队技能构成情况，软件开发、数据分析、数据科学家、数据工程师等角色是否具备。
- 技术团队是否为成员构建了科学的成长路径，从而能够支撑企业技术能力的持续建设。
- 技术团队的不同成员的工作年限、资历经验的情况。

企业的技术团队的能力情况，对后续工作坊中的项目资源依赖、项目的可执行性是很重要的输入信息。例如，当发现该企业的技术团队能力阵型里有明显的短板，就可以将这项能力列入转型资源中，供后续的共创环节使用。

10.2.5 共创工作坊策划设计

经过前面 4 个步骤，对于共创工作坊的目标、业务现状、信息化系统现状、团队能力现状有了高阶的了解，就可以进入工作坊的整体设计。精益数据共创工作坊不是一个培训，也不是一个宣贯，它是利用精益数据方法推动企业数字化转型的一个关键环节，以共创为核心，充分调动和激发企业管理层，让业务和技术部门群策群力，最终达成一致认知，产出数字化转型路线和项目清单。所以每一个精益数据共创工作坊都是不一样的，都是要针对企业的情况来定制的，只有这样才能够真正指导企业的数字化转型，项目也才能够切实地落地并且产生价值。

在设计精益数据共创工作坊的时候有如下几个原则可以参考。

1）充分与企业高层对齐，以他们的转型愿景和目标为核心进行设计，不要拘泥于形式和方法。

2）与关键业务部门提前确认参与人员，精益数据共创工作坊的精髓就是共创，所以选择合适的人员参加，是共创出切实可行的转型路线的前提条件。

3）顾问方不要主导，要激发企业员工的自驱力，一定不能将顾问方的经验或者最佳实践强加给参与者。

4）每一个环节和议程要聚焦于最终的产出物，避免主题发散，以免过程很热闹，但是没有达成预期的效果。

精益数据共创工作坊的策划设计一般包括如下 6 个方面。

1. 设计最终产出物目录

精益数据方法提倡以终为始的设计思路，精益数据共创工作坊是一种形式，最终要对齐企业愿景和目标，梳理数据资产蓝图，构建数字化技术蓝图，共创业务价值场景，最终输出转型路线及项目清单。从一开始就要对齐工作重点，以产出物为抓手设计出符合目标企业现状的数字化转型体系。

一般来讲，精益数据共创工作坊的产出物包括如下内容：

- 企业业务愿景和目标
- 企业数据资产蓝图
- 企业数字化技术蓝图
- 企业数字化转型的业务场景蓝图
- 高优先级的价值场景清单
- 数字化转型路线和实施规划
- 关键项目清单
- 数字化转型配套举措
- 精益数据共创工作坊总结报告

不同的企业可以在此产出物列表的基础上进行增补或裁剪。

2. 设计具体议程

明确了精益数据共创工作坊的关键产出物后，如何在有限的时间内输出这些产出物，就非常考验具体议程的设计了。一般来讲共创工作坊的议程分为如下三大部分。

（1）培训

通过对全员的培训宣贯，让大家理解企业数字化转型的必要性、目标以及与自己的关系，同时让业务人员掌握一些数字化技术的概念、价值场景。通过培训，所有的工作坊参与者需要建立共同的认知、知识基础，在这基础上再进行共创，才能避免参与者之间鸡同鸭讲的问题。

（2）共创

共创环节是在工作坊主理人的引导下各组进行共创活动，主要的共创活动分为以下几种。

- 对齐企业业务愿景，分解达成愿景的关键目标。
- 输出企业的数据资产蓝图。
- 输出企业所需要的数字化技术蓝图。
- 对齐业务愿景，利用排列组合的方法共创业务场景蓝图。
- 输出企业转型的痛点和需求，并排出优先级。
- 结合痛点需求，对价值场景进行优先级排序。

这个过程可以根据企业的现状和特点进行先后顺序的调整和主要事项的增减，但是最终一定要产出 3 张蓝图：数据资产蓝图、数字化技术蓝图和业务场景蓝图。

（3）规划

共创环节输出了 3 张蓝图，规划环节就要对这 3 张蓝图如何落地进行共创。规划环节的核心是如下 4 点。

- 基于数据资产蓝图规划出数据治理体系的落地计划。
- 基于业务场景蓝图，结合现状、业务中短期目标，形出转型路线、速赢项目清单。
- 基于数字化技术蓝图规划企业级数据中台蓝图，并且结合速赢项目清单，制定数据中台第一阶段的建设内容。
- 共创出企业数字化转型的配套举措，包括组织结构、人员能力、资源投入等方面，从而为数字化转型提供保障和支撑。

3. 初步梳理现有的数据资产情况

在进入工作坊之前，为了保证能有效产出数据资产蓝图，建议提前梳理现有数据资产的情况，包括以下内容。

- 基于业务概况梳理出现有的主要数据概念模型。
- 根据信息化支撑现状的调研结果初步梳理出核心数据的质量情况。
- 根据数据利用情况初步梳理出重要数据产品和应用清单。

实践过程中发现，数据资产蓝图共创这个环节对不懂技术的业务人员来讲比较困难，他们梳理出的内容往往会有一些偏差，所以他们需要在工作坊开始之前做一些预演。

4. 设计参与人员和分组

精益数据共创工作坊与传统咨询调研的最大区别就是前者能充分激发企业员工自身的主观能动性，但是不可能让企业全员来参与工作坊，所以选择合适的参与者并且设计共创阵型是非常重要的。

根据过去的实践经验，精益数据方法为选择参与者及划分小组提供以下指导原则。

- 主动性是第一要素，参与者对于数字化转型一定要有开放的心态，否则工作坊设计得再充分都无法达到效果。
- 业务人员覆盖度要比较广，能够涵盖业务执行、业务管理和业务运营 3 个维度，能够端到端地呈现企业的业务全链路。
- 业务职能要全面，特别要为平时工作中打交道不多的职能部门创造更多的机会，让跨领域、跨职能的团队进行交流和碰撞。
- 技术人员与业务人员要混编，要保证每个组里都有技术和业务人员，最好每个组都能够形成交叉效应，每组成员都与业务有关联，但又不是同一个岗位的，这样的混编小组能够碰撞出更多的想法。

一般来讲，一场工作坊建议最多 6 个组，每个组最多 7 个参与者，包括以下 3 个角色。

- 工作坊主理人：负责全场的组织工作，引导工作坊的节奏和议程，需要有丰富的演讲、控场能力，并且要有非常丰富的数字化转型经验。
- 各组组长：每个组要推选出一个组长，该组长接受主理人的引导，协调本组成员进行共创。
- 工作坊共创者：所有的参与者都是共创者，共创者要全程参与活动。

5. 定制工作坊的卡牌，设计活动规则

精益数据共创工作坊的一大特色就是精益数据共创卡牌。类似卡牌桌游的形式让每个参与者获得沉浸式体验，能够深入数字化转型的顶层设计。精益数据共创卡牌有预定义好的卡牌，但是针对企业的不同行业、现状、目标、时间，使用时可以删减一些卡牌，活动中也预留了一些空白的卡牌模板，供工作坊的筹划人员发挥。在初步梳理出数据资产现状后，可以提前把确定的数据资产卡填好，让各个组能够节约一些现场的时间。可以结合企业的信息化能力和资源现状，设置一些关键角色的资源保障卡，供各组共创的时候直接使用。

除了卡牌可以定制以外，工作坊的活动规则也可以酌情创新。例如，有的工作坊结合斯诺克积分的方法，对共创的每个环节推出积分制，从而让每个组更有竞争的氛围，激励大家的创新精神。有的工作坊利用随机抽牌的方式来共创场景。总的来说，利用卡牌可以创新出各种不同的玩法，让参与者能够在安全、轻松的环境中进行很多有意思的价值创造。

6. 策划设计培训体系

当工作坊的产出物、议程、人员及分组设计完毕后，就要进行培训体系的策划，好的培训和引导能让大家建立新的数字化认知。

10.2.6 培训材料准备

参与者拥有一致的理念和知识是共创的基础，所以在共创之前，一定要在有限的时间里组织好培训。这个培训不同于一般的独立培训，要有以下几个特点。

- 针对性内容：培训是预热阶段，培训的结束是共创的开始，所以培训要与共创的环节紧密结合，培训的内容要能够应用到共创过程当中。
- 互动式培训：不要进行填鸭式的知识灌输，要带着转型的目标，结合调研的情况，在培训的过程中设计一些互动环节，提前把共创的氛围营造起来。
- 启发式培训：工作坊的培训过程建议是启发式的。一般来说，可以准备一个问题白板，在培训过程中，讲师对大家提出一些问题，让大家把答案通过便签贴到问题白板上，从而启发大家的思考，让大家带着问题参加共创。

从培训的内容上来讲，一般来说可以分成 3 个方面来准备。

（1）企业战略宣贯材料

数字化转型是为企业的业务目标和战略服务的，一般来说都建议精益数据共创工作坊以企业的战略宣贯开场。

好的开场等于成功的一半，特别是对于数字化转型这样的变革工程来说。记得有一次笔者给一个某行业头部的集团型企业提供数字化转型咨询，集团一把手非常重视，把下属 100 多家公司的 CEO、COO 和 CIO 都集中在一起，开展了为期 3 天的工作坊。其中在工作坊举办的第一天花了半天的时间做企业战略的宣贯，集团董事长亲自开场，为了准备这个宣贯材料我们花了一个多星期。这场战略宣贯对行业现状、趋势、方向，以及企业面临的挑战、困难、竞争格局都做了深度剖析，让所有的参与者都认识到必须要转型，必须要改变，从而为数字化转型的理念培训打下了坚实的基础。所以一个好的战略宣贯是非常重要的，如果不能在开场建立起参与者的紧迫感，普及数字化转型的必要性，那么后面的环节效果会差很多。

（2）数字化转型理念培训材料

进行数字化转型的理念培训，一般要讲清楚以下几个问题。

- 数字化转型是什么？
- 为什么企业要做数字化转型？
- 数字化转型给企业带来的价值是什么？
- 数字化转型和过去的信息化建设有什么区别？
- 数字化转型与当前企业的业务战略的关系是怎样的？

对于数字化转型的理念培训，一定要结合企业的业务情况来准备，这就是为什么前面要进行那么多调研和摸底。因为现在是一个信息爆炸的时代，通用的数字化知识在网上随处可见，大家对此都已经麻木了。理念培训必须要结合企业的行业特点、痛点现状，让参与者感同身受，能够发现企业数字化转型与自己的关联，才能够建立起对数字化的认知。

（3）相关行业数字化转型案例

在理念培训之后，要结合工作坊的议程，以及企业的数字化技术应用、业务目标和典型痛点需求，搜集和匹配一些相关行业的数字化转型实践案例。通过这些实践案例，参与者能够了解其他行业正在发生什么，从而明白数字化已经不是一个新概念，而是一个使企业领先的制胜法宝。

10.2.7 引导工作坊开场

根据上述内容，我们知道精益数据共创工作坊在开始有一个引导的环节，这个环节通过战略宣贯、理念培训、案例分享，让参加共创的所有人员处于一个安全、开放的环境，共同建立对于数字化转型的认知体系，激发大家的业务激情、创新精神，调动大家的参与热情，让参与者在后面的共创过程中充分表达自己，产生更多、更全面、更新颖的观点和思想。

引导环节主要分成如下 4 个关键步骤。

1. 数字化转型愿景宣贯

建议企业的一把手为整个精益数据共创工作坊开场，要讲清楚以下 3 点关键内容。

- 明确企业的业务战略，让所有的参与者对齐最终的目标。
- 阐明数字化转型对于企业的意义和价值，从而强调企业对于数字化的重视。
- 讲清楚企业高层对参与者的要求和期待。

这样的开场能够让所有的参与者充分投入到工作坊中。

2. 数字化转型理念培训

企业高层的宣贯完成后，就进入了数字化转型理念培训阶段。这个阶段就是利用上述培训材料和内容，对参与者进行数字化概念、相关案例的培训，让大家明白数字化转型是什么，为什么要做，要做什么，其他企业都是怎么做的等。这个环节尤其要注意结合前面的调研素材和结论，向参与者讲他们能听得懂的内容，尽量避免非常生僻的概念，尽量举一些浅显易懂的例子。

这个环节一般都会由顾问方的人员来准备和执行，让他们利用丰富的跨行业的项目经验，使参与者了解其他先进行业和企业的做法。他山之石，可以攻玉。与业务人员沟通他们熟悉的领域内知识，他们往往会有固化思维和刻板印象，很难接受不符合以往经验的建议。所以在这样的理念培训中，需要准备一些别的行业的案例，但是案例的业务逻辑、技术、所处的环境等与本企业要有一定本质上的联系或者相似之处，这样会有更好的效果。

3. 数字化转型技术场景培训

业务人员是非常务实的，他们关注的是具体的业务价值，一般不会去关注一些天马行空的概念，所以让他们了解最新的技术是非常重要的。精益数据共创工作坊总结了一系列以数据智能为核心的培训，通过实际案例来让业务人员了解大数据、人工智能等各种常见技术概念、工具，以及它们能够解决的业务问题。

通过这个培训，业务人员相当于配置了数字化技术的武器，这样在后面的共创环节中就能够用新的技术来解决问题。

精益数据共创工作坊预置了一套与卡牌配套的培训体系，不同的企业可以基于原始版本进行定制，从而更好地匹配企业的情况。

4. 共创破冰仪式

精益数据共创工作坊和传统的调研规划方法相比，除了道具和步骤上的区别外，最核心的差异点在于它的四大原则：平等、信任、协作和开放。但是如何将这四大原则落实到位，从而切实地创造出让每一个参与者都能够深度投入、开放讨论的环境呢？

一个有仪式感的破冰仪式非常重要。精益数据共创工作坊中的破冰仪式就是为了让一群人彼此熟悉进而形成团队而设计的引导活动，一般包括团队破冰和共创宣言两个部分。

（1）团队破冰

在精益数据共创工作坊中，要将参与者分组，每个组 6 人左右，每个组尽量有不同的岗位和角色，从而使组员通过碰撞、互动来探索价值场景。所以，在一开始要让组员熟悉起来，让大家相互了解，知道对方的部门、职能及个人的履历信息，从而更好地合作。组员熟悉的方式有多种，比如轮流介绍自己或者开展一些有趣的活动。

在团队破冰的环节，每个组可以选择一个组长，共创一个组名，还可以加入设计口号的环节，从而在协作中尽快地相互熟悉，并且增强组员对本组的凝聚力、荣誉感，最终各组做出的方案是需要全体演示汇报的。

（2）共创宣言

在每个组员相互熟悉以后，组员们可以一起学习精益数据宣言（见 2.5.2 节），对精益数据宣言达成一致认知，在后续的活动中贯彻执行宣言中的行为，从而打造平等、信任、协作和开放的环境。

以下的精益数据宣言仅供参考，可以根据实际共创情况调整，如图 10-7 所示。

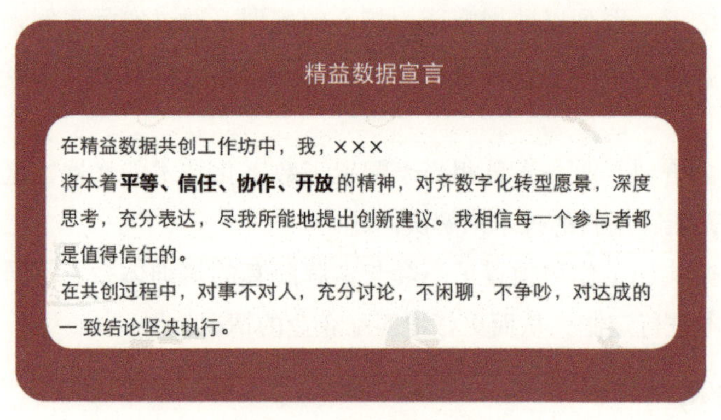

图 10-7　精益数据宣言

经过准备篇和引导篇后，我们就进入了精益数据共创工作坊最重要的共创篇。

10.3　精益数据共创工作坊：共创篇

共创是精益数据方法的核心理念，在市场快速变化的大环境下，很少有放之四海皆准的最佳实践，精益思想的核心就是要找到业务痛点，然后快速用具体的场景去验证，利用以数据智能为核心的数字化生产力快速迭代，不断提升企业的响应力。

共创篇包含 5 个环节，如图 10-8 所示。

图 10-8　5 个共创环节

10.3.1　数字化转型目标共创

设置并不断对齐目标，让所有人达成一致，是数字化转型最重要的工作。

很多失败的企业转型归根到底就是没有对目标达成一致，看上去大家都认可了这个目标，但是真的到了执行的时候，各自有各自的出发点和利益诉求。“上下同欲者胜”，虽然在引导环节企业高层已经做了战略的宣贯，但是在共创环节的第一件事情依然是对愿景和战略进行解读，将其分解成相对具体的业务目标。

这里，精益数据方法推荐采用精益价值树作为对齐目标的工具。

1. 分解愿景的方法：精益价值树

精益价值树是帮助企业在整个组织层面构建、分享和驱动员工实现业务战略和愿景的工具，它从上到下将企业的愿景分解成战略目标、机会点、项目清单 3 层，从而将模糊的、宏观的愿景具体化，解构成可以执行的动作，如图 10-9 所示。

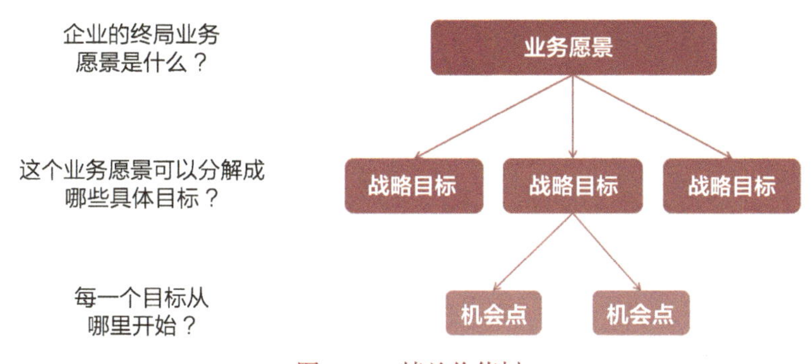

图 10-9　精益价值树

- 愿景：描述组织在实现成功的投资之后的理想状态，是组织的总体指导方向，所有投资者应为其做出贡献。
- 战略目标：组织为达成愿景在当前阶段所要实现的业务目标，体现组织的竞争策略和发展策略。
- 机会点：当前能想到的达成某个目标的最好的想法或创意，这是一个假设，有待验证和调整。

在工作坊主理人的引导下，各个组借助精益价值树共创出具体的战略目标和关键成效的度量指标。在这个阶段，一般不建议再往下细化，机会点和项目清单将在后面的环节中进行补充。

2. 案例：家电企业如何将愿景分解为转型目标

举一个具体的工作坊过程中共创转型目标的实例。

在一个家电产品企业的精益数据共创工作坊中，第一步就是要根据企业的业务愿景来共创出数字化转型的目标。首先，企业的总经理给全体成员分享了企业愿景——成为小家电市场的领导者。然后，他分享了当前的经营状况：该企业目前的产品以小家电为主，有一定的销量和局部区域的占有率，但是总体来讲距离业务愿景还有不小的差距。接着，各组进行共创，讨论为了达到这个转型愿景应该实现哪些目标。各组众说纷纭，从市场销售、渠道管理、产品研发、客户服务、供应链整合等各方面提出了非常多的想法，最后有一个组的分享获得了其他组的认可。

该组结合企业经营现状与愿景之间的差距，提出当前需要聚焦的三大转型目标，如图 10-10 所示。

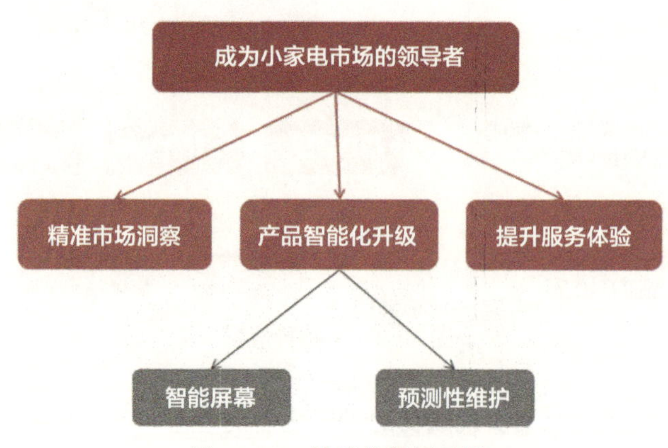

图 10-10　精益价值树示例

（1）精准市场洞察

建立基于数据的市场洞察体系，从渠道数据、直营电商数据、外部市场数据、调研公司数据等方面，全面了解市场和用户的需求，从而为产品的研发、优化升级提供更准确的指导，打造更敏捷的销售体系。

（2）产品智能化升级

企业在过去以功能性产品为主，在产品卖出去以后，企业除了在客户打电话报修时，基本上不知道这些产品的状况，也无法获得产品运行情况的反馈。

这样一来，哪些产品在渠道仓库里，哪些产品已经销售到了终端用户手里，哪些产品在运行中，哪些产品已经报废，企业自己对这些问题完全没有掌握任何信息。为了能够实时掌握这些信息，并且为用户提供更持续的服务，他们共创出要将现有产品进行智能化升级，利用人工智能物联网、大数据的技术，让产品联网，让企业能够与用户有更多的互动。

在这个目标下，他们还提出了多个有趣的机会点。比如给产品装一个智能屏幕，整合客服机器人技术，让产品能够与用户对话；比如通过分析产品的运行日志和报警信息，做到主动的预测性维护等。

（3）提升服务体验

提升服务体验，让用户加强对品牌的感知和信任，是这个组当时提出的最后一个目标。由于小家电的市场竞争非常激烈，并且产品的同质化很严重，企业仅提升产品力是不够的，所以他们希望增加服务网点，优化呼叫中心的服务流程，建立线上多种方式触达的智能客服机器人等，提升用户的服务体验。

这个组的共创成果有一个很突出的优点——聚焦。该组成员一开始也有非常多的目标，包括优化渠道、优化内部流程等，但是经过工作坊主理人的启发和引导，他们把转型目标聚焦在了 3 个最重要、可以最快行动和产生价值的地方。

并且，当时特别令人触动的是，一些部门的业务人员在经过理性分析以后，认可了上述目标，投票把与自己部门关联最紧密的目标淘汰了。这是因为参与者达成一致愿景后，充分融入了开放、信任、协作、平等的环境里，能够做出对企业转型最有价值的判断，而不仅是站在自己部门和自己岗位的立场上去考虑问题。

10.3.2　企业数据资产蓝图共创

数据资产蓝图是企业业务在数字化世界里的逻辑数据模型，能够帮助企业掌握已经采集的和未采集的数据资产全貌。根据数据资产蓝图构建业务应用，能够在顶层设计时避免数据孤岛的出现。

企业数据资产蓝图也是后面共创业务价值场景的基础，输出一份全面、准确的数据资产蓝图是非常重要的。但是对业务人员来讲这个环节也是很有挑战的，尤其是在一些业务还没有实现的情况下发散得出这些数据模型。所以精益数据方法提供了 4 种框架，帮助参与者更高效地产出数据资产蓝图。

1. 用户旅程法

那些直接面对用户、以服务用户为主的企业，比如品牌商、经销商、2C 服务商，可以使用用户旅程法来构建用户相关的数据资产蓝图。

用户旅程是一个用户行为的顺序集合，描述了企业和用户之间的关系，包括双方发生的所有行动和交互。用户旅程按时间顺序记录了用户和企业之间的所有触点，包括接触发生的渠道，详见 9.2.2 节。

用户旅程的常用表达形式是用户旅程地图，通常用户旅程地图是用来细颗粒地重现和分析用户行为的。在精益数据方法中，我们借用这个模式来梳理企业数据资产，所以分析的是高阶用户旅程，只需提炼用户旅程中的一级、二级流程或活动。

比如，我们要梳理一个车厂的数据资产蓝图，可以先按照用户的全生命周期的触点梳理出以下用户旅程。用户从想买车到交易完成、拥有车，再到后续进行车辆的保养维护，经过以下 5 个主要阶段，如图 10-11 所示。

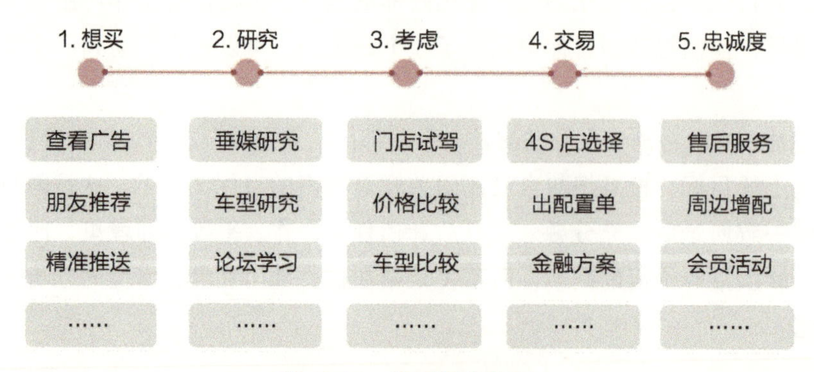

图 10-11　梳理用户旅程

第一阶段，想买。用户看到工厂的品牌和产品，通过广告、朋友推荐和产品精准营销产生购买的想法。

第二阶段，研究。用户开始研究产品的相关信息，加深购买意愿。

第三阶段，考虑。用户真正进入了购买的考虑阶段，到门店试驾，比较价格，选择合适的车型。

第四阶段，交易。用户选择 4S 店，出配置单，选择金融方案，提车。

第五阶段，忠诚度。用户购买后就进入了会员忠诚度维系的阶段，用户可能会享受车辆保养维护等售后服务，周边增配，参加各类会员活动等。

以上各个阶段都会产生很多的数据，将这些数据进行抽象、归类，就形成了对应用户旅程的重点数据资产清单，如图 10-12 所示。

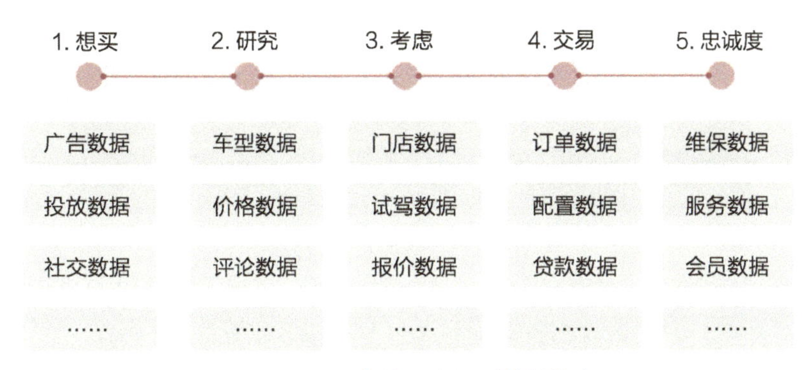

图 10-12　用户旅程法识别数据资产

端到端梳理出用户旅程的不同阶段、每个阶段对应的关键活动以及活动涉及的数据，这里的数据包括在用户旅程中产生的数据，也包括为了更好地服务客户，使其获取需要的外部数据。

在工作坊中，每个组员基于用户旅程法梳理出一个个的数据资产名称，写在便签上，贴到白板上，进入下一步。

2. 企业架构法

围绕客户侧的行为梳理完用户旅程相关的数据资产后，就要梳理企业内部的经营管理数据了，这个维度的数据与用户数据可能会有一些重叠，但是更多关注企业的整体经营管理。可以采用企业架构法来梳理这个维度的数据资产。

企业架构法，顾名思义，就是围绕标准的企业业务架构来逐个输出对应的数据资产。典型的制造型企业的企业架构如图 10-13 所示，其中红色的部分是通用的业务模块。

参考这个典型的企业架构，对当前企业进行梳理，就能够得出企业的经营管理数据资产清单，如图 10-14 所示。

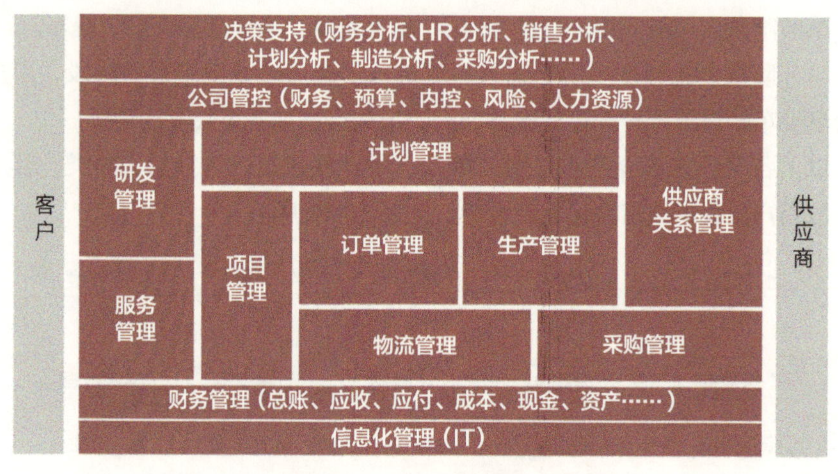

图 10-13　企业架构典型样例

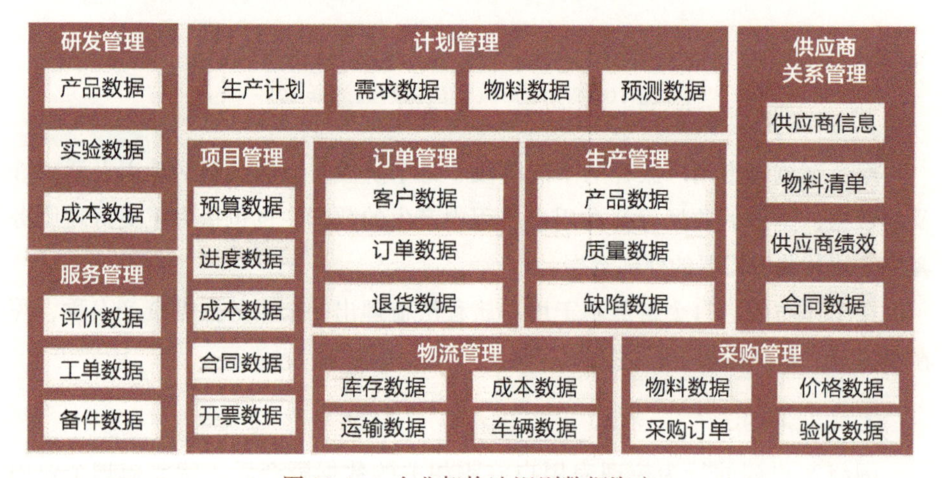

图 10-14　企业架构法识别数据资产

从图 10-14 中可以很清晰地看到，通过企业架构法梳理出来的企业整体的数据资产蓝图对同一类型的企业有一定的通用性。在共创的过程中，数据结构其实不需要特别细致，一般来说，只需要到一级的颗粒度即可，重要的是全组人员对齐数据资产的名称和内涵。

每个组的组员基于企业架构法梳理出一个个数据资产名称，写在便签上，贴到白板上，进入下一步。

3. 生态关联法

通过用户旅程法和企业架构法，可以把以用户为核心和以企业经营管理为核心的数据资产梳理清楚。但是在数字化时代，企业已经不是在一个行业或者领域内生存和竞争，更多是在生态中发展业务，所以精益数据方法总结了生态关联法来延展企业可能触达的数据资产。

该方法以企业的业务和用户为核心，形成企业在过去、现在或者未来可能有业务触达的生态网，将这个生态网中的相关数据资产盘点出来，如图 10-15 所示。

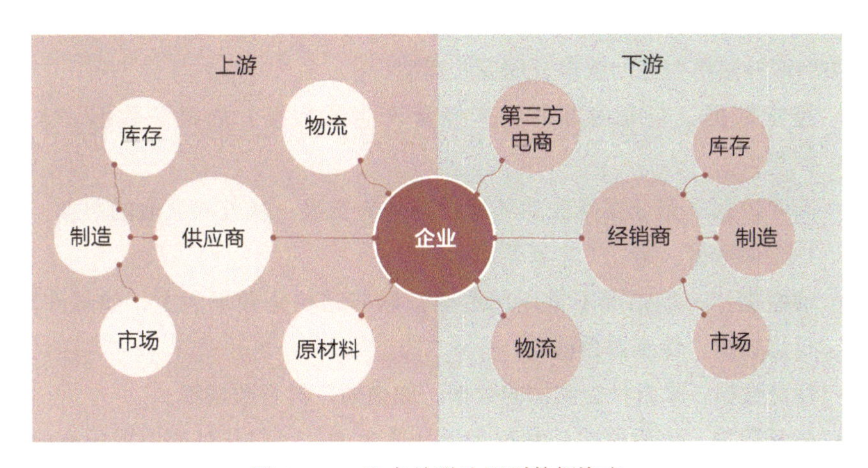

图 10-15 生态关联法识别数据资产

基于这样的业务关系，可以把价值链上下的重要数据资产梳理出来，如供应商的库存数据、供应商的生产数据、供应商的市场数据、经销商的库存数据等。

每个组员基于生态关联法梳理出一个个的数据资产名称，写在便签上，贴到白板上，进入下一步。

4. 类型增补法

将上述 3 个维度的企业数据资产梳理完成后，建议利用类型增补法对前面获得的数据资产进行查漏补缺，从数据类型的角度将数据资产蓝图勾勒得更完整。

一般来讲，我们建议按照如图 10-16 所示的方式进行各种数据类型的走查，看看是否有漏掉的关键数据资产。

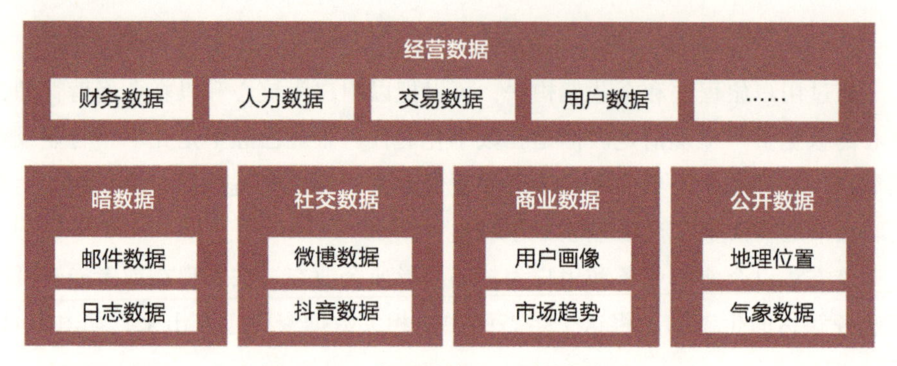

图 10-16　类型增补法识别数据资产

类型增补法将企业的数据分成五大类型。

- 经营数据：企业内部的生产经营产生的数据，如财务数据、人力数据等。
- 商业数据：企业在商业的环境中与外界交换、从外界获取的数据，如用户画像数据、第三方市场调研数据等。
- 暗数据：一般情况不常用的数据，以非结构化数据为主，如邮件数据、日志数据、传感器数据等。
- 社交数据：来自社交媒体的数据，如微博、抖音数据等。
- 公开数据：由政府或公共行为活动产生的，可以从外部获取的开放性数据，如天气数据、地理位置数据等。

各组成员对前面 3 步产生的数据资产进行合并、去重后，按照类型增补法予以补充。

当以上 4 个步骤完成后，每个组会形成一系列的数据资产，然后在工作坊主理人的引导下对其合并、去重，形成所有人一致认同的企业数据资产蓝图，并将这些数据资产一个个填写到数据资产卡中。

一个典型车厂经过精益数据共创工作坊产生的数据资产蓝图如图 10-17 所示。

在整个数据资产蓝图的共创过程中，除了最后收敛得到的一套数据资产卡之外，最重要的收获是，全组的成员就企业应该产生哪些数据，以及数据与数据之间的关系有了全面、整体的认识。并且，在识别出数据资产蓝图后，还可以进一步将数据资产蓝图与现状对比，从而发现它们之间的差距。

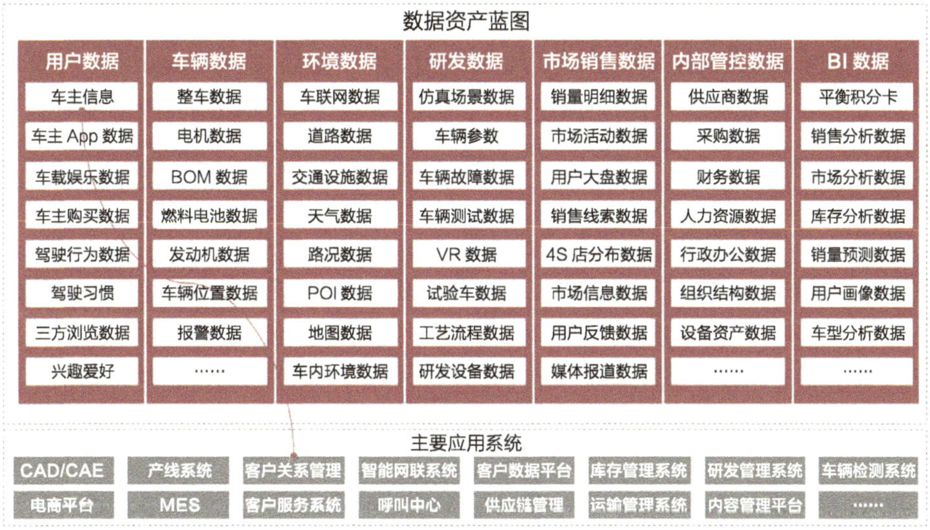

数据资产蓝图

用户数据	车辆数据	环境数据	研发数据	市场销售数据	内部管控数据	BI 数据
车主信息	整车数据	车联网数据	仿真场景数据	销量明细数据	供应商数据	平衡积分卡
车主 App 数据	电机数据	道路数据	车辆参数	市场活动数据	采购数据	销售分析数据
车载娱乐数据	BOM 数据	交通设施数据	车辆故障数据	用户大盘数据	财务数据	市场分析数据
车主购买数据	燃料电池数据	天气数据	车辆测试数据	销售线索数据	人力资源数据	库存分析数据
驾驶行为数据	发动机数据	路况数据	VR 数据	4S 店分布数据	行政办公数据	销量预测数据
驾驶习惯	车辆位置数据	POI 数据	试验车数据	市场信息数据	组织结构数据	用户画像数据
三方浏览数据	报警数据	地图数据	工艺流程数据	用户反馈数据	设备资产数据	车型分析数据
兴趣爱好	……	车内环境数据	研发设备数据	媒体报道数据	……	……

主要应用系统

CAD/CAE	产线系统	客户关系管理	智能网联系统	客户数据平台	库存管理系统	研发管理系统	车辆检测系统
电商平台	MES	客户服务系统	呼叫中心	供应链管理	运输管理系统	内容管理平台	……

图 10-17　数据资产蓝图示例

10.3.3　企业数字化技术蓝图共创

数字化技术是新的生产力，不同的企业对于数字化技术的诉求是不一样的。例如，零售型企业需要更多的触点去触达消费者，获取和存储更多的会员数据，分析会员的画像，从而针对会员做精准营销，所以需要实时的计算能力和更好的推荐引擎。而对于工程类企业来说，如何管理众多的项目现场，提升现场的安全系数，快速收货和快速称重，让一线的施工人员能够更准确地按照设计去施工，则是这类企业所希望的数字化转型带来的提升，所以工程类企业更关注人工智能里的图片识别、视频识别等技术。

共创环节的第三个核心步骤就是通过学习、培训与游戏的形式，让每个参与者基于业务愿景和目标，梳理出适合这个企业的数字化技术蓝图。

这个环节的工具是数智技术卡和转型工具卡，可以有多种规则和玩法。过去的实践经验表明，很多企业的业务人员非常享受这个环节，因为这是一个获得感很强的互动环节，他们可以在短时间内获得高密度的技术知识，并且过程有趣，令人印象深刻。

1. 传统培训的 3 种现象

让业务人员理解和掌握数字化技术的基础概念、典型场景以及约束条件是非常重要的，现实中业务人员对于技术往往有 3 种态度。

（1）“我不懂，我就要”

业务人员不关注，也不愿意关注技术能实现什么，只是从自身的经验和痛点出发，对技术部门提出诉求，不管该诉求是否能够实现，技术复杂度多高，需要什么代价。

往往这样做的结果就是业务和技术部门形成对立，并且技术人员不以最终的业务目标为导向，而是以逃避业务人员的苛责和投诉为目标，以如何安全甩锅为导向。

（2）“我不信，听我的”

业务人员不相信新的技术和方法，把数字化技术当作笑话，唯经验论，以自己的认知为唯一判断准则，不仅提出需求，还制定解决方案，包括技术的实现方式，从而将技术部门和人员当作工具来使用。

在这种情况下，技术人员没有任何主动性，成了业务团队的外包资源，导致业务人员的认知成了企业的天花板，不可能有超越他们认知的创新和模式出现。

（3）“我相信，听你的”

第三种情况相对少见，那就是业务人员是技术的狂热爱好者，认为数字化技术能够解决一切问题，把数据和人工智能技术神化，唯技术论。

这种情况会导致业务部门在技术上的投入没有重点、盲目延展，一些不成熟的业务想法被执行，当然最终的效果也不会好，然后快速转入到第二种局面。

所以，让业务人员能够客观、全面地了解数字化技术以及其典型应用场景和约束条件，是更好地推动企业数字化转型的基础工作。

但是，过去的方法往往以单向输出的培训为主。试想一下，业务人员在自己的工作和任务都还没能够完成的情况下聚集到课堂上，听着枯燥的、与自己无关的技术培训，怎么会有良好的培训效果呢？所以这样的培训往往以无效告终。

2. 游戏化学习的两种典型玩法

精益数据方法开创性地探索游戏化学习模式，将卡牌桌游的精髓融入培训当中，让枯燥的技术术语和相关知识通过竞争化、游戏化、互动化的沉浸式体验，传递给参与者，使其有效掌握并现场应用起来。

在这个环节可以有很多种游戏规则，其中最常用的是轮询积分法和组合匹配法。

（1）轮询积分法

每个组的参与者围成一圈，轮流抽取数字化技术卡和转型工具卡，然后要在规定的时间内独立想出一个能够应用该技术或工具卡为业务带来价值的机会点。如果其他成员投票赞同该机会点，则该成员获得积分。最终所有的卡牌轮询一圈完毕，成员按照获得积分的多少排名，每个组可以有不同的奖惩措施。

（2）组合匹配法

组合匹配法则强调团队协作，将转型工具卡和数智技术卡打散堆成一摞，同时将转型目标卡堆成一摞，团队每个人交叉轮流摸牌，即 A 先摸一张数智技术卡或转型工具卡，按顺序 B 再摸一张目标卡，然后 A、B 一起进行头脑风暴，得出利用这个技术或工具推动对应的转型目标卡达成的机会点，如果该机会点被投票通过，则 A、B 各加 1 分。接着，B 继续摸一张数智技术卡或转型工具卡，如此往复，直到所有的数智技术卡或转型工具卡都轮询完毕。

因为有了卡牌的助力，所以这种游戏化学习的形式是可以不断创新的，关键的是在这个过程中组员的参与感很强，互动的体验会让他们更加深刻地了解和记住培训的内容。

3. 识别核心技术生产力

当所有的参与者都完成了游戏化学习后，每个人对于数字化技术都有了相对具体的理解，从而能够从企业业务的视角去认知和掌握这些数字化技术，这样才能内化知识。

最后，每个组要排出前 20 项大家认为最有价值、与企业业务关联最紧密的数字化技术卡，带到下一个环节去使用。当然，数字化技术卡的数量在不同的工作坊可以有不同的选择，并不一定拘泥于 20 这个数字。

10.3.4　数字化转型价值场景共创

将业务愿景分解成了战略目标，数据资产蓝图具体到了一张张数据资产卡上，并且通过卡牌游戏梳理出了该企业最有价值的数字化技术卡，那么下面就进入该工作坊最核心、最关键的价值场景共创的部分了。

1. 场景共创的三大原则

其实每一个业务人员脑海里都有业务痛点，都有自己的业务需求，这些都是业务场景的来源。但是，这些业务痛点都受限于他们对于业务的认知，包括考虑问题的立场、角度、自身的利益相关等。同时，每个人都有自己的认知盲区。为了尽可能破除每个人脑海里的认知盲区，避免路径依赖和经验主义，我们可以采用场景共创的方法。精益数据方法通过三大原则来进行场景共创。

（1）组合共创

用组合方法来无死角地梳理业务场景。所有的创新和机会点都来自数据组合，例如，健康码就是3组数据的组合：定位数据、监测数据和行程数据。共创的核心动作就是让每个人全力挖掘每个数据的价值场景。

（2）价值第一

为了避免每一个参与者为自己的经验所困，在共创过程中，要求参与者先不考虑技术实现的可行性和复杂度，这个想法只要对业务有帮助，即使天马行空，也会被纳入考虑范围。

（3）先写后论

团队共创过程中最容易出现的问题就是成员陷入无休止的争论中，这往往是所有人的想法还没有被充分表达清楚，团队成员间就开始了对彼此观点的讨论，然后大家各执己见，争论不休，最后时间到了还没有达成一致看法。

所以精益数据方法提倡先写后论原则，就是必须等参与者已经思考完毕，将意见充分表达并写到卡牌上后，进入设定的讨论环节，其他参与者才能够讨论发言。这样的原则也是为了给所有参与者一个绝对安全的环境，避免大家因为害怕被挑战、被指责，不敢提出真实的、大胆的想法。

2. 场景共创的典型玩法

在三大原则的基础上，结合转型愿景卡、转型目标卡、数据资产卡、数智技术卡和转型工具卡，场景共创就会有多种玩法，这里介绍3种最常见和典型的玩法，如图10-18所示。

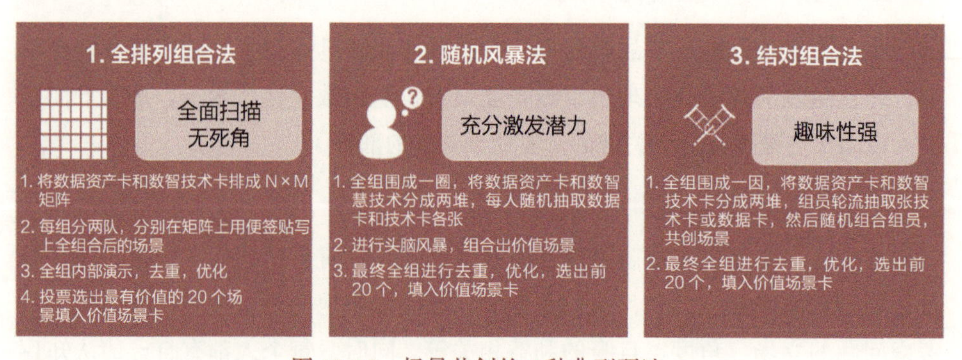

图10-18　场景共创的3种典型玩法

3. 梳理业务场景蓝图

最终，将获得全组统一认可的场景誊写到价值场景卡上，主要是价值场景的名称，场景说明里应该包括该场景的核心数据以及所用到的数字化技术，场景的价值权重一栏先留空，等后续完成价值排序环节后再填进来。

将业务愿景分解得到的目标对应的价值场景清单，就是业务场景蓝图，这些价值场景将成为后续进行数字化转型规划和路径设计的基础。

在一场某车企的精益数据共创工作坊中产出的业务场景蓝图如图 10-19 所示。

图 10-19　业务场景蓝图示例

10.3.5　痛点价值共创及转型资源共创

1. 痛点价值共创

在价值场景的共创过程中，参与者受愿景驱动，不去考虑场景是否能实现，也不去考虑面临的挑战、困难和问题。但如果只面向未来的愿景，而不考虑可行性和现状，那不是理想，而是空想。接下来，工作坊主理人带着全体参与者回归现实，梳理出该企业数字化转型的痛点和可能的问题，填写到这些核心痛点对应的痛点价值卡上。

在共创环节之前，通过访谈调研，参与者对该企业的业务现状、组织现状、技术现状、数据现状等都已经做了一轮摸底，所以这个环节的目的就是对齐这些调研的初步结论，让所有参与者统一对于企业数字化转型的痛点和问题的认识。

精益数据方法提倡按两个顺序来识别、梳理痛点和问题，一个是自上而下，另一个是自下而上，最终把数字化转型可能面临的痛点和问题全面罗列出来。

按照精益价值树的结构，对齐每一个目标来思考对应的痛点和可能的问题，一般来说可以分成以下层面。

1）业务：从实现业务目标上看，洞察业务方面有哪些痛点，比如获取不到市场全量信息，无法实时掌握最新市场动态，经销商的库存销售情况不清楚等。然后遍历每个目标的精益价值树，梳理出所有的业务痛点。

2）组织：组织包括组织结构、绩效体系、人员构成，组织层面的痛点是需要单独来看的，比如，在优化销售路径的这个目标实现的时候，如何缩短组织层级，让信息快速传递。

3）技术：当业务痛点和组织痛点都梳理出来后，我们可以基于这些痛点分解关联技术的痛点，比如，业务人员用 Excel 处理数据效率低，销售数据和市场费用数据没有打通等。

以上痛点都是从目标分解出来的，这种做法能够聚焦关键矛盾和核心价值，但是依然会出现一些漏掉的痛点，它们也许不在业务目标里，但是需要被解决。这就需要配合进行自下而上的痛点头脑风暴。

自下而上痛点梳理的核心就是跳出业务目标的框架和结构，让每个参与者根据自己日常的工作、业务行为来列出所有的问题和痛点，不用在意这些问题的颗粒度，既可以是很宏观的问题，也可以是很具体的问题。

这里推荐使用角色遍历法，包括如下 3 步。

1）列出所有相关角色。将企业主要的岗位角色都列出来，如果角色比较多，分工比较细，那么就按照类别来罗列，比如销售经理、销售助理、业务员等可以统一列为销售人员。

2）遍历每个角色的痛点类型。

把上一步列出的所有角色在工作中的主要痛点或需求总结并罗列出来，这里会需要参考前面调研的一些信息。

3）按照级别筛选痛点。在罗列痛点的时候，可以按照痛点级别卡尺来标注出每一个痛点对应的级别。痛点级别越高，说明解决这个痛点问题的价值越大。痛点级别卡尺如图 10-20 所示。

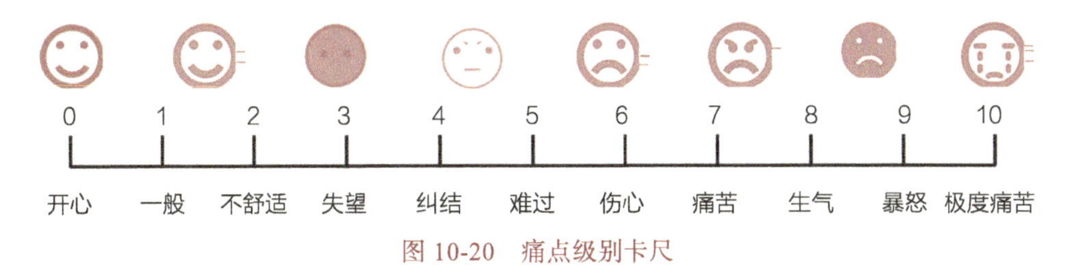

图 10-20　痛点级别卡尺

当自上而下和自下而上的痛点梳理都完成后，就要进行痛点合并和投票，填上价值指数（1～10，数值越大说明价值越高），全组达成一致，梳理出前 10 个最有价值的痛点，把它们誊写到痛点价值卡上，如果梳理出的痛点不足 10 个也没关系。痛点价值卡如图 10-21 所示。

图 10-21　业务场景价值指数计算

这样就完成了痛点价值卡的共创，然后进入共创环节的最后一个步骤，即对转型资源进行共创。

2. 转型资源共创

精益数据工作坊预置了 3 类资源卡：团队角色类资源卡、投资类资源卡、共创空白资源卡。资源卡共创环节的主要目的是让每一个参与者能够理解这些资源的价值，同时可以头脑风暴，共创出需要的新的资源。

共创的典型步骤如下。

1）将共创后的价值场景卡打乱。

2）每个人轮流抽取一张价值场景卡，然后独自思考 5 分钟，将这个价值场景落地所需要的角色资源、投资预估和其他可能的资源写到便签上。例如，会员精准推送的场景可能需要采购第三方的用户画像数据，需要机器学习工程师的资源。

3）将便签贴到白板上，然后全组围成一圈，每一位成员都要跟大家分享自己的观点和结论，其他人予以补充和完善，最终形成共同的转型资源清单，填写到卡片上。

经过共创环节，每个组手上就拥有了以下卡片：

- 基于精益价值树产生的转型愿景和转型目标卡
- 每个组达成一致的数据资产卡
- 所有成员都理解并共创的数智技术卡和转型工具卡
- 在数字化转型过程中可能用到的相关资源卡

在这个时间点，可以酌情安排一次各组的汇报，让每个组利用 10 分钟的时间给全员做一次共创环节的成果演示，这样大家可以取长补短，优化自己的共创成果。

10.4 精益数据共创工作坊：规划篇

进入规划篇后，基于前面共创的场景来制定数字化转型的路线、项目清单和配套措施，让场景通过一步步举措切实地落地。

10.4.1 数字化转型路线设计

数字化转型是一个系统、艰巨和长期的旅程，如何保证这个旅程的方向是正确的呢？设计一个方向正确，兼顾长短期效益，有调整空间，能够不断往前推进的转型路线是非常重要的。

精益数据方法总结了转型路线设计的四大原则和三大成功要素。

1. 转型路线设计的四大原则

精益数据方法认为，一个好的转型路线要遵循如下四大原则。

（1）以用户为中心

数字化和信息化的本质区别就是数字化就是业务的存在形式，是以用户为中心的，所以数字化转型的路线要对齐用户价值，以用户场景为抓手进行设计，尽量聚焦能够带来用户价值的场景，提升用户体验，带来用户的增长，解决用户的痛点问题。

当然，这里的用户包括内部用户和外部用户，在关注外部用户的同时，也要为内部用户提供价值，从而让他们在数字化转型过程中有获得感，与他们的利益和 KPI 保持一致。只有这样，企业数字化转型才能获得更多、更持续的支持。很多企业的数字化转型就是因为没有能够获得内部用户的支持，半途而废。

（2）打造灯塔效果

数字化转型是一个组织变革的过程，最终是要将数字化技术全面应用到企业的所有业务的。但是历史经验表明，所有成功的转型都不是一蹴而就的，而是由点及面的。对于数字化转型，一开始虽然大部分部门和业务线都表示支持，但是其中肯定会有很多团队持观望态度，因为这些团队还没有看清楚数字化到底能为其业绩目标带来什么变化。对业务部门来讲，它们的考核不是数字化工作做得多好、技术多么先进，而是业务的增长、销量的增加等直接的业务指标的提升。所以，业务部门是否真的认识到数字化转型的必要性，并且下定决心将数字化技术作为完成业务绩效目标的重要抓手，是否能全面地拥抱数字化转型，是非常重要的。

在转型路线设计的时候，一定要找到好的切入点，团结至少一个有紧迫转型意愿的业务伙伴，从而打造出灯塔效果。业务人员都是非常务实的，谁能帮他们完成业务目标，他们就会支持谁。所以要找到突破口，利用数字化转型给业务带来实际的帮助和收益。这是数字化转型路线设计过程中最重要的速赢阶段，好的开始等于成功的一半。

（3）做好变革管理

变革管理是伴随数字化转型全周期的重点工作。这里的变革管理指的是全程保障和消除所有不利于转型的因素，从而让数字化转型工作按照既定的路线贯彻实施下去。

转型是一个复杂的事情，从组织文化、流程体系、绩效考核、工具平台到管理手段，任何一个环节配合不好都会出问题，所以科学的变革管理是转型成功的必备条件。

变革管理的核心是组织和人，要从以下 4 个环节做好变革管理。

1）制定好变革策略。变革策略要与公司的战略一致，要维护好与核心利益相关者的关系，制定出与数字化转型配套的组织流程、角色岗位、关键原则、风险应对策略。

2）充分观察和理解变革干系者的体验。转型不可避免地会对原有的格局、流程乃至利益分配方式产生影响，导致其发生变化，在变革管理中管理好与这些变化相关的组织和个人是非常重要的工作，必须要关注他们的体验和感受，并且制定对应的策略予以安抚和应对，团结一切可以团结的力量和资源，才能减少转型路上的阻力。

3）制定变革管理的团队和计划。变革管理不是一个空洞的概念，需要被分解成沟通、辅导、培训、绩效考核等可执行的动作，并由专业的团队来落地执行。

4）执行变革动作并持续改善。当计划制定好以后，要坚定地执行这些动作，并且在过程中不断收集反馈，进行优化和调整。

（4）确定性先行

企业数字化转型包括转变业务本身，所以业务有高度的不确定性。但是，好的转型就是要从不确定性中分析、设计、解构出有确定性、有价值的部分。对不确定性较高的项目就要采取轻投入、快迭代的方式来快速调整，降低投入风险。而对相对确定的工作，比如游戏业务基础设施的建设，要适当超前、坚定投入，因为这些确定的工作是一切工作的基础。数字化转型最宝贵的资源是时间和机会，不要纠结和讨论不产生价值的工作，以免浪费更多宝贵的资源。

2. 速赢项目的三大成功要素

当定位好灯塔项目，进入速赢项目的建设后，要关注 3 点关键成功要素。

（1）做好认知建设

在速赢项目阶段，一定要做好认知建设，就是做好变革管理中的宣贯和培训，要让所有的项目相关方都从内心里认可和接受这个项目的价值，认同项目和个人之间的紧密关系。当一件事情变成所有人的共同目标的时候，这件事情才可能更加顺利地推进。这里一定不要只关注企业高层的感受，进入速赢阶段，一线工作者、数字化产品用户才是最有发言权的角色，数字化转型是否能够解决他们的痛点问题，给他们带来收益和变化，才是真正考量速赢项目是灯塔还是“水坑”的关键因素。

（2）选对转型伙伴

传统企业做数字化转型时，一般都会寻找外部的转型伙伴，借助他们的经验和技术能力。速赢项目是否能够成功，转型伙伴的选择至关重要。因为一般来讲，速赢项目时间紧、任务重，一定会碰到很多内外部的挑战和困难，如果转型伙伴不够坚决，不能和转型企业共进退，那么在过程中一定会出现非常多摩擦和消耗，项目失败的可能性就很大。

一般来讲，成功的速赢项目的外部转型伙伴一定具备以下 3 个特质。

1）长期战略合作的决心。外部转型伙伴一定不能抱着做完一个项目就走的心态，一定要有和转型企业进行长期战略合作的格局。只有这样，转型伙伴才能够义无反顾地投入更多的资源和支持到项目中，而不是锱铢必较。

2）对转型成功的信心。外部转型伙伴一定要对转型方向和最终目标有信心，并且有极强的转型成功的渴望。

3）面对和处理各种复杂问题的耐心。这里的耐心不仅是一种态度，更是一种能力。外部转型伙伴要能够站在转型企业的角度去思考，理解其处境和难处，并且给予专业的建议和指导。

（3）聚焦核心矛盾

一定要清晰地知道速赢项目最重要的、唯一的目标是什么：少即是多。企业不可能什么都得到。很多速赢项目的失败就是因为牵涉范围太大，企业想改变的东西太多，最终资源分配分散，战线拉得太长，导致做了很多工作但是都没有出现“杀手级”应用，用户体验没有得到显著的改善，企业业务没有出现“啊哈时刻”。

所以，在建设速赢项目的过程中，一定要聚焦核心矛盾，并且不断强化这一点，把一个痛点解决到极致，让相关用户获得全新的体验。只有这样，企业才能真正将项目做透、做深，也才能使项目获得灯塔的效果，辐射周边的业务体系。

3. 典型转型路线图示例

一个多元化集团的数字化转型路线图可以分成 4 个阶段、3 个体系，如图 10-22 所示。

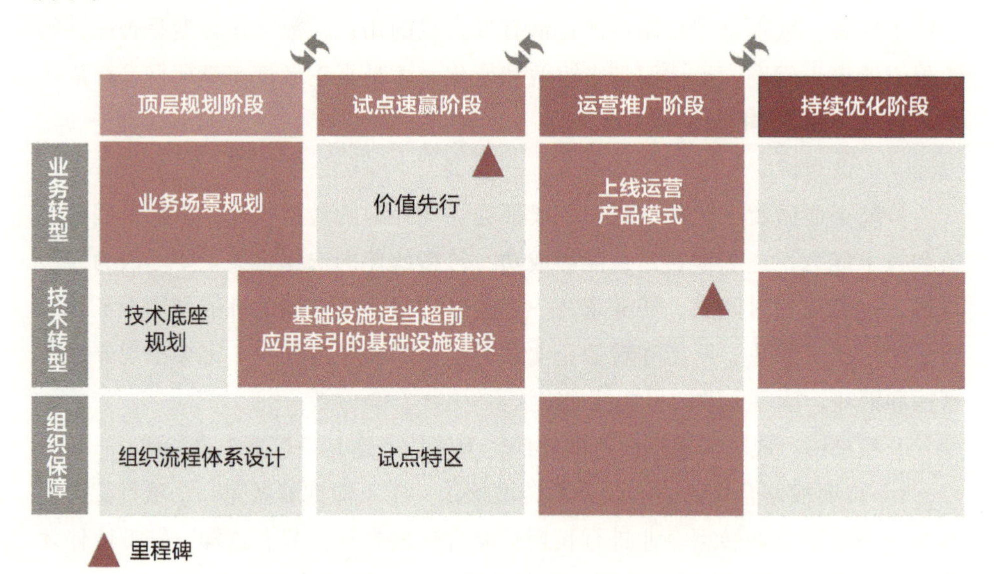

图 10-22　数字化转型路线图示例

这 4 个阶段分别是顶层规划、试点速赢、运营推广和持续优化阶段，每一个阶段都包含 3 个体系，分别是业务转型、技术转型和组织保障。

（1）顶层规划阶段

所有的转型过程都要有顶层规划，精益数据方法提倡轻规划，即全面识别价值场景，但不对所有的场景都进行深度设计，只聚焦于高价值场景，然后快速迭代。这样既保证在一段时间内把问题看全面，又不做太多的预设，在确定性和不确定性中取得平衡，让确定的事情先开始实施，不确定的事情快速试错并迭代。

通过精益数据共创工作坊可以高效地识别出价值场景和项目清单，这些是顶层规划的核心，可以基于这些内容产出业务转型、技术转型和组织保障 3 个体系的工作目标、工作内容、详细计划，从而形成数字化转型项目的顶层规划。

这个阶段的持续时间建议控制在 3 个月以内，并且顶层规划不一定采用“一刀切”的方式，部分确定性较高、一定要做的工作，可以与顶层规划同步开展，比如对一些必须要建设的技术底座层面的平台（如数据中台等），可以酌情先行建设，从而加快试点项目上线的速度。

（2）试点速赢阶段

该阶段的核心是聚焦于最重要的用户痛点，集中资源、饱和攻击，从而使局面获得显著的改善，让用户有获得感。只有这样，试点项目才能起到速赢的效果，才能竖起一座灯塔，奠定数字化转型的影响力，让转型工作越做越顺利。

试点速赢阶段也分为 3 个体系：业务转型、技术转型和组织保障。用户需求牵引着业务转型，同时根据试点的场景来确定技术转型需要建设的能力。比如在顶层规划阶段中识别出 100 个技术转型的点，在试点速赢阶段要以业务转型的需求为第一优先级，不建议过早提前布局，因为随着业务的发展，技术需求可能会发生变化。组织保障层面在试点速赢阶段不需要扩大范围，建议以特区的形式从小处做起，阻力更小，转型更快。

（3）运营推广阶段

精益数据体系提倡快速上线产品或功能，企业在数据中台的支撑下，要具备持续发布新功能的能力，可以分批、分类型地针对不同的客群发布对应功能，尽早运营，尽早获得客户反馈数据，从而去不断优化。试点速赢阶段和运营推广阶段的边界越来越模糊，更多是为了企业内部的资源调度和绩效度量服务。

运营推广的核心是要获得市场和客户的反馈数据，真正了解用户的使用情况，再采用针对性的运营策略。即使是对企业内部使用的系统，也要有运营的思路。例如，对于一个商业智能系统来说，如果只是按照需求部门的想法把报表开发出来，上线后就不闻不问，那么这样的系统一定不会获得更好的反馈。正确的做法是实时记录业务用户的所有行为，通过观察业务用户的打开、关闭、浏览以及对各个报表数据的行为，总结出用户行为背后的业务逻辑，从而知道哪些报表是业务人员使用频率较高的，哪些报表之间有使用顺序和依赖关系，哪些报表目前很少有人使用。收集到这些信息就能针对性地优化，从而提高业务用户的使用体验。

（4）持续优化阶段

精益数据方法倡导项目模式转成产品模式，从而持续对转型场景进行优化，而不是将优化动作局限于一个项目的生命周期内。

企业数字化转型的一个需求就是让所有的组织直接面对市场和用户，从而承担起业务职责。只有这样，它们才能够获得最直接的用户反馈，才知道如何不断优化自己的服务和行为。持续优化的最基本的保障是组织设计和绩效体系，如果团队以结束项目为最终目标，那么持续优化就是一个伪命题。

所以，在这个阶段的核心命题是如何从组织和绩效体系设计上提供保障，采用产品模式持续地运营。

10.4.2 价值场景排序归类

经过数据资产卡和数智技术卡的排列组合，全组共创出了很多价值场景，但是时间和资源是有限的，这些价值场景的建设顺序如何安排呢？策略选择是非常重要的，好的建设策略能够事半功倍，如果建设顺序和侧重点不科学，则会影响整个转型工作的落地。

精益数据方法通过实践总结了通过价值指数为价值场景进行排序的方法，分为价值排序、场景归类和建设优先级排序 3 步。

1. 价值排序

每一个场景能解决多少痛点，就能带来多少价值。例如，在下面两个场景中，一个是经销商业绩预测的场景，通过对经销商的历史销量、对应的市场大盘、地理位置等数据进行聚合，通过数据可视化和预测算法，对经销商的未来销量做预测；另一个是客服最佳话术的场景将转化线索高的客服录音转成文本后，结合语音识别、自然语言处理技术，将比较好的话术总结出来，供其他客服使用。

这两个场景分别能解决多个痛点，但是客服话术的场景还能够直接帮助一线员工提升业绩，直接解决一线员工不支持数字化转型、获得感不足的问题，所以客服最佳话术的场景从价值权重上高于经销商业绩预测的场景，如图 10-23 所示。

通过这样的方法，我们就能获得所有价值场景相对量化的价值排序，如表 10-2 所示。

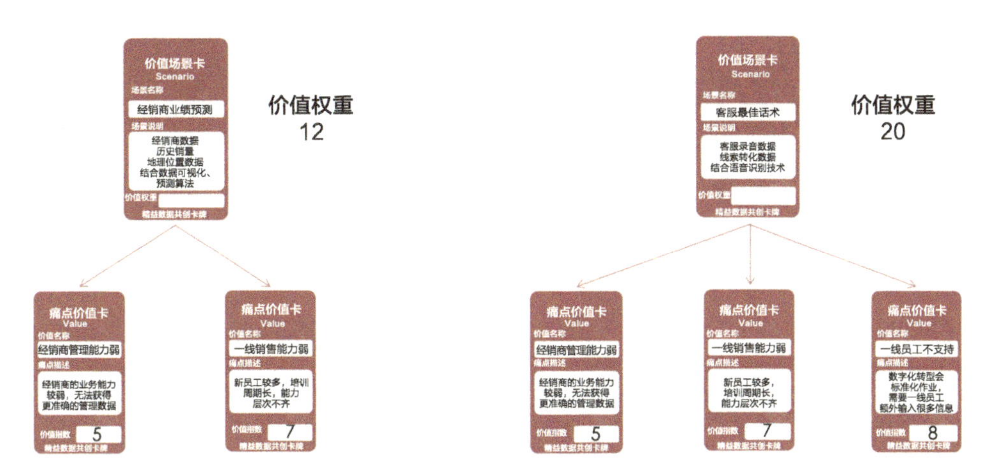

图 10-23 不同价值场景的价值指数比较

表 10-2 价值场景的价值指数矩阵

	数据质量差	一线员工不支持	经销商管理能力弱	客户看不清楚	生成合同效率低	用户打开 App 频率低	下单到交付周期长	一线销售能力弱	价值指数
	10	8	5	9	3	7	6	4	
经销商业绩预测			5						5
客户分层画像		8	5	9		7		4	33
辅助目标设定		8	5					4	17
会员精准推送		8				7		4	19
供应商辅助评级									0
运输路径优化							6		6
智能在线检测							6		6
门店客服机器人		8	5	9				4	26
合同自动生成		8	5		3		6	4	26
潜客精准识别			5	9		7		4	25
生产计划优化							6		6
客服最佳话术		8	5	9				4	26

这样结构化的梳理能够解决平时在场景排序时讲不清楚逻辑的问题，避免经验主义的决策。此时可以将每个场景的价值指数回填到价值场景卡片上，如图 10-24 所示。

图 10-24　价值场景卡

这时我们会发现，前面共创出的价值场景中，有的价值指数是 0，这并不是说这个场景没有业务价值，而是这个价值场景所解决的问题并不在业务人员共创的一系列优先级最高的痛点价值之中，所以它虽然有价值，但是可能优先级并不高，如果有参与者对此场景的排序有异议，可以重新调整痛点价值。

2. 场景归类

通过与痛点价值的匹配，价值场景的优先级变得很清晰，下面就要进入建设的阶段。

数字化转型以场景为核心，同时考虑到投资的精益化原则，要尽可能复用资源，让一个项目能够解决多个问题，共用同样的数据和技术能力，从而使每一笔投资的回报率最大化。因此，精益数据共创工作坊总结了场景归类的 3 个归一原则：用户归一、领域归一和能力归一。

1）用户归一：将相同用户群体的价值场景尽量归类到一起，从而给用户提供全面的服务体验。

2）领域归一：将相同领域的价值场景归类到一起，从而解决同一问题域的问题。

3）能力归一：如果价值场景的用户和领域不一定相同，但是需要的能力和技术领域是一样的，也可以考虑这样归类，从而实现中台的重复利用。

在这 3 个原则基础上，对前面的价值场景清单进行归类如图 10-25 所示。

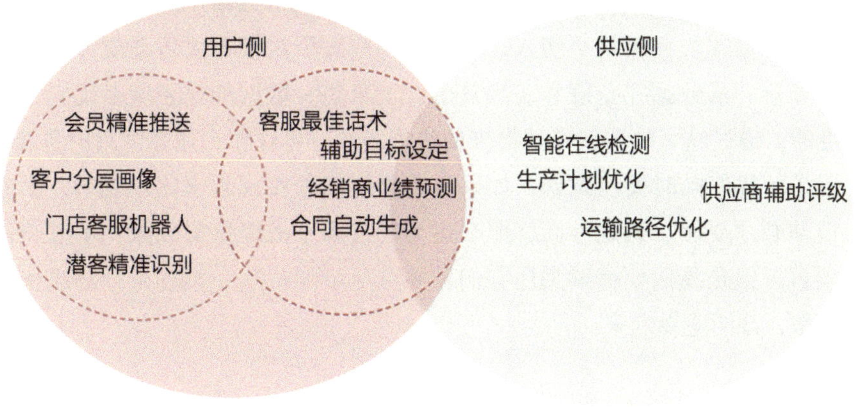

图 10-25　价值场景归类示例

可以看出，偏用户侧的场景有 8 个，其中有 4 个是直接服务客户的场景，有 4 个是赋能经销商的场景；供应侧的场景有 4 个。

在这样的情况下，可以考虑把同一个类型的场景放到一起去落地，例如图 10-25 中的场景可以按照服务用户的不同，分为经销商侧应用、生产侧应用、供应商侧应用以及最终用户 App 应用 4 类。

除了按用户和领域划分外，将同一能力需求的场景放在一起，也便于梳理出技术平台与上层应用的支撑关系。例如会员精准推送、潜客精准识别、客户分层画像，这几个场景都需要客户标签的支持，那么客户标签就应该是数据中台里的一个服务。

通过这 3 个原则，我们能够将五花八门的价值场景进行分类，这对于后续形成项目清单有着重要的作用。

3. 建设优先级排序

当各组梳理清楚价值场景的优先级并且进行归类以后，下一步就要结合企业的现状，分析场景建设的优先级。

建设优先级和价值优先级的区别在于，价值优先级只考虑业务价值，而建设优先级不仅要考虑业务的价值，还要考虑投入的资源、现有的基础以及依赖关系等客观因素，从可行性上来分析当前是不是合适的建设窗口。

精益数据方法提供了一个评估场景建设可行性的框架，从投资规模、效益周期、数据完备度、实现复杂度 4 个方面来分析每个场景的可行性。

精益数据方法提倡从小切入，要选择那些投资规模不大但是能够快速产出效益的场景。从数据完备度和实现复杂度上来讲，数据的完备度是优先于实现复杂度的。通过这 4 个要素筛选出来的价值场景，可以作为速赢项目的备选。

但是，我们同时要注意到，如果有的价值场景实现起来比较复杂、投资不小，但是必须要做、确定性高，那么这类场景属于战略价值场景，不适合作为速赢项目，但是我们要持续关注它们，并且尽可能将这一类场景分解成相对简单的工作，逐渐建设起来。

10.4.3 数字化转型项目清单梳理

根据企业的经营管理要求，最终大部分投资都会以项目的方式落地，数字化转型也一样，企业最终会按照项目清单启动转型。

精益数据方法提供了一套梳理项目清单的方法和模板，帮助企业在转型之初体系化、标准化地构建转型项目体系。

1. 项目卡片七大核心要素

项目卡片是一种简单明了的方式，把项目的七大核心要素结构化呈现出来，典型的项目卡片如图 10-26 所示。

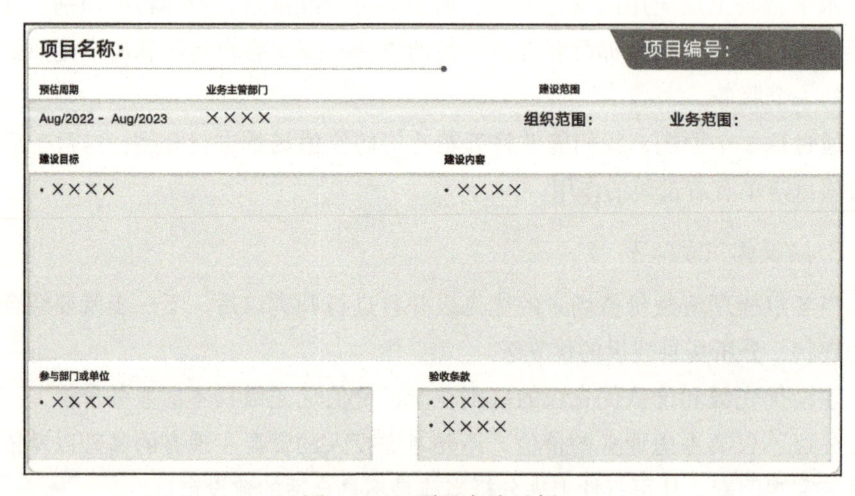

图 10-26　项目卡片示例

项目卡片包含如下七大核心要素信息。

- 基本信息：项目名称、项目编号
- 预估周期：预估的建设时长，从启动到验收上线
- 相关部门：项目的业务主管部门，参与部门或单位
- 建设范围：项目建设的组织范围和业务范围
- 建设目标：希望达成的效果和目标
- 建设内容：重点建设的内容，即主要工作项
- 验收条款：证明项目是成功可以验收的条件

在每一个项目立项前，对这七大核心要素必须有相对确定的答案，如果思考不清楚，意味着这个项目的可行性论证还需要继续。

2. 精益数据方法设计项目卡片

用精益数据方法来把业务场景设计成对应的项目从而落地执行，是规划阶段的最关键的步骤。项目设计是否科学、项目间的关系是否紧密、是否能够达成演进路线的目标、是否符合整体策略，是设计项目卡片的核心难点。

在设计项目卡片的时候，首先要梳理清楚场景、产品和项目的关系。

场景是特定上下文里的一个或多个用例的组合，描述了一类共性的业务问题或者业务价值的实现。

产品是在整个系统的生命周期，从开发、上线、运营的角度，将一个或多个场景的实现具象成一个相对独立的商业化系统的集合。场景基于用户视角，而产品则是要加入商业化视角，要考虑公司的战略、资源、品牌、定位等，综合设计出一个有一定持续性、可以不断升级优化的系统组合。

美国项目管理协会（Project Management Institute，PMI）在其编写的《项目管理知识体系》中对项目的定义是：项目是创建独特的产品、服务或结果的一项临时性的工作。具体来说，项目是一个组织为实现既定的目标，在一定的时间、人力和其他资源的约束条件下所开展的，满足一系列特定目标，有一定独特性的一次性活动。

一个产品可以对应多个项目，而一个项目一般来说最多对应一个产品。项目是产品演进的特定阶段的组织形式。为了降低项目管理的复杂度，项目的规模、资源投入要尽可能小，周期要尽可能短，以实现快速上线、快速迭代。但是出于企业合规管理的要求，一般情况下需要对资源、财务进行归集，也就是

算清楚一段时间内投入的情况，所以项目的形式在大部分企业是不可避免的。它们之间的关系如图 10-27 所示。

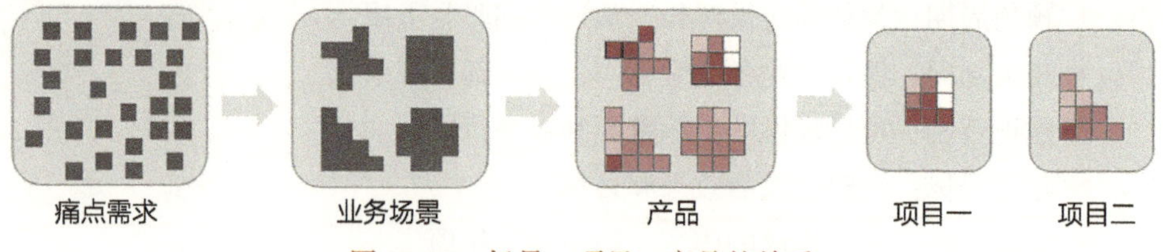

图 10-27　场景、项目、产品的关系

一般来说，从场景分解到项目，可以按照如下步骤进行。

1）先对场景按照用户进行分类，聚类后形成数据产品蓝图，这里要考虑数据产品之间的边界，尽量减少重叠的地方，把重复建设、共用的能力部分放到中台产品中去。

2）在数据产品大图的基础上，根据产品的紧迫度、价值优先级梳理出建设阶段。

3）根据建设阶段，结合资源情况，制定项目清单。

4）完成项目与项目之间的承接，优化资源利用。

3. 从项目思维到产品思维

虽然大部分企业数字化转型的落地采用项目的形式，但是为了减少数据孤岛，避免出现新的应用问题，精益数据方法倡导企业从项目模式转变到产品模式。

项目模式和产品模式在目标、投资来源、投资用途、生命周期和组织形式等方面都有所不同，清晰地认识到这些区别，对企业进行数字化转型落地模式的选择会有很大的帮助。

（1）目标

项目模式的目标是项目最终达到投资者的预期要求，能够验收上线。所以，项目的成功就是软件能够上线，一般来说上线的那一刻也是项目组解散的时间点，后续项目就转入了运维阶段，一般会由新的团队接手。

产品模式的目标是产品能够持续地生存下去，并且获得预期的收益。产品模式是持续的，产品成功的定义很清晰，就是这个产品一直存活着，没有下线。

（2）投资来源

项目模式一般来说都是接受项目组之外的专项投资，专款专用，并且一次性投入，如果需要追加或变更要走审批流程。

产品模式则不同，面向用户的业务产品在早期靠外部投资，但是产品一旦上线了，是可以带来收益的，有自我造血能力。产品团队自身就是业务团队，通过对产品持续运营迭代，获得的这部分收入在有的产品团队中是可以被支配的，并且根据产品的发展路线不断追加。

（3）投资用途

项目模式的投资主要用于建设阶段，系统一旦上线，投资一般就会终止。产品模式的投资则涵盖了建设、运行、持续迭代，乃至于孵化新功能和产品的阶段。

（4）生命周期

项目的生命周期一般比较短，以月为单位。产品的生命周期通常以年为单位，产品只要能够持续获得用户和收入，就会一直持续下去。

（5）组织形式

项目模式是以项目组的形式来落地的，一般来说项目组成员都是为了达成项目建设目标从其他部门临时抽调的。产品模式的团队则是一个相对固定的、与业务架构保持一致的组织，具有一定的自主权和持续性。

10.4.4　配套举措共创

数字化转型是一个体系化的工程，所以除了系统的构建外，还需要有配套的举措来保障转型工作的落地和执行。一般来说，配套措施共创包括组织结构、业务流程、规章制度、绩效体系、能力建设、宣传推进等方面，如图 10-28 所示。

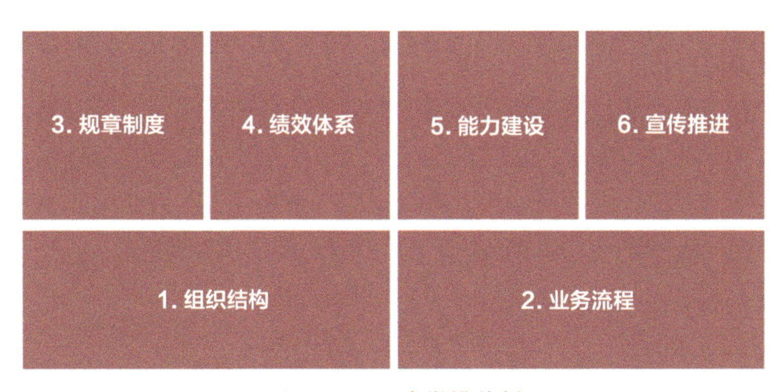

图 10-28　配套举措共创

1. 组织结构

通过数字化转型项目的落地，原来的生产经营管理的方式会发生升级，组织结构也可能会随之发生调整，以匹配新的生产力。

例如，钢铁厂原来有专门从事废钢定级的部门，人工对收购的废钢进行检测分类和定级，工作环境恶劣，定级结果不稳定，安全系数低，对员工的经验要求较高。后来，钢铁厂通过图像识别、人工智能算法能够自动对废钢进行评估定级，大幅度提升工作效率，降低人工定级的工作量，提高准确度。当废钢定级从人工走向数字化后，这个部门的结构就会发生调整，人员编制、岗位职责都会发生变化。

2. 业务流程

很多数字化转型的场景就是把原来的业务流程从人工、线下转为数据驱动、线上，所以数字化系统建设完成并上线以后，对应的业务流程会进行优化。

例如，在汽车制造行业，原来的研发生产过程有很多测试性环节，比如测试性生产、碰撞测试等。过去都需要在生产线上真实地生产产品出来，然后对实体部件进行测试，耗时长，成本高。现在利用数字孪生技术，可以实现部分环节的模拟仿真，从而在数字化世界里进行测试，这样一来，可以一次性进行多个型号产品的测试性生产，加快测试的速度，并且可以灵活调整各种参数，从而覆盖更加全面的测试场景。

3. 规章制度

业务流程发生变化后，对应的规章制度也需要发生调整，与时俱进，而不能僵化地套用原来的制度。很多业务环节会通过数字化手段来实现，生产效率获得了极大的提升。

比如在交通领域，原来高速公路的事件管理是被动式的，所以需要定期巡查，制定详尽的巡查制度，从而保证每一个关键点位都能够被巡查到。但是当智慧高速实施以后，全程摄像头、图像识别、全景化人工智能感知系统能够实时分析路况，这种情况下原来的巡查制度就需要随之发生调整。

4. 绩效体系

数字化转型不是一蹴而就的，更不是能一劳永逸的，而是一种新的生产方式，所以数字化转型的项目上线其实只是企业转型的起点，从这以后要不断优化和改进。这过程中很重要的就是有一个清晰的度量和绩效考评机制。

首先是度量体系发生变化，度量要基于客观数据来进行，而不能只根据经验，所有的业务行为都转化成了数据，要建立基于数据的度量体系。精细化的业务过程数据能够实时体现业务的变化，能够让业务度量更加精准。

业务数字化以后，工作的目标、效率、方法、手段都发生了变化，所以原来的绩效体系、考评方法也需要随之发生调整。在牛奶制造工厂有一个岗位是质检员，他们的工作是在最后的包装生产线上随机抽取包装好的奶制品，查看是否有问题。当工厂通过数字化转型变为智慧工厂以后，加入了自动化检查包装的设备，这种情况下质检员的人数会大幅度减少，同时绩效的考评方式也会发生变化。

5. 能力建设

虽然现在大部分企业的数字化转型还是会寻找外部资源、服务商和咨询商来做项目的建设，但是最终企业自己是需要拥有一定的数字化能力的。所以，企业应该建设什么能力，分几个步骤建设，能力建设的侧重点是什么，这些都是配套举措里需要考虑的点。

企业业务的数字化是企业数字化转型的一个阶段，目标是让数字化的思维、方法、技术能够被全员理解并认可，最终成为所有人工作的一部分。所以，数字化能力建设是要持续进行，并且要与企业数字化转型的节奏、关注点紧密匹配的。

举个例子来说，快递公司给每一个员工都配备了新的交通工具，但是快递员不知道如何驾驶，不懂相应的交通规则，不知道应该注意哪些新的风险，这样就无法达到预期效果。

6. 宣传推进

数字化转型是一场组织变革，持续地宣传推进是非常关键的，要不断地让企业全体员工都明白转型的意义和价值，并且通过培训宣传来统一思想，才能减少转型过程中的阻力，更好地推动转型。这种变革中的宣传不仅是传统的单方面的宣贯，很多时候宣贯只能让大家知道“组织需要数字化”，但是为什么个体需要参与进来，如何发挥每一个个体的主观能动性呢？这就需要新的宣传推进方式。

精益数据体系提倡通过共创来进行宣传推进，打造开放自由的氛围，通过数据创新大赛、精益数据共创工作坊这样的形式，寓教于战，训战结合。

10.4.5 共创工作坊结坊汇报

经过工作坊，所有的工作都已经完成，各组形成了对企业数字化转型的认知，对数据资产蓝图、数字化技术蓝图、业务场景进行了梳理，并且也达成了组内一致认可的数字化转型路线，输出了项目清单和配套举措，大家都从顶层规划的角度思考了企业的数字化转型应该怎么做。

接下来，就是工作坊的结坊汇报和评奖环节了。汇报和评奖环节是为了把每个组共创的成果与全体成员分享，让大家能够互通有无，让每一个人都能够从别组方案中获取更多的启发，形成最佳的转型方案。这个环节，建议分成4个步骤。

1. 工作坊产出物整理

首先，各组要将前面各环节的产出物进行整理，主要包括以下产出物。

- 企业数字化转型愿景和目标
- 企业数据资产蓝图
- 企业数字化技术蓝图
- 数字化转型业务场景
- 数字化转型路线及项目清单
- 数字化转型配套举措及行动计划

在工作坊过程中，每个组要将白板上的过程信息都通过拍照的方式记录下来，并且最好每天进行电子归档，这样才能够在最后环节整理产出物的时候没有遗漏。

2. 各组汇报材料准备

基于过程中的文档和素材，各组要准备最终的汇报材料，一般来说是PPT。建议演讲时长控制在10分钟，重点是把各组的转型目标、业务场景蓝图、项目清单和配套举措列清楚，讲明白。

3. 各组转型方案汇报及评选

当各个组准备完毕后，整个工作坊的最精华的环节就拉开了序幕，各组对企业的数字化转型委员会进行转型方案汇报。

最终，通过专业评委和各组互评，评选出大家认为最佳的转型方案。

至此，整个精益数据共创工作坊的现场环节就结束了。但是对数字化转型的责任团队来说，这个工作坊是一种调研分析的工具和手段，后续还是要按照精益数据方法实施，充分利用好搜集的信息来把工作坊中最终达成一致的方案进行细化和落地。

4. 数字化转型启动仪式

数字化转型不仅是技术层面的事情，还是企业组织层面的整体转型，统一思想是最重要也是最基础的准备工作。精益数据共创工作坊的很重要的一个目的就是通过这样一个环境、形式，利用精益数据方法来打开所有人的思想，建立共同的数字化认知，明确统一的转型方向和行动路径。

为了让工作坊的成果能够持续地影响和真正地指导后续的数字化转型工作，建议在汇报的时候以某种合适的形式来为企业数字化转型做一个启动仪式，通过这样一个非常郑重的仪式来进一步强化大家的意识。一般来讲，可以将签署数字化宣言、启动标杆项目、成立数字化转型委员会等多种方式作为这个启动仪式的核心步骤。

附录　精益数据共创卡牌样例

转型愿景卡

转型愿景卡

数量：1 张（预置卡）
参考玩法：（以下选项二选一）

1. 数字化转型的愿景就是企业的愿景，由企业高层宣贯
2. 每组分别共创，最后填入达成一致的转型愿景

转型目标卡

转型目标卡

数量：6 张（预置卡）
参考玩法：

1. 每个人按照精益价值树，基于转型愿景分解出关键的转型目标
2. 向全组诠释说明，投票通过，达成一致

痛点价值卡

痛点价值卡

数量：10 张（共创卡）
参考玩法：

1. 各组组员对齐业务愿景和目标，分别独立思考出转型可能面对的问题和痛点，并写上每个痛点的价值指数（1～10），指数越高，价值越大
2. 在场景共创完成后，将每一个价值场景匹配到对应的价值，计算出价值指数，回填到价值场景卡上

数据资产卡

数据资产卡

数量：20 张（共创卡）
参考玩法：

1. 基于 4 种数据资产梳理的方法，每个人先独自梳理出对齐业务愿景和目标需要的数据资产
2. 对全组梳理出的数据资产进行解释，去重，归类，形成最终的数据资产卡

数智技术卡

数智技术卡

数量：15 张（预置卡）+5 张（共创卡）
参考玩法：

1. 组员随机抽取一张卡牌，在限定时间内向全组分享对这个技术的理解及其典型场景。描述错误的组员要做 5 个俯卧撑
2. 通过与数据资产卡进行排列组合，共创出价值场景
3. 可以结合特定的产品定制数智技术卡，从而让场景直接对应技术实现

价值场景卡

价值场景卡

数量：20 张（预置卡）
参考玩法：

1. 结合数据资产卡和数智技术卡，对齐转型愿景卡或转型目标卡，组合共创出价值场景
2. 向全组诠释说明，投票通过
3. 将价值场景卡匹配到痛点价值卡，算出该场景的价值权重

转型工具卡

转型工具卡

数量：10 张（预置卡 + 共创卡）
参考玩法：
1. 组员随机抽取一张卡牌，在限定时间内向全组分享对这个转型工具的理解及其典型场景。描述错误的组员做 5 个俯卧撑
2. 通过与数据资产卡进行排列组合，共创出价值场景

资源保障卡

资源保障卡

数量：10 张（预置卡 + 共创卡）
参考玩法：
1. 组员基于价值场景，思考探索实现业务目标所需要投入的相关保障资源，如资金、场地、团队等
2. 全组组员轮流介绍自己对资源保障的理解和诉求，全组投票达成一致，形成最终需要的资源保障

转型项目卡

转型项目卡

数量：10 张（共创卡）
参考玩法：

1. 基于价值场景清单，利用精益数据方法，每个组员分别设计自己认为应该建设的项目清单，写到便签上
2. 每个组员在组内分享自己设计的项目清单，全组共创，投票选出该组共同认可的项目清单，誊写到转型项目卡上

配套举措卡

配套举措卡

数量：15 张（预置卡 + 共创卡）
参考玩法：

1. 各组成员对齐项目清单和价值场景，按照主理人的引导，根据举措类型进行共创，独立思考对应的配套举措（组织配套举措、流程配套举措、绩效配套举措等），写到便签上
2. 各组对成员的配套举措进行讨论，去重，优化，形成本组最终的转型配套举措清单